D1062876

Die Achtundvierziger

Die Achtundvierziger

Lebensbilder aus der deutschen Revolution 1848/49

Herausgegeben
von Sabine Freitag

Verlag C. H. Beck München

Mit 25 Abbildungen

Die Deutsche Bibliothek – CIP-Einheitsaufnahme
Die *Achtundvierziger* : Lebensbilder aus der deutschen Revolution
1848/49 / hrsg. von Sabine Freitag. – München : Beck, 1998
ISBN 3 406 42770 7

ISBN 3 406 42770 7

© C. H. Beck'sche Verlagsbuchhandlung (Oscar Beck), München 1998
Satz: Fotosatz Otto Gutfreund GmbH, Darmstadt
Druck und Bindung: Franz Spiegel Buch GmbH, Ulm
Gedruckt auf säurefreiem, alterungsbeständigem Papier
(hergestellt aus chlorfrei gebleichtem Zellstoff)
Printed in Germany

Inhaltsverzeichnis

Vorwort

„Achtundvierziger" – was erst nach der Jahrhundertwende zur erklärungsbedürftigen Bezeichnung für die Teilnehmer der deutschen Revolution von 1848/49 wurde, war für diejenigen, die sie durchlebt hatten, ein selbstverständlicher Ausdruck. Ein Achtundvierziger, das war vor allem jemand, der in der Maienluft des Frühjahrs 1848 einen demokratischen Rechtsstaat und die deutsche Einheit ersehnt und mit zugleich empfundener Notwendigkeit dafür auch gehandelt hatte. Stets war mit diesem Begriff sowohl Hoffnung als auch Scheitern verbunden. Nur wenige hatten vorausgesehen oder gar erwartet, was in den beiden revolutionären Jahren mit ganz unterschiedlichen Ausprägungen und Verlaufsformen in den verschiedenen deutschen Staaten geschehen sollte, doch viele reagierten auf den Ausbruch der Revolution rasch und – je nach vorhandenem Handlungsspielraum – intensiv, was sich oft nur aus den individuellen Vorgeschichten, aus den bereits lange gehegten politischen, sozialen, ökonomischen und religiösen Wünschen und Zielsetzungen erklären läßt. Was der einzelne von der Revolution erwartete, sich von ihr erhoffte, war je nach Herkunft, Stand, Beruf höchst unterschiedlich. An politischen, ökonomischen und sozialen Zukunftsmodellen gab es keinen Mangel. So wenig es *die* Revolution gab, so wenig gab es *den* Achtundvierziger mit einem festumrissenen, eindeutigen Programm.

Der Band ‚Die Achtundvierziger' versucht anhand der Lebensbilder, gleichsam im Medium der Wahrnehmung und Beurteilung der Beteiligten, einen biographischen Zugang zu der Vielzahl an theoretischen und praktischen Überlegungen dieser Jahre zu finden. Er vereinigt 25 Biographien von bekannten und weniger bekannten Männern und Frauen, die auf ganz unterschiedliche Weise mit der Revolution in Berührung gekommen sind. Dabei geht es keineswegs um die naive Annäherung an das heroisch handelnde Subjekt der Geschichte jenseits von Strukturen und Klassen. Vielmehr soll das facettenreiche Bild der Revolution gebrochen durch die Perspektive des individuellen Lebensschicksals gezeichnet werden. In den theoretischen Anschauungen und praktischen Forderungen der Protagonisten spiegeln sich die potentiellen Entwicklungsmöglichkeiten der deutschen Zustände nach 1849 wider. Demokratische Republik oder konstitutionelle Monarchie, gleichberechtigter Föderalismus oder Nationalstaat unter preußischer Führung, deutsche Einheit mit oder ohne Österreich, Verfassungsstaat und ausgebauter Parlamentarismus mit einem Präsidenten oder einem Monarchen an der Spitze – die möglichen Kombinationen waren zahlreich. Nicht alle Achtundvierziger favorisierten beide Seiten der berühmten Formel ‚Freiheit und Einheit' gleich stark. Viele, die nicht vorrangig nationalstaatlich orientiert waren, sondern ihr Gewicht auf den Ausbau demokratischer Institutionen und die Garantie von Freiheitsrechten legten, suchten nach dem Scheitern der Revolution konsequenterweise in Ländern wie der Schweiz oder den Vereinigten Staaten ihre Zuflucht, um Bürger einer Republik werden zu können. Für andere wiederum hing die gesamte deutsche Zukunft so sehr von der Herstellung der Einheit ab, daß sie zu großen Zugeständnissen, ja sogar zur Preisgabe von Freiheitsrechten bereit waren, in der Hoffnung, daß sie sich auf dem Wege einer demokratischen Entwicklung unweigerlich durchsetzen würden, wenn die Einheit erst einmal erreicht wäre.

Für alle in den Band aufgenommenen Protagonisten ist die Revolution von 1848/49 in gewisser Weise zum Schicksals- und Wendejahr des eigenen Lebens geworden. Die Hochstimmung, die viele zu Beginn beseelte, ist in manchen Fällen im Laufe des schweren politischen Alltags und dem zähen Ringen um Erhalt der erkämpften Errungenschaften einer Ernüchterung gewichen. Und so wird in diesen biographischen Porträts auch der Frage nachgegangen, mit welcher Einstellung man auf die Revolution zurückblickte, und wie sich die jeweilige politische Haltung verändert hat – kurz: welcher Weg zwischen Resignation, Radikalisierung und Realpolitik eingeschlagen wurde. Welche persönliche Haltung später zur Revolution eingenommen wurde, wie man das eigene Handeln darin beurteilte, offenbarte nicht zuletzt auch das Bemühen um die eigene Biographie. Was man 1848 war und dachte, gab nur geringe Hinweise darauf, was man nach 1849 werden konnte. Ob es für einen Achtundvierziger kennzeichnend war, sich nach der Revolution von der eigenen Begeisterung zu distanzieren, oder ob es eher typisch war, gerade, vielleicht sogar im Exil, die alten Ideale unbeirrt aufrechtzuerhalten, darüber gehen die Auffassungen in diesem Band auseinander. Blieb die deutsche Revolution für die einen der ernsthafteste Versuch, einen demokratischen, wenn möglich republikanischen

Verfassungsstaat mit garantierten Grundrechten ins Leben zu rufen, so waren andere versucht, das eigene Involviertsein als „dumme Jugendsünden" abzutun. Die Rede von den „tollen Jahren" machte die Runde und signalisierte, daß politische Katerstimmung gefolgt war. Nachträglich, so hatte es den Anschein, ließ sich kaum noch begreifen, wie man überhaupt solche „abwegigen" und wider alle politische Realität formulierten Ansprüche hatte geltend machen wollen. Viele kompensierten das wieder eingebüßte politische Mitspracherecht nach 1849 mit Erfolgskarrieren im wirtschaftlichen Bereich. Von denen, die im Land geblieben sind, weiß die historische Forschung mehr als von jenen, die ins Exil gingen. Obwohl ihre Kritik an den Entwicklungen im alten Vaterland keineswegs verstummte, hat eine vornehmlich den preußischen Interessen verpflichtete Publizistik in den Jahren nach der Reichsgründung dafür Sorge getragen, daß sie so gut wie nicht zur Kenntnis genommen wurde. Im Gegenteil – tradiert hat sich die Behauptung, schließlich seien alle, von Bismarcks Einigungspolitik begeistert, in den nationalliberalen Kurs eingeschwenkt. Einige Beiträge dieses Bandes werden in dieser Hinsicht mit Revisionen aufwarten.

Eine Anthologie wie die vorliegende sollte ihre Auswahl rechtfertigen. Viele wichtige Namen wird man in diesem Band vermissen, andere im Band vertretene eher staunend zur Kenntnis nehmen. Die Idee des Bandes bestand nicht darin, einer Hierarchie der Prominenz zu folgen, eine Auswahl der bedeutendsten Protagonisten der Revolution zu treffen, sich gar nur auf die Abgeordneten der Nationalversammlung zu beschränken. Das Kriterium der ‚Bedeutsamkeit' steht im Laufe historischer Forschung immer wieder selbst zur Disposition. Gerade weil die Revolution nicht nur im institutionalisierten Rahmen der Landtage, der Ministerien und schließlich der Paulskirche, sondern auch auf der Straße, in Vereinen, Salons, ja selbst beim Damenkränzchen stattgefunden hat, galt es einen möglichst breiten, wenn auch überwiegend bürgerlichen Rahmen abzustecken. Der Auswahl des Bandes liegt der Begriff „Achtundvierziger" in seiner umfassendsten Bedeutung als „Teilnehmer der Revolution von 1848/49" zugrunde. Die Eckpfeiler dieses Panoramas bilden der die Volkssouveränität verachtende und auf das Gottesgnadentum als Legitimationsgrundlage pochende preußische König Friedrich Wilhelm IV. und der nach Tyrannenblut lechzende Karl Blind, der einen Großteil des Jahres 1848 bereits hinter Gefängnismauern verbringen mußte. Die Aufnahme des wohl unfreiwilligsten Teilnehmers der Re-

volution, des preußischen Königs, geschah aus der Überlegung heraus, daß mit ihm gleichsam ein konservativ-monarchischer Gegenentwurf vorgestellt werden sollte, der die Kluft verdeutlicht, die sich
im Frühjahr 1849 zwischen den auf die Einigung Deutschlands unter preußischer Führung hoffenden konstitutionellen Liberalen und
dem preußischen Monarchen und seinem Kreis auftat.

Die schreibende Annäherung an ein gelebtes Leben bleibt immer
prekär. Was läßt sich, außer der Aufzählung verbürgter Ereignisse,
mit Sicherheit über eine Person und ihre Vorstellungswelt aussagen?
Historiker sind sich dessen bewußt, gerade auch, weil sie sich nie
über das schreibende Subjekt, das sich unvermeidlicherweise um
Sinnstiftung und Rekonstruktion bemüht, hinwegtäuschen können.
Besonders in biographischen Abhandlungen bleibt das Wechselspiel
zwischen schreibendem Autor und beschriebenem Akteur immer offensichtlich. Die im vorliegenden Band versammelten Biographien
sind so individuell wie die Autoren, die sie verfaßt haben. Auf eine
ausführliche Einleitung, auf die breitangelegte Nacherzählung der
historischen Ereignisse wurde nicht zuletzt aus Platzgründen verzichtet. Aus den einzelnen Porträts gehen die Ereignisse selbst deutlich hervor, und an Literatur über den Verlauf der Revolution wird
es im Jubiläumsjahr ohnehin nicht mangeln.

Mein besonderer Dank gilt den Autoren dieses Bandes. Ohne ihr
Engagement und ihre Bereitschaft, sich trotz vielfältiger anderer
Verpflichtungen für einen Achtundvierziger oder eine Achtundvier-
zigerin Zeit zu nehmen, wäre dieser Band nicht zustande gekommen.

Ludwig Uhland:
Der Ruhm des Scheiterns

Von Dieter Langewiesche

In einer Galerie gescheiterter Nationalhelden dürfte Ludwig Uhland nicht fehlen. Keines seiner politischen Ziele erreichte er, gleichwohl überhäufte ihn schon seine Mitwelt mit Ehrungen aller Art: Festessen, Pokale und Fackelzüge, Arbeitssessel, Fußteppich und die Taufe eines Überseeschiffs auf seinen Namen, sogar der preußische Orden Pour le mérite wurde ihm 1853 angetragen. Ihn lehnte er jedoch ab. Er lasse sich „nach dem Schiffbruch nationaler Hoffnungen, auf dessen Planken auch ich geschwommen bin", nicht von einem Staat ehren, der seine Gesinnungsfreunde mit dem „Verluste der Heimath, Freiheit und bürgerlichen Ehre, selbst dem Todesurtheil" bestraft.[1] Uhland wählte die politische Resignation statt der staatlichen Ehrung und des Adelstitels, der mit ihr verbunden gewesen wäre. Ein knappes Jahrzehnt danach, zu seinem 75. Geburtstag, überhäufte ihn die deutsche Nation mit Grußadressen aus allen Landen und Schichten, und als er wenige Monate später starb, war die Trauer ebenso allgemein. Ein Gedicht Emanuel Geibels sprach aus, was viele an Uhlands Leben rührte:

> Wohl Größre preist man unser eigen ...
> Doch keiner sang in unsrer Mitte,
> Der, so wie er, unwandelbar
> Ein Spiegel vaterländischer Sitte
> Ein Herold deutscher Ehren war.[2]

Kaum jemand widersprach diesem lorbeerumkränzten Bilde, an „deutscher Eiche aufgehängt", wie das Gedenk-Gedicht eines Freundes in geläufiger Symbolik pries.[3] Nur einer probte den Denkmalsturz: die vielgepriesene Einfachheit des schwäbischen Volksmannes – nichts als „ungehobeltes Benehmen"; politischer Moralapostel, doch gelebt habe er vom „Vermögen seiner Frau", „ohne durch eigene Arbeit etwas beizutragen". Und als Politiker – „ich weiß nicht ob mehr lächerlich oder verächtlich" – ein Versager durch und durch.[4]

Ludwig Uhland (1787–1862)

Einen sachlichen Kern wird man Robert von Mohls rüdem Widerwort zum „Panegyrikus, welchen einer dem andern gedankenlos nachschwatzt", nicht absprechen können. Als Uhland sich 1849 nach der Revolution endgültig aus der Politik zurückzog, stand er ungebeugt, doch mit leeren Händen da. Was er ersehnte, ließ sich nicht verwirklichen. Uhland scheiterte mit der deutschen Nationalversammlung, und er scheiterte in ihr. Leidenschaftlich verwarf er, was sie mehrheitlich beschloß: eine deutsche Nationalmonarchie ohne Österreich.

Uhland wußte um sein Scheitern, und seine Bewunderer wußten es auch. In einem einfühlsamen Essay umschrieb Heinrich von Treitschke 1863 das nationalpolitische Vermächtnis, das er, der wort-mächtige Fanatiker der deutschen Mission Preußens, im Werk des unerbittlichen Gegners eines preußisch geführten deutschen Natio-nalstaates verehrte.[5] Ludwig Uhland – die tatgewordene Poesie der deutschen Nation, die ihren Staat aus eigener Kraft zu schaffen suche. Mit ihm, Kleist und Arndt sei ein „Geschlecht von Dichtern" erstanden, das erstmals die „unmittelbare sittliche Bedeutung der Staatsfragen begriff und solche Erkenntniß in Thaten bewährte". Abkehr von der Klassik und Rückkehr zu den „vaterländischen, volksthümlichen Stoffen", ohne sich jedoch in die „Träume einer un-tergegangenen Welt" zu versenken wie die „weiblichen Naturen der Tieck und Schlegel" und all jene, welche die „liebevolle Erforschung des deutschen Alterthums" nicht zum „Kampfe der deutschen Gegenwart" genutzt, sondern in eine „undeutsche, katholische Rich-tung getrieben" hätten: „tief sittlicher, thatkräftiger Ernst" – mithin im Weltbild des nationalen Liberalismus männlich und im Kern protestantisch – wider „die thatlose, ironische Weltanschauung der Romantik", also weiblich und katholisch. In Uhland versöhne sich Vergangenheit und Zukunft und werde die Kluft überbrückt, „die heute die Gebildeten und die Ungebildeten unseres Volkes scheidet". Die Ideen der „unhemmbaren liberalen Bewegung" habe er, der „Streiter für die modernen Volksrechte", verbunden mit einem bürgerlich-liberalen Geschichtsbild, welches das historische Erbe der Deutschen den Mächten der Vergangenheit, Adel und katholi-scher Kirche, entwand und dem Volke zurückgab.

Geschichtsdeutung als Waffe im Dienste der deutschen Nation, ein Geschichtsschwert, durch „volksthümliche" Poesie geschärft und deshalb vom „Volk" angenommen – darin sah Treitschke den bleibenden Ruhm Uhlands begründet. Deshalb verzieh er ihm, Preußens deutsche Mission, „dem Urgrunde alles Uebels in Deutschland, der Fremdherrschaft Oesterreichs" den Boden zu ent-ziehen, nicht erkannt zu haben. Darüber werde die Zeit hinweg-gehen, doch fortleben werde „das Bild des Mannes Uhland, der, menschlich irrend doch in hohen Ehren, manchen wuchtigen Stein hinzugetragen hat zu dem Neubau des deutschen Staates." 100 Jahre später zeichnete ein Festredner ein Bild, das in den Grundzügen un-verändert war: Uhland – „einer der Einiger seines Volkes", „das Schöpfung gewordene politische Bedürfnis des Bürgers".[6] Doch wel-

ches „Volk", welche „Schöpfung" hatte er vor Augen? Und was erreichte er?

Als seine schwäbische Heimat Uhland 1848 zum Abgeordneten
der Frankfurter Nationalversammlung wählte, war sein Ruhm als
Poet und als Politiker längst fest begründet, geschaffen im glückli-
chen Augenblick einer historischen Zeitenwende, ausgelöst durch
die Französische Revolution und fortgeführt durch Napoleon. Das
Heilige Römische Reich Deutscher Nation wich einem neuen
Deutschland, das seine politische Ordnung erst noch finden mußte.
In dieser Zeit des raschen Wandels hatte Uhland mit seinen ‚Vaterländischen Gedichten' (1816/17) in die württembergischen Verfas-
sungskämpfe eingegriffen. Der Sänger des „alten guten Rechts"
wurde zum Inbegriff des politischen Dichters. Als Poet verstummte
Uhland jedoch bald, und daß er als handelnder Politiker an den Verhältnissen scheiterte, unterschied ihn nicht von den anderen Früh-
liberalen. Deren Hauptziel teilte er: ein Staat, dessen Verfassung alle
– König, Beamte und Bürger – gleichermaßen bindet und dessen Fi-
nanzen vom Parlament beschlossen werden. Doch während andere
den zähen Weg der kleinen und kleinsten Reformschritte auf sich
nahmen, zog sich Uhland aus dem württembergischen Landtag stets
zurück, wenn die „Witterung der Zeit"[7] sich seinen Hoffnungen ver-
schloß. Zweimal ließ er sich wählen, 1819 und 1832, und beide Male
lehnte er eine erneute Wahl ab – bewerben mußte sich Uhland nie,
er wurde von den Wählern gebeten. Am „Scheine eines Verfas-
sungslebens" mitzuwirken, überließ er den „Ultras der Mäßigung
und Radikalen der Genügsamkeit", die in den entwerteten „Verfassungen der deutschen Staaten zweiten und dritten Ranges...
hauptsächlich noch eine großartige Beförderungsanstalt zum und im
Staatsdienst erkennen."[8] Mit ihnen wollte er sich nicht gemein machen. Seine Enttäuschung, in Württemberg nichts bewegen zu können, trug dazu bei, daß er seine Reformhoffnungen mehr und mehr
auf einen deutschen Nationalstaat setzte. In den Einzelstaaten sei
man an die „Grenze einer liberalen Wirksamkeit" gestoßen. Im „Ab-
sterben des kleinstaatlichen Verfassungswesens" kündige sich die
künftige Gestalt des „größeren vaterländischen Staates" an, vorge-
bildet in der „geistigen Einheit in Sprache, Wissenschaft, Kunst, geschichtlicher Erinnerung", im „Fortschritte der merkantilischen und
neuerlich auch der militärischen Einigung".[9]

Wie bei so vielen in seiner Zeit, speiste sich Uhlands Fortschritts-
sicherheit aus einer Vergangenheitsdeutung, die von Zukunftshoff-

nungen lebte. Sein Blick in die Geschichte erfand eine Einheit, die wiederzugewinnen die große Aufgabe der Deutschen sei. „Volk" und „Vaterland" als Garanten der nationalen Zukunft – diese politische Botschaft las er aus dem ‚deutschen Altertum': „ein freies, großes Deutschland, lebenskräftig und in Einheit gehalten, wiedergeboren aus dem ureigensten Geiste des deutschen Volkes".[10]

„Volk" umschreibt in Uhlands Denken nicht gesellschaftliche Wirklichkeit, sondern eine ideale Größe. Geschöpft wurde sie aus der Geschichte, doch zum politischen Maßstab erhoben, verlangte sie nicht Restauration des Vergangenen, sondern Veränderung des Bestehenden. Aus Vergangenheitslob erwuchs Gegenwartskritik. Diese Geschichtspolitik forderte jedoch ihren Preis: Weil sie ihr Reformprogramm historisch beglaubigt wähnte, entwickelte sie eine Radikalität, die Abstriche vom historischen ‚Recht' auch dort verweigerte, wo der Blick zurück nicht mehr half, Zukunft zu gestalten. Diese zwei Gesichter einer politischen Unbeugsamkeit, die schon Zeitgenossen an Uhland bewunderten und auch die Nachwelt preist, zeigten sich in der Revolution 1848/49 unverhüllt. Uhland wurde zum Demokraten, der im Kampf für einen freiheitlichen deutschen Nationalstaat kompromißlose Entschlossenheit verlangte und sie selber bewies. Doch er wurde auch blind für Konflikte, die entstehen mußten, wenn rivalisierende historische Ansprüche aufeinanderprallten. Dies geschah in den Revolutionsjahren überall dort, wo Nationen um Territorien konkurrierten. Demokratische Kampfbereitschaft im Innern und Kriegsbereitschaft nach außen konnten Hand in Hand gehen. An Uhland läßt sich erkennen, daß dieses Janusgesicht des demokratischen Nationalismus eine gemeinsame Wurzel hat: die Berufung auf das „Volk" als einen Geschichtsmythos, der in der Revolution zum politischen Programm wird.

Schon aus der Adresse, die Uhland Anfang März 1848 für die Tübinger Bürgerschaft entwarf, spricht die Zwiespältigkeit der „Volksehre", auf der alle Forderungen aufbauen.[11] „Das große Grundgebrechen unseres deutschen Gesamtvaterlandes läßt sich in wenige Worte fassen: es fehlt die volksmäßige Grundlage, die freie Selbsttätigkeit des Volkes, die Mitwirkung seiner Einsichten und Gesinnungen bei der Bestimmung seines staatlichen Lebens." Um dieses „politische Grundübel" zu beseitigen, stimmte Uhland einem innenpolitischen Reformprogramm zu, das überall Liberale und Demokraten erhoben: ein gesamtdeutscher Bundesstaat mit einem nationalen Parlament, das aus einer „Volkswahl" hervorgehen soll;

Presse-, Vereins- und Versammlungsfreiheit; Öffentlichkeit der Gerichtsverhandlungen; „Unabhängigkeit der Gemeinden und Bezirkskörperschaften". Hinzu trat die Forderung nach „allgemeiner Volksbewaffnung", die gewährleiste, „daß nur solch Kriege geführt werden, die das Volk für nötig erkennen muß". Uhland entwickelte schon zu Beginn der Revolution, als Europa noch auf einen „Völkerfrühling" hoffte, ein nationales Programm, das die „Volksehre" auf „Schutz und Schirm" deutscher Grenzen festlegte. Ein demokratisches Deutschland werde dem „Volke, das von der heiligen Pflicht durchdrungen ist, seinem vielgefährdeten Boden nicht eine Spanne weit entreißen zu lassen", die Sicherheit bieten, „daß es nicht als willenloses Werkzeug diplomatischer Verwickelungen die Waffen ergreife". Nur ein freies Volk kenne das „begeisternde Bewußtsein, für eine auch politisch würdige Stellung unter den gesitteten Völkern mit Gut und Blut einzutreten".

Das neue Deutschland, in Demokratie geeint, rüste sich nur zur Verteidigung, „nicht um herauszufordern", davon zeigte sich Uhland überzeugt. Doch wo verläuft die Grenze zwischen Verteidigung und Herausforderung, wenn beide Seiten die Geschichte als Waffe nutzen? Aus Uhlands Antwort sprach die Eindeutigkeit dessen, der sich mit dem historischen Recht im Bunde sah und deshalb keine Bedenken kannte, die Kapitulation des Gegners zur nationalen Ehrensache zu erklären.

Das explosive Gemisch von demokratischen und territorialen Forderungen entlud sich in mehreren Krisenzonen. Am stärksten in Schleswig und Holstein, wo auch Gegner einer preußischen Führung im deutschen Nationalstaat auf die militärische Kraft Preußens im Krieg gegen Dänemark setzten. Beide Seiten, die dänische und die deutsche Nation, untermauerten ihre Gebietsansprüche mit Geschichtsdeutungen. Weitaus schwieriger war es für die deutsche Nationalbewegung, im Zusammenprall mit der polnischen ihren machtpolitischen Zugriff nach dem Großherzogtum Posen mit einer historischen Begründung zu verhüllen. Vor 1848 hatte es zur Ehrenpflicht deutscher Liberaler und Demokraten gehört, sich für die Wiederherstellung eines polnischen Staates zu begeistern und polnische Exilanten zu unterstützen. In der Revolution veränderte sich jedoch die Situation völlig. Jetzt ging es darum, ob die deutsche Nation im Augenblick ihrer Einigung auf Gebiete verzichten sollte, die staatlich seit den polnischen Teilungen des 18. Jahrhunderts zu Preußen zählten, historisch aber Kerngebiete der polnischen Nation waren, die 1848 auf ihre „Wiedergeburt" als Staat hoffte. Die deutsche Nationalbewegung und ihre parlamentarischen Repräsentanten entschieden sich mehrheitlich wie die preußische Regierung gegen einen polnischen Staat. Uhland, einer der „Schweigsamen in der Paulskirche", wie ihn Treitschke treffend genannt hat,[12] äußerte sich in diesem Konflikt nicht als Redner, doch er handelte. Seine Abstimmungen trugen dazu bei, alle Versuche von demokratischen Abgeordneten scheitern zu lassen, das preußische Großherzogtum Posen, das nie dem Deutschen Bund angehört hatte, aus dem entstehenden deutschen Nationalstaat herauszuhalten. Uhland verweigerte dem Antrag, die deutsche Nationalversammlung möge die „Theilungen Polens für ein schmachvolles Unrecht" erklären und „die heilige Pflicht des deutschen Volkes [...] zur Wiederherstellung eines selbständigen Polens" anerkennen, ebenso seine Stimme wie den Bemühungen, deutsche Ansprüche auf Posen zumindest zu begrenzen.[13] Im Konflikt zwischen den territorialen Ansprüchen der deutschen und der polnischen Nationalbewegung gab Uhland seine Leitidee von der Geschichte als Legitimitätsquell für die Gegenwart preis. Vielleicht schwieg er deshalb und hob lieber schweigend die Hand zur Abstimmung. Er redete in der Paulskirche erst, als er sich wieder in Übereinstimmung mit seinem Geschichtsbild wußte. Nun hielt er zwei große Reden. Sie bewirkten nichts, festigten aber den Ruhm des politisch ständig Scheiternden.

In beiden Reden verschmolz Uhland erneut sein Verlangen nach innerer Reform und äußerer Größe zur unnachgiebigen Einheit. Am 26. Oktober 1848 widersprach er in der Paulskirche leidenschaftlich dem Ausschluß Österreichs aus dem deutschen Nationalstaat.[14] Sein Appell blieb ohne Erfolg, denn eine knappe Mehrheit der Nationalversammlung rang sich schließlich zu einem Deutschland ohne die alte Kaisermacht Österreich durch. Sich mit diesem „Kleindeutschland" zu bescheiden, konnte die staatliche Verdichtung Mitteleuropas für die europäischen Nachbarn erträglich machen. Ein „Großdeutschland" unter Einschluß Österreichs hingegen hätte die Machtverhältnisse in Europa revolutioniert. Zu erreichen wäre dieses ‚historische Deutschland' nur gegen Habsburg gewesen, denn die Habsburgermonarchie hätte in ein deutsches Österreich und einen ungarisch-slawisch-italienischen Teil zerlegt werden müssen. Daß die habsburgische Staatsspitze dem nicht friedlich zustimmen würde, hatte sie mit ihrem militärischen Eingreifen in Ungarn, Böhmen und Italien längst bewiesen. Es hieß also, Europa und Habsburg den Fehdehandschuh hinzuwerfen, wenn Uhland an die Nationalversammlung appellierte: „Wir sind hierher gesandt, die deutsche Einheit zu gründen, wir sind nicht gesandt, um große Gebiete und zahlreiche Bevölkerungen von Deutschland abzulösen, Gebiete welche durch Jahrhunderte deutsches Reichsland waren, welche auch in den trüben Tagen des Deutschen Bundes deutsches Bundesland waren. Nur die Fremdherrschaft, nur die Zeit der tiefsten Schmach hat Deutschland zerrissen, jetzt aber soll der Tag der Freiheit, der Tag der Ehre aufgehen, und jetzt steht es uns nicht an, mit eigenen Händen das Vaterland zu verstümmeln."

Uhland verlangte, das staatenbündische Deutschland des Wiener Kongresses in einen Bundesstaat zu verwandeln, erweitert um Gebiete wie Schleswig und Posen, auf die ‚historisches Recht' oder machtpolitischer Anspruch erhoben wurde.

Den kleindeutschen Nationalstaat vertraglich in eine besondere Beziehung zu Österreich zu setzen, lehnte Uhland in bildreicher Sprache entschieden ab: Ein solcher Vertrag wäre „die Bruderhand zum Abschied". Nicht „Laterne für den Osten", sondern „Pulsader zu sein im Herzen Deutschlands" – darin sah Uhland Österreichs historische Aufgabe, jüngst revolutionär beglaubigt durch die „frischen Wunden der März- und Maikämpfe". Das Blut der Geschichte und der Gegenwart als Garant für die Zukunft: „Man sagt, die alten Mauerwerke seien darum so unzerstörbar, weil der Kalk mit Blut gelöscht sei – Österreich hat sein Herzblut gemischt in den Mörtel zum Neubau der deutschen Freiheit. Österreich muß mit uns sein und bleiben in der neuen politischen Paulskirche." Die Repräsentanten der deutschen Nation sollen die Form schaffen, „in die das siedende Metall sich ergießen kann, damit die blanke, unverstümmelte, hochwüchsige Germania aus der Grube steige".

Uhlands Radikalität, mit der er alle Argumente zurückwies, die nach der europapolitischen Realisierbarkeit großdeutscher Hoffnungen fragten, hatte auch eine Innenseite. Das alte Europa war auf dem „dynastischen System" aufgebaut, und das sei nun „zur Neige gegangen". Als die „großen Hebel der jetzigen europäischen Bewegung" erkannte Uhland den „politischen" und den „nationalen", beide untrennbar verzahnt: Die nationale Idee fordert politische Demokratie, und die Demokratie fordert den nationalen Staat. In dieser Zangenbewegung werde das alte Habsburg, dynastisch und deshalb übernational, zerrieben zwischen den Nationen, die nun Selbstbestimmung verlangen. Uhland billigte das „Nationalgefühl", das jetzt in der „Volksmasse" der Slawen „hoch aufgeglüht ist". Er bestritt nicht deren Anspruch auf politische Mitwirkung im habsburgischen Reich, wollte aber das deutsche Österreich aus dem Machtbereich der „slawischen Mehrzahl" herauslösen. Die Dynastie sei dazu nicht mehr in der Lage. Deren Gestaltungskraft hielt Uhland für historisch überholt, und deshalb müsse sie den Kräften der Zukunft, Demokratie und Nation, weichen. Im „Volk", nicht in der Dynastie, sah Uhland die Brücke zwischen Vergangenheit und Zukunft, denn in seinem Geschichtsbild knüpfte das „Volk" der Gegenwart an historische Vorbilder an und wurde durch sie ins Recht gesetzt. Über diese demokratische Kehrseite seines nationalpolitischen Programms sprach Uhland am 22. Januar 1849 in seiner zweiten und letzten großen Rede in der Paulskirche.[15]

Es ging um die Frage, ob der deutsche Nationalstaat einen preußischen Erbkaiser als Oberhaupt erhalten sollte. „Republik" oder „konstitutionelle Monarchie" – diese Grundsatzkontroverse hatte die deutsche Revolutionsbewegung zutiefst gespalten. Wer sich als Demokrat bekannte, forderte einen republikanischen Nationalstaat oder – falls dieses Ziel nicht zu erreichen sein sollte – einen durch Verfassung und Parlament gezähmten Monarchen, einen „König ohne Eigenschaften", wie Rudolf Virchow ihn genannt hat. Diesen Kompromiß einer „demokratischen Monarchie" lehnten die Liberalen entschlossen ab. Sie wollten den Monarchen als Garanten der „bürgerlichen Gesellschaft", als letztes Bollwerk im Ausnahmezustand, den sie in der Revolution als akute Gefahr sich ankündigen sahen.

Uhland war frei von solchen bürgerlichen Sozialängsten. Er plädierte für die „periodische Wahl des Reichsoberhauptes durch die Volksvertretung". Auch hier suchte er wieder Rückhalt in der Geschichte, wie er sie verstand. Die konstitutionelle Monarchie sei in England entstanden. „Die deutschen Wahlkönige, erblich, solange das Geschlecht tüchtig war", hob er vom englischen Weg ab. In den deutschen Einzelstaaten wollte er die „konstitutionell-monarchischen Verfassungen" erhalten, allerdings demokratisiert durch die Abschaffung von Standesvorrechten und die „Einführung freisinniger Wahlgesetze". Der Nationalstaat hingegen, aus einer „mächtigen Volksbewegung" entstehend, müsse sich aus dem „eigenen Geiste die [...] angemessene Form schaffen". „Die Wurzel ist [...] eine demokratische", und ihr ist die politische Ordnung des Nationalstaates anzupassen.

Uhlands Programm zielte auf einen bürgerlichen Nationalstaat, der die monarchischen Überreste entmachten und zugleich die von den Liberalen beschworene Gefahr einer Überwältigung der Gesellschaft durch „rohe Gewalt" bannen würde. Dazu brauche das neue Deutschland „bedeutende politische Charaktere", und sie entstünden nur „durch Wahl, nicht durch Erbgang". Nur „Volksmänner" vermögen „in der ganzen Größe bürgerlicher Einfachheit durch den Adel freierer Gesinnung[...] die verwilderte Leidenschaft in die rechte Strömung zu lenken". Weil er einen demokratischen Nationalstaat schaffen wollte, sprach sich Uhland ohne Wenn und Aber gegen eine erbliche Nationalmonarchie aus. „Die Revolution und ein Erbkaiser – das ist ein Jüngling mit grauen Haaren."

Nachdem er dieses in der demokratischen Öffentlichkeit immer wieder aufgegriffene Bild vom Erbkaiser als ergrautem Jüngling sprachmächtig gezeichnet hatte, wandte sich Uhland erneut gegen Österreichs Ausschluß aus Deutschland, der durch einen preußischen Nationalkaiser unwiderruflich werde. Er plädierte wider die „stümperhafte Einheit, die ein Drittel der deutschen Länder außerhalb der Einigung läßt", wider einen Nationalstaat, bei dem man „fort und fort den Reichsapfel abschälen [könnte], bis zuletzt Deutschland in Li[e]chtenstein aufginge".

Uhland wollte einen nationalen „Dombau" mit zwei Türmen, einem preußischen und einem österreichischen, gebaut auf unverrückbarem demokratischen Fundament. Diese Vision eines großdeutschen demokratischen Nationalstaates schloß Uhland mit einem pathetischen Appell, dessen Schluß rasch zum geflügelten Wort in der politischen Sprache wurde: „meine Herren, verwerfen Sie die Erblichkeit, schaffen Sie keinen herrschenden Einzelstaat, stoßen Sie Österreich nicht ab, retten Sie das Wahlrecht, dieses kostbare Volksrecht, dieses letzte fortwirkende Wahrzeichen des volksmäßigen Ursprungs der neuen Gewalt! Glauben Sie, meine Herrn, es wird kein Haupt über Deutschland leuchten, das nicht mit einem vollen Tropfen demokratischen Öls gesalbt ist!"

An diesem Demokratisierungsprogramm hielt Uhland unbeirrt fest. Er zog sich im Unterschied zu vielen anderen Abgeordneten nicht aus der Nationalversammlung zurück, als diese mit der Ablehnung der deutschen Kaiserkrone durch den preußischen König das Haupt verlor, das sie sich aufsetzen wollte. In einem von Uhland entworfenen Aufruf wandten sich die ausharrenden Abgeordneten am 26. Mai 1849 an das deutsche Volk, sein eigenes Werk nicht im Stich

zu lassen. Sie forderten Nachwahlen zur Nationalversammlung und
Aufstellung von „Volkswehren", die mit dem stehenden Heer auf die
Reichsverfassung verpflichtet werden sollten. Als dieser Versuch
mißlang, die Revolution unter Leitung der deutschen Nationalversammlung fortzuführen, ging ein Rest der Abgeordneten als
„Rumpfparlament" nach Stuttgart. Vor einem solchen „Winkelkon-
vent"[16] hatte Uhland gewarnt, trat ihm aber bei, um die ausharrenden Repräsentanten der deutschen Nation nicht im Stich zu lassen
und deren Rechtsposition für die Zukunft zu wahren.

Uhland harrte bis zum bitteren Ende aus. Er löste ein, was er zu
Beginn der Revolution vor Tübinger Bürgern, die ihn mit einem
Fackelzug ehrten, gefordert hatte: „Halten wir fest zusammen für
unser Recht und unsere Freiheit, aber wachen wir auch, daß wir un-
befleckt und treu aus dem Kampf hervorgehen."[17] Diese Prinzipientreue hatte schon die Zeitgenossen beeindruckt, selbst wenn sie Uhlands großdeutsche Nationalpolitik für falsch hielten, und auch die
Nachwelt stimmte in diese Bewunderung ein. Gepriesen wurde jedoch ein Vereinsamter, der die Zeit nicht mehr verstand. Keiner der
Parlamentsfraktionen schloß er sich an. Sie waren es, die binnen
kurzem ein funktionsfähiges Parlament schufen. Uhland sah in ihnen
lediglich eine unheilvolle Spaltung der Nation und eine Entmündi-
gung des nur seinem Gewissen verpflichteten Abgeordneten. Er
wollte in freier Rede überzeugen und – wohl seltener – überzeugt
werden. Daß organisierte Gruppierungen die Parlamentsarbeit be-
stimmen, widersprach seiner Vorstellung von Politik.[18]

Uhlands Zukunftsmodell war eine vorindustrielle Bürgergesellschaft. Die Zerklüftungen der entstehenden Klassengesellschaft,
welche die Liberalen auf einem starken Monarchen für den Ausnahmezustand beharren ließen, nahm er nicht mehr wahr. Seine Vorstellung vom deutschen „Volk" schöpfte er aus zwei Quellen: aus einem Geschichtsbild, das in der Vergangenheit die Rechtfertigung für
eine demokratische Gegenwart suchte; und aus der überschaubaren
kleinräumigen Lebenswelt seiner schwäbischen Heimat, die er nur
selten verlassen hatte. „Volk" hieß für ihn: die Staatsbürgergesell-
schaft politisch gleichberechtigter Männer, durch gemeinsame Geschichte und kulturelle Normen miteinander verbunden und sozial
nicht durch allzu große Unterschiede von Bildung und Besitz unterschieden. Diesem „Volk" traute er eine verantwortungsvolle Politik
zu – im Innern und nach außen. In den Revolutionsjahren zerbrach
dieses altbürgerliche Politik- und Gesellschaftsmodell. Innenpoli-

tisch hatte Uhland diesen Bruch jedoch nicht mitvollzogen – deshalb seine demokratische Prinzipientreue, unbelastet von den Sozialängsten vieler Liberaler, die das Neue erkannten. In der Nationalpolitik allerdings hatte auch Uhland bereits die Schwelle in die neue Zeit überschritten: Der deutsche Nationalstaat, den er ersehnte, war demokratisch, aber von einem imperialen Machtbewußtsein, das auf Konflikte mit europäischen Nachbarn zulief. Nation und Demokratie sah Uhland als Verbündete im Kampf für die Zukunft, doch in der politischen Realität trug er dazu bei, sie zu entzweien. Dies haben die Zeitgenossen nicht beanstandet, und die Nachwelt tat es selten.

Uhlands Ruhm wuchs, und er stieg nach der Revolution zum bürgerlichen Nationalhelden auf, obwohl er mit allen politischen Visionen scheiterte. Möglich war dies wohl nur, weil Uhland zum Sinnbild einer untergegangenen Epoche wurde, einer Epoche, die noch zu vereinen schien, was dann zerfiel: Poet, Wissenschaftler und Politiker, Staatsbürger aus der schwäbischen Provinz und Repräsentant der deutschen Nation, handelnder Abgeordneter und prinzipienfester Demokrat, der sich aus der Politik zurückzog, als liberale Bürger die „Realpolitik" zu ihrem Programm erhoben. Uhland – ein Unzeitgemäßer, in dessen Scheitern verlorene Hoffnungen weiterlebten, die jede Zeit neu ausfüllte, sei es national-aggressiv oder demokratisch-oppositionell oder auch beides miteinander verbunden.

Arnold Ruge:
Kavalleriegeneral der Hegelei

Von Peter Wende

Arnold Ruge war Mitglied der Deutschen Nationalversammlung vom 18. Mai bis zum 10. November 1848. Obwohl damals in Leipzig tätig, vertrat er als Abgeordneter den Wahlkreis Breslau. Er zählte damit zu jenen, die bereits vor dem Ausbruch der Revolution über eine politische Reputation verfügten, die es ihnen gestattete, überall dort in Deutschland zu kandidieren, wo politisch aufgeklärte Wähler ihre Stimmen abgaben. Wer in den Ereignissen des Frühjahrs 1848 eine Chance für den Aufbruch der Demokratie erblickte, der konnte guten Gewissens Arnold Ruge wählen, denn dieser hatte sich als unermüdlicher Kämpfer nicht nur gegen die herrschenden Zustände, sondern auch gegen die politische Halbherzigkeit liberaler Opposition einen Namen gemacht. Er zählte somit zu dem auf der politischen Bühne Deutschlands relativ neuen und kleinen Kreis der politischen Intellektuellen und unterschied sich damit, obwohl selbst habilitierter Privatdozent, durchaus von den zahlreichen eher behäbig-bedächtigen Gelehrten, die in dem sogenannten „Professorenparlament" die Abgeordnetenbänke drückten.

Wie der um eine Generation ältere Ernst Moritz Arndt war auch Ruge auf Rügen geboren worden, im Jahr 1802, als der Sohn eines Gutsverwalters und einer Bäckerstochter. Zum Glück erhielt der Junge die Chance zu einer akademischen Ausbildung, die er weidlich nutzte. Seit 1821 studierte er, zunächst wie so viele Aufsteiger – man denke nur an den jungen Fichte – Theologie in Halle. Doch schon bald wechselte er über zur klassischen Philologie und ging zunächst für ein Jahr nach Jena und 1823 nach Heidelberg, beides Universitäten, die im Zusammenhang mit der nach den Befreiungskriegen verstärkt einsetzenden Politisierung der deutschen Studenten eine herausragende Rolle gespielt hatten. Zwar waren politische Verbindungen im allgemeinen und die deutsche Burschenschaft im besonderen seit den Karlsbader Beschlüssen 1819 verboten, aber im verborgenen wurde weiterhin diskutiert und konspiriert, besonders in

Arnold Ruge (1802–1880)

der Nachfolge der sogenannten Gießener Schwarzen. Schon bald gehörte Ruge jenem kleinen Kreis politischer Utopisten an, die sich als Geheimbund der *Jungen* den politischen Umsturz Deutschlands zum Ziel gesetzt hatten. Man las Fichtes ‚Reden an die Deutsche Nation‘, studierte vaterländische Geschichte, verachtete Goethe und pilgerte in die Schweiz, an die Stätte des Rütli-Schwurs. Dort war zwar – wie sich Ruge später erinnert – „nicht viel zu sehen, aber aufgeregt und gerührt fielen wir uns in die Arme und riefen aus: ‚Wir wollen frei sein wie die Väter waren‘. Auf diesem heiligen Boden gelobten wir einander, wir wollten für die Wiedergeburt des Vaterlandes leben und sterben."[1]

Ruge hat für diese politischen Schwärmereien bitter büßen müssen, denn die politische Polizei nahm auch im geheimen abgegebene Bekenntnisse zur Revolution ernst. Anfang Januar 1824 wurde Ruge in Heidelberg verhaftet und im Schnellverfahren von einer Sonderkommission des Berliner Kriminalgerichts wegen „Teilnahme an einer das Verbrechen des Hochverrats vorbereitenden geheimen Verbindung" zu 15 Jahren Festung verurteilt. Bis zum 1. Januar 1830 verbüßte er diese Strafe auf der Festung Kolberg, dann wurde er aufgrund eines königlichen Erlasses begnadigt. Ruge nutzte die Zeit, sich akademisch fortzubilden, durch ein intensives Studium der griechischen Klassiker, und so habilitierte er sich bereits kurz nach der Entlassung 1831 an der Universität Halle mit einer Abhandlung zur platonischen Ästhetik. Von der Politik, so schien es, war er kuriert; die französische Julirevolution und ihre Auswirkungen auf Deutschland ließen ihn unberührt. Sein Interesse galt vielmehr nun der Philosophie, vor allem der Hegels, die er zwei Jahre lang intensivst studierte. Dabei fand er schließlich durch die Philosophie, d. h. über die philosophischen Kontroversen, die im Lager der Hegelnachfolger ihren Ursprung hatten, in die Politik zurück. Schon bald gehörte Ruge, wie auch Karl Marx oder die Gebrüder Bauer, zur ,Hegelschen Linken', die aus der Philosophie des Meisters neue, revolutionäre Lehren zogen.

In diesem Zusammenhang übernahm Ruge die Grundidee der Philosophie Hegels, derzufolge die Geschichte unter dem Prinzip des Fortschritts steht, indem sie das Fortschreiten des Weltgeistes im Bewußtsein der Freiheit darstellt. Diese Entwicklung folgt dem Gesetz des dialektischen Dreisprungs, in dem der Gegensatz von These und Antithese auf einer höheren Stufe des Prozesses durch die Synthese aufgehoben ist. Dieser Prozeß habe, so wirft Ruge dem Meister vor, für Hegel in der gegenwärtigen Realität des preußischen Staates seine Vollendung erfahren, und hier nun setzt die Kritik der radikalen Hegelschüler ein. Statt die Wirklichkeit der Gegenwart als vernünftig zu begreifen, gelte es vielmehr, die eigene Zeit und deren Errungenschaften weiterhin mit dem Maßstab der unbestechlichen Vernunft zu messen. Denn die Freiheit als Ziel der Geschichte sei nicht verwirklicht in der Freiheit, d. h. der Unabhängigkeit und Macht des preußischen Staates, sondern werde erst in der Freiheit aller Staatsbürger, d. h. der Demokratie vollendet. Die Selbstbestim-

mung des Staates sei nicht von der Selbstbestimmung des Individuums zu trennen, hebe diese nicht auf, sondern die Staatssouveränität
könne nur als Volkssouveränität im Sinne des Fortschritts ge-
schichtsmächtig sein. Ähnlich hatte es auch der zeitweilige Kampf-
und Weggenosse Marx formuliert, daß nämlich hinfort es die Aufgabe der Philosophie sei, nicht die Welt zu verstehen, sondern zu ver-
ändern. Hier nun wird der Denker, der Philosoph, der Intellektuelle
zum praktischen Politiker: indem er die Unvollkommenheit beste-
hender Zustände und damit die Notwendigkeit zur schöpferischen
Tat aufzeigt. Am Anfang aller Politik steht somit Kritik und daher ist,
wie Ruge selbst schreibt, „der Inhalt [...] meiner Schriften überall die
Opposition".[2] Und damit diese Kritik wirksam werde, gehört diese
Philosophie als politische Opposition nicht mehr ins stille Kämmer-
lein des einsamen Denkers, sondern auf den Marktplatz der öffentlichen Meinung, um hier durch unermüdliches Wirken die Zeitgenossen auf das schwierige Geschäft der Realisierung der Freiheit in
der Demokratie vorzubereiten.

Und so führte der Weg Ruges notwendig auf das Feld der politischen Publizistik. Im Jahre 1838 begründete er gemeinsam mit seinem Freund und Kollegen Theodor Echtermeyer die *Hallischen
Jahrbücher für Deutsche Wissenschaft und Kunst*, das wichtigste Organ
der junghegelianischen Kritik. Zuvor hatte Ruge eine Rundreise zu
allen namhaften deutschen Universitäten unternommen und zahlreiche führende Gelehrte als Mitarbeiter gewonnen. Aber der politische
Charakter der Zeitschrift, besonders solcher Beiträge wie derjenige
Ruges ‚Über Gegenwart und Zukunft der Hauptmächte Europas'
oder das berühmte, gemeinsam mit Echtermeyer verfaßte Manifest
‚Der Protestantismus und die Romantik', blieb der allzeit wachen
staatlichen Zensur nicht verborgen. Da die Herausgeber als echte
Hegelianer in erster Linie auf Preußen setzten, d. h. durch ihre Kritik der preußischen Zustände dieses auf den Weg des politischen
Fortschritts zu bringen suchten, sahen sie sich alsbald gezwungen,
preußischen Boden zu verlassen. 1841 zog die Redaktion nach Dresden um, die Zeitschrift erschien nun unter dem Titel *Deutsche Jahrbücher für Wissenschaft und Kunst*, bis das Blatt 1843 auch von der
sächsischen Zensur verboten wurde.

Da im selben Jahr auch die von Karl Marx redigierte *Rheinische Zeitung* ihr Erscheinen einstellen mußte, beschlossen beide – man
pflegte seit über einem Jahr regen brieflichen Kontakt – fortan von
Paris aus das Geschäft der Opposition gegen deutsche Zustände zu

betreiben, und zwar auf der Basis einer „intellektuellen Allianz" des Fortschritts zwischen Deutschen und Franzosen. Im Oktober 1843 traf man sich in der französischen Hauptstadt und beschloß die Gründung der *Deutsch-Französischen Jahrbücher*. Da die Kooperation schon bald in einem endgültigen Zerwürfnis endete, das sowohl sachlichen wie persönlichen Differenzen entsprang, publizierte man lediglich einen einzigen Band, der allerdings die wichtigen Aufsätze des jungen Marx zur Kritik der Hegelschen Rechtsphilosophie und zur Judenfrage enthielt. Ruge selbst hatte außer der Einleitung lediglich einen Briefwechsel beisteuern können und schrieb später verbittert: „Gleich die ersten Hefte fielen in den entschiedendsten Kommunismus [...]."³ Dementsprechend stand für ihn die Pariser Zeit ganz im Zeichen einer intensiven Auseinandersetzung mit der neuen kommunistischen Lehre, die er als „die dümmste aller Dummheiten" verdammte, da sie in der Praxis auf ein „niederträchtiges Schafsstalleben" hinauslaufe.⁴

Im April 1845 verläßt er enttäuscht Paris und siedelt nach Zürich über, denn von den preußischen Polizeibehörden wird steckbrieflich gesucht: „Dr. A. Ruge: Gestalt: gedrungen, 5 Fuß 5 Zoll, Alter ca. 50 Jahre. Haare: blond und dünn. Augen: lebendig, blau oder blaugrau. Stirn: etwas hoch und rund. Nase: stumpf. Mund: klein, etwas starke Lippen. Gesicht: rund, etwas bleich, doch nicht kümmerlich. Sprache: fließend, deklamatorisch, mit einiger Schärfe im Ton, doch ohne eigentlichen Nasenlaut. In neuerer Zeit soll er sein Barthaar haben wachsen lassen."⁵

In Zürich arbeitet Ruge eng mit seinem Gesinnungsgenossen Julius Fröbel zusammen und beginnt die Edition seiner gesammelten Werke vorzubereiten. Allerdings sieht er sich auch hier, wie schon in Paris, alsbald in jenes Emigrantengezänk verwickelt, das auf dem Boden politischer Frustration so trefflich gedeiht und in dem sich „gottlose Nichtswüteriche" als „Kälberschwänze", als „Tropf, Klotz oder Stallknecht" beschimpfen.⁶ All dies bestärkt ihn in seiner Absicht, nach Deutschland zurückzukehren, und so lebt er seit dem Sommer 1846 wieder in Leipzig. Hier nun wartet er auf jene Zeitenwende, die er immer wieder in seinen Schriften beschwor, da er die feste Überzeugung hegte, daß sie unmittelbar bevorstünde. Und dementsprechend überschwenglich begrüßt er den Ausbruch der französischen Februarrevolution als „europäische Befreiung", als „das größte Ereignis der Weltgeschichte".⁷ Von nun an ist er rastlos politisch tätig, in jenem Sinne, in dem seiner Ansicht nach der Philosoph zu wirken hat, indem er nämlich die politische Wahrheit lauthals auf dem Marktplatz den Bürgern verkündet. Denn – und dies bleibt seine unerschütterliche Überzeugung – sobald das Volk erst einmal über seine historische Rolle aufgeklärt sei, werde nichts mehr dem historischen Fortschritt, d. h. der Realisierung der allgemeinen Freiheit im Wege stehen. Konkret heißt dies für den Publizisten und Agitator Ruge, daß die Demokratie sich durchsetzen werde, sobald sie in öffentlichen Debatten ihren bewußten Ausdruck gefunden habe. Und diese Diskussion findet nun statt in jenen zahllosen Versammlungen, auf denen Ruge als unermüdlicher Redner auftritt.

Doch die Hauptrolle in jenem Stück zu spielen, das die demokratische Bewegung auf der politischen Bühne in Leipzig nun inszenierte, blieb Ruge versagt. Hier war und blieb der ehemalige Schuster und Theaterkassierer Robert Blum als populärer Mann des Volkes der unbestrittene Protagonist. Zwar gelang es Ruge, am 29. April zum Präsidenten des Leipziger Polenclubs gewählt zu werden, und bereits zuvor hatte er mit der Gründung der Zeitschrift *Die Reform* das maßgebliche Organ der deutschen Demokratie geschaffen. Doch als es um die Kandidatur für die Wahlen zur deutschen Nationalversammlung ging, hatten seine ‚Parteifreunde' seine vorübergehende Abwesenheit von Leipzig genutzt, um seinen Namen von der Liste der Kandidaten zu streichen. Statt dessen wurde er nun mit Unterstützung der Breslauer Demokraten in das Paulskirchenparlament gewählt, vor allem auf Grund seines am 16. April in der *Reform* veröffentlichten ‚Wahlmanifestes für eine radikaldemokratische Reformpartei für Deutschland'. In diesem waren zugleich die Grundsätze und Richtlinien formuliert, welche für die Politik der äußersten Linken der Nationalversammlung, des sogenannten *Donnersbergs*, in Zukunft maßgebend sein sollten und in denen die Realisierung der Revolution durch radikale Reformen gefordert wurde. Zwar sei, so lautet der späterhin berühmte Satz, das Volk „überall in ganz Deutschland vor den Thronen stehen geblieben",[8] aber für den künftigen deutschen Gesamtstaat gelte es nun, die Republik zu verwirklichen. Dieses war und blieb das erklärte Ziel Ruges und seiner Fraktion, als deren Vordenker er sich betrachtete. Dennoch sollten er und seine Gesinnungsgenossen von der äußersten Linken während der kommenden Monate nur eine Nebenrolle auf der Bühne des Frankfurter Parlaments spielen, ungeachtet der Tatsache, daß man es verstand, sich gelegentlich rhetorisch in Szene zu setzen. Insgesamt dreimal hat Ruge während seiner Zeit als Abgeordneter in der Paulskirche zu längeren Ausführungen das Wort ergriffen: am 23. Juni während der über mehrere Tage währenden Redeschlacht über die Einsetzung und Ausgestaltung einer provisorischen Zentralgewalt für Deutschland; am 22. Juli, um seinen Antrag auf Einrichtung eines allgemeinen Völkerkongresses und auf eine allgemeine europäische Entwaffnung zu begründen, und am 29. Juli in der Posendebatte, in der es um die Wiederherstellung eines unabhängigen Polen ging.

Diese Reden waren allesamt Grundsatzreden. Auch als Parlamentarier blieb Ruge sich treu, stets ging es ihm um Grundsätzliches, konkret: um die Realisierung menschlicher Freiheit in der internationalen Gemeinschaft demokratisch organisierter Völker. Dies Prinzip unbeirrbar verkündend, provozierte er in dem braven ,Professoren-Parlament' der Paulskirche eine jener seltenen tumultuarischen Szenen, in der es fast zu Handgreiflichkeiten gekommen wäre. Er fordere, so am 29. Juli, die nationale Selbstbestimmung für die Polen, wie für die Italiener, die gegenwärtig im Kampf gegen die bewaffnete Macht Österreichs standen. „Wir [...], die wir die Freiheit der europäischen Völker wollen – so rief er damals all jenen zu, die den großdeutschen, d. h. Österreich einschließenden Nationalstaat anstrebten – müssen wünschen, daß die Tyrannen der Italiener, die Tilly's der neueren Zeit, die Radetsky's geschlagen werden". Daraufhin verzeichnet das Protokoll „Großer Lärm; Stimmen: ,Zur Ordnung! Zur Ordnung!' Wir protestieren allgemein gegen einen solchen Ausspruch! – Es ist eine Schande, von einer deutschen Tribüne das zu hören!' Fortwährender Lärm". Ebenso bezeichnend wie diese Sätze war für Ruges Rolle in der Nationalversammlung die Reaktion des Präsidenten, Heinrich von Gagern, in dieser Situation: „[...] ich kann ihn deshalb nicht zur Ordnung rufen, sondern muß ihn seine besondere Weltanschauung hier vortragen lassen [...] Seine besonderen Anschauungen sind uns ja bekannt."[9] D. h. bereits nach wenigen Wochen befand er sich in der Position des Außenseiters, wenn nicht gar des politischen Sonderlings. Öfters noch als Zorn provoziert er Gelächter, als ,Minister des Äußersten', „dessen Fähigkeit, alles zu beweisen und absolut zu beweisen, immer die Sache, welche er beweisen wollte, ruinierte".[10] Aber auch Ruge markierte bewußt die Distanz, die ihn von der großen Mehrheit der Versammlung trennte; obwohl formal noch ihr angehörig, wandte er sich schon frühzeitig von ihr ab und suchte woanders jenen Archimedischen Punkt, von dem aus er die bestehende politische Welt aus den Angeln zu heben versuchte. Nach dem Ausgang der großen Debatte um die Einsetzung einer provisorischen Zentralgewalt für Deutschland, als sich am 24. Juni 1848 die Nationalversammlung mit deutlicher Mehrheit gegen die Republik und für die konstitutionelle Monarchie entschied, erklärte Ruge seinerseits die Paulskirche zu einer Versammlung theoretisierender Professoren, welche, vom Standpunkt der Revolution aus betrachtet, politischen Selbstmord begangen habe. Und indem er am 23. Juni in der *Reform* verkündete: „Die konventionelle Majorität hat kein Recht, die Minorität des Fortschritts zu vergewaltigen",[11] vollzog er bereits geistig den Austritt aus der Versammlung, den er in aller Form allerdings erst am 14. Oktober erklärte.

Statt auf Frankfurt setzte Ruge nun auf Berlin. Bereits ab August stellte er sein Blatt ganz in den Dienst der radikalen Linken der Berliner verfassunggebenden Versammlung. In Berlin sieht er das „deutsche Paris", hier, so meint er, habe die Revolution noch eine Chance, denn hier hatte die Linke tatsächlich einige verbale Siege errungen dadurch, daß sich die Versammlung in einigen radikalen Beschlüssen zur Revolution bekannt hatte. Zuletzt hatte man in einem Beschluß am 7. September die Staatsregierung aufgefordert, alle Offiziere der preußischen Armee, die sich nicht zu den neuen Zuständen bekannten, d. h. sich gegen Reformen stemmten, unverzüglich aus dem Dienst zu entfernen.

Dies war Politik ganz im Sinne Ruges, der stets gepredigt hatte, das historisch Notwendige müsse nur laut verkündet werden, damit das Volk dies höre und durch sein unwiderstehliches Handeln in die Tat umsetze. Und tatsächlich schien im September die Revolution in ihre zweite, entscheidende Phase zu treten: Barrikadenkämpfe in Frankfurt, in Baden ein erneuter Putsch des radikalen Gesinnungsgenossen Gustav Struve, schließlich Anfang Oktober der abermalige Ausbruch der Revolution in Wien. All dies versetzt Ruge in einen Zustand höchster Anspannung und rastloser politischer Tätgkeit. Er ist ständig unterwegs, agitiert auf großen und kleinen Versammlungen demokratischer Clubs und schreibt Artikel um Artikel. Sein Adressat ist allemal ‚das Volk', von dem er erwartet, daß es noch einmal in heldenmütigem Kampf sich gegen die Soldaten der Reaktion behaupten werde, die seit Wochen bereits in den Wäldern Brandenburgs einen immer enger werdenden Ring um Berlin ziehen. Sein hektischer Aktivismus, getragen von einem immer noch ungebrochenen Optimismus, erreicht seinen Höhepunkt in der letzten Oktoberwoche, als die Hauptrepräsentanten des außerparlamentarischen Radikalismus sich in Berlin auf dem zweiten Demokratenkongreß und im sogenannten Gegenparlament – der Zusammenkunft der entschiedenen Linken der Parlamente der deutschen Einzelstaaten – versammelten. Und während beide Versammlungen sich alsbald in unfruchtbarem Parteigezänk verzettelten, versuchte Ruge unermüdlich alle Aufmerksamkeit und alle Kräfte auf die Situation und die Rettung der in Wien belagerten Revolution zu lenken. Der Aufruf, den schließlich der Demokratenkongreß am 29. Oktober zugunsten Wiens „An das deutsche Volk" erließ, stammte aus seiner Feder, und am selben Tage agitierte er eine vier- bis fünftausendköpfige Menge und forderte sie auf, mittels einer „Sturmpetition" die preußische Nationalversammlung zu einer Solidaritätsbekundung für die Wiener Revolution zu veranlassen.

Als Ruge dann zwei Tage später an der Spitze eines Zuges von ungefähr tausend Demonstranten auf das Schauspielhaus, den Sitz der Berliner Nationalversammlung, zu marschierte, dort die Petition den Volksvertretern übergab und schließlich von der Freitreppe aus die Menge aufforderte, sich in guter Ordnung zurückzuziehen, glaubte er, vom Geist klassischer hellenischer Demokratie beflügelt, Geschichte zu machen. Statt dessen geriet die Demonstration nun zum unkontrollierten Aufruhr, die Menge belagerte den Sitzungssaal und bedrohte die Abgeordneten, bis es gegen Mitternacht der Bürgerwehr gelang, das aufgebrachte Volk auseinanderzutreiben.

Wenn nun in den folgenden Tagen und Wochen die Gegenrevolution unaufhaltsam triumphierte, blieb Ruge dennoch unerschütterlich, deutete weiterhin jede Niederlage als Vorspiel künftiger Siege. Als er aus Berlin ausgewiesen und seine Zeitung dort verboten wurde, begab er sich abermals nach Leipzig. Und als endlich im Mai 1849 in Sachsen und in Baden die Radikalen zum letzten Male bewaffneten Anhang für die sog. ‚Reichsverfassungskampagne' mobilisierten, war Ruge abermals zur Stelle, ohne jedoch irgendwelchen Einfluß ausüben zu können. Wie für so viele seiner Kampf- und Gesinnungsgenossen blieb ihm am Ende nur noch die Flucht ins Exil. Paris und Brüssel sind die Stationen auf dem Weg nach England, wo er zunächst in London Zuflucht nahm, sich später im Seebad Brighton niederließ.

Wie die meisten Flüchtlinge hatte er alles verloren, doch indem er seine unerschöpfliche Energie nun in erster Linie auf den Wiederaufbau seiner privaten Existenz konzentrierte, gelang es ihm schon bald, mit seiner Familie in soliden, gesicherten Verhältnissen zu leben. Vor allem Übersetzungen, aber auch Vorträge, die Arbeit als Sprachlehrer und literarische Tätigkeiten unterschiedlichster Art verschafften ihm die notwendigen Einkünfte. Aus der Politik zog er sich weitgehend zurück, reduzierte diese sich doch nun wieder auf die ebenso erbitterten wie fruchtlosen Kontroversen enttäuschter Emigranten. Zudem fand er allmählich zu seinem alten Glauben an die historische Rolle Preußens zurück, sah diesen schließlich durch Bismarcks Politik von Blut und Eisen nachdrücklich bestätigt, bis schließlich diese Aussöhnung in der für Ruge typischen Selbsttäuschung gipfelte, der preußische Kanzler habe letztendlich sein – nämlich Ruges – Programm in die Tat umgesetzt. Bestätigt konnte er sich dabei durch die Tatsache sehen, daß ihm 1877 auf Anweisung Bismarcks ein jährlicher ‚Ehrensold' von 3000 Reichsmark zuerkannt wurde, als Lohn für seine Verdienste, die er sich in den letzten Jahren durch sein publizistisches Eintreten für die preußische Sache erworben hatte. Und so markiert das Ende des langen Weges eines unermüdlichen Kämpfers weder Sieg noch Niederlage, sondern Versöhnung – mit sich und der Welt in Frieden starb Ruge am Silvesterabend 1880 in Brighton.

Auf der politischen Bühne Deutschlands im 19. Jahrhundert hat Ruge sicherlich nur eine Nebenrolle, aber zugleich eine Charakterrolle gespielt, indem er einen bestimmten Typ des politischen Intellektuellen verkörperte: den des einflußreichen Außenseiters, der als entschiedener Theoretiker in der Praxis scheitert. Ohne Einschränkung zählte er zu jenen, für die im nachhinein sein Gesinnungsgenosse Ludwig Simon feststellte: „Von den scharfen Linien der reinen Prinzipien sind wir auch nicht um eines Haaresbreite abgewichen."[12] Doch seine historische Bedeutung darf nicht allein an der Rolle gemessen werden, die Ruge persönlich in den Monaten der Revolution in Frankfurt, Berlin und Leipzig zu spielen suchte; denn seine Prinzipien und Ideen waren darüber hinaus überall und jederzeit auch dort präsent, wo 1848 die Demokratie gefordert und für sie gestritten wurde. Das heißt selbstverständlich nicht, daß jeder Demokrat Ruge gelesen haben mußte. Doch Ideen wirken mittelbar, gelegentlich verspätet, oft nur partiell. Und Ruges eigentümliches Verdienst bleibt es, von der Philosophie des deutschen Idealismus, insbesondere der auf die Autorität des monarchisch verfaßten Staates fixierten Lehre Hegels die Brücke zur demokratisch organisierten Republik geschlagen zu haben. In der Ahnengalerie der deutschen Demokratie hat Arnold Ruge seinen festen Platz.

Georg Herwegh – Emma Herwegh: Vive la République!

Von Ingo Fellrath

„Vive la République!", so lautete der Titel eines der glühendsten Gedichte, die je die Schweizer Freiheit und die republikanische Staatsform in den Jahren um 1840 besungen haben. Verfasser war der
23jährige Georg Herwegh, Sohn eines Stuttgarter Garkochs, ehemaliger Theologiestudent am Tübinger Stift, dann debütierender
Mitarbeiter an August Lewalds *Europa* und Übersetzer der Werke
Lamartines. Im Juli 1839 hatte er sich dem drohenden Wehrdienst in
einem Ulmer Regiment durch Flucht in die Schweiz entzogen. Er
fand zunächst Aufnahme bei Heinrich Elsner, einem Landsmann aus
Stuttgart, ebenfalls landesflüchtig, und kam in der Redaktion der
Deutschen Volkshalle unter, die von dem bekannten süddeutschen Liberalen und Hambach-Redner Johann Georg August Wirth redigiert
wurde. Für den „Kritischen Theil" dieser kurzlebigen Zeitung
schrieb der junge Herwegh über sechzig Aufsätze und Kritiken, die
von seiner erstaunlichen Belesenheit und dem sicheren Urteil des
frühreifen Autors zeugen. Auch Verse entstanden, in denen sich seine
zukünftige Individualität als politischer Dichter abzuzeichnen begann.

Im April 1840 siedelte er nach Zürich über und geriet dort in einen Kreis von Emigranten, die für seine Entwicklung entscheidend
werden sollten. Er trat in enge Beziehung zu Caroline und Wilhelm
Schulz, die vier Jahre zuvor Georg Büchner aufgenommen und bis zu
seinem Tod im Februar 1837 gepflegt hatten. Sein Mentor und Gön-
ner wurde der ehemalige radikale Burschenschafter August Adolf
Ludwig Follen, der ihm weitgehende Unterstützung gewährte und in
dessen Haus er zeitweilig wohnte. Hier in Zürich, im Milieu der demokratisch gesinnten deutschen Kolonie, zu der auch Julius Fröbel
und Lorenz Oken zählten, entfaltete sich Herweghs Talent als politischer Dichter. Es entstanden zündende Appelle zur Tat wie der
‚Aufruf', Strophen, in denen er die deutsche Einheit, Presse- und
Meinungsfreiheit forderte und überhaupt zu öffentlichen Themen

Georg Herwegh (1817–1875)

Emma Herwegh (1817–1904)

rhetorisch gekonnt Stellung nahm. Mit diesen Gedichten, zum Teil im Ton von Arndt und Körner, und geschliffenen Sonetten in der Nachfolge Platens, eroberte Herwegh das deutsche Publikum. Arnold Ruge, ein früher Rezensent, brachte Herweghs Erfolg auf die Formel: „Er ergreift das Allernächste und Allerinnerlichste, ja er enthüllt Geheimnisse, die Alle auf dem Herzen haben, aus denen aber Niemand einen Vers zu machen wußte."[1] Es wurden allerdings auch kritische Stimmen laut, die Herwegh verschwommene politische Vorstellungen vorwarfen, da er gleichzeitig Sehnsucht nach einer Republik *und* nach einem geeinten Deutschland unter einem Kaiser geäußert hatte. Dem buchhändlerischen Erfolg tat dies keinen Abbruch. Die ‚Gedichte eines Lebendigen', so der Titel des Bandes, der im Frühsommer 1841 im Literarischen Comptoir (Zürich und Winterthur) in einer Auflage von 1250 Exemplaren erschienen war, fanden trotz Zensur und polizeilichen Verbots reißenden Absatz. Noch im selben Jahr wurde eine zweite Auflage notwendig.

Von finanziellen Sorgen befreit, konnte Herwegh der Zukunft optimistischer entgegensehen. Da ihm Deutschland vorerst verschlossen blieb, wandte er sich im Herbst 1841 nach Frankreich, um in Paris nachrevolutionäre Luft zu atmen. Allein die Atmosphäre in der französischen Hauptstadt enttäuschte ihn. Die Julimonarchie beschrieb er als ein „Boutiquenregiment",[2] das kurz vor dem Abgrund stehe. Hektik, Geschäftemacherei und Liederlichkeit stießen ihn ab und inspirierten ihn zu satirischen Gedichten. Die negativen Eindrücke wurden durch entscheidende Erfahrungen und Begegnungen aufgewogen, die ihn bereicherten. Er besuchte mehrmals Heinrich Heine, der ihn in einem Gedicht als „eiserne Lerche"[3] begrüßte und ihm damit einen Beinamen gab, der haftenblieb. Franz Dingelstedt, Verfasser der politisch-satirischen ‚Lieder eines kosmopolitischen Nachtwächters', kam ebenfalls im November 1841 in Paris an. Mit ihm verstand sich Herwegh auf Anhieb. Auch Jakob Venedey ist zu erwähnen, der in seiner unmittelbaren Nähe wohnte. Er war es vielleicht, der Herwegh mit dem Fourierismus bekannt machte, der damals auch schlicht „Communismus" genannt wurde. Herwegh kehrte jedenfalls mit neuen sozialpolitischen Ideen aus Paris zurück, die in seine dichterische Arbeit Eingang fanden.

1842 wurde Herwegh Redakteur des *Deutschen Boten aus der Schweiz*, einer von Julius Fröbel gegründeten Zeitung, die fortan monatlich als ‚Parteiblatt', unter Umgehung der Zensur, in Deutschland erscheinen sollte. Er brach im September zu einer Werbekampagne auf, um Mitarbeiter zu gewinnen. Diese Geschäftsreise gestaltete sich zu einem Triumphzug für den erfolgreichen Dichter. Bankette, Fackelzüge und Ständchen lösten einander ab, um den Verfasser der ‚Lieder eines Lebendigen' – seine Gedichte waren inzwischen vertont worden – zu feiern. Auf dieser Reise machte Herwegh eine Reihe wichtiger Bekanntschaften. Er begegnete seinem ehemaligen Idol Karl Gutzkow in Frankfurt und reiste mit ihm nach Köln weiter, wo er in den Kreis der *Rheinischen Zeitung* aufgenommen wurde und Karl Marx kennenlernte. In Leipzig kam er mit Heinrich Laube und Robert Blum zusammen, der 1848 Wortführer der demokratischen Linken werden sollte. In Dresden schloß er Freundschaft mit Arnold Ruge und dem russischen Revolutionär Michail Bakunin.

Herweghs Ruhm drang bis ins Berliner Schloß, wo Friedrich Wilhelm IV. den enthusiastisch bejubelten Dichter zu sehen wünschte. Er beauftragte seinen Leibarzt Schönlein, der Herwegh von Zürich her kannte, eine Audienz zu arrangieren. Sie fand auch tatsächlich statt, aber die Bonmots, die anschließend zirkulierten, wie etwa: „Ich liebe eine gesinnungsvolle Opposition" oder: „Wir wollen ehrliche Feinde sein", stammten sämtlich vom Monarchen, und es ging die Rede, daß Herwegh eine etwas klägliche Posa-Rolle gespielt habe.

Während er seine Reise nach Ostpreußen zu den Liberalen um Johann Jacoby fortsetzte, erfuhr er, daß der König am 28. November ein Verbot des *Deutschen Boten aus der Schweiz* hatte in Kraft treten lassen, das vorsorglich schon im Oktober beschlossen worden war. Empört über soviel Heuchelei, verfaßte Herwegh ein Protestschreiben an Friedrich Wilhelm IV., das, bevor es noch abgeschickt wurde, auf ungeklärten Wegen und gegen seinen Willen in die Spalten der *Leipziger Allgemeinen Zeitung* gelangte. Der Affront gegen den König wurde mit sofortiger Ausweisung geahndet. Herwegh kehrte Preußen, eskortiert von Gendarmen, den Rücken, um es nie wieder zu betreten.

Anfang 1843 war er wieder in Zürich, wo er erleben mußte, wie er in der deutschen Presse verhöhnt wurde. Aber seine verunglückte Deutschlandreise hatte ein unerwartetes, weit unangenehmeres Nachspiel auf Schweizer Boden. Der Kanton Zürich verweigerte ihm fortan die Aufenthaltsbewilligung, denn er befürchtete diplomatische „Verwicklungen mit fremden Staaten", d. h. Preußen, wenn der unbequeme Republikaner erst „politische Thätigkeit" ausüben würde.[4] Innerhalb von drei Wochen mußte er den Kanton verlassen. Mit Mühe gelang es Herwegh, gegen Bezahlung das Bürgerrecht in dem kleinen Ort Augst im Kanton Basel-Land zu erwerben.

Trost und Halt fand er im privaten Bereich. In Berlin hatte er sich mit Emma Siegmund verlobt, der hochgebildeten, resoluten Tochter eines wohlhabenden Seidenwarenhändlers. Sie hatte schon lange für den Dichter ihrer Lieblingslieder geschwärmt. Stolz zeigte Herwegh seinen Freunden bei der *Rheinischen Zeitung* seine „Verlobung mit einer Republikanerin *comme il faut*" an.[5] Die Ehe wurde im März 1843 in Baden (Kanton Aargau) geschlossen.

Nach einer ausgedehnten Hochzeitsreise nach Italien und einem Kuraufenthalt im Modebad Ostende ließ sich das Paar im Oktober 1843 in Paris nieder. Paris war auch die neue Operationsbasis von Marx und Ruge, die hier die ephemeren *Deutsch-Französischen Jahrbücher* herausgaben, zu denen Herwegh ein längeres Gedicht gegen die ‚Ischariote der deutschen Politik' beisteuerte. Als im Januar 1844 von deutschen Emigranten in Paris der *Vorwärts!* gegründet wurde, eine Zeitung, zu deren Mitarbeitern auch Heine, Marx, Engels, Ruge und Georg Weerth gehörten, brachte er es wieder nur auf einen Beitrag: ein Gedicht zur vierten Säkularfeier der Schlacht von St. Jakob, das er mit „Georg Herwegh, Bürger von Augst" unterzeichnete. Ansonsten stagnierte sein Schaffen. Auf Drängen seiner Freunde sammelte er seine verstreut gedruckten Gedichte zu einem zweiten Band, dessen Herausgabe er weitgehend August Ludwig Follen überließ. Scharfe Zensurmaßnahmen und ein das Publikum befremdender beißender Ton waren die Gründe, warum er nur eine abgeschwächte Wirkung erzielte.

Herwegh führte von 1843 bis 1848, dank Emmas reichlicher Mitgift, ein aufwendiges Leben in Paris, unterbrochen durch Reisen nach Deutschland, Italien und in die Schweiz und naturwissenschaftliche Studien unter Anleitung Carl Vogts an der Mittelmeer- und Atlantikküste. Freunde und Bekannte kritisierten seinen sybaritischen Lebenswandel, seinen Hang, den Grandseigneur zu spielen, seine Blasiertheit. Gutzkow schrieb später in seinen Erinnerungen, Herwegh habe auf Saffianpolstern im Salon gelegen und nach Taten geschrien.[6] Allgemein warf man ihm sein laues politisches Interesse vor, zu Unrecht, denn er verfolgte das Geschehen in Deutschland und Frankreich mit wacher Aufmerksamkeit.

Sein Tatendrang sollte schon bald ein Betätigungsfeld finden. Im Februar 1848 stürzte eine dreitägige Volkserhebung das bankrotte Regime des Bürgerkönigs Louis Philippe und zwang ihn zur Abdankung. Die Republik wurde am 24. Februar ausgerufen. Die revolutionären Ereignisse in Frankreich versetzten die deutsche Emigrantenkolonie in einen Zustand fieberhafter Erregung. Eine etwas diffuse Sehnsucht nach Aktion erfaßte die Gemüter. Es kam Anfang März zur Gründung einer ‚Deutschen demokratischen Gesellschaft‘, in deren Vorsitz Herwegh und Bornstedt, ein ehemaliger Redakteur der *Deutsch-Brüsseler Zeitung*, gewählt wurden. Herwegh fiel die Aufgabe zu, eine Glückwunschadresse an das französische Volk abzufassen, die auf einer Versammlung am 6. März begeistert angenommen wurde, während ein Gegenentwurf Venedeys wenig Zustimmung fand. Zwei Tage später formierte sich ein Zug von etwa 6000 Deutschen, an ihrer Spitze Bannerträger mit der Trikolore und einer schwarz-rot-goldenen Fahne, der sich, von der Bevölkerung mit Beifall begrüßt, zum Rathaus bewegte. Dort hielt Herwegh vor Mitgliedern der provisorischen Regierung eine kurze Ansprache, in der er versicherte, daß Deutschland dem revolutionären Ruf nach Freiheit folgen werde. Anschließend verlas er die Adresse, deren Schluß „Es lebe die Freiheit, die Gleichheit, die Bruderliebe! Es lebe die Demokratie! Es lebe die europäische Republik!" die Anwesenden enthusiastisch wiederholten.[7]

Mit der Übergabe von Adressen begnügte sich die Deutsche demokratische Gesellschaft nicht. Es wurde in ihr die verwegene Idee geboren, mit Freischaren in Deutschland einzumarschieren, um die Republik zu errichten, eine Idee, die vom Bund der Kommunisten, unter der Führung von Marx, scharf verurteilt wurde. Man beschloß, aus freiwilligen Arbeitern und Handwerkern eine deutsche Legion aufzustellen, die zunächst Heckers Freischaren im Großherzogtum Baden verstärken sollte. Eine Reitbahn an der Chaussée d'Antin wurde angemietet, die täglich als Versammlungsort diente und in der die Freiwilligen notdürftig einexerziert wurden. Maueranschläge in ganz Paris riefen zu Geld- und Sachspenden sowie zur Ablieferung von Waffen auf.

Herwegh ließ sich dazu bereden, an diesem Unternehmen als politischer Leiter teilzunehmen, da er, wie er Jacoby damals schrieb, den Parlamentstrab nicht einhalten könne und seinen Sturmschritt weitergehe. „Ich mag die Republik nicht votieren lassen, sondern will sie zu machen suchen, sei's auch im entferntesten Winkel Deutschlands."[8] Zusammen mit Otto von Corvin-Wiersbitzki, einem ehemaligen preußischen Kadetten und Berufsoffizier, der als Generalstabschef der Legion fungierte, begab er sich zu Vertretern der provisorischen Regierung, die dem Unternehmen finanzielle Unterstützung gewähren und Waffen liefern sollte. Ihr Ansinnen stieß auf eine ausweichende, lavierende Haltung. Zwar waren die Regierung und ihr Außenminister Lamartine daran interessiert, auf einen Schlag Hunderte von fremden, arbeitslosen Handwerkern und Arbeitern loszuwerden, nicht aber daran, die diplomatischen Beziehungen zu Nachbarstaaten zu beeinträchtigen. So wurden nur bescheidene Gelder und Transportmittel genehmigt, aber weder offizielle noch inoffizielle Ausrüstung mit Waffen zugesichert, die Herwegh etwas voreilig in einem Brief an Hecker in Aussicht gestellt hatte. Bereits am 24. März marschierte eine erste, schlecht ausgerüstetete Kolonne in Richtung Straßburg ab. Es gelang nach und nach, die vier folgenden mit einer uniformähnlichen Kluft zu versehen: graues Hemd, brauner Gürtel, großer grauer Filzhut mit einseitig umgeschlagener Krempe und schwarz-rot-goldener Kokarde sowie drei Hahnenfedern, ebenfalls in den deutschen Farben.

In der ersten Hälfte des April 1848 war schließlich die gesamte Legion, etwa 1000 Mann stark, in Straßburg versammelt, einschließlich Emma Herweghs, die, entsprechend kostümiert, mitgezogen war: „Sie trug gewöhnliche schwarze Tuchpantalons und eine schwarze Sammtblouse mit einem Ledergürtel, in welchem zwei kleine Terzerole und ein Dolch stacken. Als Kopfbedeckung trug sie einen etwas breitkrämpigen schwarzen Hut ohne Kokarde oder Feder; ihr Haar war nach Männerart geordnet."[9] Herwegh erließ eine Proklamation an die „deutschen Mitkämpfer aus Frankreich und der Schweiz und an das deutsche Volk", in der er die Ziele des Unternehmens darlegte: „Wir wollen die deutsche Republik mit dem Völker verbindenden Wahlspruch: Freiheit! Gleichheit! Bruderliebe!"[10] Dieser Aufruf erschien in deutschen und Schweizer Blättern. Emma Herwegh wurde inzwischen zu Friedrich Hecker geschickt, um mit ihm die näheren Umstände der Vereinigung der Freischaren festzulegen. Dazu aber war Hecker vorerst nicht zu bewegen. Man beschied, die Legion solle sich in Straßburg bereithalten und Depeschen abwarten. Da tagelang keine Nachrichten einliefen und bei den Mannschaften Auflösungserscheinungen zu beobachten waren, ging Emma Herwegh ein zweites Mal auf Kundschaft. Jetzt erhielt sie den Auftrag, die Legion solle sich am 22. April in Bantzenheim, 100 km südlich von Straßburg, zur Verfügung halten. Die auf inzwischen etwa 650 Mann zusammengeschmolzene Schar wurde per Eisenbahn dorthin transportiert, aber ein Rheinübergang war hier von vornherein ausgeschlossen, da am gegenüberliegenden Ufer Truppen lagen. Wieder vergingen zwei Tage, ohne daß Anweisungen eintrafen. Die Legion entschloß sich, auf eigene Faust überzusetzen, was am 24. April ungestört bei

Kembs glückte. Vor Kandern erhielt sie die Nachricht von Heckers Niederlage am 20. April. Nun faßte die militärische Führung den Beschluß, sich wenigstens mit Sigel und seinen Freischaren zu vereinigen, und wandte sich in Richtung Todtnau. Da die Umgebung von hessischen, nassauischen und württembergischen Truppen besetzt war, quälte sich die Legion über verschneite Bergkämme durch unwegsames, aufgeweichtes Gelände. Kurz vor Todtnau, bei Wieden, traf sie auf versprengte Mitglieder der Sigelschen Kolonne und erfuhr, daß Sigel und Struve vor Freiburg geschlagen worden waren. Ohne Unterstützung durch andere Freikorps konnte und wollte die Legion den Kampf nicht aufnehmen und entschied sich, den Rückzug in die Schweiz anzutreten. Man gelangte zunächst ohne Zwischenfälle über Wieden, Zell und Hasel bis nach Dossenbach, und das Ziel, Rheinfelden und seine Brücke, war schon in greifbare Nähe gerückt, als die Legion am 27. April von einer Kompanie württembergischer Infanterie gestellt wurde. Nach einem kurzen Gefecht, bei dem sich besonders die „Sensenmänner" unter ihrem todesmutigen Führer Schimmelpfennig hervortaten, wurden die unzulänglich bewaffneten Legionäre in die Flucht geschlagen. Zehn tote Freischärler blieben auf dem Platz, die Württemberger erlitten keine Verluste.

Georg und Emma Herwegh, die der Vorhut zugeteilt und deshalb von Anfang an weit vom Kampfgeschehen entfernt waren, hatten von ihrem Wagen Pulver und Blei an die Kämpfenden verteilt und Patronen angefertigt. Erst als alles verloren war, flohen sie und schlugen sich durch die Wälder bis nach Karsau durch, wo ihnen ein Bauer Unterschlupf gewährte. Als Landarbeiter verkleidet, brachte er sie abends über die Rheinbrücke. Die Presse berichtete ausführlich über das Debakel der Legion und den leicht errungenen Sieg der Württemberger, wobei übergangen wurde, daß die Legion den Kampf ja gar nicht gesucht hatte. Besonders Herwegh kam schlecht weg: in beinahe allen Zeitungen hieß es, er sei gleich zu Beginn des Gefechts, unter dem Spritzleder eines Wagens versteckt, geflohen. Diesen Wagen habe seine weit mutigere Frau Emma kutschiert. Vergeblich schilderte Corvin in deutschen und Schweizer Blättern den wahren Hergang des Gefechts und der Flucht der Beteiligten. Selbst Emma Herwegh ergriff, wenngleich anonym, aber doch identifizierbar, in der Augsburger *Allgemeinen Zeitung* das Wort, um dieser Zwecklüge den Garaus zu machen – vergeblich.[12] Der Dichter wurde in der Karikatur und in Liedern lächerlich gemacht, wie beispielsweise im sogenannten ‚Heckerlied':

Hecker's Geist und Schimmelpfennig
Machten da den Schwaben warm;
Herwegh sah's, er fuhr einspännig,
Und es fuhr ihm in den Darm.
Unter seinem Spritzenleder
Forcht er sich vor'm Donnerwetter;
Heiß fiel es dem Herweg bei,
Daß der Hinweg besser sei.[11]

Noch zwei weitere, wenig schmeichelhafte Strophen waren Herweghs angeblicher Feigheit gewidmet.

So endete der Versuch, mit Waffengewalt den Umsturz herbeizuführen, im allgemeinen Hohngelächter der Philister und in einer perfiden Verleumdung, die in die Geschichtsschreibung und in Literaturgeschichten einging. Das schlecht organisierte Unternehmen scheiterte daran, daß man die politische Bewußtseinslage der zu Befreienden völlig falsch eingeschätzt hatte. Dort, wo die Legion auftauchte, war kaum etwas von revolutionärer Begeisterung für die Republik zu spüren. Die Bevölkerung beobachtete das Treiben teilnahmslos, besorgt oder kopfschüttelnd – wenn sie nicht ohnehin erschrocken das Weite suchte. Erleichtert sah man die Freischärler abziehen, nachdem man sie teilweise mit Proviant versorgt hatte. Davon hatte sich Herwegh mit eigenen Augen überzeugen können. Zutiefst getroffen mußte er erkennen, daß der Traum von der deutschen Republik vorerst ein Traum bleiben mußte und daß sein Ruf, seine Stellung als Leitfigur, nachhaltig ruiniert war[12].

Nach kurzem Aufenthalt in der Schweiz kehrte er mit seiner Frau nach Paris zurück. Er schrieb für Ruges *Reform* anonyme Korrespondenzen und kommentierte die Ereignisse in Deutschland in einer Reihe von scharfsichtigen Satiren, die, solange die Pressefreiheit noch aufrechterhalten wurde, in linken Oppositionsblättern erscheinen konnten. Er blieb fest in der Hoffnung, daß die zerredete Revolution von 1848 nicht der Schlußpunkt der Entwicklung sein konnte. Im Januar 1849 dichtete er:

Die Völker kommen und läuten Sturm –
Erwache, mein Blum, erwache!
Vom Cölner Dom zum Stefansturm
Wird brausen die Rache, die Rache.[13]

In Paris verkehrte Herwegh vor allem mit dem russischen Emigranten und Revolutionär Alexander Herzen, mit dem er enge Freundschaft schloß. Als Herwegh wegen seiner Kontakte zu dem französischen Sozialisten Proudhon im Juli 1849 Polizeimaßnahmen und Ausweisung drohten, zog er es vor, Paris zu verlassen. Er ging zusammen mit Herzen und dessen Frau Natalie vorübergehend nach Genf. Im Sommer 1850 bezogen die beiden Paare gemeinsam ein Haus in Nizza. Herwegh lernte Russisch unter Anleitung Natalies, zu der er eine tiefe Zuneigung faßte, die erwidert wurde. Im Januar 1851 gestand Natalie Herzen ihrem Mann ihre Liebe zu Herwegh. Fortan verfolgte Herzen Herwegh mit seinem Haß, der sich ins Maßlose steigerte, als Natalie einer Krankheit erlag. Diese Liebestragödie stürzte Herwegh in tiefe Depressionen, aber sie weitete sich überdies zu einem in der Öffentlichkeit diskutierten Skandal aus, der seinem Ansehen ein weiteres Mal Schaden zufügte; alte Freunde, wie Carl Vogt und Johann Jacoby, wandten sich von ihm ab. Er lebte getrennt von Emma in Zürich – sie blieb bis 1853 in Nizza – und hatte vor allem Umgang mit Richard Wagner. Als Emma ebenfalls nach Zürich zurückkehrte, wurde das Ehepaar noch einmal zum Mittelpunkt eines glänzenden Salons, in dem Franz Liszt, Hans von Bülow, der Architekt Gottfried Semper, der Militärschriftsteller Wilhelm Rüstow und zahlreiche andere freiheitsliebende Emigranten aus dem europäischen Ausland zu Gast waren. Politisch betätigte sich Herwegh insoweit, als er die italienische Einheitsbewegung, besonders Garibaldi, für den er Sympathie empfand, nach Kräften unterstützte. Im September 1861 besuchte ihn Ferdinand Lassalle in Zürich. Der aufstrebende Arbeiterführer bemühte sich in beredten Worten, Herwegh für seine Sache zu gewinnen und ihn zu intensiverer Produktion anzuregen. Im Frühjahr 1863 begann eine konkrete Zusammenarbeit mit Lassalle, für den er ein „begeistertes und begeisterndes Gedicht auf das Auftreten des Arbeiterstandes"[14] ausarbeitete, das als ,Bundeslied für den Allgemeinen Deutschen Arbeiterverein' eine andauernde Wirkung hatte und dessen aufrüttelnde Strophe

Mann der Arbeit, aufgewacht!
Und erkenne deine Macht!
Alle Räder stehen still,
Wenn dein starker Arm es will.[15]

bis heute lebendig geblieben ist. Herwegh trat sogar dem ADAV bei und blieb über Lassalles Tod hinaus Mitglied. Als ihm die ganze Bewegung zu „bismarckfreundlich"[16] erschien, kündigte er im März 1865 seine Mitarbeit am Parteiblatt *Der Social-Demokrat* und seine Mitgliedschaft. Er schloß sich 1869 der von Bebel und Liebknecht gegründeten Sozialdemokratischen Arbeiterpartei an und schrieb für ihr Organ, den *Volksstaat*.

Herweghs letzte Jahre waren von schweren finanziellen Sorgen überschattet. Emmas Vermögen war längst aufgebraucht, und mühsam hielt er sich mit kleineren Beiträgen für Journale, mit Gedichten, Kritiken, Kommentaren zur Tagespolitik und Übersetzungen über Wasser. 1866 zwangen ihn drückende Schulden, Zürich zu verlassen. Eine Amnestie gestattete ihm die Rückkehr nach Deutschland, und er verlegte seinen Wohnsitz nach Lichtental bei Baden-Baden. Hier erlebte er die Gründung des Deutschen Reichs und die Annexion Elsaß-Lothringens im Gefolge des Deutsch-Französischen Kriegs. Als einer der wenigen Achtundvierziger wandelte er sich nicht zum Hurrapatrioten wie Hoffmann von Fallersleben, Ferdinand Freiligrath und Richard Wagner, sondern verurteilte Bismarcks „Blut- und Eisenpolitik" in eindeutigen Kampfgedichten. Er starb, bis zum Ende ungebeugter Demokrat und Preußenhasser, am 7. April 1875 in Baden-Baden. Sein letzter Wunsch war, in „freier" Erde zu ruhen.[17] Wer sein Grab besuchen will, muß sich deshalb in die Schweiz, nach Liestal im Kanton Basel-Land begeben. Dort ist ihm auch ein kleines Museum gewidmet.

Emma Herwegh bemühte sich, das Andenken an den Dichter wachzuhalten. Sie veranlaßte Ludwig Pfau, seine verstreut veröffentlichten Gedichte zu sammeln und herauszugeben. Dieser Band ‚Neue Gedichte', 1877 in Zürich publiziert, wurde noch im selben Jahr in Deutschland verboten.

Nach zeitweiligem Aufenthalt in Stuttgart siedelte sie 1877 nach Paris über, wo sie ein recht kümmerliches Dasein in einem kleinen Studentenzimmer im Quartier Latin fristete. Der junge Frank Wedekind suchte sie dort in den neunziger Jahren auf und fand Gefallen an der exzentrischen alten Dame, die ihm in langen Gesprächen Anekdoten aus ihrem überaus ereignisreichen Leben erzählte. Ansonsten war und ist sie so gut wie vergessen. Niemand hat ihre Biographie geschrieben. Auch sie liegt, ihrem letzten Willen gemäß, in Liestal begraben, an der Seite Georg Herweghs.

Friedrich Hecker:
Der republikanische Souverän

Von Sabine Freitag

„Aber Eins: von mir und meinem bewegten Leben schreibe ich
schwerlich was. Es geht mir ‚contra naturam' und ich lasse es mir
ganz gefallen in einem bald stinkenden, bald hellen mystischen Nebel auf dem Schattenspiel der *comoedia divina* vorgeritten zu werden
bis der heilige Nirvana-Erdennebel alles verdeckt. Ich will bleiben
was ich immer war, ein unabhängiger Jaguar, der kämpft und beißt
und zerreißt, wo er was Krummes, Verlogenes, Unrechtes sieht."[1]

Der Mann, der sich wenige Wochen vor seinem Tod so entschieden
gegen das Schreiben von Memoiren aussprach, war Friedrich
Hecker. Nicht daß es in seinem Leben nicht einiges gegeben hätte,
was der Überlieferung wert gewesen wäre. Aber politische Rechtfertigung, die er in Memoiren unweigerlich mit selbstgefälliger Darstellung eigener Bedeutung verband, war des ‚Alten' Sache nicht,
ebensowenig wie das Buhlen um die Gunst des Publikums. Doch die
Bescheidenheit eines ansonsten unbescheidenen Mannes, der einmal
mehr damit seine republikanische Tugend zum Ausdruck bringen
wollte, hat seiner Popularität keinen Abbruch getan. Im Gegenteil.
Das badische Volk war auch nach seinem mißglückten Freischarenzug im Frühjahr 1848, auf dem er die deutsche Republik proklamiert
hatte, darin fortgefahren, ihn als *die* Symbolfigur der demokratisch-
republikanischen Bewegung der deutschen Revolution von 1848/49
schlechthin zu feiern. Dabei hatte Heckers frühzeitige Emigration in
die Vereinigten Staaten von Amerika im September 1848 freilich
auch verhindert, ihn direkt mit dem Scheitern der Revolution im
Sommer 1849 in Verbindung zu bringen, und so blieb er in Erinnerung als derjenige, der das Beste gewollt hatte und dessen gute Absicht allein – ganz im Sinne Kantscher Moralphilosophie – beurteilt
wurde. Zugleich aber verselbständigte sich der Heckerkult und erfüllte eine sehr vitale politische Funktion, denn es ging dabei schließlich mehr um die Demonstration der eigenen politischen Gesinnung

Friedrich Hecker (1811–1881)

als um den realen Mann, dessen „Räuberlook"² zur Mode geworden war.

Friedrich Karl Franz Hecker erblickte im „Jahr 1811 den 28ten September, ¹/₄ auf 11 Uhr [...] in Eichtersheim" als Sohn „des fürstlich Primatischen Herren Hofrath und Grundherrlich von Venning'schen Consulbeamten Joseph Hecker und seiner Gattin Wilhelmine geborne Lüder" das Licht der badischen Provinz.³ Von Heckers Eltern ist sehr wenig überliefert, doch weiß man, daß die Abfassung einer kritischen Adresse an den badischen Großherzog im Jahre 1815 auf Josef Hecker zurückging, der nicht nur die Beschwerden seines adligen Auftraggebers über ein scheinbar ungerechtes Besteuerungssystem, sondern auch einen guten Teil seiner eigenen bürgerlichen Entrüstung über die Verschwendungssucht des großherzoglichen Hofes und die Ausbeutung der ärmeren Bevölkerung in dieser Adresse hatte einfließen lassen. Im Gegensatz zum Freiherrn von Venningen sind Josef Hecker aus dieser Abfassung keinerlei Nachteile erwachsen, was ihn allerdings gegen die fürstlichen Herren nicht milder gestimmt hat. An den sein Vaterhaus prägenden oppositionellen Geist hat sich Friedrich Hecker später oft erinnert. Und der Sympathie seines Vaters war er sich dabei stets bewußt: „Du weißt ja", so schrieb er nach der Nachricht vom Tode seines Vaters im Sommer 1858 aus den Vereinigten Staaten an seine in Mannheim lebende Schwester, „mit welchem Vergnügen er jede kleinste Zeitungsnotiz, worin mein Name genannt wurde, [...] las und wieder las. Er sah, trotz er mir oft predigte, in meinem Leben ein Spiegelbild dessen, wonach er in jüngeren Jahren gestrebt und durch den Druck der Verhältnisse an seiner Entwicklung verhindert wurde."⁴

Bereits im Alter von neun Jahren verließ Friedrich Hecker sein Elternhaus im beschaulichen Eichtersheim, um am neugegründeten überkonfessionellen Karl-Friedrich-Lyzeum in Mannheim seine Schulausbildung fortzusetzen. Das dort vermittelte neuhumanistische Bildungsideal hat tiefen Einfluß auf ihn ausgeübt und seine Begeisterung für die republikanische Staatsform durch das hier vermittelte Studium der klassischen Antike begründet. Mannheim sei die Stadt gewesen, so bekannte er später, wo er seine „ersten freiheitlichen Eindrücke" empfangen habe, wo er von „Cajus und Sempronius gehört, vom letzten Römer gelesen habe, der, weil er den Untergang der Freiheit nicht überleben wollte, sich den Dolch in's Herz stieß."⁵ Bei seinem Abgang im August 1830 stellte ihm die Direktion des

großherzoglichen Lyzeums ein fast prophetisches Zeugnis aus: „Bei
sehr guten Anlagen und rüstigem Eifer machte er in den meisten
Lehrzweigen solche Fortschritte, daß er unter die besten Schüler der
zweiten Abteilung und in der Rhetorik, worin seine Leistungen besonders erfreulich waren, unter die vorzüglichsten der ganzen Klasse
gerechnet werden konnte."[6] Reden konnte der junge Hecker tatsächlich erstaunlich gut, so gut, daß ihn der Vater des öfteren mit der
Frage angegangen war: „Junge, wo hast Du denn nur das lose Maul
her?" Doch Hecker fiel die Antwort nicht schwer: „Wer hatte mir
denn immer vorerzählt von dem Bundestag und der scheußlichen politischen Wirtschaft im deutschen Reich als er selbst? Da ist mir als
Knabe schon die Galle gestiegen, und ich denke, ich hab' auch das
Maul manchmal richtig gebraucht!"[7] Heckers spätere ungeheure Popularität verdankte sich zum Großteil diesem rhetorischen Talent,
obgleich wohlüberlegte Diktion oder geschliffene Wortwahl in seinen Reden kaum zu finden waren, oft hatten sie sogar eher etwas
„Naturwüchsiges, Derbes, Volksmäßiges an sich".[8] Stets aber war es
„jene Beredsamkeit, die aus dem Herzen kommt und zum Herzen
spricht",[9] oder, wie Ludwig Häusser es genannt hat, Heckers Fähigkeit, „sein Herz auf der Zunge zu tragen",[10] die ihn so beliebt gemacht hat. Von Hause aus ungehalten und ungeduldig, hat Hecker
zeitlebens geradeheraus gesagt, was er dachte, ohne Umschweife,
ohne Umwege – und das hat ihn, auch wenn es ihm oft geschadet hat,
in gewisser Weise glaubwürdig erscheinen lassen. Und es spielte vielleicht weniger eine Rolle, *was* er sagte, als vielmehr *wie* er es sagte.

Drei Monate nach Verlassen des Mannheimer Lyzeums wurde
Hecker am 30. November 1830 in Heidelberg an der Ruperto-Ca-
rolina als Student der Rechtswissenschaften immatrikuliert. Eine
Reihe bedeutender Rechtsgelehrter hatte in diesen Jahren den ausgezeichneten Ruf der Heidelberger Universität begründet. Sie alle
hatten noch das Ancien régime und die Übergangzeit miterlebt und
versuchten nun auf moderate Weise für eine Liberalisierung der Verhältnisse zu wirken. Ihr großer Einfluß besonders auf die zwischen
1805 und 1815 Geborenen wäre eine gesonderte Studie wert. Sie alle
waren maßgeblich durch die Lehren der Spätaufklärung geprägt
worden und weigerten sich daher, den historisch-organischen Argu-
mentationen der Romantik zu folgen. Der Pandektenlehrer Anton
Friedrich Justus Thibaut, Kantschüler und Verteidiger des rationalen Vernunftrechts und des Code Napoléon, fand mit seiner Forderung nach einem bürgerlichen Gesetzbuch als Grundlage nationaler

Einheit und Freiheit in Hecker einen überzeugten Nachfolger. Auch teilte Hecker Thibauts Distanz zu Savigny und der von ihm begründeten, später so bedeutsamen historischen Rechtsschule. Karl Josef Anton Mittermaiers Vorstellungen eines rechtsstaatlichen Strafrechts und Strafverfahrens kehrten in Heckers Forderungen einer Reform des Rechtswesens wieder, die er in den Debatten der badischen zweiten Kammer Anfang der vierziger Jahre erhob. Mittermaier war möglicherweise auch derjenige Lehrer, der Hecker am gründlichsten mit dem amerikanischen Verfassungssystem vertraut gemacht hat, denn er zählte namhafte Amerikaner zu seinen Freunden, mit denen er in einem regen persönlichen und schriftlichen Austausch stand. Der Historiker Friedrich Christoph Schlosser hat Hecker auf ganz eigene Weise beeindruckt. Für ihn war mit „dem gelehrten Wühlen in Quellen und Urkunden"[11] die Arbeit des Historikers noch nicht erledigt, er mußte seine Untersuchungen auf ein klar erkennbares Wertesystem beziehen, d. h. er mußte urteilen. Und das hat Schlosser schließlich in sehr prägnanter Weise getan, indem er besonders diejenigen gesellschaftlichen Kräfte kritisierte, die den Entwicklungs- und Demokratisierungsprozeß behinderten: die Aristokratie und den Klerus. Bei Hecker traf er da auf offene Ohren.[12] Kein Mann aber hat nach Heckers eigenen Aussagen seine politischen Anschauungen mehr geprägt als Carl von Rotteck, der Freiburger Geschichtsprofessor, der in den 30er Jahren zum Hauptwortführer der liberalen Opposition avancierte. Wenn Hecker in späteren Jahren ein Treffen mit Rotteck zu einer für seinen ganzen weiteren politischen Lebensweg zentralen Begegnung stilisierte, in welcher ihm Rotteck eine große öffentliche Karriere voraussagte, so war dies natürlich Ausdruck einer gewissen Alterseitelkeit, aber auch der Verweis auf ein politisches Programm, dem er sich sein ganzes Leben lang verpflichtet gefühlt hat. Die naturrechtliche Staatstheorie des 18. Jahrhunderts, besonders aber Rousseau und Kant, hatte Hecker durch Rottecks Schriften rezipiert. Die Vorstellung des Staates als Verkörperung des Gesamtwillens, der aus einer Gesellschaft hervorgeht, zu der sich isolierte einzelne vertraglich zusammenschließen, bildete auch für Hecker den Kern seiner theoretischen Überlegungen.

Im April 1834 bestand Hecker die juristische Staatsprüfung, im folgenden Monat promovierte er mit summa cum laude zum Doctor juris. Ihn erwartete das pflichtgemäße zweijährige Rechtspraktikum im Landamt Karlsruhe, bevor er – um diesem zu entfliehen – im Sep-

tember 1835 zur Vervollkommnung seiner praktischen Erfahrungen
nach Paris reiste. Im Februar 1836 kehrte er ins Landamt nach Karlsruhe zurück, schied aber sofort nach Beendigung seiner Vorberei-
tungszeit aus dem Staatsdienst aus. Eine juristische Laufbahn im
Staatsdienst hat Hecker nie in Betracht gezogen, ihm sagte die selbständige Arbeit eines freien Advokaten mehr zu. Diesem Stand
gehöre er, so bekannte er einmal in der badischen Kammer, „aus
Wahl und Neigung" an und er habe ihn „nicht der materiellen Interessen wegen gewählt".[13] Hecker hat der Arbeit des Advokaten
stets eine Aufklärungsfunktion zugesprochen. Als „Rechtsfreund des
Volkes" habe er, so schrieb er in einem Artikel des Rotteckschen
‚Staatslexikons', wesentlichen Anteil am Fortschritt der Gesetzgebung, „indem er bei aller Achtung vor dem Gesetz dessen Unan-
wendbarkeit auf die Gegenwart an Erscheinungen des Lebens nach-
weist".[14] Er war der Vermittler zwischen Theorie und Praxis und
deshalb besonders geeignet, bei der Entwicklung guter Gesetze mitzuwirken.

Über ein Jahr dauerte Heckers Zulassung zum Advokaten und
Prokurator am Großherzoglichen Oberhofgericht und Hofgericht
des Unterrheinkreises. Erst am 28. Dezember 1838 erfolgte seine Ernennung. Kurz zuvor war Gustav Struve als Advokat an das Hofgericht gekommen, aber zwischen den beiden Männern blieb der Kontakt bis in die Mitte der vierziger Jahre, als Hecker die Verteidigung
Struves in dessen Prozessen wegen Pressevergehen übernahm, eher
gering.[15] Während es Struve schwerfiel, sich gesellschaftlich zu etablieren, war Hecker längst in die Mannheimer Kreise integriert. Im
Oktober 1839 heiratete er Marie Josefine Eisenhardt, Tochter eines
wohlhabenden Mannheimer Kauf- und Handelsmannes. Im Alter
von 31 Jahren wurde er 1842 in den Mannheimer Gemeinderat gewählt, und im selben Jahr zog er nach einigen Wahlunstimmigkeiten
als Abgeordneter des 35. Ämterwahlbezirks Weinheim-Ladenburg
in die zweite Badische Kammer ein. Diese Stellung verdankte Hecker
der strategischen Agitation Johann Adam von Itzsteins, der gemeinsam mit anderen Abgeordneten die Wahl des konservativen Gegen-
kandidaten beanstandet und auf Neuwahlen gedrängt hatte, die
schließlich zugunsten Heckers ausgefallen waren. Hatte Rotteck
Hecker theoretisch am meisten beeinflußt, so war Johann Adam von
Itzstein Heckers eigentlicher politischer Ziehvater, der ihn seit seiner
ersten Teilnahme an den Treffen in Hallgarten 1839 in die Realien
des politischen Lebens einführte. Der demokratisch gesinnte Itzstein

versuchte während dieser Zusammenkünfte, die liberale Opposition durch politischen Austausch und Absprachen über die badische Landesgrenze hinaus zu organisieren. Hecker selbst hat das Verhältnis zu Itzstein mehrfach als eine Vater-Sohn-Beziehung beschrieben, und die wechselseitige Sympathie und Fürsorge der beiden Männer hielt ein Leben lang durch alle politischen Wirren bis zum Tode Itzsteins im Jahre 1855 an. In gewisser Weise führte Hecker seit 1842 das kämpferische Erbe Itzsteins fort, denn der greise Itzstein zog sich mehr und mehr aus den heftigen Debatten zurück und überließ dem Jüngeren das Feld. Mit Heckers Wahl wurde die liberale Opposition im badischen Landtag jedenfalls durch einen eloquenten Streiter vermehrt, der bald darauf seine politischen Gegner durch manchen aufreibenden Wortbeitrag so ermüden sollte, daß der konservative Abgeordnete Friedrich Rettig den Präsidenten der Kammer entnervt darum ersuchte, „dem Abgeordneten Hecker künftig ein Kissen unterzulegen, damit seine Faustschläge auf dem Pult nicht gehört werden".[16]

Zwar zählte Hecker zur badischen Kammerelite, aber er gehörte nicht zur Garde eigenwilliger Theoretiker wie Gustav Struve, Arnold Ruge oder Julius Fröbel. Als Typus entsprach er eher jenen „Techniker(n) der Politik"[17] wie Robert Blum oder Carl Vogt, die an politischer Theorie nur insoweit interessiert waren, wie sie ihnen eine brauchbare argumentative Basis für praktische Vorschläge liefern konnte. Er war, so hat es Heinrich Scharp treffend formuliert, „nicht so sehr Gestalter und Erwecker als vielmehr Träger und Ausdruck von Ideen und Stimmungen seiner Zeit".[18] Das Bild des ,Räuberhauptmanns' hat in Vergessenheit geraten lassen, mit welcher Ernsthaftigkeit und Ausdauer Hecker seinen Aufgaben als Kammerabgeordneter nachgekommen ist. Mit Rotteck teilte er einen emphatischen Begriff von ,Volksvertretung' und setzte alles daran, auf dem Wege parlamentarischer Gesetzgebung politische Verfahren und Institutionen zu schaffen, die nicht nur die Sparsamkeit und Effizienz der Staatsverwaltung verbessern, sondern vor allem auch einen demokratischen Verfassungs- und Rechtsstaat ins Leben rufen sollten. Jede Angelegenheit des politischen Alltagsgeschäfts konnte dazu dienen, seinem großen Ziel ein Stück näher zu kommen. Diskussionen um die Besserstellung von Volksschullehrern nutzte Hecker, um ein Plädoyer für die Trennung von Kirche und Staat zu halten. Heckers Anträge und Motionen zielten stets auf eine Kompetenzstärkung der zweiten, vom Volk gewählten Kammer, da sie al-

lein, im Gegensatz zu der auf Geburtsprivilegien beruhenden ersten
Kammer, die wahre Volksrepräsentation darstelle. Anders als Rotteck
hat er deshalb konsequent für eine sehr breite Urwählerbasis plä-
diert, damit das Volk auch wirklich möglichst umfassend vertreten
werde. Besonders sein ausgesprochener Haß auf den nur seinen Sonderinteressen verpflichteten Adel hat seine Popularität unter derjenigen bäuerlichen Landbevölkerung begründet, deren Lebenswelt
noch von einem unmittelbaren Abhängigkeitsverhältnis geprägt war.
Bestimmt durch sein prinzipielles Mißtrauen gegen Regierungs-
beamte, forderte Hecker in seinem Antrag zur ‚Ministerverantwortlichkeit‘ die Möglichkeit, Minister und Mitglieder der obersten
Staatsbehörden wegen Verletzung der Verfassung oder anerkannt
verfassungsmäßiger Rechte anklagen zu können. Und in seinem Antrag über die ‚Unvereinbarkeit gewisser Aemter mit der Stellung eines Abgeordneten‘ bemühte er sich um eine Beschränkung fürstli-
cher Einflußnahme auf die Zusammensetzung der Kammer durch
die organisierte Wahl regierungsloyaler Beamter in den Landtag.

1845 wurde Heckers Popularität als Kammerabgeordneter durch
ein außerparlamentarisches Ereignis verstärkt. Die politische Inten-
tion einer gemeinsam mit Itzstein unternommenen Reise nach Sachsen und Preußen, die u. a. ein Treffen mit Robert Blum in Leipzig und
Johann Jacoby in Königsberg vorsah, war den preußischen Behörden
nicht verborgen geblieben. Am Morgen des 23. Mai 1845 um 5 Uhr
früh wurden beide Abgeordneten ohne weitere Angabe von Gründen
aus Preußen ausgewiesen. Doch mit der öffentlichen Resonanz, die
diese Ausweisung auslöste, hatten die Behörden nicht gerechnet. Man
stilisierte sie zu einer „Sache des deutschen Volkes“ und bezeichnete
sie als eine „Verletzung der persönlichen und bürgerlichen Freiheit
der Deutschen, als ein Angriff, der in den Einzelnen dem ganzen
Volke widerfahren ist“.[19] Besonders bedenklich erschien die Tatsache,
daß die Ausweisung ausgerechnet von dem Staat angeordnet worden
war, der vielen als Hoffnungsträger für Deutschlands Zukunft galt, einem Staate, den man auf den „Höhen der Cultur“[20] glaubte. In einer
öffentlichen Dankadresse würdigte man Itzstein und Hecker „dafür,
daß Sie unserer vielgepriesenen Regierung eine eklatante Gelegenheit gegeben haben, ihre wahre Gesinnung an den Tag zu legen“.[21]
Auf ihrer Rückreise mußten die beiden Abgeordneten an zahlreichen,
eigens für sie veranstalteten Festbanketten teilnehmen. Heckers Abneigung gegen Preußen und sein ohnehin ausgeprägter südwestdeutscher Partikularismus haben sich nach diesem Vorfall noch verschärft.

Den Grund für Heckers zunehmende Radikalisierung in den Jahren 1846 und 1847 muß man in den gescheiterten Reformbemühungen des Landtags suchen. Auf liberal-oppositioneller Seite hatte man sich vieles durchzusetzen vorgenommen, doch nur ein Bruchteil davon konnte realisiert werden. Die Blockade wichtiger Gesetzesentwürfe durch die Regierungsbank und die regierungsloyalen, konservativen Abgeordneten verhinderte nach Heckers Ansicht jede konstruktive Arbeit. Sein Versuch, gemeinsam mit anderen Abgeordneten, durch eine Budgetverweigerung die Kompetenz der Kammer zu stärken, war fehlgeschlagen. Zudem bedrohten interne Auseinandersetzungen den Zusammenhalt der liberalen Opposition. Aus Protest beschloß er Anfang März 1847, aus der Kammer auszutreten. Er bedürfe der Ruhe und Erholung, so schrieb er einem Mannheimer Freund, „um mein zerrüttetes Nervensystem wieder in Ordnung zu bringen, welches durch die seit Monaten andauernden Anfeindungen, durch die fiebrige Aufregung mir ein Aushalten unmöglich machte [...] Vielleicht macht mein Schritt unsere Leute nachsichtiger gegeneinander, bewirkt ein festeres und wärmeres Zusammenschließen und dann ist viel erreicht. Diese Räubereien, Eifersüchteleien und Verkleinerungen dürfen nicht fortdauern, sonst fällt alles auseinander, was so mühsam durch Itzstein zusammengehalten war."[22] Von allen Seiten wurde versucht, Hecker zu einem erneuten Eintritt in die Kammer zu bewegen. Weder Gustav Struve noch Adam von Itzstein hielten seinen Schritt für angemessen und fanden einen kammerlosen Hecker ganz unbrauchbar. Der aber beschloß erst einmal, über Marseille nach Algerien zu reisen, und weil ihm das noch nicht abwechslungsreich genug erschien, setzte er seine Reise – wegen fehlender Eisenbahnen hoch zu Roß – von Algier über das Atlasgebirge nach Médea fort. Als er von diesem Wüstenabenteuer zurückkehrte, hatte er sich, „wie man zu sagen pflegt, einen gehörigen Wolf geritten, der ihn noch mehrere Tage lang quälte. [...] Mit Staub bedeckt, todtmüde, lendenlahm und kaum noch fähig zu gehen", traf der „blondbärtige badische Abgeordnete" schließlich wieder in Algier ein und trug mit seinem Erscheinen im Hotel nicht wenig zur allgemeinen Erheiterung bei.[23]

Nach zweimonatiger Abwesenheit kehrte Hecker nach Mannheim zurück. Seine Enttäuschung über das Nichterreichte war nicht verflogen: „Hecker fühlte", so hat es ein Zeitgenosse zu erklären versucht, „daß er, soweit das ‚Wort' reicht, die enge Rennbahn der Kammer durchlaufen hat, er hat alles ‚gesagt', was zu ‚sagen' möglich war."[24]

Die engere Zusammenarbeit mit Struve begann. Für ihn war Hecker als wiedergewählter einflußreicher Kammerabgeordneter unentbehrlich, denn während er selbst die außerparlamentarische Agitation organisierte, sollte Hecker in der Kammer die Dinge vorantreiben. Der erste gemeinsame außerparlamentarische Auftritt fiel in die kammerfreie Zeit des Herbstes 1847. Am 12. September wurden auf der Offenburger Versammlung die seitdem berühmten 13 Artikel beschlossen, deren Ausarbeitung im allgemeinen Struve zugeschrieben wird.²⁵ Doch die darin aufgelisteten Forderungen etwa nach einer progressiven Einkommensteuer oder dem Ausgleich von Kapital und Arbeit, nach Gewissens- und Lehrfreiheit, Geschworenengerichten und ein von der Gesamtheit getragenes, für alle gleich zugängliches Bildungssystem waren ebenso frühe Themen in Heckers Publikationen und seinen Kammerbeiträgen. Die liberalen Forderungen nach Pressefreiheit, Vereidigung des Militärs auf die Verfassung, Vertretung des Volkes beim Deutschen Bund waren so sehr Bestandteil des Kanons liberaler Oppositionsforderungen seit Bestehen der badischen zweiten Kammer, daß sie einfache, bekannte Forderungen darstellten. Anders als das Programm, das Struve ein halbes Jahr später im Vorparlament vortrug, wurde hier noch keinerlei direkter Bezug auf die Errichtung einer Republik genommen.

Aber erst die Nachrichten von den Pariser Ereignissen im Februar 1848 brachten die Erlösung aus der Untätigkeit. Für Hecker galt es jetzt, die Gunst der Stunde zu nutzen und umgehend die lange diskutierten Forderungen durchzusetzen. Den durch die Regierungen schnell bewilligten Märzforderungen mißtraute Hecker, indem er zu bedenken gab, „man verdanke sie nicht den Anstrengungen des eigenen Volkes, sondern den Leichen der Franzosen und Italiener".²⁶ In Baden begann die erste Phase spontaner, enthusiastischer Volksversammlungen und pathetischer Proklamationen. Hecker schwankte in dieser Zeit erheblich zwischen seinen inner- und außerparlamentarischen Verpflichtungen. Stürmisch wurde er auf jeder Volksversammlung begrüßt. Mitte März wurde er zum Obersten der Mannheimer Bürgerwehr ernannt. Den Franzosen wollte er es auf keinen Fall nachmachen und sich an die durch die geltenden konstitutionellen Gesetze gegebenen Handlungspielräume halten. So verhinderte er am 1. März Struves Petitionsübergabe und Rede im badischen Landtag, weil sie gegen die Geschäftsordnung der Kammer verstoßen hätten. Statt dessen erweiterte er zusammen mit Lorenz Brentano und anderen Abgeordneten die sogenannten ‚Mannheimer

Forderungen' nach Pressefreiheit, Schwurgerichten, Volksbewaffnung und Vertretung des deutschen Volkes beim Bundestag um zusätzliche acht, die dem parlamentarischen Verfahren gemäß an einen beratenden Ausschuß verwiesen und schließlich wieder in der Kammer diskutiert wurden. In der erweiterten Fassung tauchten fast alle Forderungen wieder auf, denen Hecker im Laufe seiner parlamentarischen Arbeit so großes Gewicht beigemessen hatte: ein Gesetz zur Ministerverantwortlichkeit, eines die Unvereinbarkeit gewisser Ämter mit der Stellung eines Abgeordneten betreffend, wodurch er die Wahl regierungsloyaler Beamter in die Kammer erschweren wollte, volkstümliche Rechtsprechung „durch geeignete Betheiligung der Bürger an derselben", Unabhängigkeit der Richter – und die Forderung, „daß Anordnungen für (eine) gerechtere Vertheilung der Staats- und Gemeindelasten, für Pflege der Gewerbsamkeit und der einfachen Arbeit getroffen werden". Bei Verlesung des letzten Punktes betonte Hecker besonders, wie ehrenvoll es für die badische Kammer sei, die erste gewesen zun sein, die „eine soziale Frage zu ihrem Beschluß erhob".[27]

Auf außerparlamentarischen Versammlungen wurde der Ruf nach Einführung der republikanischen Staatsform immer lauter. Doch Hecker enthielt sich öffentlicher Bekenntnisse in dieser Frage und verwies mit Beharrlichkeit auf das anberaumte Vorparlament als den legalen Weg zur Durchsetzung demokratischer Ziele. Bereits am 24. März hatte er die badische Kammer davon zu überzeugen versucht, welche hohe Eile die Schaffung eines Sammelpunktes für die Nation habe. Im Vorparlament drängte er schließlich auf dessen Permanenz: „Wenn wir nicht beisammenbleiben und nicht die einzige Drohung, die uns auf legalem Wege zu Gebote steht, nämlich die des Beisammenbleibens gebrauchen, so haben wir die Sache der Freiheit um fünfzig Jahre zurückgeschoben."[28] Hecker mag Mirabeaus Reaktion im Angesicht des königlichen Befehls zur Auflösung der Nationalversammlung vor Augen gehabt haben. Sein Plädoyer war eine Aufforderung, die Revolution mit revolutionären Mitteln, die keine gewaltsamen sein mußten, voranzubringen und zu vollenden. Nur ein vollständiger Austausch der alten Gewalten bei gleichzeitiger Etablierung eines neuen Parlamentes als politischem Zentrum schien ihm angemessen und eine Garantie dafür, daß die überkommenen Herrschaftsstrukturen tatsächlich beseitigt wurden. Doch Heckers Permanenzantrag wurde mit 368 gegen 148 Stimmen abgelehnt. Bei der Wahl zum Fünfziger-Ausschuß, von Hecker im Exil später als

„langweilig narkotische Essenz [...] also permanente Nichtexi-
stenz"²⁹ verurteilt, verfehlte er mit Platz 51 knapp seine Nominie-
rung. Im Laufe einiger Personalveränderungen wäre er aber mit
großer Wahrscheinlichkeit Mitglied dieses Gremiums geworden,
doch nach dieser Niederlage kehrte Hecker erst einmal zu seiner parlamentarischen Arbeit nach Karlsruhe zurück. Am 7. April sprach er
sich entschieden gegen die von der Regierung veranlaßte Entscheidung aus, zur Abwehr der Pariser Freischaren und möglicher Unruhen, württembergische, bayerische und hessische Truppenkontin-
gente entlang der badischen Grenze zu stationieren: „Was verlangt
das gährende Volk in Schlesien, in Preußen, in Baden? Verlangt es
Soldaten? Nein, es fordert reele Hülfe, und während das Volk Er-
sparniß verlangt an Pensionen, Besoldungen und an der drückenden
Militärlast, senden Sie ihm das 8. Armeecorps mit 63,000 Mann
fremder Truppen längs der Grenze ins Land."³⁰

Einen Tag nach dieser Rede, in der er auch ein persönliches Bekenntnis zur republikanischen Staatsform abgelegt und seine Skepsis
gegenüber dem Zwitterwesen der konstitutionellen Monarchie ausgesprochen hatte, kam es zur folgenreichen Verhaftung Josef Ficklers durch den Kammerabgeordneten Karl Mathy auf dem Karlsruher Bahnhof. Diese Verhaftung durch einen Privatmann war
rechtswidrig. Fickler, Redakteur der republikanisch gesinnten ‚Seeblätter‘, agitierte zwar energisch in Sachen Republikanismus, das allein konnte aber noch nicht zu einer Festnahme berechtigen. In dieser Verhaftung ist mit großer Wahrscheinlichkeit das auslösende
Moment für Heckers überstürzte Abreise nach Konstanz zu suchen,³¹ jedenfalls hat er seine eigene Verhaftung und ihre Genehmigung durch die Kammer befürchtet und als „Mann der plötzlichen
Impulse"³² die Flucht nach vorne angetreten.

Der Verlauf des ‚Heckerzuges‘ ist vielfach beschrieben worden.
Am 12. April rief Hecker in Konstanz die Republik aus, und der auf
6 Tage anberaumte Marsch durch den Schwarzwald nach Karlsruhe
zum Schloß des Großherzogs sollte sich zu einer wahren Massenbewegung ausweiten. Weil kaum Plünderungen vorkamen und die
durchziehenden Freischärler sich auf Anraten Heckers mit ausrei-
chendem Proviant versehen hatten, so daß sie der ärmeren Landbevölkerung nicht zur Last gefallen sind, wurde dieser Zug später stark
romantisiert. Gescheitert ist er aber schließlich nicht nur am schlechten Wetter und den Koordinationsproblemen, sondern an der geringen Zahl seiner Teilnehmer. In vielen Dörfern wollte man sogar erst

einen richtigen Marschbefehl des Bürgermeisters abwarten, worauf man vielerorts vergeblich wartete. Hecker, dem die Klagen des badischen Militärs bekannt waren, hatte fest mit einem Überlaufen der Truppen gerechnet und eine militärische Auseinandersetzung gar nicht in Betracht gezogen. Doch genau diese unerwartete militärische Auseinandersetzung, in der General Friedrich von Gagern gleich zu Beginn, nur wenige Minuten nach der Unterredung mit Hecker, den Tod fand, besiegelte sein Schicksal. Nicht nur reaktionäre Kreise, auch frühere Kammerkollegen Heckers sprachen nun von gewaltsamem Aufstand, Anarchie und Hochverrat. Hecker stand vor vollendeten Tatsachen. Die Sprache der Waffen, nicht gewollt, aber durch das Ende herbeigeführt, lieferte seinen politischen Gegnern nun alle notwendigen Argumente. Und selbst politischen Gesinnungsgenossen fehlte es an jeglichem Verständnis für dieses Unternehmen. So hatte Robert Blum ganz recht, als er seiner Frau gleich zu Beginn des Heckerzuges aus Frankfurt schrieb: „Hecker und Struve sind wahre Viehkerls, rennen durch den Wald wie geschlagene Ochsen und haben uns den Sieg furchtbar schwer gemacht."[33] Der ‚Tatmensch‘ Hecker war geboren. Seinen Ruf als „Mythus der deutschen Republik"[34] begründete jedoch erst ein paar Monate später die Weigerung der Nationalversammlung, seine durch den Wahlkreis Thiengen rechtmäßig erfolgte Wahl zum Abgeordneten anzuerkennen. Damit war seine letzte Hoffnung zerstört, auf die politische Bühne Deutschlands zurückzukehren. Während in der Paulskirche die tollkühnsten Gerüchte über seinen erneuten bewaffneten Einfall ins Großherzogtum Baden die Runde machten, schrieb Hecker an seiner Darstellung über ‚Die Erhebung des Volkes in Baden für die deutsche Republik im Frühjahr 1848‘, die einzige Rechtfertigungsschrift, die er jemals verfaßt hat. Seine schon seit langem gehegten Auswanderungspläne nahmen nun konkrete Gestalt an.[35]

Als Hecker im September 1848 in die Vereinigten Staaten aufbrach, hatte er bereits ein sehr konkretes Ziel vor Augen: Belleville, jene Siedlung im Mittleren Westen Amerikas, die berühmt war für ihre *Latin Farmer*, für die klassisch gebildeten deutschen Republikaner, die aufgrund politischer Unzufriedenheit oder Verfolgung in den 30er Jahren dorthin ausgewandert waren. Hecker kaufte dort eine Farm, kehrte aber im Frühjahr 1849 noch einmal kurzfristig aufgrund eines Schreibens der provisorischen Regierung unter Lorenz Brentano nach Europa zurück, um schließlich in Straßburg tatenlos

den endgültigen Zusammenbruch des badischen Aufstands mit ansehen zu müssen. Auf seiner Rückfahrt begleiteten ihn seine Frau und
seine drei kleinen Kinder.

Die ersten Jahre Heckers in Amerika waren von vollkommener
politischer Abstinenz gekennzeichnet. Er widmete sich dem Aufbau
seiner Farm mit solcher Kraftanstrengung, daß Freunde um seinen
Gesundheitszustand bangten. Erst im Jahr 1856, als der Streit um die
Zulassung der Sklaverei in den Territorien Kansas und Nebraska ausbrach, erschien Hecker wieder auf dem politischen Parkett und an-
vancierte in diesem Wahlkampfjahr zum engagiertesten deutsch-
amerikanischen Redner der neugegründeten Republikanischen
Partei. Es gab auffällige Parallelen und Kontinuitäten zwischen
Heckers liberal-europäischem Denken und seinem politischen Engagement in den Vereinigten Staaten. Vorschnell hat man den Kampf
der emigrierten Achtundvierziger gegen Sklaverei und für den Erhalt
der Union als einen nach Amerika verlegten Kampf um ‚Freiheit und
Einheit‘ gedeutet. Doch tatsächlich waren die Motive viel subtiler.
Die Institution der Sklaverei als solche blieb den europäischen Emigranten fremd. Sie folgten viel eher einem Muster, das sie bereits aus
Deutschland kannten. In dieser Auseinandersetzung, die für viele,
auch für Hecker, in der Beteiligung am Bürgerkrieg gipfelte, ging es
weniger um einen Kampf für schwarze als für weiße Emanzipation.
Er sollte vor allem der Expansion der weißen ‚Mittelschicht‘ dienen,
wovon noch künftige Einwanderer aus Europa profitieren sollten.
Die Abschaffung der ‚Sklavenaristokratie‘, der Großgrundbesitzer
des Südens, bedeutete für viele die Beseitigung eines Wirtschaftssy-
stems, das nicht nur den liberalen Vorstellungen von ‚freier Arbeit‘
diametral entgegengesetzt war, sondern auch die Ausbildung einer
Zweiklassengesellschaft von wenigen sehr Reichen und einer breiten
Masse von Armen und Abhängigen festschrieb. Ließ man die Sklaverei in den neuen Territorien zu, so würde verhindert werden, was
den emigrierten Achtundvierzigern weiterhin als Ideal und zumindest in Amerikas Westen als fast erreicht galt: die Aufrechterhaltung
eines politisch und ökonomisch selbständigen und stabilen Mittelstandes. Für europäische Flüchtlinge wie Hecker lag die Attraktivität
der Republikanischen Partei besonders in dieser dezidiert mittel-
ständischen Gesinnung, der Aufwertung von freier, weißer Arbeit,
den propagierten Aufstiegsmöglichkeiten des von Lincoln immer
wieder betonten *Right to Rise*, in der Betonung ökonomischer Selbständigkeit und dem Versprechen von Besitzerwerb und -vermehrung.

Hecker vollzog den Kurs seiner Partei auch dann vollständig mit, als diese, durch die Wirtschaftskrisen der 70er und 80er Jahre unter Druck geraten, einen wirtschaftsimperialistischen Kurs einschlug. Als überzeugter Wirtschaftsliberaler war er nicht nur am wirtschaftlichen Aufschwung der Vereinigten Staaten interessiert, sondern darüber hinaus mit Blick auf sein altes Heimatland davon überzeugt, daß jeder Warenballen, der aus Amerika nach Deutschland komme, die Botschaft der republikanischen Staatsform und ihrer wirtschaftlichen Prosperität verkünde. Der ökonomische Austausch, die Wechselbeziehungen zwischen den einzelnen Staaten, werde die monarchische Staatsform über kurz oder lang unmöglich machen, weil dem Austausch von Gütern der Austausch von Gedanken folge. Von der deutschen Reichsgründung versprach er sich vor allem, daß der geschlossene Binnenmarkt diese demokratisierende Funktion innerhalb des Landes übernehmen würde. Bismarcks spätere Schutzzollpolitik, unter der auch die Expansion des amerikanischen Marktes zu leiden hatte, machte ihn dann um einige Hoffnungen ärmer.

Doch Heckers europäische Herkunft verriet sich nicht nur in seinen wirtschaftspolitischen Überlegungen. Seine aus Baden mitgebrachte extreme Beamtenfeindlichkeit – es gebe, so bemerkte er einmal in einer Eingabe, „Stellungen, von welchen eine Art legitimer Verdacht nicht zu trennen" sei[36] – mündete in Amerika in seine gemeinsam mit Carl Schurz unternommenen Bemühungen um eine Reform des amerikanischen Beamtenwesens, der *Civil Service Reform*. Denn eine Republik konnte nur so gut sein wie ihre funktionstüchtige, unkorrumpierbare Verwaltung. Unverkennbaren Bezug zum alten Heimatland ließ schließlich Heckers Bestreben erkennen, den Einfluß der katholischen Kirche auch in Amerika zu beschränken. Gemeinsam mit einer einflußreichen deutsch-amerikanischen Zeitung des Mittleren Westens versuchte er einen Kulturkampf zu initiieren, dessen Heftigkeit schon bei Zeitgenossen einige Verwunderung ausgelöst hat.

Auch im fernen Illinois hat Hecker den deutschen Entwicklungen ein lebhaftes Interesse entgegengebracht. Den „stillen Gelüsten Bismarcks"[37] hat er stets mißtraut, dessen Abneigung gegen jeglichen Parlamentarismus hielt er für ausgemacht. Über Preußens maßgeblichen Einfluß im Norddeutschen Bund und über daraus resultierende Konsequenzen hat sich Hecker keinen Illusionen hingegeben, zeigte sich aber besonders über das beschlossene „Militärbudget ohne Ministerverantwortlichkeit"[38] beunruhigt. Vor der Reichsgrün-

dung hegte Hecker, wie fast alle anderen Emigranten auch, die stille
Hoffnung auf eine erfolgreiche Entwicklung ‚durch Einheit zur Freiheit'. Vom Taumel der Reichsgründung wurde er zunächst wie die
meisten anderen deutschen Emigranten mitgerissen. Doch die Eu-
phorie hielt nicht lange an, und Ernüchterung folgte ihr umgehend.
In all den Jahren hatte Hecker nie an Rückkehr gedacht. Als noch
während des Deutsch-Französischen Krieges Gerüchte aufkamen,
Hecker werde – geplagt von Heimweh und angetan von den deutschen Entwicklungen – jetzt wieder nach Deutschland zurückkehren,
schrieb er an den Redakteur der *Gartenlaube*, Ernst Keil: „Ich begreife nicht, wie schon wieder die Nachricht aufgetischt werden mag:
‚ich beabsichtige nach Deutschland zu übersiedeln.' Was soll ich dor-
ten thun? Etwa Unterthan werden, während ich hier Einer der zwei
Millionen Souveräne von Illinois bin? Mit bald sechzig Jahren auf
dem Rücken ist man zu steif geworden, um sich zur Unterthanschaft
zu bücken und solches Glück als Solches zu würdigen."³⁹ Aber 1873
wollte Hecker dann doch noch selbst, wenn auch nur für einen kurzen Besuch, die vielgepriesenen neuen deutschen Verhältnisse in Au-
genschein nehmen. Auf die Frage eines Freundes, ob er dann auch
Bismarck in Berlin besuchen werde, immerhin sei ja auch Carl
Schurz von ihm empfangen worden, antwortete er allerdings entrü-
stet: „Wo denkst Du hin, [...] wie kann ich als republikanischer Souverän den Bedienten eines Souveräns besuchen!"⁴⁰ Gegen dieses dra-
stische Argument wurden dann keine weiteren Einwände erhoben,
und als Hecker schließlich beim Verlassen seiner Farm auch noch –
wie ein unheilvolles Omen – das in seiner Wohnstube aufgehängte
Bild Robert Blums vor die Füße fiel, da schwante ihm, daß er wahrscheinlich noch „americanischer" zurückkehren werde als er aus-
zog.⁴¹ So ähnlich ist es dann auch gekommen. Als Hecker auf einer
amerikanischen Unabhängigkeitsfeier in Stuttgart am 4. Juli 1873 erklärte, er „bekenne sich als Sohn der freien Erde allein, als Amerikaner, als Sohn des Landes, dessen Ideen und Gesetze der ganzen Welt
zum Vorbild dienen sollten",⁴² da schlugen die Wellen der
Empörung hoch. Da Hecker in der Folge auch mit Kritik nicht
zurückhielt, die fehlende *Bill of Rights* einklagte, den Reichstag als
„Bismarck's Ja-Herren Colleg" und „Plapperlament" ⁴³ bezeichnete
und schließlich die unverkennbare wirtschaftliche Prosperität
Deutschlands nicht Bismarcks Politik, sondern einem weltweiten
Aufschwung zuschrieb, da revanchierten sich nationalliberale Zeitungen mit dem Hinweis, Hecker sei eben ein „Rip van Winkle", der

nach 25jährigem Zauberschlafe in eine Welt zurückgekehrt sei, die er schlichtweg nicht mehr verstehe. Man vergab es ihm nicht, daß er Deutschlands Größe sein Lob versagte, und vermißte zudem „die Pietät, die auch der ausgewanderte Deutsche seinem Vaterlande schuldet".[44] Doch Hecker zeigte sich von solchen Vorwürfen unbeeindruckt, und auf seine Farm zurückgekehrt, erstattete er seinem besten Freund, dem Pianohersteller Charles Söhner in Indianapolis seinen ganz subjektiven Rapport: „Angenehmster Piano-Schmul, Herzlieber alter Freund! Da bin ich wieder, wo es kein Bändel, [...] keine Trinkgelder und Geheimräthe, kein Hutabnehmen, [...], keine Fürsten und Bettelvögte gibt, jeder ein Saumaul haben und im Schlafwagen reisen kann, sogar die Nase mit den Fingern schneutzen kann und [...] jeder Esel Praesident werden kann. Da bin ich wieder und obgleich mir der Abschied von meinen Lieben draußen und wackeren Freunden recht [...] schwer wurde, so bin ich doch froh, daß ich wieder Luft ohne Knebel im Maul athmen kann. Wenn du die zahllosen täglichen Prozesse wegen Beleidigung der Majestät, [...] diesen Dalai-Lamaismus gesehen hättest, du wärst so froh wie ich."[45]

Der Groll über sein damaliges Auftreten in Deutschland hatte sich noch nicht gelegt, als Hecker am 24. März 1881 auf seiner Farm in Summerfield starb. Nur linksliberale Blätter, wie die *Frankfurter Zeitung*, gedachten seiner mit wohlwollenden Nachrufen. Die konservative Presse schwieg sich ganz aus, die nationalliberale erinnerte hingegen noch einmal daran, daß Hecker den Veränderungen nicht mehr angemessen hätte Rechnung tragen können. In Amerika lag die Sache hingegen anders. Hier ehrte man ihn als einen der besten Bürger des Landes, und die Staatslegislatur von Illinois beschloß nach Eintreffen der Todesnachricht, „daß wir in dem Tode dieses glänzenden und patriotischen Bürgers und Soldaten für unseren Staat den Verlust eines seiner erlauchtesten Söhne sehen, und daß sich aus Achtung für das Andenken des ausgezeichneten Todten das Haus vertage."[46] Heckers Beerdigung wurde die größte, die St. Clair County je erlebt hatte. An seinem Grab versammelten sich noch einmal viele Achtundvierziger und bestätigten sich wechselseitig in ihrer Auffassung, daß sie im Grunde die wirklichen Patrioten des alten Heimatlandes seien, schließlich sei Patriotismus mit Nationalismus nicht zu verwechseln. Geldspenden ermöglichten nach wenigen Monaten die Errichtung von Hecker-Denkmälern, und die Veteranen der beiden Bürgerkriegsregimenter, die Hecker befehligt hatte, trafen sich noch Jahrzehnte später auf einer jährlichen Versammlung in Chicago.

Heckers Eigen- und Unabhängigkeitssinn mag in vielen Fällen politisch unklug gewesen sein. Ohne den mißglückten Freischarenzug des Frühjahrs 1848 wäre seine Symbolkraft wohl geringer gewesen. Daß ihn die Revolution nach Amerika verschlagen hatte, hielt er für eine Konsequenz seines Lebens. „Ich bin eben einmal ein gläubiger, unverbesserlicher Anhänger der republikanischen Staatsform und kann nicht verzweifeln",[47] ließ er einmal Carl Schurz wissen. Die Vereinigten Staaten von Amerika waren das Land seiner Wahl – ein Land, dessen demokratische Institutionen es trotz aller, auch von ihm geäußerten Kritik vermocht hatten, aus Exil neue Heimat werden zu lassen: „Ich habe es nie als ein Unglück betrachtet(,) an diese Küsten geworfen worden zu seyn", bekannte Hecker zwei Jahre vor seinem Tod Carl Schurz. „Drüben wäre ich bei meinem Unabhängigkeitssinne, stets vor, oder innerhalb der monarchischen Safe-Keepings locale gewesen und zum Maulkorb war meine Schnautze zu ungestaltet."[48]

Gustav Struve – Amalie Struve: Wohlstand, Bildung und Freiheit für alle

Von Irmtraud Götz von Olenhusen

I. Das liebende Paar

Amalie Struve erscheint auf zeitgenössischen Bildern der badischen Revolution von 1848/49 gelegentlich als junge Amazone hoch zu Roß, die selbst auf den Streifzügen der Freischärler an der Seite ihres Mannes Gustav bleibt, den sie in seinem revolutionären Kampf gegen das Metternichsche Unterdrückungssystem des Deutschen Bundes moralisch unterstützt. In dem hier reproduzierten Doppelporträt sehen wir sie mit strengem Scheitel und einem leichten Silberblick. Das Kreuz – der einzige Schmuck, den sie trägt – deutet die strengen moralischen Maximen an, die sie mit ihrem Lebensgefährten teilte. Gustav Struve – hier mit Heckerhut, Freischärlerkleidung und schwarz-rot-goldener Schärpe – ist als der Revolutionär in die Geschichte[1] und in die deutschen Geschichtsbücher eingegangen, der im Vorparlament einen in der Tat revolutionären Antrag stellte: auf Abschaffung der Monarchie und auf Einführung einer sozialdemokratischen deutschen Republik.

Unmittelbar nach dem Scheitern der Revolution von 1848/49 findet sich eine Fülle von vernichtenden Urteilen über Struve: Die Revolutionsgegner stellten ihn als billigen „Nachäffer" des Robespierreschen Jakobinismus[2] dar, während andere politische Flüchtlinge ihn – in der boshaftesten Weise Karl Marx und Friedrich Engels – als „Tugendbold"[3] mit „fixen Ideen"[4] und nicht gerade einnehmendem Äußeren karikierten.

Im Gegensatz zu Hecker fehlte Gustav Struve jedes Charisma, und vermutlich hat er den stets ambivalenten jüngeren Freund und Kampfgenossen durch seine revolutionäre Entschlossenheit stärker unter Handlungszwänge gesetzt, als sich heute rekonstruieren läßt. Nach dem Scheitern des ,Heckerzuges', auf dem am 13. April in Konstanz zum ersten Mal die Republik ausgerufen wurde, kann der jämmerlich gescheiterte ,Putsch' vom September 1848, in dessen Verlauf

Gustav Struve (1805–1870) und Amalie Struve (1824–1862)

Struve am 21. September in Lörrach zum zweiten Mal die Republik
ausrief, nur als dilettantisches Desaster bezeichnet werden. Zum dritten und letzten Mal versuchte Struve dann in Folge der Mairevolution – nach seiner Befreiung aus dem Gefängnis – den Mythos der
großen Französischen Revolution Wirklichkeit werden zu lassen. Im
Vergleich mit den anderen beiden prominenten, revolutionären Advokaten aus dem badischen Mannheim, Friedrich Hecker und Lorenz
Brentano,[5] stellt sich Struves politische Rolle während der badischen
Revolution – im Schatten des Heckerkultes – eher als fataler Abge-
sang dar. Nach dem Scheitern der Mairevolution von 1849 floh
Struve als einer der letzten über Frankreich in die Schweiz und nach
seiner Ausweisung aus Genf nach London. Zusammen mit Amalie
ging er schließlich – wie die meisten politischen Flüchtlinge der Revolution von 1848/49 – ins amerikanische Exil. Dort starb Amalie
kurz nach der Geburt ihrer zweiten Tochter am 13. Februar 1862 im
Alter von nur 38 Jahren. Nach ihrem Tod kehrte Struve nach
Deutschland zurück. Er starb schließlich verarmt und vergessen kurz

vor der Gründung des Deutschen Reiches, die so heftig herbeige-
sehnt, von ihm in dieser Form aber scharf abgelehnt wurde, am 21.
August 1870 in Wien an den Folgen einer Blutvergiftung.

Für Amalie und Gustav von Struve scheint die Ehe, die sie im November 1845 in Mannheim eingingen, das einzige uneingeschränkte
und große Glück in ihrer beider Leben gewesen zu sein. Vielleicht
war es dieses private Glück, das Struve – der unter seiner äußeren Erscheinung und seiner „Fistelstimme" litt – ein neues Selbstbewußtsein verlieh. Die Liebesheirat des 40jährigen Mannes mit einer erheblich jüngeren Frau – Amalie Düsar war zum Zeitpunkt ihrer
Eheschließung 23 Jahre alt – entsprach in vieler Hinsicht der Position und dem Charakter des Außenseiters. Amalies Mutter war von
einem Offizier verführt und sitzengelassen worden; an der Tochter
blieb der Makel einer unehelichen Geburt auch dann noch haften, als
die Mutter später den Sprachlehrer Friedrich Düsar heiratete und
dieser Amalie adoptierte. Obwohl der vierzigjährige Gustav von
Struve zum Zeitpunkt seiner Eheschließung in mancher Hinsicht bereits als gescheiterte Existenz gelten konnte, wurde seine Heirat mit
der fast zwanzig Jahre jüngeren Amalie Düsar, die mit ihrer Mutter,
dem Stiefvater und dem Halbbruder Pedro Düsar in ärmlichen Verhältnissen lebte, von der Mannheimer Gesellschaft trotzdem als un-
standesgemäß empfunden. Den Abgeordneten der zweiten badischen Kammer, Karl Mathy,[6] der damals noch zu den radikaleren
Liberalen zählte, hielt dies allerdings ebensowenig wie den Literaten
Karl Heinrich Schnauffer vom Amt des Trauzeugen ab. Das nunmehr fast unzertrennliche Paar blieb auch durch die Art ihrer Beziehung weiterhin am Rand der bürgerlichen Gesellschaft. Diese war ja
in ihrer überwiegenden Mehrheit weder geneigt, den Adel noch die
Monarchie oder gar die Amtskirchen der christlichen Konfessionen
einfach abzuschaffen; den meisten politisch engagierten Zeitgenossen ging es um liberale, politische Reformen in einer konstitutionellen Monarchie, wobei eine Reform des Deutschen Bundes – im Ein-
vernehmen mit den Fürsten – zum deutschen Nationalstaat führen
sollte. Gustav Struve jedoch wollte mehr. Ihm ging es nicht nur um
radikalere politische Reformen wie der Mehrheit seiner liberalen
Zeitgenossen, sondern um eine umfassende Lebensreform im Sinne
Rousseauscher Ideen, wie dieser sie vor allem in seinem ‚Emile' entwickelt hatte. Wie weit sich seine Ansichten über die Frauen mit denen Rousseaus deckten, sei hier dahingestellt. Es spricht aber vieles
dafür, daß er zumindest seit seiner Heirat Frauen mehr zutraute und

zubilligte als sein philosophisch-literarisches Vorbild. Seit Mitte der
1840er Jahre kann Struve – trotz seiner permanenten Beschwörung
des Männlichkeitskultes seiner Zeit – durchaus als früher Vertreter
der Frauenemanzipation gelten. In welchem Maße sich die junge
Amalie und ihr Ehemann hier gegenseitig beeinflußten oder be-
stärkten, ist schwer zu sagen. Nicht nur, weil dem Ehepaar Struve
zunächst Kinder, die sich Amalie sehnlichst wünschte, versagt blieben und sie deshalb nicht die brave Hausfrauen- und Mutterrolle
spielen konnte, sondern auch, weil sie eine durchaus eigenständig
denkende Anhängerin der Ideen ihres Mannes war. Vor ihrer Ehe
hatte sich Amalie ihren Lebensunterhalt als Lehrerin verdient, und
schon während der Revolution bedauerte sie, daß sie aufgrund der
Vorurteile ihrer Zeit politisch nicht tätig werden konnte und durfte.
Mit den Ideen der Frauenemanzipation ist Amalie vermutlich erst
durch ihren Mann in Berührung gekommen. In vieler Hinsicht
scheint sie ihn „angehimmelt" zu haben, vielleicht hat der große Al-
tersunterschied eine gewisse unkritische, zumindest vorbehaltlose
Bewunderung ihres bis zur Narretei furchtlosen Helden begünstigt.
Nach Amalies frühem Tod schrieb der verstörte und verzweifelte
Witwer in tiefer Trauer eine anrührende Hommage, in der er ihrer
als „begeisterte Geliebte, treuste Freundin, bester Camerad" und
„einzige Jüngerin"[7] gedachte, mit der er nicht nur zwei Töchter, sondern auch gemeinsame literarische Pläne gehegt habe. Für Struves
Rolle in der badischen Revolution kann die solcherart vorbehaltlose,
positive Bestärkung seiner unbedingten, fast schon fanatischen politischen Entschlossenheit durch Amalie jedenfalls nicht als Glück bezeichnet werden. Die inneren und äußeren Gründe des Scheiterns
seiner politischen Aktivitäten sind ebenso Thema dieses Beitrags wie
die Gründe des Scheiterns der politischen Träume und Wünsche
Amalies, über die eine von ihr eigenhändig verfaßte, bislang unver-
öffentlichte Skizze über Madame Roland Auskünfte gibt. Sie war
gleich ihrem Ehemann zunehmend von den mythisch überhöhten
Idealen der großen Französischen Revolution beeinflußt.

II. Gustav von Struves Bruch mit der ständischen Gesellschaft

Der Jurist und Schriftsteller Gustav von Struve – Vegetarier, Le-
bensreformer, Phrenologe,[8] unbedingter Anhänger Rousseaus, Liberaler, Deutschkatholik und schließlich Revolutionär – galt zeit seines

Lebens als Sonderling. Mit seinen ehrgeizigen Zielen, die sich sicherlich zunächst an den Erwartungen seiner adeligen Familie orientierten, sollte Struve auf der ganzen Linie scheitern. Ausgesprochen erfolgreich war er – neben dem kurzen privaten Eheglück mit
Amalie – nur in seiner Tätigkeit als politischer Schriftsteller in den
1840er Jahren.

Als Sohn des kaiserlich-russischen Staatsrates und Geschäftsträ-
gers in München, Stuttgart und Karlsruhe Johann Gustav von Struve
und seiner Ehefrau, der Freifrau Hochstedter von Hochstedt, im
Jahre 1805 in München geboren, wuchs Gustav mit zahlreichen Ge-
schwistern in dem eher bürgerlichen als adeligen Milieu des Beam-
tenadels auf. Die Mutter – Tochter eines evangelischen Pfarrers –
scheint die Spannungen zwischen Gustav und seinem strengen und
ehrgeizigen Vater abgemildert zu haben. Vielleicht hat die prote-
stantisch-pietistische Prägung der Mutter zu den äußerst rigorosen,
puritanischen Moralvorstellungen beigetragen, die ihn sein ganzes
Leben nicht losließen. Die Konflikte zwischen Vater und Sohn
scheinen in den typischen Bahnen der kleinen Alltagsdramen bürgerlicher Familien dieser Zeit und einer spezifischen Generationsla-
gerung[9] abgelaufen zu sein. Die Familie zog 1806 von München
nach Stuttgart und 1817 nach Karlsruhe. Nach dem Abitur am Lyzeum in Karlsruhe ging Gustav 1822 zum Jurastudium nach Göttingen. Dort wurde er, wie viele seiner Studiengenossen, Mitglied einer
verbotenen Burschenschaft und teilte mit der Mehrheit der deutschen Studenten dieser Zeit die nationalen und liberalen Ideale seiner Generation. 1824 wechselte er nach Heidelberg, besuchte die
Vorlesungen von Eichhorn, Mittermaier, Thibaut und Zachariae und
übernahm – wie sich in späteren Publikationen zeigen sollte[10] – alle
wesentlichen Ideen zur Reform des Rechts, der Justiz und des Ge-
richtsverfahrens von Mittermaier, der als einer der erfolgreichsten
und bekanntesten Hochschullehrer seiner Zeit gelten kann. Die Forderungen nach Öffentlichkeit und Mündlichkeit der Gerichtsverfahren, Geschworenengerichten, Abschaffung der Todesstrafe und
Strafvollzugsreformen bewegten alle liberalen Juristen dieser Zeit,
die insgesamt die liberaldemokratische Opposition innerhalb und
außerhalb der Parlamente dominierten. Die Wahl des Studienfaches,
die Absolvierung des Examens und die erste staatliche Ausbildungs-
station deuten darauf hin, daß der junge Jurist zunächst vorhatte, in
die Fußstapfen des Vaters zu treten und damit die Erwartungen der
Eltern zu erfüllen. Das bürgerliche Leistungsprinzip hatte sich unter

dem Druck der Napoleonischen Kriege in allen Staaten des Deutschen Bundes gegenüber den Privilegien einer adeligen Herkunft
auch auf Regierungs- und Verwaltungsebene mehr oder weniger
durchgesetzt. Unter der schweren Hypothek eines nicht gerade glän-
zend bestandenen juristischen Staatsexamens entschloß sich Struve,
die unter diesen Voraussetzungen wenig erfolgversprechende Karriere als Diplomat[11] abzubrechen. Dem jungen Juristen fehlte aber
nicht nur eine gute Examensnote, sondern auch die innere Bereitschaft, sich den herrschenden Verhältnissen im Dienst eines absolutistischen kleinen Fürstentums anzupassen. Nach dem Tod des Vaters 1828 spielte er zunächst mit dem Gedanken, für die Griechen als
Freiwilliger am russisch-türkischen Krieg von 1828/29 teilzunehmen. Dann sah er aber in der Laufbahn eines Hochschullehrers eine
Alternative. Zwei fehlgeschlagene Habilitationsversuche in Göttingen 1831 und Jena 1832 stürzten Struve schließlich in eine tiefe
Krise, in der es ihm vorerst unmöglich erschien, eine realistische Le-
bensperspektive zu entwickeln. Vorübergehend versuchte er sich als
Poet und verfaßte ein Drama, mehrere Schauspiele und politische
Gedichte. Diese Art der literarischen Produktion erwies sich jedoch
in jeder Hinsicht als Irrtum. Schlagartig scheint die Lektüre von
Rousseaus ‚Emile‘ dann aber in einer Weise innere Dämme durch-
brochen zu haben, daß die Wogen seiner Unzufriedenheit mit sich
und der Gesellschaft in einem neuen Weltbild kanalisiert werden
konnten. Gustav Struve hatte hier eine Weltanschauung gefunden,
an der er von nun an trotz aller äußeren Widrigkeiten mit aller
Entschiedenheit festhalten sollte. Neben den generationstypischen,
reformerischen Idealen des Liberalismus, einem ebenfalls generationstypischen glühenden Nationalismus und den gängigen rechts-
politischen Reformideen des examinierten Juristen (wie viele Anhänger der historischen Rechtsschule plädierte Struve für ein neues
deutsches Recht auf vermeintlich germanischer Grundlage) war sein
neues Weltbild insofern originell, als darin Wissenschaft und Religion, Lebensreform und Gesellschaftsreform zu einer unauflöslichen
Einheit verschmolzen. Die Parole ‚Zurück zur Natur‘ war an der
Rousseauschen Zivilisationskritik der französischen Adelsgesell-
schaft vor der Französischen Revolution orientiert. Für Struve hatte
dies praktische Konsequenzen, denn er wurde nun Vegetarier, Alko-
hol- und Tabakgegner und Anhänger einer gesunden Körperkultur
im Sinne des Turnvaters Jahn. Seine Anträge auf Zulassung eines
Bade- bzw. Turnvereins in Mannheim wurden von den Behörden ab-

gelehnt, weil sie dahinter politische Umtriebe witterten. Auch andere Vereinsgründungen scheiterten an staatlichen Verboten, so die Gründung von Volksbildungsvereinen und eines Arbeitervereins im Sinne Louis Blancs.[12] Die sich radikalisierende Kritik am absolutistischen Regime Metternichs, der Selbstherrlichkeit der von den Monarchen eingesetzten Regierungen und Verwaltungen war Ausdruck der um sich greifenden Legitimitätskrise des politischen Systems des Deutschen Bundes und der Monarchien ‚von Gottes Gnaden‘. Konstitutionalismus, d. h. die weitgehende Einschränkung und Kontrolle selbstherrlicher Fürstenmacht durch Verfassungen und Parlamente war die Devise der Zeit. Juristen – und hier vorzugsweise gewählte Vertreter der Landtage und Kammern, politische Professoren oder niedergelassene Rechtsanwälte und Advokaten – engagierten sich dabei in besonderem Maße in der liberalen Bewegung, die sich in den südwestdeutschen Verfassungsstaaten in den 40er Jahren zur Volksbewegung ausweiten sollte. Insofern bildet Struve keine Ausnahme. Typisch für Struve war aber vor allem die Einheit zwischen einem relativ geschlossenen Weltbild und einer extrem asketischen Lebensführung. In seinem Weltbild gingen gesellschaftspolitische, religiöse und naturwissenschaftliche Elemente eine enge Verbindung ein. Die Einheit von Theorie und Praxis erklärt vielleicht Struves kompromißlosen Kampf gegen jede politische Bevormundung und den missionarischen Eifer, mit dem er seine Überzeugungen propagieren und – unbeirrt von den politischen Realitäten der Revolutionszeit – in die Tat umsetzen wollte. Der an höheren äußeren Zielen gescheiterte Jurist verlegte seinen fast schon fanatisch anmutenden Ehrgeiz immer mehr auf Ziele, die mit äußerem Erfolg immer weniger zu tun hatten. Er glaubte an Fortschritt und Wissenschaft und kam zunehmend zu der entschiedenen Auffassung, daß sich nicht nur die Welt einer adeligen Geheimdiplomatie überlebt hatte, sondern auch ganz generell die ständische Gesellschaft mit ihrer – wie er es nannte – „kastenmäßigen" Abschließung.[13] Seinen Adelstitel sollte Gustav von Struve dann zwei Jahre nach seiner Eheschließung ablegen, aber mit der Vorstellung einer Aussöhnung zwischen den noch bestehenden feudalen Strukturen, den Kompromißregeln der monarchisch dominierten bürgerlichen Gesellschaft hatte er schon lange zuvor gebrochen.

Einen Teil seiner Kindheit und Jugend hatte Struve in Karlsruhe verbracht, und nun, nach dem Scheitern seiner hochfliegenden

Pläne, zog es ihn wieder ins liberale Großherzogtum Baden. 1833
ging er zunächst nach Karlsruhe zurück und bereitete sich auf die
Staatsprüfungen vor, die jeder Staat des Deutschen Bundes auf der
Grundlage seiner eigenen Gesetze zusätzlich zu Examen anderer
Staaten verlangte. Nach der Gewährung der badischen Staatsbür-
gerschaft durch den Großherzog wurde Struve 1836 am Mannheimer Oberhofgericht als Oberhofgerichtsadvokat auf Probe und 1837
dann endgültig zugelassen.

Nach dem Tod des Freiburger Geschichtsprofessors Carl von Rotteck hatten sich Mannheim und die nahe Universitätsstadt Heidelberg zu Zentren der liberaldemokratischen Bewegung Badens entwickelt. Doch Struve sollte auch hier ein Außenseiter unter der
liberaldemokratischen Opposition des badischen Vormärz bleiben.
Eine persönliche Anhängerschaft hatte er seit 1843 zunächst nur unter den ultraradikalen Heidelberger Studenten – den sogenannten
Progreßstudenten – gewinnen können. Die Herausgabe der *Zeitschrift für Deutschlands Hochschulen* 1843/44 führte zu einer engen Zusammenarbeit mit den politischen Studentenvereinen Heidelbergs.
Bis auf wenige Ausnahmen übernahmen diese jungen Männer, die
nicht ganz zu Unrecht als Schüler Struves gelten, in der Mairevolution 1849 eine aktive Rolle, die in vielen Fällen tödlich endete.[14] Zu
den Überlebenden, vor allem zu seinem wohl engsten Anhänger und
treuesten Schüler – dem jungen Karl Blind[15] – hatte Struve noch im
Exil engen Kontakt.

III. Exzentrische Wege

1. ‚Wissenschaft' und Religion

Seit 1841/42 begann Struve sich intensiv mit der Phrenologie[16] zu
beschäftigen, die ihn – wie viele seiner gebildeten Zeitgenossen in
ganz Europa – ungemein faszinierte. Struve wurde 1843 Ehrenmit-
glied der phrenologischen Gesellschaft in Paris, veröffentlichte eine
Geschichte der Phrenologie[17] und war Mitherausgeber der *Zeitschrift
für Phrenologie*. Obwohl sich diese Wissenschaft als Irrweg heraus-
stellen sollte, kann die Leidenschaft Struves für ihre Lehren nicht als
persönliche Marotte oder als reiner Dilettantismus abgetan werden.
Sie ist vielmehr ein zeittypisches Symptom für das brennende Bedürfnis nach einem neuen geschlossenen Weltbild, nachdem das

christliche Weltbild mit seinem Schöpfungsmythos schon lange
nicht mehr mit den neuen naturwissenschaftlichen Erkenntnissen
übereinstimmte. Die Phrenologie – zu deutsch Seelenlehre – sollte
eine moderne, naturwissenschaftlich abgesicherte Grundlage für ein
ganzheitliches Bild des Menschen liefern, mit der sich nicht nur alle
Reformideen Struves vereinbaren ließen, sondern mit deren Hilfe
auch die christliche Vorstellung einer unsterblichen Seele in ein
neues Verständnis der Einheit von Körper, Seele und Geist transformiert werden konnte. Christliche Ideale, rigorose Moralvorstellungen und Träume von einer gerechten Sozialordnung des gewissens-
strengen Mannes, der streng protestantisch erzogen worden war,
ließen sich hier ebenso unterbringen wie das antike Ideal des Wahren, Guten und Schönen als Resultat einer neuhumanistischen Erziehung. Mit der Durchführung einer Charakteranalyse bedeutender
liberaler Persönlichkeiten Badens[18] suchte und fand er Kontakt zur
liberaldemokratischen Opposition. Nicht nur aus heutiger Sicht erscheinen diese Analysen als kurios: Karl Mathy brach – wie Struve
selbst berichtet – in schallendes Gelächter aus, als dieser ihn darum
bat, seinen Schädel vermessen zu dürfen. Aber er machte ihm die
Freude.

Am 25. Dezember 1846 traten Amalie und Gustav Struve zum
Deutschkatholizimus über,[19] einer Bewegung, die als nationale Ge-
genkirche gegen das ultramontane Papsttum geplant war, aber aus
vielen Gründen an dieser Zielsetzung scheiterte. Gerade in Baden
waren die liberalen Katholiken sehr einflußreich und aktiv, aber seit
Ende der dreißiger Jahre begannen sich auch hier Einflüsse des Ultramontanismus bemerkbar zu machen.[20] Nach den Massenpetitio-
nen, die der Freiburger Professor Franz Joseph Buß gegen die
Deutschkatholiken inszeniert hatte, begannen die Liberalen zu ahnen, welchen großen Einfluß die Kirchen selbst im liberalen Baden
noch immer besaßen. Im Umfeld der religionspolitischen Krise zwischen 1844 und 1846 bzw. bis zum Schweizer Sonderbundkrieg von
1847 führten die kirchen- und religionspolitischen Entwicklungen
im Kontext der nationalen und liberalen Bewegungen unter einigen
radikalen Liberalen zu einem heftigen Antiklerikalismus, der sich bis
hin zur Proklamation ausgesprochener Verschwörungstheorien stei-
gern konnte.[21] Selbst Struve, der im übrigen auch nach heftigen internen Auseinandersetzungen Mitglied der deutschkatholischen Gemeinde blieb,[22] sah in den Jesuiten Agenten einer antiliberalen und
antinationalen Verschwörung der weltlichen Fürsten ‚von Gottes

Gnaden' und des römischen Kirchenfürsten.[23] Positives Ziel von
Struves Religionspolitik war eine demokratisch verfaßte nationale
Kirche, in der alle konfessionellen Gegensätze – auch die zwischen
Christen und Juden – überwunden werden sollten. Mit einem der bedeutendsten jüdischen Publizisten seiner Zeit – Gabriel Riesser[24] –
arbeitete Struve bereits seit 1843 zusammen. Der Mannheimer Mon-
tagsclub unter Leitung des deutschkatholischen Predigers Carl
Scholl und Struves setzte sich seit 1844 aktiv für die Juden-[25] und für
die Frauenemanzipation ein.[26]

2. Der politische Publizist: Spektakuläre Erfolge (1845–1847)

Der Versuch, Struve zum „Chefideologen der badischen radikalen
Liberalen"[27] zu stilisieren, vermag nicht zu überzeugen. Seine in sich
stimmige und originelle, aber eklektizistische Weltanschauung
dürfte in dieser Form von keinem anderen geteilt worden sein. Die
unbedingte Entschlossenheit seiner Überzeugungen hat jedoch in
politisch entscheidenden Situationen dazu geführt, andere – vor allem Angehörige einer jüngeren Generation – zu beeinflussen und
mitzureißen. Überregional bekannt und unter der badischen Opposition anerkannt wurde Struve durch zwei spektakuläre und ausgesprochen kreative Publikationen. Im fiktiven ‚Briefwechsel zwischen
einem ehemaligen und einem jetzigen Diplomaten', den Struve 1845
in Mannheim publizierte, sind die Briefe direkt an Fürst Metternich
gerichtet. In einer – angesichts der polizeistaatlichen Maßnahmen
und der politischen Justiz des Vormärz – ausgesprochen pointierten
Konstruktion eines Rollentauschs zwischen Ankläger und Angeklag-
ten wirft der Absender der Briefe im Namen des deutschen Volkes
Metternich vor, der eigentliche politische Delinquent, ja Anarchist,
Revolutionär und Hochverräter zu sein:

„Euer Durchlaucht haben es durchgesetzt, daß keiner der dem
deutschen Volke theuren Versprechungen, welche die deutsche Bun-
desacte enthält in ihrem ganzen Umfange erfüllt wurde. Sie haben
der deutschen Nation an der Stelle der verheißenen Preßfreiheit,
Censur gegeben [...]. Sie haben die deutschen Souveräne ihrer Souveränität entkleidet [...]. Sie haben den Glauben der deutschen Nation an die Heiligkeit des gegebenen Fürstenwortes erschüttert, und
haben dadurch den Geist der Anarchie in das Deutsche Vaterland
eingeführt."[28]
Ebenso spektakulär war Struves erbitterter Kampf mit dem Mann-

heimer Zensor von Uria Sarachaga, der eigens auf den erfolgreichen Publizisten angesetzt worden zu sein scheint. 1845 und 1846 veröffentlichte Struve im schwarz-roten Farbendruck alle von ihm selbst verfaßten Beiträge in den von ihm herausgegebenen Zeitschriften, die der Zensur zum Opfer gefallen waren, samt aller Dokumente der daraus resultierenden Beschwerden und gerichtlichen Verfahren.[29] Publikationen über 21 Druckbogen mußten dem Zensor nicht zur Vorzensur vorgelegt werden, und so wiesen die ‚Aktenstücke' viele rote Seiten auf, was auch farblich signalisierte, daß sie in den vorher gedruckten Zeitschriften der Zensur zum Opfer gefallen waren. Vor Gericht ließ er sich von Friedrich Hecker vertreten. Damit begann 1845 seine Zusammenarbeit mit dem sechs Jahre jüngeren Kammerabgeordneten. An der Abfassung des berühmten ‚Offenburger Programmes' anläßlich der ersten Offenburger Versammlung vom 12. September 1847 war Struve als entschiedener Liberaler mit sozialdemokratischen Zügen maßgeblich beteiligt, und auch im Vorparlament vertrat er als Republikaner im Kern liberale, wenn auch radikale Forderungen:

„Sicherheit des Eigenthums und der Person, Wohlstand, Bildung und Freiheit für Alle ohne Unterschied der Geburt, des Standes und des Glaubens ist das Ziel, nach welchem das deutsche Volk strebt."[30]

IV. Der gescheiterte Revolutionär

1. Vom Vorparlament zum Struveputsch (1848)

Erst durch den gescheiterten Versuch, auf parlamentarisch-legalem Wege zumindest mittelfristig eine sozialdemokratische, deutsche Bundesrepublik zu etablieren, wurde Struve zum Revolutionär im engeren Sinne. Seine Gefolgsleute aus der jungen Generation mußte er im Überschwang der Märzrevolution sogar davon abhalten, in Baden sogleich die Republik auszurufen, da er zu diesem Zeitpunkt – ebenso wie Hecker und viele andere der badischen Radikalen – allein den Weg über ein nationales Parlament für erfolgversprechend hielt. Nach der Abstimmungs- und Wahlniederlage im Vorparlament forderte Struve eine Volksabstimmung über die Einführung oder die Ablehnung der Republik in Baden.[31] Erst nach der Ablehnung bzw. Ignorierung dieses Memorandums und nach der Verhaftung Josef Ficklers nahmen Aufstandspläne der Radikalen um Struve und

Hecker konkrete Formen an. Der Aprilaufstand sollte nicht nur an
der schlechten Planung und Koordination scheitern, sondern auch
daran, daß auf lokaler und regionaler Ebene viele der führenden Liberalen Badens weiterhin große Hoffnungen auf die Nationalversammlung setzten. Struve, der mit etwa 600 Mann als Teil des
‚Heckerzuges' vom Klettgau nach Steinen gezogen war, verlor
schnell die Kontrolle über seine Gefolgsleute und schließlich auch
über sich und die ganze Situation. Unter Berufung auf Vollmachten
verschiedener Volksversammlungen begann er alle diejenigen mit
Strafen eines noch einzuberufenden Volksgerichtes zu bedrohen, die
zögerten oder sich weigerten, für die Revolution die Waffen zu ergreifen. Unter dem Druck der Erfolglosigkeit kündigte sich schon
die Eskalation der revolutionären Strategien an, die den Pazifisten
Gustav Struve zur Akzeptanz von Gewalt führte, die er selber vor sich
und anderen als Notwehr gegenüber der erstarkten Gegenrevolution
legitimieren sollte. Nach der Schlacht von Kandern kam es zu einer
Spaltung der Radikalen in weiterhin kampfbereite Anhänger Struves
und Anhänger Heckers, die den im April eingeschlagenen Weg als
aussichtslos ansahen. Struve selber war offensichtlich nicht in der
Lage, Niederlagen hinzunehmen bzw. zu verarbeiten. Durch die
enge Zusammenarbeit mit den prinzipiell gewaltbereiten Exilrepu-
blikanern Karl Heinzen und Theodor Mögling, mit denen Struve
zunächst von Straßburg, Paris und dann von der Schweiz aus weiter
versuchte, den bewaffneten Aufstand in Baden vorzubereiten, glitt
Struve immer mehr in das Fahrwasser der extremen Linken.[32] Der
‚Plan zur Revolutionierung und Republikanisierung Deutschlands',[33] den er zusammen mit Karl Heinzen konzipiert hatte,
verdeutlicht den raschen Radikalisierungsprozeß. Briefe vom September 1848 belegen, daß der kleine Kreis der unentwegten Revolutionäre nun eine Auflösung der Paulskirche und eine diktatorische
Phase im Übergang zur Republik plante. Der sogenannte Septem-
ber- oder auch Struveputsch, in dessen Verlauf Struve am 21. September in Lörrach die Republik ausrief, kann hier mit seinen geradezu grotesken Zügen nicht im einzelnen geschildert werden. Das
Fehlen eines badischen Standrechtsgesetzes, das erst am 24. September in Kraft trat, sollte Struve nach seiner Verhaftung das Leben retten. Amalie wurde ebenfalls in Untersuchungshaft genommen und
mußte den spektakulären, ersten Schwurgerichtsprozeß[34] gegen
ihren Mann und Karl Blind vom Gefängnis aus verfolgen. Während
Struve zu fünf Jahren und vier Monaten Einzelhaft verurteilt wurde,

stellte man das Verfahren gegen Amalie ein. Sie wurde erst im April 1849 aus dem Gefängnis entlassen und eilte sofort nach Rastatt, wo Gustav in der Bundesfestung streng bewacht wurde. Wenige Tage vor Ausbruch des badischen Militäraufstandes wurde Struve in das Bruchsaler Gefängnis überführt, weil man zu Recht befürchtete, daß demokratisch gesinnte Soldaten beabsichtigten, die politischen Gefangenen zu befreien. Von einer Gruppe seiner jungen Anhänger wurde Struve dann am 14. Mai 1849 – nach der Flucht des Großherzogs und seiner Regierung – aus dem Gefängnis befreit.

2. Mairevolution, politisches Exil und vergebliche Rückkehr (1849–1870)

Weder auf den Verlauf der Reichsverfassungskampagne noch auf die Mairevolution von 1849 konnte Struve vom Gefängnis aus Einfluß ausüben. Durch seinen Alleingang im September hatte er sich viele Sympathien – nicht nur unter den zur Unterstützung bereiten elsässischen und Schweizer Republikanern, sondern auch unter seiner engeren Anhängerschaft – endgültig verscherzt. Allein eine Gruppe junger Leute – unter ihnen Karl Blind – blieb ihm mehr oder weniger treu ergeben. Trotzdem gelang es Struve immer wieder, sich ins Spiel zu bringen. Im Landesausschuß der Volksvereine, der bis zur Wahl einer dreiköpfigen, provisorischen Regierung bzw. der konstituierenden Landesversammlung am 3. Juni 1849 das Gesetz des Handelns bestimmte, setzte Struve es durch, daß er Mitglied der neugebildeten Exekutivkommission und des ‚Kriegssenates‘ wurde. Hier ernannte man Zivilkommissare, Sicherheits- und Wehrausschüsse nach französischem Vorbild, die in den Amtsbezirken die Maßnahmen der Revolutionsregierung durchsetzen sollten. Stafettendienste sorgten für die schnelle Umsetzung aller Beschlüsse. Struves Anträge im Landesausschuß zeichneten sich durch ihre zunehmende Schärfe aus. Gegen „Volksverräter“ unter den Offizieren forderte er Kriegsgerichte[35] und für diejenigen, die eine Vereidigung auf die geplante demokratisch-republikanische Verfassung verweigern würden, forderte er die Todesstrafe. Mit solchen tatsächlich jakobinisch anmutenden Forderungen konnte er sich aber nicht durchsetzen. In der Folgezeit erlitt Struve eine Niederlage nach der anderen; immerhin überließ man ihm noch die Ausarbeitung von Propagandaschriften. Die gemäßigten Republikaner unter Führung Lorenz Brentanos – dem Mannheimer Anwalt, der ihn in Freiburg vor Gericht verteidigt hatte – versuchten mit wechselndem Erfolg, Struve und seine Anhänger kaltzustellen. Nachdem Brentano Ficklers und Struves Antrag auf Einführung der Republik nicht hatte verhindern können, veranlaßte er die Aufhebung des Landesausschusses mitsamt ihrer Exekutivkommission und setzte die Wahl einer provisorischen Regierung durch, die er dann mit der höchsten Stimmenzahl selber leiten sollte; weitere Wahlniederlagen Struves folgten. Die Anhänger Brentanos träumten ebenso wie ihre radikaleren Gegenspieler von einer neuen europäischen Erhebung, die nur von Frankreich hätte ausgehen können. In der letzten Revolutionsphase hatte der europäische Gedanke eine neue Bedeutung erlangt. Aber nach der niederschmetternden Wahlniederlage ihres französischen Vorbildes – des republikanischen Sozialdemokraten Ledru Rollin – bei den Präsidentschaftswahlen vom Dezember 1848 und dem erdrutschartigen Sieg Napoleon III. waren solche Hoffnungen nicht mehr als ein Traum. Noch vor der Wahl der konstituierenden Landesversammlung gründete Struve in Karlsruhe mit anderen radikalen Republikanern den ‚Club des entschiedenen Fortschritts‘, der mit dem folgenden Gelöbnis an den Charakter geheimer Orden erinnert: „Ich bleibe auf Ehre und Gewissen den Grundsätzen der sozialen Demokratie treu und dies mein Leben lang, ich breite diese Idee nach Kräften aus und halte bei ihrem Banner fest mit Herz und Hand, mit Leben und Seele und mit der Verachtung des Todes."[36]

Weil Brentano eine Revolte dieser kleinen Schar befürchtete, die zum Letzten entschlossen zu sein schien, ließ er Struve sogar kurzfristig verhaften, um weiteres Unheil abzuwenden. Nach der Wahl einer Regierung durch die konstituierende Landesversammlung existierte in Baden de facto eine demokratische Republik. Die mißglückten Aufstände der Republikaner unter Ledru Rollin in Paris und in Lyon Mitte Juni 1849 beendeten alle Hoffnungen auf militärische Unterstützung von außen. Der Einmarsch der preußischen Truppen ließ alle Befürchtungen Brentanos wahr werden, der die ganze Zeit auf eine Verständigung mit dem immer noch existierenden Reichsministerium und dem badischen Großherzog gesetzt hatte. Die Flucht des Rumpfparlaments von Stuttgart nach Freiburg und erste militärische Niederlagen der Revolutionsarmee lösten eine Fluchtwelle der Republikaner aus. Während auch Struve nun die Aussichtslosigkeit der Lage einsah und über den Rhein nach Frankreich floh, fand der Endkampf der Revolution um die Bundesfeste Rastatt statt, die am 23. Juli vor der Belagerung der preußischen

Truppen kapitulierte. Eine Reihe politischer Flüchtlinge aus Baden
sammelte sich mit aus Paris ausgewiesenen Republikanern im Kanton Genf, wo die Linksregierung unter James Fazy am meisten Sicherheit zu bieten schien. Die Fortführung seiner politischen Publizistik führte zur Ausweisung Struves, denn den Asylanten in der
Schweiz waren politische Aktivitäten nicht gestattet. In London –
seiner nächsten Fluchtstation – gründeten Struve und andere das
internationalistische ‚Demokratische Flüchtlingskomitee' bzw. ‚Comité Central', dem auch Ledru Rollin und Mazzini angehörten.
Diese Gründung war ein Konkurrenzunternehmen zu der von Karl
Marx gegründeten Organisation; beide Komitees bekämpften sich
immer erbitterter, bis Struve und seine Anhänger schließlich in die
USA emigrierten. Während etliche der deutschen Demokraten verschiedene nordamerikanische Städte bereisten, um für den deutschamerikanischen Demokratenbund zu werben und Geld zu sammeln,
setzte Struve, der sich mit Amalie auf Long Island niedergelassen
hatte, die Arbeit an einer ‚Weltgeschichte' fort, die er im Rastatter
Gefängnis begonnen hatte. Großen publizistischen Erfolg mit diesem Werk konnte Struve indes nicht erzielen. Neben seiner publizistischen Tätigkeit engagierte er sich 1856 als Wahlkampfredner für
die Republikanische Partei und ihren Kampf gegen die Zulassung der
Sklavenarbeit in den Territorien Kansas und Nebraska. Schließlich
nahm er als Freiwilliger des 8. New-York-Regiments unter der
Führung von Ludwig Blenker am amerikanischen Sezessionskrieg
teil. Die Nachricht vom lebensbedrohlichen Zustand Amalies nach
der Geburt der zweiten Tochter rief ihn an ihre Seite. Ihrem Tod
folgte eine Zeit der Lähmung. Nach der Generalamnestie von 1862
kehrte Struve nach Deutschland zurück. Dort lernte er in Rheinfelden, während eines zweijährigen Aufenthaltes bei einem seiner Brüder, seine spätere Ehefrau Käte von Zentner kennen. Die politischen
Ereignisse verfolgte Struve nach wie vor äußerst kritisch. Im Gegensatz zu vielen anderen ehemaligen Achtundvierzigern wurde er kein
Anhänger Bismarcks bzw. einer kleindeutschen Lösung und entwickelte 1866 noch einmal die Vorstellung einer revolutionären
Gegenkonzeption zur Reichsgründung von oben. Auf einer der zahlreichen, von der südwestdeutschen Demokratischen Volkspartei einberufenen Volksversammlungen schloß er sich Vorstellungen seiner
Vorredner an, durch die Einberufung einer verfassunggebenden Nationalversammlung Bismarcks Position und Einfluß zu schwächen.
Angesichts der politischen Situation konnten solche vagen Pläne

keine konkrete Gestalt mehr annehmen. Auch die pazifistisch-anti-
preußische Broschüre, die Struve nach der Schlacht von Königgrätz
publizierte, blieb ohne Resonanz. Aus dem politischen Geschehen
zog sich Struve nun endgültig zurück. Reminiszenzen an die Zeit der
Revolution waren der Gegenstand seiner letzten Publikationen.[37]
Zusammen mit seiner zweiten Frau siedelte er nach Wien über, wo
er sich bis zu seinem unerwarteten Tod u.a. dem Schreiben seiner un-
vollendet gebliebenen Memoiren widmete.[38]

V. Amalies Traum

Nach dem gescheiterten Septemberputsch von 1848 verfaßte Amalie
Struve im Freiburger Gefängnis eine emphatische Skizze über Madame Roland und die Französische Revolution.[39] Die begeisterte Republikanerin gewann durch ihren Pariser Salon, in dem sich seit 1791
die führenden Girondisten trafen, großen Einfluß auf die Politik dieser Partei. 1793 wurde sie nach dem Sturz der Girondisten hinge-
richtet. In Amalies Darstellung zeigt sich deutlich, wie sehr sie sich
selbst mit der Märtyrerrolle Manon Rolands identifizieren kann. Ihre
historische Heldin wird nicht nur als bewundernswert gebildet, als
vorbildliche tugendhafte Ehefrau und Mutter in einer idealen, part-
nerschaftlichen Ehe geschildert, sondern vor allem besticht sie durch
ihren edelmütigen Idealismus als höchsten Ausdruck einer verinner-
lichten christlichen Ethik: „Indem sie die Throne erschütterte,
wußte sie, daß sie für die Menschheit, und indem sie die Altäre um-
stürzte, daß sie für Gott arbeitete." Ihr Tod auf der Guillotine wird
so zum Märtyrertod für Gott und die Menschheit. Gleichzeitig wird
spürbar, daß Amalie über die Identifikation mit einer historisch bedeutsamen – und dadurch in ihrer Imagination unsterblichen – Frau-
engestalt die weibliche Rolle im revolutionären Geschehen nolens
volens akzeptiert. Ihre revolutionäre Ungeduld kann Manon Roland
– wie sie selber – nur durch die Beeinflussung der handelnden Männer umsetzen. Die wirklich „erlösende" Tat ist den letzteren vorbe-
halten, obwohl Amalie sie in der Geschichte und in der Gegenwart
im großen und ganzen als Versager und Verräter der Revolution
wahrnimmt.

Eingeleitet hatte Amalie ihren Essay über Manon Roland[40] mit einem Rückblick auf die beiden, gerade gescheiterten badischen Aufstände von 1848. Ihr Fazit lautet: bislang sei eine deutsche Revolu-

tion an der Charakterlosigkeit der beteiligten Männer gescheitert. Der Charakter eines Menschen entscheide über seinen Wert, nicht seine Talente, und es zeuge in erster Linie von Charakterlosigkeit, wenn Menschen Fürsten und nicht dem Volk dienten. Gerade die Männer der Linken in der Paulskirche hätten sich als charakterlos erwiesen, weil sie nur mit Worten – nicht aber mit Taten – dem Volk dienten:

„Wie ganz anders stünde es jetzt in Deutschland, wenn die vielen ‚freigesinnten‘ Männer, welche in ruhigen Zeiten Fürstenmord, Aufruhr, Steuerverweigerung und Ähnliches predigten und ihre Gegner mit Drohungen schreckten, als die Gefahr an sie heranrückte, treu bei ihrem Banner ausgehalten hätten?"

Die religiöse Struktur in Amalies Denken verrät sich durch die von ihr formulierte Akzeptanz des Märtyrertodes für die Revolution. Während der ersten Revolutionsphase entschuldigt Amalie Struve den Mangel an entschiedenen Charakteren noch mit dem Hinweis, die Märzrevolution sei „gleich einem Traume" vorübergerauscht. Doch für den weiteren Verlauf der Revolution läßt sie diese Entschuldigung nicht mehr gelten. Sie insistiert darauf, daß nach der Unterdrückung der demokratischen Bewegung in Baden infolge des gescheiterten Heckeraufstandes auch die letzten „Träumer und Schläfer" hätten aufwachen müssen. Im großen Endkampf der gegenwärtigen Revolution, den Amalie in eschatologischer Weise beschwört, werden die Frauen, so träumt sie, aus dem Schatten der Männer heraustreten:

„Wenn der große Entscheidungskampf entbrennen wird, der nicht Tage oder Wochen, sondern Monate dauern dürfte, dann werden die deutschen Frauen hervortreten und sie werden den französischen Republikanerinnen der neunziger Jahre nicht nachstehen."

Wir wissen nicht, ob Amalie Struve auch mit den Schriften Olympe de Gouges[41] vertraut war. Aber nach dem endgültigen Scheitern der Revolution von 1848/49 ist ihr Ton – im Sinne der Frauenemanzipation – kämpferisch geworden. Jetzt berichtet sie über ihre Gefühle während des Septemberputsches, an dem sie aus Rücksicht auf Struves Kampfgenossen nicht teilnehmen durfte:

„Niemals empfand ich so tief die unwürdige Stellung, in welchem sich bis zum heutigen Tage das weibliche Geschlecht gegenüber dem männlichen befindet. Warum sollte die Frau, welche die Fähigkeiten dazu besitzt, nicht arbeiten *dürfen* im Augenblicke der Entscheidung? [...] Fürwahr, solange selbst im Sturme der Revolution so viele Rück-

sichten auf hergebrachte Vorurtheile genommen werden, wird das
Joch der Tyrannei nicht gebrochen werden."[42]

Wie für viele Frauen aktiver Demokraten war die Revolution von
1848/49 und zum Teil auch schon die Zeit davor ein schmerzlicher
Emanzipationsprozeß. Vom ersten Jahr ihrer Ehe hatte Gustav
Struve fünf Monate im Gefängnis zubringen müssen; viele Frauen
mußten während der Haft ihrer Männer und auch später im Exil die
Familie mehr oder weniger alleine versorgen; sie mußten sich politisch und juristisch bilden, um ihren politisch verfolgten Männern
helfen oder etwa vorhandene Vermögenswerte wenigstens teilweise
retten zu können. Insofern könnte man hier positive Effekte der gescheiterten Revolution von 1848/49 betonen, die eine Entwicklung
von der Utopie zur ‚Realpolitik' einleitete. Doch darüber hinaus darf
nicht vergessen werden, daß das Ende der deutschen Revolution
durch den Einmarsch preußischer Truppen erhebliche traumatische
Effekte auslöste, die dazu beitrugen, die Entstehung einer demokratischen Kultur im späteren Deutschen Reich zu verhindern. Sym-
ptomatisch ist es, daß die unter Amalies eigenem Namen 1850 in
Hamburg publizierten ‚Erinnerungen an den badischen Freiheitskampf' sofort nach ihrem Erscheinen verboten und beschlagnahmt
wurden.[43] Die Erinnerungen selbst an die bescheidene Rolle, die
Frauen in den Revolutionen von 1848/49 gespielt haben, wurden für
längere Zeit aus dem kollektiven Gedächtnis gelöscht.

Karl Blind:
Ein Talent in der Wichtigmacherei

Von Rudolf Muhs

Obgleich er seinen 23. Geburtstag noch vor sich hatte, konnte Karl Blind bereits auf eine ungemein bewegte Vergangenheit zurückblicken, als er, in seiner badischen Heimat steckbrieflich gesucht und auf Lebenszeit aus Frankreich ausgewiesen, am 26. August 1849 in England landete. Daß der am 4. September 1826 in Mannheim geborene Sohn eines kinderreichen Wachsherstellers und späteren Gastwirts eine außergewöhnliche Wortgewandtheit besaß und zugleich ein leidenschaftliches Interesse an Politik, hatte sich erstmals im Karlsruher Lyzeum herausgestellt, wo er regelmäßig für den besten deutschen Aufsatz ausgezeichnet, seiner radikalen Ansichten wegen aber auch wiederholt gemaßregelt worden war. Das Stipendium, das seine schulischen Leistungen ihm eingebracht hatten, verlor der von Hause aus unbemittelte Student, als er 1846 nach drei Semestern auf Drängen der großherzoglichen Behörden wegen politischer Umtriebe von der Universität Heidelberg verwiesen wurde. Daß der erzwungene Abschied vom Studium der Rechte ihm leid getan hätte, kann man nicht sagen: Karl Blind sah seine Zukunft ohnehin als Mann der Tat. Für ihn selber war es daher ein Gegenstand unablässigen Bedauerns, für Mit- und Nachwelt aber wohl eher ein Glück, daß er letztlich doch ein Held der Feder blieb.

Daß nicht nur zahlreiche Kommilitonen Blind bei seinem Abzug aus Heidelberg ein feierliches Geleit gegeben hatten, sondern auch der liberale Bürgermeister der Neckarstadt mit einer Reihe von Gesinnungsfreunden, zeigt, wie sehr Blinds individuelles Schicksal schon zu diesem frühen Zeitpunkt zur Parteifrage geworden war. Als er wenig später eines Pressevergehens wegen gerichtlich verfolgt wurde, übernahm kein Geringerer als Friedrich Hecker, der jugendliche Held der badischen Kammeropposition, seine Verteidigung.[1] Im Gegenzug auch dessen parlamentarische Strategie mitzutragen, sah Blind jedoch keine Veranlassung; er setzte vielmehr alles daran, die ohnehin schon gespannte Einheitsfront des Liberalismus aufzu-

Karl Blind (1826–1907)

brechen und den entschiedenen Flügel auf radikalere Positionen herüberzuziehen.

Aus Bonn, wo ihn sein Auftreten umgehend in eine Untersuchung verwickelt hatte, noch Ende 1846 nach Heidelberg zurückgekehrt, wurde er ohne weiteres neu immatrikuliert und, als die akademische Aufsichtsbehörde davon erfuhr, im Frühjahr 1847 abermals relegiert. Was seinem zweifelhaften Ruf dann weiteren Auftrieb gab, war die Kunde, daß eine respektable Bankiersgattin sich näher mit ihm eingelassen hatte, als es die gesellschaftliche Konvention erlaubte. Die 1819 geborene Friederike Ettlinger, als Tochter eines gutsituierten Karlsruher Kaufmanns und Mitglieds des Oberrats der badischen Israeliten aufgewachsen, war 1839 an den fast 30 Jahre älteren Witwer Jakob Abraham Cohen aus Hannover verheiratet worden, der seit 1838 in Mannheim privatisierte.[2] Bestärkt in der instinktiven Auflehnung gegen ihre Situation durch die Dominanz von Religionskritik und Frauenemanzipation in der zeitgenössischen Literatur und Philosophie, fühlte sie sich zu dem jungen Rebellen – nicht zuletzt seiner Kompromißlosigkeit wegen – besonders hingezogen. Unter seinem Einfluß tat sie schließlich auch den Schritt von radikaler Freigeisterei zu politischem Aktivismus.

Es mußte mithin neben dem Verdacht des Ehemannes auch die Aufmerksamkeit der Staatsgewalt erregen, als Blind, der inzwischen als Gelegenheitsjournalist sein Brot verdiente, Friederike im August 1847 zur Sommerfrische in die Pfalz nachreiste. Beweise fanden sich schnell. Zwecks Erweiterung der revolutionären Massenbasis hatte sie einem wandernden Handwerksburschen mit dem verlangten Zehrpfennig auch ein Exemplar der von ihrem Liebhaber packenweise mitgebrachten Karl Heinzenschen Flugschrift ,Der deutsche Hunger und die deutschen Fürsten' zugesteckt. Dabei handelte es sich um einen Aufruf an das Volk, seine berechtigte Unzufriedenheit nicht an den Symptomen der Misere, an Steuerbeamten, Juden oder Kaufleuten auszulassen, sondern an den in Wahrheit Schuldigen, nämlich den Fürsten.[3] Der so Angesprochene wußte freilich nichts Besseres zu tun, als zur Polizei zu laufen, weshalb der dreijährige Ferdinand Cohen und seine sechsjährige Schwester Mathilde unter der Obhut des Kindermädchens allein zu ihrem Vater nach Mannheim zurückkehren mußten.

Die Einkerkerung von „Student Blind und Frau Cohen", deren Zimmernachbar im Dürkheimer Hotel „Vier Jahreszeiten" der König von Bayern gewesen war, schlug hohe Wellen in der deutschen

Presse bis hin nach Brüssel, wo ein radikales Emigrantenblatt seine Leser wissen ließ, er sei ein „tüchtiger, energischer Mann", sie aber eine Frau, „welche mehr Entschiedenheit besitzt als 50 Maulhelden und Festessen-Liberale zusammen".[4] Vielseitigen Bemühungen zum Trotz vergingen jedoch mehrere Monate, bevor beide im November 1847, kurz nacheinander, im November 1847 ohne Gerichtsverfahren aus der Untersuchungshaft entlassen wurden.

Daß Blind wenig später Aufnahme in den von Belgien aus konspirativ geführten Bund der Kommunisten fand,[5] war mithin eher eine Anerkennung seines sozialrevolutionären Engagements als dessen Veranlassung. Schon dem 1845 von ihm gestifteten Neckarbund, einer Abzweigung der Heidelberger Burschenschaft Allemannia, hatte ein amtlicher Ermittler bestätigt, seine Mitglieder seien „in politischer Beziehung Republikaner, in sozialer Kommunisten, in religiöser Atheisten".[6] Wenn Blind im Winter 1847/48 nunmehr „Die Bodenlosen" um sich scharte, eine kleine Grupppe ehemaliger Nekkarbündler mit der Devise: „Der Student ist halt kein besonderes Tier",[7] so spiegelte sich darin neben dem eigenen Ausschluß von der Universität auch die Einsicht, daß selbst mit noch so radikalen Akademikern allein keine Revolution zu machen ist.

Flächendeckende Flugblattpropaganda ging daher Hand in Hand mit gezielten Bemühungen um die Rekrutierung einsatzbereiter und vor allem schlagkräftiger Anhänger aus allen Schichten der Bevölkerung. Tatsächlich gelang es Blind, bei einem Treffen in Hattersheim am 9. Januar 1848 die nordbadischen und südhessischen Turnvereine auf eine revolutionäre Linie zu verpflichten. In gleicher Absicht organisierte er als Landtagskorrespondent der Mannheimer *Abendzeitung* in Karlsruhe nebenher einen Soldaten- und einen Arbeiterverein. Ein von ihm verfaßter klassenkämpferischer Protest gegen Staatshilfe für Fabrikanten, mit großem Effekt als ‚Brief von 63 Arbeitern an die 63 Abgeordneten der Zweiten Kammer' publiziert, stieß allerdings, peinlicherweise, bei einigen Unterzeichnern im nachhinein auf Widerspruch, als sie Näheres über den Inhalt erfuhren.

Karl Blind war also unter den in diesem Band vertretenen Achtundvierzigern der einzige, der die Revolution ohne Wenn und Aber gewollt und jahrelang darauf hingearbeitet hat. Daß es, wie man später gesagt hätte, „Bassermannsche Gestalten" wie ihn gab, berechtigt jedoch keineswegs zu der Annahme, als sei die Erhebung von 1848/49 schlicht das Ergebnis einer Verschwörung gewesen. Sie ließ

sich nicht einmal ohne weiteres in die von den Verschwörern ge-
wünschte Richtung lenken, wie Blind zu seinem Schaden bald feststellen mußte.

Bei der Rückkehr von einem längeren Aufenthalt in Straßburg, wo
ihm der unaufhaltsame Fall der Julimonarchie ein ideales Terrain
für Konspiration und Korrespondenzartikel geboten hatte, fand
Blind das Badener Land Ende Februar 1848 tatsächlich in Bewegung. Von überallher waren Deputationen unterwegs, um Regierung
und Landtag die später so genannten „Märzforderungen" zu unter-
breiten. Mit der Erstürmung des Karlsruher Zeughauses gedachten
Blind und seine Gefolgschaft den Anrückenden das Fanal für einen
allgemeinen Aufstand zu geben, wurden aber am Morgen des 29.
Februar arrestiert, und während die Märzbewegung quer durch
Deutschland ihren Lauf nahm, saß ihr verhinderter Möchtegern-
Dirigent die nächsten drei Wochen im Rathausturm der badischen
Residenz.

Es markiert den Abstand von Blinds Position zu der fast aller anderen Achtundvierziger von Rang und Namen, daß er schon das Revolutionsjahr selbst zum größten Teil im Gefängnis oder im Exil zu-
brachte. Zunächst aber schien sich eine Wende in seinem Sinne
anzubahnen. Einen Tag nach der Offenburger Massenversammlung
vom 19. März verkündete die Karlsruher Regierung in ihrer Be-
drängnis eine Amnestie für alle politischen Gefangenen, und so kam
auch Blind wieder frei. Unverzagt erschien er wenig später an der
Spitze einer Soldatenabordnung im Landtag. Daß es dabei nur
beiläufig um deren konkrete Beschwerden ging, wurde dem präsi-
dierenden Professor Mittermaier spätestens in dem Moment bewußt,
als sein ehemaliger Student in der großherzoglichen Loge Platz
nahm, ein revolutionärer Tabubruch, mit dem der selbsternannte Repräsentant des souveränen Volkes das undemokratische Parlament
nicht minder als den Fürsten provozierte.

Baden bildete freilich nur ein Etappenziel. Über Heidelberg, wo
er am 26. März sein Bestes tat, durch die Anfeuerung bestimmter
Redner und die Einschüchterung anderer eine allgemeine Volksversammlung auf die Republik festzulegen, eilte Blind nach Frankfurt.
Dort sollte am 31. März aus eigener Vollmacht ein Vorparlament zusammentreten, um den weiteren politischen Kurs für Deutschland
als Ganzes festzulegen. Die Zuversicht der Radikalen, daß nunmehr
ihre Stunde gekommen sei, wurde jedoch bitter enttäuscht. Im Saale
selbst blieben Struve und Hecker mit ihren Vorstellungen in der

Minderheit, und draußen auf der Straße trug Blind beträchtliche Verletzungen davon, als er in einen gewaltsamen Zusammenstoß zwischen Hanauer Turnern und einer Gruppe von Demonstranten aus Darmstadt verwickelt wurde, die „Keine Republik" verlangten. Als aber Hecker einige Tage später von Konstanz aus an das Volk appellierte, mit einem Marsch auf Karlsruhe doch noch die Wende zu seinen Gunsten zu erzwingen, hielt es Blind nicht länger auf seinem Krankenlager. Um den Ausgang der Erhebung beeinflussen zu können, kam er zwar zu spät, war aber doch belastet genug, um mit den letzten versprengten Freischärlern am 27. April bei Basel über den Rhein nach Frankreich fliehen zu müssen.

Allen materiellen Nöten zum Trotz – Familienangehörige der Blind nachgereisten Friederike notierten mit Schrecken, daß ihre Kinder in den herausgezogenen Schubladen einer Kommode schlafen mußten – blieb sein politischer Wille ungebrochen. Die Enttäuschung über die Passivität der Volksmassen führte nicht zu einer Infragestellung der eigenen Avantgarderolle, sondern zu verdoppelten Propagandaanstrengungen in Richtung Deutschland. Was Blind der Straßburger Polizei verdächtig machte, waren indes vor allem seine Verbindungen zur französischen Linken. In Folge davon wurde er nach dem Pariser Juniaufstand inhaftiert und Anfang August in die Schweiz abgeschoben, wo die exilierten deutschen Republikaner immer stärker auf eine neue Aktion drängten. Selbst die Resignation ihres populären Anführers Hecker hielt sie nicht davon ab loszuschlagen, als der preußische Alleingang in Schleswig-Holstein die Frankfurter Nationalversammlung in eine Vertrauenskrise stürzte.

Am 21. September machten sich zwei Dutzend Aktivisten auf den Weg von Basel nach Lörrach, wo Struve spätnachmittags vom Rathausbalkon aus die Deutsche Republik proklamierte, Blind zum Schriftführer der provisorischen Regierung ernannte und als deren Parole „Freiheit, Wohlstand, Bildung für alle" ausgab. Die Sicherung ihrer revolutionären Existenz verlangte freilich erst einmal die Zwangsrekrutierung von Mannschaften und die Beschlagnahme aller verfügbaren öffentlichen Kassen. Mit einer roten Fahne an der Spitze setzte sich die zusammengewürfelte Truppe schließlich am 23. September in Richtung Freiburg in Bewegung, doch fand das Unternehmen schon einen Tag später bei einem Gefecht gegen reguläres Militär in den Straßen von Staufen sein klägliches Ende.

Als jemand, dessen Name unter sämtlichen Erlassen der provisorischen Regierung stand und der zugleich Redakteur ihres Verkündungsblattes gewesen war, hatte Blind allen Grund, sich daraufhin schleunigst wieder in Richtung Schweiz abzusetzen. Kurz vor der Grenze wurden er und Struve jedoch erkannt und festgenommen. Nur weil das Kriegsrecht für den betreffenden Bezirk zu diesem Zeitpunkt noch nicht verkündet gewesen war, entgingen sie der Hinrichtung. Daß man ihn während der anschließenden Haftzeit heimlich umbringen lassen wollte, hat Blind später immer behauptet, ohne es allerdings beweisen zu können; sicher sein durfte er sich aber, daß selbst die meisten Paulskirchenliberalen ihm keine Träne nachgeweint hätten.

Die Bezeichnung der Revolution von 1848/49 als „bürgerlich" hat sich, soweit damit der Systemcharakter des politischen Prozesses gemeint ist, als irreführende Leerformel erwiesen. Aber es bleibt doch wichtig festzuhalten, daß die Masse der achtundvierziger Akteure Bürger waren. Struve dagegen, mit seiner Vorliebe für Pflanzenkost und Fürstenblut und einer zigarrerauchenden Gemahlin im Schlepptau, verstieß ebenso wider alle bürgerlichen Sozialnormen wie Blind, ein unfertiger Student ohne Berufsperspektive, der ein skandalöses Verhältnis mit einer erheblich älteren, verheirateten Jüdin unterhielt. Beide waren im Kern unbürgerliche Existenzen, und das auch im ursprünglichen Sinne des Wortes, insofern sie nirgendwo als Bürger ansässig waren. Die politische Ablehnung, die dem sozialrevolutionären Republikanismus im Volk entgegenschlug, richtete sich nicht zuletzt gegen die persönliche Lebensform seiner Vorkämpfer, wovon umgekehrt auch der Respekt für den bodenständigen Familienvater Hecker selbst bei seinen Gegnern zeugt.

Als Blind nach sechs Monaten hinter Gittern Ende März 1849 vor dem Freiburger Schwurgericht stand, um sich wegen Hochverrats zu verantworten, war allerdings ein gewisser Kontrast zu seinem Mitangeklagten Struve schon äußerlich unverkennbar. Friederike hatte ihm neue Kleider schneidern lassen, und so präsentierte er sich, in den Worten eines Pressekorrespondenten, ganz in „schwarz mit grotesk roter Halsbinde, die um den breiten Hemdkragen und über die schwarze Samtweste fällt".[8] Blind verfolgte jedoch auch eine andere Verteidigungsstrategie als Struve. Während dieser sich in philosophischen Betrachtungen über die sittlichen Vorzüge der Republik erging und um Verständnis für das Edelmütige seiner Motive warb – „Die Frauen weinen", vermerkte das Protokoll am Schluß[9] –, ließ die vierstündige Verteidigungsrede seines Adlatus selbst hartgesottenen Männern streckenweise den Atem stocken.

Ohne Umschweife bekannte Blind sich zu seinen Taten: „Ja, es ist wahr, wir haben eine provisorische Regierung gegen Ihren Großherzog gebildet. Aber ich sage Ihnen: die Regierung Ihres Großherzogs ist auch nur provisorisch."[10] Indem er Richter und Staatsanwälte als Handlanger der reaktionären Machthaber denunzierte, erschien der Prozeß als bloße Fortsetzung des politischen Kampfes mit anderen Mitteln. Was zur Verhandlung anstand, war für ihn letztlich keine Rechts-, sondern eine Machtfrage. Seine Schuld bestehe einzig darin, unterlegen zu sein, und das könne sich bei nächster Gelegenheit ändern. Schließlich herrsche auch der Großherzog nicht, wie behauptet, ‚von Gottes Gnaden', sondern als „der zufällige Nachkomme eines alten fabelhaften Raubritters", und seine gegenwärtigen Minister verdankten ihre Stellung der Märzrevolution von 1848. Wie könne man da im Falle der Septembererhebung den Griff nach der Macht juristisch be- und verurteilen?

Politisch aber nahm Blind für die Aufständischen eine höhere Rechtfertigung in Anspruch. Anders als Fürst und Regierung hätten sie nämlich im Namen des Volkes gehandelt, dessen Interessen er als die Grundlage seines von ihm selbst als „rotrepublikanisch" charakterisierten Programms ausgab: „Kein zerrissenes, verratenes, von Russenfreunden und konstitutionellen Taschenspielern und Geldaristokraten unterjochtes und ausgesogenes, sondern ein einiges, unteilbares, demokratisch- und sozial-republikanisches Deutschland von der Schlei bis zu den Alpen und vom Rhein bis zu den Grenzen des wiederhergestellten Polens! Dieses Deutschland, welches die Sache der Völker für gesamtverbindlich hält, soll dann im Bunde mit einem demokratischen Frankreich, Italien, Ungarn und Polen den großen gemeinsamen Zug von Westen nach Osten machen, um den Rückhalt alles Despotismus, die asiatische Macht Rußland, in Trümmer zu zerschlagen, den Osmanen aus Europa zu vertreiben und Griechenland wieder ganz aufzurichten. Dann wird der Welt die Möglichkeit der Freiheit sein."[11]

Bei einem Vielschreiber wie Blind darf es überraschen, daß die Verteidigungsrede vom 28. März 1849 wohl die beste zusammenhängende Darlegung seines Weltbildes enthielt, an dem er in allen wesentlichen Punkten bis zu seinem Tode festhielt. Marx hat später gespottet, Blinds politische Philosophie sei nichts weiter als $\sqrt{\text{Rotteck}}$.[12] Daran ist zumindest so viel richtig, daß beide keine Dialektiker waren und von der schlichten Annahme ausgingen, der vernünftige Volkswille müsse sich unmittelbar durchsetzen. Sehr viel

entschiedener als der mit seinem badischen Wirkungskreis zufriedene
Rotteck vertrat Blind jedoch die Notwendigkeit eines demokratischen
Internationalismus, der das Selbstbestimmungsrecht des einzelnen
Volkes im Kampf für das Selbstbestimmungsrecht der Völker durch-
zusetzen suchte. Vor allem aber zeigte er keine Bereitschaft, sich auf
Aufklärung und Attentismus zu beschränken. Seine Strategie war und
blieb es, dem als gegeben vermuteten Volkswillen nachzuhelfen.

Immerhin hatte Blinds Appell an die Freiburger Geschworenen,
nach politischen und nicht nach rechtlichen Gesichtspunkten zu entscheiden, Wirkung gezeitigt. Der in akrobatischer Verdrehung der
Beweislage gefällte Schuldspruch erlaubte lediglich eine Verurteilung zu acht Jahren Zuchthaus wegen versuchten, nicht aber wegen
vollendeten Hochverrats. Doch kaum hatten Blind und Struve ihre
Strafzeit in den Kasematten von Rastatt angetreten, nahm die Erhebung des Volkes für die Reichsverfassung in Südwestdeutschland
tatsächlich revolutionäre Züge an, nachdem der Versuch der Frankfurter Nationalversammlung, die konstitutionelle Einheit Deutschlands auf dem Wege einer Vereinbarung mit den Fürsten herzustellen, im April 1849 an der Ablehnung der Kaiserkrone durch den
preußischen König gescheitert war.

Als die Unruhe auf die Rastatter Garnison überzugreifen begann,
wurden Blind und Struve am 11. Mai in das Zuchthaus nach Bruchsal verlegt, aus dem sie dann in der Nacht zum 14. Mai ein Stoßtrupp –
unter Führung des wenige Wochen später im Gefecht gegen die
preußischen Interventionstruppen gefallenen Neckarbündlers Adolf
Schlöffel – befreien konnte. Da der Großherzog und seine Minister
um die gleiche Stunde außer Landes geflohen waren, übernahm der
Landesausschuß der Volksvereine am nächsten Tag die Regierungsgeschäfte. Doch obwohl seine Führung in den Händen von Struves
Verteidiger Lorenz Brentano lag, gelang es den Anführern des Sep-
temberaufstandes nicht, nennenswerten Einfluß zu gewinnen. Die
‚honetten Demokraten‘ im Landesausschuß sahen nur zu klar, daß,
ließe man die Sozialrepublikaner gewähren, eine Beschränkung der
Bewegung auf Baden und jeder Versuch eines Ausgleichs mit dem
Landesherrn illusorisch sein würde. Gleichwohl erhielt Blind die
Redaktion der zum Regierungsorgan erhobenen *Karlsruher Zeitung*
übertragen, was er nach Kräften nutzte, um – in Abstimmung mit
Karl Marx, dem er am 21. Mai zum ersten Mal persönlich begegnete –
eine Radikalisierung und Internationalisierung der Reichsverfassungskampagne zu propagieren.

Konflikte waren unvermeidlich, und entnervt schickte die provisorische Regierung Blind Ende Mai als Gesandtschaftssekretär nach Paris. Dort konnte er sich im Zentrum des revolutionären Weltgeschehens wähnen, und sie waren ihn los. Seine Genugtuung, den legendären polnischen Exilgeneral Mierosławski als Oberkommandierenden der vereinten badisch-pfälzischen Streitkräfte für die bevorstehende Konfrontation mit Preußen gewonnen zu haben, konnte allerdings nicht darüber hinwegtäuschen, daß es für die Revolutionsdiplomaten ansonsten kaum etwas zu tun gab. Das französische Außenministerium erkannte sie nämlich nicht als rechtmäßige Vertreter ihres Landes an, und die erhoffte Machtübernahme der Linken ließ auf sich warten. Blind nutzte aber wenigstens die Chance, die mittlerweile verwitwete Friederike zu heiraten – ihr vielgeprüfter Ehemann war am 30. Oktober 1848 gestorben, und in Baden war die Eheschließung mit einer jüdischen Partnerin ohne vorherige Taufe noch unzulässig.

Von Flitterwochen konnte indes keine Rede sein. Als die radikale Bergpartei in der Nacht vom 12. zum 13. Juni 1849 das Volk von Paris zur Erhebung aufrief, kam Blind auf den Einfall, eine Erklärung aller nicht anerkannten revolutionären Gesandtschaften (Polen, Ungarn, Römer und Deutsche) zu veröffentlichen, wonach sie sich „mit Hand und Herz" der französischen Linken anschlössen „in diesem für die gesamte europäische Demokratie so wichtigen Augenblicke".[13] Verständlicherweise glaubten Regierung und Polizei nach der Niederschlagung des Aufstandsversuches, das in aller Eile erfundene europäische Zentralkomitee existiere tatsächlich. So landete Blind, der vergeblich auf seiner völkerrechtlichen Immunität bestand, einmal mehr im Gefängnis, wo sich nach und nach, so sein Schicksalsgenosse Sebastian Seiler, „eine höchst interessante Kollektion von Männern aller roten Schattierungen" versammelt fand.[14]

Der drohenden Auslieferung nach Baden, die unter den Bedingungen des dort mittlerweile geltenden preußischen Kriegsrechts einem Todesurteil gleichgekommen wäre, entgingen die Gefangenen gerade noch einmal. Statt dessen wurde Blind schließlich, zusammen mit Marx, auf ein Schiff in Richtung London verfrachtet. In England hielt es ihn freilich nicht lange. Seine Rückkehr auf den Kontinent noch im September 1849 war zwar nur als Abstecher gedacht – er wollte Friederike aus Brüssel abholen, die zwischenzeitlich in Mannheim gewesen war, um ihre Kinder ins Exil mitzunehmen –, doch blieben sie schließlich auf Dauer in Belgien. Für den in Bälde erwarteten Wiederausbruch der Revolution hoffte Blind, so schneller bei der Hand zu sein. Seinem Londoner Zimmernachbarn schickte er einen Scheck für die aufgelaufenen Pensionskosten und bat darum, ihm seine Sachen nachzuschicken, „Hosen, Stiefel, Pantoffel, Hut, Wäsche, Halstuch, Weste und sonstige Kleinigkeiten". Indes: „Wenn Du, Marx, meines Mantels bedarfst, so behalte ihn und gürte Dich damit gegen die Nebel Britanniens. Andernfalls lege ihn bei."[15] Friederikes Vermögen erleichterte das Flüchtlingsdasein, doch mußte Blind auch „viel die Feder handhaben",[16] um Geld zu verdienen, verstand es aber immer, damit zugleich Propagandazwecke zu verfolgen. Sollten ihm je Anwandlungen von Resignation gekommen sein, so vergingen sie, wenn er an seine Angehörigen dachte: „Eine ganze Familie politisch verfolgt: der eine im Ausland, der andere auf der Flucht, der dritte im Gefängnis, der vierte heimlich im Lande versteckt, der fünfte verhaftet und dabei zwölf Geschwister."[17] Selbst Blinds Vater wurde unter der Anklage des Hochverrats und der Verleitung zum Treuebruch vorübergehend festgenommen. „Die badische Regierung befleißigt sich sehr der Vollständigkeit", lautete sein Kommentar dazu.[18]

Sein Aufenthalt in Belgien ersparte es Blind, 1850/51 in die Grabenkämpfe unter der Londoner Emigration und speziell innerhalb des Bundes der Kommunisten verwickelt zu werden. Aus der Distanz konnte er gute Beziehungen zu führenden Vertretern der miteinander verfeindeten Lager aufrechterhalten und ideologisch an sich unvereinbaren Positionen gleichermaßen seine Unterstützung zukommen lassen. Die anfangs noch unbeschränkte Bewegungsfreiheit seiner Frau erwies sich dabei als äußerst nützlich. Daß sie „als tätige und umsichtige Emissärin" in Europa umherreiste und unter anderem „Korrespondenzen und Aufträge der Gesellschaft La Ligue des Peuples und Mazzinis" besorgte, des italienischen Erzkonspirateurs und Vordenkers des internationalen Republikanismus, blieb freilich auch der Polizei nicht verborgen, weshalb Friederike im Mai 1851 ebenfalls zur Fahndung ausgeschrieben wurde. Da kein Bild von ihr überliefert zu sein scheint, sei hier wenigstens der Steckbrief zitiert. Demzufolge war sie fünf Fuß groß und von schlanker Statur, hatte eine längliche Gesichtsform und gesunde Farbe. Ihre Stirne war hoch, die Augen braun und ihre Nase proportioniert, während gesunde Zähne aus einem mittleren Munde blitzten, der von einem runden Kinn eingefaßt war.[19]

Eine erste Verstimmung mit Marx ergab sich, als das Ehepaar

Blind im Herbst 1851 zum Besuch der Weltausstellung nach London kam. Friederike sei „eine lebhafte Jüdin, und wir lachten und schwatzten ganz lustiglich", heißt es in einem Brief an Engels: „Sie renommierte mit Atheismus, Feuerbach etc. Ich griff Feuerbachium an, aber natürlich sehr manierlich und freundlichst. Im Anfang schien mir die Jüdin Spaß an der Diskussion zu haben, und das war der einzige Grund, warum ich mich auf dies mir ennuyante Thema einließ. [...] Plötzlich sehe ich, daß die Frau in Tränen schwimmt. Blind wirft mir melancholisch ausdrucksvolle Blicke zu, sie bricht auf – und ward nicht mehr gesehn, ni lui non plus."[20]

Dessenungeachtet entwickelte sich zunächst ein recht enges und freundschaftliches Verhältnis zwischen den Familien Marx und Blind, nachdem letztere auf badisches und französisches Drängen hin Belgien im Dezember 1852 verlassen mußte. Man feierte Weihnachten zusammen, ging miteinander aus, und die beiderseitigen Kinder – Friederike hatte in der Verbindung mit Blind noch einen Rudolf genannten Sohn und eine Tochter namens Ottilie geboren – waren gute Spielkameraden. Auch auf politischem Gebiet bestand eine enge Kooperation. Dem russischen Emigranten Alexander Herzen erschien Blind zu dieser Zeit schlicht als „Marxens famulus".[21]

Ihre graduelle Entfremdung und schließlich erbitterte Feindschaft hatte verschiedene Ursachen. Ein Grund war zweifellos der Aktionismus Blinds, der weiterhin mit Umstürzlern aller Fraktionen und Nationalitäten in Verbindung stand und Projekte schmiedete, während Marx sich nach dem Untergang des Kommunistenbundes 1852 aus der politischen Praxis zurückzog und ganz auf theoretische Studien verlegte. Eine Rolle spielte aber auch sein Neid auf die „höhere Emigration" und ihren Lebensstandard. Marx konnte daher eine gewisse Schadenfreude nicht unterdrücken, als ihm zu Ohren kam, das Vermögen von Friederikes Kindern aus erster Ehe sei auf Betreiben ihrer Verwandten gerichtlich beschlagnahmt worden, „bis sie den Juden nach Deutschland, die sie jüdisch ziehen wollen, ausgeliefert" würden. „So ist Herr Blind auf $^{1}/_{4}$ seines oder seiner Frau Einkommen reduziert, und die ‚Messer- und Gabelfrage' scheint ihm jetzt doch in Betracht kommen zu müssen."[22]

Das war in der Tat richtig, doch sah die Lösung ganz anders aus als im Falle von Marx. Er und Friederike, so Blind an Struve, seien „in herzlicher Allianz" bemüht, „das lecke Schiff der Finanzverhältnisse durch zähe Arbeit flott zu erhalten. Uns selbst und unseren vier Kindern zum Schutz, den Feinden zum Trutz."[23] Binnen kurzem ge-

lang es ihm, seine flinke Feder auch in englischer Sprache zu betäti-
gen. In Verbindung mit seinen kontinentalen Interessen ermöglichte
diese Fertigkeit Blind den Aufstieg zum außenpolitischen Leitarti-
kelschreiber in dem zwar nicht sonderlich renommierten, aber
vielgelesenen *Morning Advertiser*, wo er die national-demokratische
Befreiung der Völker zum Maßstab der Beurteilung des Weltgeschehens erhob. Die Cohenschen Kinder blieben jedenfalls in London
und führten fortan den Namen ihres Adoptivvaters, dem sie, ebenso
wie seine eigenen Abkömmlinge, persönlich und politisch zeitlebens
eine ungewöhnliche Ergebenheit bewiesen.

Zum endgültigen Bruch mit Marx kam es 1859, als dieser eine vertrauliche Mitteilung Blinds, der ehemalige Paulskirchenabgeordnete
und Genfer Emigrant Carl Vogt stehe im Solde Napoleons III., an
die deutsche Presse weitergab und sich daraufhin in einen Verleum-
dungsprozeß verwickelt fand. Alle Versuche, Blind im guten oder im
bösen zu dem Eingeständnis, die fragliche Behauptung sei von ihm
ausgegangen, und zur Offenlegung seiner Quellen zu nötigen, blieben erfolglos. Die daraus resultierende Blamage hat Marx Blind nie
vergeben. Wie tiefsitzend seine Empörung war, zeigt nicht zuletzt
die Erklärung, er habe sich 1864 nach langjähriger Abstinenz von
aller Parteipolitik unter anderem deshalb der Internationale angeschlossen, um „jenen Menschen zu enthüllen".[24] Eine effektive Bloß-
stellung des arrivierten Publizisten ist dem auf Winkelblätter angewiesenen Marx aber trotz wütender Polemik nie gelungen.

Blind seinerseits litt freilich nicht minder an Selbstüberschätzung,
wenn er glaubte, die 1859 wiedererwachte deutsche Nationalbewegung per Fernsteuerung in eine revolutionäre Volkserhebung trans-
formieren zu können. Sein erster und einziger Heimatbesuch im
Sommer 1862, nach Verkündung einer allgemeinen Amnestie, ver-
lief enttäuschend: „Wäre Aussicht auf *Handlung* gewesen, so wäre ich
wieder ganz hinübergezogen."[25] Unverdrossen bemühte sich Blind
aber weiterhin, seine Vorstellungen in Deutschland zu verbreiten,
zumal er den neu aufgekommenen Organisationen und ihren Füh-
rern mehr als kritisch gegenüberstand.

Ferdinand Lassalles Konzeption einer separaten Arbeiterbewegung lief seiner Ansicht nach auf eine „Vermengung des demokratischen Prinzips mit den Bismarckschen Staatsstreichprojekten" hinaus.[26] Ebensowenig paßte Blind der Kurs des „Nationalvereins", der
eine kleindeutsche Einigung unter preußischer Führung auf der
Grundlage der Paulskirchenverfassung von 1849 anstrebte. Zur Di-

stanzierung von dessen mitgliederstarkem Londoner Ableger organisierte er seine wenigen Anhänger, zumeist alte Kampfgefährten aus
Baden, in einem großdeutsch-republikanischen „Verein Deutsche
Freiheit und Einheit in England", der es sich angelegen sein ließ,
Blinds umfassende Flugblattpropaganda zu finanzieren und später,
ab 1865, eine überwiegend von ihm allein bestrittene Zweimonats-
schrift unter dem Titel *Der deutsche Eidgenosse*, die eine dolchbe-
wehrte Hand im Emblem führte mit der Umschrift „Manus haec
inimica tyrannis" – diese Hand ist der Tyrannen Feind.

Wirkungsvoller brachte sich Blind der deutschen Öffentlichkeit in
Erinnerung, als sein Stiefsohn Ferdinand, der seit einiger Zeit in
Hohenheim studierte, am 7. Mai 1866, auf dem Höhepunkt der
Spannungen zwischen Österreich und Preußen, ein Pistolenattentat
auf den vermeintlichen Kriegstreiber Bismarck verübte und nach
dessen Fehlschlag Selbstmord beging. Blind hat, zweifellos zu Recht,
immer bestritten, der Anstifter gewesen zu sein oder auch nur vorher
von dem Vorhaben gewußt zu haben. Ebensowenig kann aber auch
ein Zweifel bestehen, daß es – so Marx – „sein blödsinniges Fürsten-
mordgeschwätz"[27] war, das den Gedanken hat reifen lassen, und
distanziert von der Tat hat er sich auch nie.

Als *Der deutsche Eidgenosse* 1867 aufgeben mußte, verabschiedete
sich Blind von seinen Lesern mit dem Seufzer: „Trüb ist die Gegenwart, und schwer ist abzusehen, wo der Lichtstrahl endlich durch-
brechen wird. Doch die Tyrannei ist vergänglich; die Völker dagegen
sind ewig. So laßt uns denn hoffen, daß auch das deutsche Volk
endlich zur Besinnung kommen und sich der Rechts- und Frei-
heitsgrundsätze wieder annehmen wird, die eine freche Tyrannei
heute in den Kot tritt."[28] Sein unentwegter Einsatz für ein groß-
deutsches Staatswesen mit republikanischer Verfassung, demokrati-
schem Wahlrecht und einer radikalen Sozialreform hat freilich nicht
verhindert, daß burschenschaftliche und marxistische Geschichtsschreibung den späteren Blind in schöner Einmütigkeit als Nationalliberalen ausgegeben haben. So taub selbst für lautstarke Aussagen macht die Annahme, ein glühender Nationalist könne auf der
Linken keinen Platz haben und müsse in das Lager Bismarcks über-
gewechselt sein.

Zugegebenermaßen hat Blind dieser Mißdeutung in gewisser
Weise Vorschub geleistet. Hatte er den Norddeutschen Bund noch
als Spaltung Deutschlands im Interesse Preußens denunziert, so galten ihm die Ereignisse von 1870 als eine nationale Erhebung. Seine

lauthals verkündete Bereitschaft, den Angriff auf die deutschen Fürsten für die Dauer des Krieges gegen das bonapartistische Frankreich zu suspendieren, hatte zwar weiter keine Bedeutung, als sein unbestreitbares „Talent in der Wichtigmacherei"[29] zu illustrieren. Manch einem bewährten Gesinnungsgenossen bereitete es dann aber doch eine herbe Enttäuschung, daß er auch nach Proklamation der französischen Republik noch die Annexion Elsaß-Lothringens befürwortete, während der Sturz der Hohenzollern und die Zerschlagung des Habsburgerreiches in immer weitere Ferne rückten. Daß ihm das Volk partout nicht seinen Willen tun wollte, diese immer wieder frustrierende Erfahrung, führte Blind in erster Linie auf die Machenschaften des Klerus zurück, weshalb er in der Folge nicht nur den Kulturkampf guthieß, sondern auch die irischen Unabhängigkeitsbestrebungen und ihre liberalen Anwälte in England verurteilte.

Ansonsten jubilierte Blind, wann immer irgendwo ein Volk aufbegehrte, und schlug gleichzeitig journalistisches Kapital daraus, daß er die Anführer zumeist persönlich kannte. Das galt selbst für den Mexikaner Benito Juarez, der 1867 zu Blinds großer Genugtuung den habsburgischen Importkaiser Maximilian erschießen ließ. Daß damit nicht nur an Österreich die immer wieder geforderte „Rache für Robert Blum" genommen, sondern zugleich auch eine Demütigung für Napoleon III. verbunden war, den Anstifter des mexikanischen Abenteuers, der seinerzeit Blinds revolutionäre Ambitionen frustriert hatte, machte den Triumph doppelt süß. Beiläufig vermochte der Schreiber hier, wie stets, zugleich den Eindruck zu erwecken, als habe er seine Hand mit im Spiel gehabt. Marx konnte sich nie genug darüber empören, „wie dieser Ameisenlöwe den Engländern aufzubinden sucht, er sei eine Sorte von deutschem Mazzini".[30] Wenn Agnes Ruge ihn als „badischen Garibaldi"[31] bezeichnete, war das auch nicht gerade als Kompliment gemeint, so gern sich Blind im übrigen mit den beiden italienischen Freiheitskämpfern auf eine Stufe gestellt sah, mit denen er, ebenso wie mit den Franzosen Louis Blanc und Ledru Rollin, über lange Jahre hinweg enge Verbindungen unterhielt.

Mochten die jugendlichen Revolutionäre von ehedem aber auch weiter ihre Differenzen kultivieren, so war doch nicht zu übersehen, daß sie alle miteinander in die Jahre gekommen waren. Nicht nur Marx fiel 1870, als die Unterzeichnung einer Protestresolution die beiden erstmals seit Jahren wieder zusammenführte, schon von weitem auf, daß Blind „seinen Kopf all over schwarz gefärbt" hatte.[32]

Wie der wissenschaftlich geschultere, vor allem aber um acht Jahre ältere Erfinder des dialektischen Materialismus nach Selbstversuchen mit einer elektrischen Bürste bereits seit 1856 wußte, ist es jedoch „vergeblich, die Haare zu schwärzen".³³ Auch Blind mußte sich schließlich damit abfinden, alt und grau zu werden. Daß er, mit schütterem Haupthaar und wallendem Bart, am Ende Kaiser Wilhelm I., dem ehemaligen „Kartätschenprinzen", verblüffend ähnlich sah, gab dem uneingelösten Anspruch seines politischen Lebens gewissermaßen auch physiognomisch Ausdruck.

Materielle Sorgen hatte Blind nicht. Ein unaufhaltsamer Strom von Artikeln auf deutsch, englisch, französisch und italienisch fand seinen Weg in die europäische und amerikanische Zeitungs- und Zeitschriftenpresse und gewährleistete neben dem Anschein einer fortwährenden Bedeutsamkeit ihres Autors auch seinen soliden Wohlstand. Neben Tagesfragen aller Art beschäftigten ihn Themen aus den verschiedensten Wissensbereichen. Was er zu sagen hatte, stand fast ausnahmslos im Gegensatz zu etablierten Lehrmeinungen, gleich ob es sich um Geschichte oder Philologie handelte, um griechische oder nordische Mythologie, um Archäologie, Anthropologie oder was auch immer. Ungeachtet seiner prononcierten Germanomanie hielt sich Blind aber ausdrücklich fern von allen Rassenlehren, und für den aufkommenden Antisemitismus hegte er nichts als Verachtung. Der im heimatlichen Publikum um sich greifende Eindruck, es mit einem harmlosen Exzentriker zu tun zu haben, wurde durch sein beständiges Aufwärmen von Kapiteln aus der eigenen Vergangenheit nur noch weiter bestärkt.

Obwohl ihm der Weg zurück nach Deutschland seit 1866 versperrt war, hat Blind sich doch nie als britischer Staatsbürger naturalisieren lassen. Auch verlor er, trotz großer Geläufigkeit im Englischen, nie seinen starken Akzent. „Gewisse Unrichtigkeiten gingen aber nicht auf die Ungelenkigkeit der deutschen Zunge oder mangelhaftes Gehör zurück, sondern wurzelten sichtlich in der Anschauung, daß die Aussprache der Engländer eine sprachlich oder historisch falsche Entwicklung genommen habe."³⁴ Ebensowenig scheute sich Blind, dem Strom der öffentlichen Meinung in politischen Fragen entgegenzutreten; während des amerikanischen Bürgerkriegs zum Beispiel, als die herrschenden Kreise in Großbritannien ebenso wie die Masse der Bevölkerung für die Südstaaten Partei nahmen. Nahezu ganz allein stand er auch mit seiner prodeutschen Position in Sachen Schleswig-Holstein und Elsaß-Lothringen, und sein Einsatz, nach 1880, für Ägypten und später für die Burenrepubliken in Südafrika war gleichfalls alles andere als populär: „Der Nachteile, die mir dadurch in dem Lande erwuchsen, in dem ich den größeren Teil meines Lebens zugebracht, soll nicht gedacht werden. [...] Daß ich in England nach dem Sturze unserer Erhebung von 1848/49 eine Freistatt gefunden, habe ich nie vergessen. Die Zumutung, ich solle deshalb auf seine Seite treten oder auch nur schweigen, wenn es schnödes Unrecht tut, werde ich stets zurückweisen. Um des ‚besseren England‘ selbst willen halte ich dies für ebenso nötig wie gerechtfertigt."35

Das schlechtere England zu züchtigen, war Blind notfalls auch mehr als Worte einzusetzen bereit. Mit einem schweren Knüppel bewaffnet, suchte der rüstige Greis chauvinistische Störenfriede aus den Versammlungsräumen fernzuhalten, in denen seine Tochter, Mrs. Ottilie Hancock, gegen den Burenkrieg agitierte. So etwas kam im Deutschland der Jahrhundertwende gut an. Anderes wirkte nur noch komisch; etwa wenn ein Freund des Hauses erzählte, wie Blind dem Gesandten von Haiti, einem „riesenhaften Neger",36 die Unterstützung der deutschen Demokratie im Streit mit den Vereinigten Staaten um die Zukunft von Kuba zusicherte. Von der Weltpolitik zur Lebensreform war es nur ein Schritt. Blinds Kampf gegen das Rauchen und den Gebrauch von Fremdwörtern diente dem gleichen großen Ziel der freien Selbstbestimmung wie das Ballonfliegen und das Schwimmen im offenen Meer, was er noch in fortgeschrittenem Alter regelmäßig betrieb.

Seine revolutionäre Phantasie erhielt sich Blind bis zuletzt. Als Wilhelm II. in einer Ansprache vor Rekruten absoluten Gehorsam gegenüber seiner Person verlangte, meinte er, dafür gehöre der Kaiser vor den Reichstag zitiert wie einst Karl I. vor das englische Parlament. Ein Deutschland nach Blinds Geschmack wäre aber nicht nur größer und demokratischer gewesen als das Bismarckreich, sondern auch aggressiver in der Außenpolitik. Die wilhelminische Flottenpolitik fand seine volle Zustimmung, so sehr ihm andererseits eine deutsch-englische Allianz Herzensangelegenheit war. An der Überzeugung, ein Krieg gegen das Zarenreich sei das beste Rezept für so gut wie alle politischen Übel, ist er ebenfalls nie irre geworden.

Noch einmal jung fühlte sich Blind daher, als 1905 die erste russische Revolution ausbrach. Tatkräftig einzugreifen bestand zwar keine Möglichkeit mehr, aber für etwas propagandistisches Recycling langten die Kräfte des nahezu Achtzigjährigen allemal: „Sons of the people", so begann sein Aufruf „To the Russian Army", der den Soldaten à la 1848 klarzumachen suchte, ihr Einsatz diene nicht dem Wohle Rußlands, sondern der Aufrechterhaltung eines korrupten Regierungssystems. Auf dem Spiel stehe die Freiheit. „Laßt Euch nicht länger mißbrauchen als Schlächter der Vorkämpfer und Anhänger einer so heiligen Sache. Richtet Eure Waffen gegen die Tyrannei selber, wenn Euch befohlen wird, ihre Gegner niederzumetzeln."[37]

Zwei Jahre später, am 31. Mai 1907, setzte ein Herzschlag Blinds Leben ein Ende.[38] Mit ihm starb der letzte bekannte Achtundvierziger in London, und noch im Tode bekräftigte er die Devise seines nahezu sechzigjährigen Exils, wonach einzig der Blick zurück den Weg in die Zukunft weist. Daß die heidnischen Germanen Feuerbestattung praktiziert hatten, während die katholische Kirche diese Praxis verfemte, war für ihn Grund genug, dafür zu sein. So kam es, daß sich Karl Blind im Leichenzug zu dem unter seiner wortreichen Zustimmung errichteten Krematorium von Golders Green ein letztes Mal an der Spitze des Fortschritts bewegte.

Friedrich Daniel Bassermann:
Sei dein eigner Herr und Knecht, das ist des Mittelstandes Recht

Von Lothar Gall

„Die Regierung ist um des Volkes willen, nicht das Volk um der Regierung willen da"[1] – in diese einprägsame Formel kleidete der dreißigjährige Abgeordnete Friedrich Daniel Bassermann 1841 in der badischen Zweiten Kammer unter dem stürmischen Beifall seiner politischen Freunde die Gegenposition zu der im „gouvernementalen" Lager vorherrschenden und immer wieder lebhaft verteidigten Auffassung, es sei allein Sache der Exekutive, der Staatsmacht im engeren Sinne, die Interessen der Gesamtheit, das Gemeinwohl zu formulieren und zu vertreten. Diese Ansicht vertrat nicht nur Friedrich von Gentz, der engste politische Berater Metternichs, sondern auch die große Mehrheit der Regierungen im Deutschen Bund – selbst derjenigen konstitutioneller Staaten. In den Parlamentariern sahen sie lediglich Vertreter von Partikularinteressen, unfähig, den Blick auf das Ganze zu richten, den Plänen und Konzeptionen der Regierungsvertreter und dem Sachverstand der Verwaltung klar unterlegen. Wirkliche Gefahr schien ihnen in dieser Hinsicht nur von jenen auszugehen, die gewissermaßen die Seite wechselten und aus dem eigenen, dem Lager der Bürokratie, ins Lager der Parlamentarier, genauer in das der nicht regierungstreuen parlamentarischen Opposition übertraten. Das waren in den Anfangsjahren reformfreudige Beamte der Rheinbundzeit, die vom Gang der Entwicklung nach 1815 enttäuscht waren, dann, nach 1830, solche, die sich mehr und mehr von der Zukunftslosigkeit einer bloßen Restriktionspolitik überzeugten. Ihnen versuchten die konservativen Regierungen vielerorts schon im Vorfeld durch Verweigerung des nötigen Urlaubs den Zutritt zu den Parlamenten zu versperren, womit sie jedoch nur das Gegenteil erreichten: Der sogenannte Urlaubsstreit brachte die Öffentlichkeit und auch eher kompromißgeneigte Abgeordnete zusätzlich gegen die Regierungen auf und stärkte die Opposition. Ungeachtet dessen hat noch Bismarck auf allen möglichen Wegen, al-

Friedrich Daniel Bassermann (1811–1855)

lerdings am Ende ebenso vergeblich, versucht, der Opposition zu-
neigende Beamte aus den Parlamenten fernzuhalten.

   Durch diesen Mißerfolg hat sich Bismarcks Erfolg auf einem anderen Gebiet praktisch in sein Gegenteil verkehrt: Beim Diätenverbot, das die Verfassung des Norddeutschen Bundes enthielt und dann
auch die des Reiches von 1871. Es brachte faktisch mehr statt weniger Beamte in die Parlamente, da sie auch während ihrer Abgeord-
netenzeit ihre „bürgerlichen" Bezüge behielten. Sie konnten also, in
der Opposition für die Regierungen sehr mißliche, Berufspolitiker
werden, während viele gerade der „bürgerlichen" Abgeordneten

wohl oder übel Honoratiorenpolitiker bleiben mußten, die nur teilweise für das politische Geschäft abkömmlich waren.

Klarsichtige Vertreter des liberal gesinnten Bürgertums haben schon früh erkannt, daß hierin, in dem Problem der Abkömmlichkeit, ein entscheidendes Hindernis für die Ausbildung eines der Regierung sozusagen waffengleich gegenüberstehenden Parlaments liege – die Vertretung durch liberal gesinnte Beamte werde am Ende doch immer etwas anderes sein als die direkte Repräsentanz aus dem Bürgertum im engeren Sinne, speziell auch dem sogenannten Wirtschaftsbürgertum. Einen Ausweg verhieß hier nur, wie insbesondere das Beispiel Englands lehrte, ererbtes großes Vermögen beziehungsweise eine Art Delegation aus dem Familienverband. Für beides ist Friedrich Daniel Bassermann, der nachmalige Vorsitzende des Verfassungsausschusses der Frankfurter Nationalversammlung von 1848 und Innenstaatssekretär der Revolutionsregierung, eines der ersten Beispiele in der Geschichte des deutschen Parlamentarismus. Darauf beruhten seine Unabhängigkeit, sein Einfluß und seine Stellung zuerst im badischen und dann im deutschen Parlament, am Ende freilich auch seine Tragik: Für den Berufsparlamentarier gab es, nach dem Scheitern der Revolution und dem Ende der Hoffnungen auf einen Vorrang des Parlaments im politischen Leben, anders als für viele seiner Abgeordnetenkollegen, die, modern gesprochen, mehr Teilzeitparlamentarier gewesen waren, faktisch keine Möglichkeit mehr zur Rückkehr in das „bürgerliche" Leben.

Friedrich Daniel Bassermann wurde am 24. Februar 1811 im großväterlichen Haus am Markt in Mannheim, der in jenen Jahren als neues Handelszentrum wirtschaftlich mächtig aufstrebenden ehemaligen kurpfälzischen Residenzstadt, geboren. Sein Vater, Friedrich Ludwig Bassermann, war der Sohn eines Heidelberger Gastwirts und Schwiegersohn des in wenigen Jahren zu erheblichem Wohlstand gelangten Tuch- und Weinhändlers Johann Wilhelm Reinhardt, des nunmehrigen Oberbürgermeisters der Stadt. Als Juniorpartner des Schwiegervaters und dann als Chef eines eigenen Handelshauses war er so erfolgreich, daß er in den 30er Jahren zum höchstbesteuerten Bürger in der reich gewordenen Stadt aufstieg – sein zu Beginn dieses Jahrzehnts errichtetes Stadtpalais am Markt hielt jeden Vergleich mit den auch nicht gerade bescheidenen Häusern des kurpfälzischen Adels der Karl-Theodor-Zeit aus. Neben dem Tabak-, Getreide- und Weinhandel betrieb Friedrich Ludwig Bassermann ein sich rasch ausweitendes Kreditgeschäft, dessen Anteil an seinen, das Vermögen des Schwiegervaters schon bald in den Schatten stellenden Einkünften so erheblich war, daß er im weiteren als „Handelsmann und Banquier" firmierte. Es war dies ein Aufstieg ganz aus eigener Kraft, und das hat das Selbstbewußtsein und Selbstverständnis nicht nur Friedrich Ludwig Bassermanns, sondern der ganzen Familie entscheidend geprägt. Von hier aus erhob man ganz selbstverständlich den Anspruch, in Gemeinde und Staat ein entscheidendes Wort mitzusprechen – orientiert am Interesse des Gemeinwesens als Ganzem, aber auch am Interesse der eigenen Gruppe und sozialen Schicht, das man mit dem Interesse der „klassenlosen Bürgergesellschaft" der Zukunft gleichsetzte und abhob von den vergangenheitsorientierten und bloß egoistischen Interessen der traditionellen Führungsschicht und den mit ihnen verbündeten Teilen des Staatsapparats und der staatlichen Bürokratie. Als Aufsteiger aus eigener Kraft, die die Bescheidenheit der eigenen Anfänge bescheiden bleiben ließ, fühlte man sich, bei aller zunehmenden wirtschaftlichen Prosperität, der breiten Masse der städtischen Bevölkerung, dem „Volk", verbunden und als sein natürlicher Sprecher. Die Vorstellung, daß mit wachsendem Wohlstand und zunehmendem gesellschaftlichen Einfluß auch ausgedehntere Formen der Repräsentation möglich, ja vielleicht sogar notwendig seien, blieb zunächst eine befremdliche Idee.

Daß der Sohn und Erbe eines Kaufmanns ebenfalls Kaufmann werden würde, stand mit Blick auf die Zukunft Friedrich Daniel Bassermanns von Anfang an außer Frage, um so mehr, als nach dem frühen Tod des ältesten Sohnes der Familie, Johann Wilhelm Bassermann, dessen Platz gewissermaßen vakant war. Es wurde beschlossen, daß Friedrich Daniel nach der Elementarschule das neugegründete und durch seinen Leiter Friedrich August Nüßlin von den Bildungsidealen des Neuhumanismus geprägte überkonfessionelle Lyzeum in Mannheim nur bis zur 4. Abteilung besuchen sollte – in Preußen entsprach das etwa der mittleren Reife –, um sich anschließend einer praktischen Ausbildung zu unterziehen. Daß der junge Bassermann Französisch statt Griechisch lernte, verstand sich gleichsam von selbst. Erschien doch die Kenntnis lebender Sprachen als eine unentbehrliche Voraussetzung für den künftigen Leiter eines Handelshauses. Nach der Schule wurde er 1826 zunächst als Lehrling in die Eisenhandlung seines Onkels Johann Ludwig Bassermann gegeben. Daran schloß sich ein zweijähriger Frankreichaufenthalt, zuerst in Le Havre, dann in Paris. In diesen beiden Jahren zwischen 1827 und 1829 entwickelte Bassermann eine tiefe Abneigung gegen

Frankreich und gegen die Franzosen. Er betrachtete die französische Gesellschaft als in Konventionen erstarrt, unfähig, jene aufgeklärten und fortschrittlichen Vertreter bürgerlicher Schichten hervorzubringen, die den Weg in eine erfolgverheißende Zukunft zu weisen in der Lage sein würden.

Bassermanns geschäftliches Interesse konzentrierte sich in den ersten Jahren besonders auf den sogenannten „Drogenhandel", ein Geschäft mit pflanzlichen, tierischen und mineralischen Rohprodukten, die zunehmend Verwendung im ärztlichen und vor allem auch im technischen Bereich fanden. Er versprach sich vom Ausbau eines solchen Unternehmens eine große Zukunft. Um aber mit solchen Waren handeln zu dürfen, benötigte man ein staatlich überwachtes Examen. Aus diesem Grund bezog Friedrich Daniel Bassermann 1829 die Heidelberger Universität und nutzte die Zeit, um neben naturwissenschaftlichen Vorlesungen über Chemie, Physik und Botanik auch Philosophie und besonders Geschichte bei Friedrich Christoph Schlosser zu hören. Es folgten weitere Stationen praktischer Ausbildung, zunächst in einem „Drogengeschäft" in Nürnberg, anschließend bei den Firmen Julius Stettner in Triest und bei Faber & Cie. in London.

Im November 1833 glaubte sich der junge Bassermann hinreichend ausgebildet, um den Schritt in die Selbständigkeit wagen zu können. Mit väterlicher Hilfe kaufte er das Drogengeschäft der Gebrüder Giulini, das ursprünglich eine Filiale des italienischen Unternehmens Maggi-Graselli & Co. gewesen war, und installierte es im kurz zuvor erbauten Haus am Markt, das bereits das väterliche Geschäft beherbergte. Der Vertrieb von Apothekerwaren, den eigens hergestellten Mixturen und Giften, aber auch der Handel mit Farben, Spirituosen, Südfrüchten und „Kolonialwaren" erwies sich als sehr profitabel.[2] Äußere Umstände, wie der Anschluß des Großherzogtums an den Zollverein und der Ausbau des Mannheimer Hafens, begünstigten die Aktivitäten des jungen Kaufmanns.

Der beruflichen folgte die private Etablierung in Mannheim. Ein halbes Jahr nach dem Kauf des Geschäftes heiratete Friedrich Daniel Bassermann Emilie Karbach, eine Bekannte aus Nürnberger Tagen, Tochter eines ehemaligen Mannheimer Pfarrers, dessen Witwe in ihre Heimat, ins Fränkische zurückgezogen war. Das Hineinwachsen in gesellschaftliche Verbindungen fiel dem jungen Kaufmann an der Seite seines Vaters nicht schwer. Er wurde Mitglied im Kunst-, im Musik- und naturkundlichen Verein und 1835 Gründungsmitglied der neu ins Leben gerufenen Casino-Gesellschaft. In den 40er Jahren gehörte Bassermann einem dreiköpfigen Komitee an, das interimistisch die Leitung des Mannheimer Theaters übernommen hatte. Gesellschaftlich etabliert, engagierte er sich früh auch politisch. Gerade siebenundzwanzig Jahre alt, wurde er 1838 zum Mitglied des sogenannten Kleinen Bürgerausschusses gewählt, dem auch sein Vater angehörte. Dieses Gremium, Vertretung der rund zweitausend Vollbürger der Stadt, hatte sich im Laufe der Zeit zum Forum in der Auseinandersetzung um Gemeindefreiheit und Selbstverwaltung gegen die zentralisierenden Tendenzen der Kreis- und der dahinter stehenden Staatsregierung entwickelt. Diese war bestrebt, die kulturell und politisch zum Teil sehr unterschiedlich geprägten Landschaften des neuen Großherzogtums Baden möglichst rasch zusammenzuschmelzen und einer einheitlichen Verwaltung zu unterstellen. Zwar kam die Regierung, nachdem sie zunächst versucht hatte, die Gemeinden völlig zu entmachten, mit der Einführung der neuen Gemeindeordnung von 1831 der Forderung der Liberalen nach mehr Kompetenzen für die Gemeindeorgane und Stärkung des Prinzips der Selbstverwaltung entgegen. Gleichzeitig erleichterte sie jedoch den Zugang zum Gemeindebürgerrecht, schaffte den Status des bloßen Schutzbürgers ab und suchte die sich abzeichnenden Gegensätze innerhalb der erweiterten Bürgerschaft für sich zu mobilisieren. Dagegen einen Schutzwall zu errichten, indem er bei den verschiedensten Gelegenheiten die Einheit der Interessen und Überzeugungen aller Bürger betonte, war eines der strategischen Hauptziele des jungen Bassermann. Er gewann dafür schon bald eine Mehrheit und wurde wenig später in den Vorstand des Kleinen Bürgerausschusses gewählt.

Von dieser Basis aus und mit diesem Programm drängte Bassermann binnen kurzem über die Gemeindegrenzen hinaus. Er knüpfte Kontakte zu liberalen Politikern außerhalb der Stadt, traf sich mit Abgeordneten verschiedener Landtage und wurde dann auch 1839 zur Teilnahme an einem Treffen führender Liberaler auf das Weingut Adam von Itzsteins in Hallgarten im Rheingau eingeladen. Hier diskutierte man die allgemeine politische Lage, besprach das gemeinsame Vorgehen in den Landtagen, tauschte inoffizielle Informationen aus und vergaß während eines Besuches auf dem benachbarten Johannisberg nicht, „Metternich mit seinem eigenen Wein ein Pereat"[3] auszusprechen. Zwei Jahre später zählte Bassermann selbst als Vertreter seiner Heimatstadt zu den Abgeordneten des badischen Landtags.

Sein sich immer mehr ausweitendes politisches Engagement war allerdings nur möglich auf der Grundlage der gesicherten finanziellen Verhältnisse seiner Familie und deren Bereitschaft, ihm ein Leben ganz für die Politik zu ermöglichen. Noch im Jahr seiner Wahl zum Abgeordneten verkaufte Bassermann sein Drogengeschäft und wurde damit faktisch Berufspolitiker. In der badischen Kammer avancierte er rasch zu einem der wirkungsvollsten Redner der Opposition. Gelegenheit zur Profilierung bot ihm vor allem der Urlaubsstreit mit der hochkonservativen Regierung Blittersdorf, der gerade zu dem Zeitpunkt die Gemüter erregte, als Bassermann in die Kammer eintrat. Blittersdorf hatte Beamten, die als gewählte Abgeordnete der Opposition zuneigten, die Freistellung vom Dienst für die Teilnahme an den Sitzungsperioden des Landtages mit der Begründung verweigert, ‚Loyalität sei nicht teilbar‘: Man könne nicht als Beamter dem Staat dienen und ihn gleichzeitig von den Sitzungsbänken der Opposition aus bekämpfen. Die Diskussion kreiste, wie schon erwähnt, besonders um die Rolle und Stellung eines Abgeordneten, um die Frage also, ob er nur Sonderinteressen oder, mehr noch als die jeweilige Regierung, das Volk als Ganzes vertrete. Friedrich Daniel Bassermann hat sich bei den verschiedensten Gelegenheiten zu dem Grundsatz bekannt, jeder einzelne Abgeordnete sei Repräsentant des ganzen Volkes und des Gesamtwohls, und sich damit den Ruf eines ebenso standfesten wie überzeugungstreuen Mannes erworben.

Er war freilich, bei aller Neigung zu grundsätzlichen Erörterungen und der Betonung von Prinzipien, zugleich ganz ein Mann der Praxis. Ein Großteil seiner Ausbildung war auf den Erwerb praktischer Kenntnisse ausgerichtet gewesen, und ein Zug Pragmatismus begleitete alle seine Anschauungen. Dem entsprach es, daß er sich im Laufe der Jahre als Redner im Landtag besonders bei Themen zu Wort meldete, die unmittelbar die Interessen und die Lebenswelt des Bürgertums berührten: bei allem, was mit Wirtschafts-, Steuer- und Finanzfragen zu tun hatte. Dabei zeigte sich deutlich, wie sehr er die von Adam Smith vertretene Auffassung eines sich selbst regulierenden Marktes, der möglichst wenig Eingriffe des Staates erfahren sollte, teilte. Bassermann hatte dabei eher den Ausbau des freien Handels als eine industrielle Entwicklung moderner Prägung vor Augen. Von dem so oft in dieser Zeit mit ungebrochenem Zukunftsoptimismus beschworenen „freien Spiel der Kräfte" erwartete er einen wirtschaftlichen Aufschwung, dem ein allgemeiner Wohlstand folgen werde. Und dieser wachsende Wohlstand sollte schließlich dazu beitragen, den sich immer stärker aufdrängenden sozialen Problemen, dem sogenannten Pauperismus, der zunehmenden Verelendung breiter Bevölkerungsschichten, zu begegnen. Bassermanns ökonomische Überlegungen waren aufs engste mit seinen sozialpolitischen Anschauungen verbunden. Als sich seit Beginn der 40er Jahre die wachsende Kluft zwischen Arm und Reich immer deutlicher abzeichnete, erblickte er darin ein reines Übergangsphänomen: Am Ende werde die Zahl bürgerlicher Existenzen unaufhaltsam zunehmen. Die Gesellschaft werde schließlich von einem selbständigen Mittelstand bestimmt werden, der berufen sei, den künftigen Staat zu repräsentieren, weil sich natürlicherweise damit diejenigen Kräfte durchsetzen würden, die durch ihre Tätigkeit am meisten zur Prosperität des Staates beitrügen.

Diesen Prozeß hielt er für unumkehrbar, war sich aber zugleich bewußt, daß zunächst nicht alle Schichten der Bevölkerung in gleicher Weise von der Entwicklung profitieren würden. Dies aber sei der Preis, der für eine solche, im Interesse des Gesamtwohls unerläßliche Entwicklung gezahlt werden müsse. Anders als die von ihm später massiv bekämpfte politische Linke, die ein größeres Maß auch an sozialer Gleichheit gewissermaßen qua Menschenrecht einklagte, glaubte Bassermann wie viele gemäßigte Liberale weiterhin an die Ungleichheit individueller Begabung und Leistung und sah sich darin durch die Lebenspraxis immer wieder bestätigt. Diese rechtfertige auch die unterschiedliche Stellung des einzelnen innerhalb der Gesellschaft.

Von der Forderung nach einer über die Rechts- und Chancengleichheit hinausgehenden Gleichheit auch im gesellschaftlichen und ökonomischen Sinne, wie sie Jakobiner und Sansculotten in der zweiten Phase der Französischen Revolution auf ihr Panier geschrieben hatten, hat sich Bassermann immer wieder nachdrücklich distanziert. Er hat sich in diesem Sinne auch immer gegen die Einführung eines allgemeinen Wahlrechts und die direkte Beteiligung breiter Volksschichten am politischen Leben ausgesprochen.

Bassermann fühlte sich jener politischen Richtung zugehörig, die die Gesetze des Marktes auch auf die Politik übertragen wollte und bestrebt war, die Idee durchzusetzen, daß das, was dann als das Gemeinwohl und als Gesamtinteresse anzusehen sei, aus dem freien Spiel der Kräfte hervorgehen müsse. Durch dieses werde es gewissermaßen legitimiert. Es bestehe also nicht bloß in der Summe von

Einzelinteressen oder in der jeweils neu zu vermittelnden Synthese solcher Einzel- oder Gruppeninteressen. Der Kaufmann mag bei solchen Vorstellungen einen gut funktionierenden Betrieb oder Handel vor Augen gehabt haben. Solcherart davon überzeugt, das Beste für die Gesamtheit zu wollen, hoffte Bassermann auch auf die Zustimmung jener, für die er stellvertretend das Wort ergriff, und die selbst in solchen Abhängigkeitsverhältnissen lebten, daß ihnen nach der Meinung des jungen Abgeordneten ein selbstloser Einsatz für das übergreifende Gesamtwohl unmöglich sei.

Bassermann konzentrierte sich stets auf das Machbare, das Realisierbare, und hielt es für das größte Unglück, den besitzlosen Unterschichten das Paradies zu predigen, wie es die Linke seiner Auffassung nach vor allem nach der Spaltung der ‚Halben' und der ‚Ganzen', der gemäßigten Liberalen und der demokratischen Radikalen im Jahr 1847, in verstärktem Maße tat. Besonders die Agitationen Gustav von Struves waren ihm ein Greuel, kommunistische oder sozialistische Ideen hielt er für eine tödliche Gefahr für das Gemeinwesen. Hingegen sah er in einer grundlegenden Steuerreform, die zur gerechteren Verteilung der Staats- und Gemeindelasten führen sollte, den Königsweg zu einer auch von ihm für unerläßlich gehaltenen Reform der Verhältnisse.

Bassermanns Mißtrauen gegen eine jederzeit durch ihre augenblicklichen Bedürfnisse beeinflußbare und dadurch korrumpierbare besitzlose Masse verschärfte sich während der Revolution noch einmal erheblich. Berühmt geworden ist seine Formulierung in einem Bericht an die Nationalversammlung, den er bei seiner Rückkehr von einer offiziellen Mission nach Berlin im November 1848 erstattete: Auf dunkle, finstere Gestalten sei er hier gestoßen, die sich in den Straßen Berlins herumtrieben und – verwahrlost und verdorben – den Besitzenden das Fürchten lehren konnten.[4] Als „Bassermannsche Gestalten" machte diese Äußerung die Runde. Sie stand fortan für eine reine Klassenideologie des Besitz- und Bildungsbürgertums, für die Angst vor sozialrevolutionären Unruhen unterbürgerlicher Schichten und schließlich für die Bereitschaft der besitzbürgerlichen Klasse, zur Absicherung eigener politischer Führungsansprüche und Gruppeninteressen weitestgehende Zugeständnisse an die Mächte der alten Ordnung zu machen.

Zur Unterstützung seines politischen Programms hatte Bassermann 1847 zusammen mit Karl Mathy die *Deutsche Zeitung* ins Leben gerufen, ein auf Aktienbasis gegründetes Unternehmen, das in der von beiden 1843 in Heidelberg erworbenen Verlagsbuchhandlung herausgebracht wurde. Die Redaktion wurde von Karl Mathy und Georg Gottfried Gervinus gemeinsam geführt. Die Zeitung propagierte in ihren Artikeln einen kleindeutschen, propreußischen Kurs und setzte sich für eine Zusammenarbeit mit den monarchischen Regierungen und eine schrittweise Reform der Verhältnisse ein. Ein am 9. und 10. Oktober 1847 in Heppenheim organisiertes Treffen konstitutioneller Liberaler, an dem auch die Mitarbeiter der *Deutschen Zeitung* teilnahmen, folgte in seinen Beschlüssen im wesentlichen diesen Grundsätzen. Bassermann zeigte sich bei dieser Gelegenheit bereit, gegebenenfalls auch dem Vorschlag David Hansemanns, eines der Vertreter des rheinischen Wirtschaftsbürgertums, zu folgen und zu versuchen, die deutsche Einheit auf dem Weg über einen Ausbau des Zollvereins durchzusetzen. Grundlage sollte eine gemeinsame politische Vertretung der Nation im Rahmen des Zollvereins sein. Zunächst allerdings hatten sich die Teilnehmer der Heppenheimer Versammlung darauf verständigt, daß während der kommenden Session des badischen Landtages erneut ein Antrag auf Errichtung eines deutschen Parlaments auf der Ebene des Deutschen Bundes gestellt werden sollte. Bassermann, der sich bereit erklärt hatte, diese Aufgabe zu übernehmen, begründete den Antrag auf „Vertretung der deutschen Stände am Bundestage" in öffentlicher Sitzung am 12. Februar 1848.

Der Wunsch, die deutsche Einheit in einem Nationalstaat zu erreichen, hat wie kein anderer Bassermanns Denken und schließlich die Stationen seiner politischen Karriere bestimmt. Seine Berufung zum badischen Sonderbeauftragten in Frankfurt am 14. März 1848 war der erste Schritt, der seine Teilnahme an der praktischen Umsetzung dieses Ziels möglich machte. Denn dem sogenannten Siebzehner-Ausschuß, dem er als Vizepräsident vorstand, oblag die Revision der Bundesverfassung auf nationaler Grundlage in enger Zusammenarbeit mit dem Bundestag. Diesem wiederum gehörte inzwischen Karl Theodor Welcker als badischer Gesandter an, der den umstrittenen Blittersdorf ersetzte. Zum Mitglied des Vorparlaments gewählt, sprach sich Bassermann entschieden gegen die von Friedrich Hecker geforderte Permanenzerklärung dieses Gremiums aus, die sicherstellen sollte, daß der symbolische Sammelpunkt der Revolution bis zum endgültigen Zusammentritt der Nationalversammlung für das Volk sichtbar blieb. Als dieser Antrag von der Mehrheit der Parlamentsmitglieder abgelehnt wurde, versuchte ein Minoritätsantrag der Linken den Bundestag zumindest darauf zu verpflichten, daß er sich, „bevor" er sich seiner neuen Aufgabe widme, von den verfassungswidrigen Ausnahmebeschlüssen lossagen und „die Männer aus ihrem Schooß entfernen (solle), die zur Hervorrufung und Ausführung derselben mitgewirkt haben".⁵ Bassermann setzte sich mit einer abgemilderten Form dieses Antrages durch die Ersetzung des Wortes „bevor" durch „indem" durch und demonstrierte damit, daß er, anders als die Linke, die dem weiterhin bestehenden Bundestag als Instrument tendenziell antirevolutionärer Regierungen mißtraute, eine Politik des Einvernehmens mit dem Bundestag und den monarchischen Regierungen anstrebte und notwendige Reformen auch auf dem Verhandlungswege durchsetzen zu können glaubte.

Nach der Auflösung des Vorparlaments gehörte Bassermann dem sogenannten Fünfziger-Ausschuß an, dem die Organisation der Wahlen zur Nationalversammlung oblag. In einem außerbadischen Wahlkreis, dem oldenburgischen Kniphausen, zum Abgeordneten gewählt, zählte er in der Nationalversammlung zum sogenannten ‚rechten Zentrum', der Casino-Partei, die von Anfang an die kleindeutsche Lösung unter Preußens Führung favorisierte. Großen Einfluß konnte er als Vorsitzender des Verfassungsausschusses der Nationalversammlung ausüben, und seinem eigentlichen Ziel glaubte sich Bassermann schon nahe, als er im August 1848 die Funktion eines Unterstaatssekretärs in der provisorischen Zentralgewalt übernahm. In dieser Funktion reiste er im November 1848 nach Berlin, um die preußische Regierung zu einem Zusammengehen mit der provisorischen Zentralgewalt zu bewegen. Selbstbewußt ließ er damals einen Freund wissen: „Zugleich denke ich mit dem Könige eine offene Sprache zu führen und für die Einheit zu wirken."⁶

Doch sowohl seine Unterredungen mit dem preußischen König am 11. und 14. November 1848 als auch der sich ihm in Berlin immer stärker aufdrängende Verdacht, daß die reaktionären Kräfte besonders nach den Wiener Ereignissen erneut an Einfluß gewannen, ließen ihn deutlich die Notwendigkeit erkennen, daß man mit der Durchsetzung der deutschen Einheit keinen Augenblick zögern dürfe. Je mehr ihm bewußt wurde, daß sich die gesellschaftspolitische Entwicklung immer mehr von seinen eigenen Vorstellungen entfernte, um so stärker konzentrierte Bassermann alle seine Bemühungen auf sein großes Ziel: die Errichtung des nationalen Verfassungsstaates. Von ihm allein versprach er sich noch Rettung für die einmal begonnene Sache. Wäre die nationale Einheit erst einmal Realität, so glaubte er, könnte in der Folge unter Ausschließung der linken Demagogen und in Zusammenarbeit mit den kooperationsbereiten konservativen wie demokratischen Kräften alles weitere noch durchgesetzt werden. In diesem Sinne sind denn auch seine Äußerungen in der Nationalversammlung während der Wahlrechtsdebatte Mitte Februar 1849 zu verstehen: „Wenn ich [...] die Einheit und künftige Größe Deutschlands dadurch zu erobern wüßte, daß ich vorübergehend sämtliche Freiheitsrechte aufgebe, ich wäre der Erste, der sich einer Diktatur unterwürfe."[7]

Bassermann zählte auch zu der Delegation der Nationalversammlung, die Ende März 1849 nach Berlin reiste, um den preußischen König Friedrich Wilhelm IV. zur Annahme der Reichsverfassung und der deutschen Kaiserkrone zu bewegen. Indem Bassermann unentwegt an seiner Überzeugung festhielt, daß die eigentlichen Feinde einer friedlichen Reformpolitik und eines künftigen Nationalstaates ausschließlich in den Zirkeln politischer Demagogen der radikaldemokratischen Linken zu finden seien, konnte er sich während seiner Unterredung mit dem preußischen Monarchen der Täuschung hingeben, der König und die gemäßigte bürgerliche Mitte seien aufeinander angewiesen, man verbünde sich im Kampf gegen einen gemeinsamen Feind. Noch im Frühsommer 1849 zeigte sich Bassermann davon überzeugt, daß es vernunftgeleiteter, gemäßigter Männer wie Karl Mathy, also Männer seines eigenen Zuschnittes, in jeder größeren Stadt Deutschlands bedurft hätte, „und die Erhebung des Jahres 1848 wäre nicht in die Hände der Buben gefallen, deren Andenken auf lange Zeit die Herrschaft von Diplomatie und Soldaten wieder starkgemacht hat".[8] Doch allmählich hatte er mit gleicher Bitterkeit erkennen müssen, daß auch die konservativen monarchischen Kräfte zu keinem Zeitpunkt ernsthaft eine Zusammenarbeit mit seinesgleichen in Betracht gezogen haben. Mit der Revolution aufzuräumen, das schloß in den Augen des preußischen Königs Männer wie Bassermann und seine politischen Freunde durchaus ein.

Ende April 1849 wurde Bassermann ein letztes Mal als Bevollmächtigter der Reichsregierung nach Berlin entsandt, um auszuloten, was überhaupt noch vom preußischen König und seiner Regierung zu erwarten sei. Inzwischen war die Reichsverfassung verabschiedet worden und damit der verfassungsrechtliche Grundstein zur deutschen Einheit gelegt. Doch die Verabschiedung der Verfassung bedeutete noch nicht ihre Annahme durch die einzelnen deutschen Staaten. Namentlich Preußen und Österreich, aber auch Bayern weigerten sich, diese Verfassung anzuerkennen. Bassermann stieß in Berlin auf so viel Widerstand, daß er sich, in der Hoffnung, das Ruder doch noch herumreißen zu können, zu Vorschlägen verstieg, die schwerlich mit seinen eigenen Grundsätzen in Einklang gebracht werden konnten. Mit dem Rücken zur Wand schlug er dem König vor, dieser solle, ermächtigt durch einen entsprechenden Antrag der Nationalversammlung, die Zentralgewalt übernehmen und selbst als Reichsoberhaupt fungieren. In dieser Funktion könne er sofort nach Maßgabe der Verfassung und des Reichswahlgesetzes einen Reichstag einberufen, der wiederum seine Verfassungsdiskussion damit beginnen solle, diese nach den Änderungswünschen des Königs umzugestalten. Friedrich Wilhelm IV. hätte damit selbst zum Initiator einer neuen Verfassung werden können, die auf der Basis einer einfachen Mehrheit verabschiedet werden sollte. Zu einer entsprechenden Bestimmung, so glaubte Bassermann, werde er die Nationalversammlung bewegen können.

Doch solchen Vorschlägen entzog die Nationalversammlung selbst den Boden durch die am 4. Mai 1849 eröffnete Reichsverfassungskampagne, die die Frankfurter Errungenschaften von unten durchzusetzen versuchte, indem sie durch verstärkten öffentlichen Druck und unter Einsatz demokratischer Vereine die widerstrebenden Staaten doch noch zur Annahme der Verfassung zu bewegen hoffte. Bassermann, der offiziell am 10. Mai aus Berlin abberufen wurde, verurteilte die Beschlüsse scharf. Er fürchtete, durch ein solches aggressives Auftreten werde sich die Situation zur offenen Konfrontation zwischen entschieden revolutionären und reaktionären Kräften verschärfen, und hier würden die Revolutionäre am Ende verlieren. Die Aufstände in Sachsen, Baden und der Pfalz sollten ihm wenig später recht geben. Aus Protest gegen die Beschlüsse der Paulskirche, die den Weg zu den gewaltsamen Auseinandersetzungen öffneten, trat er am 13. Mai 1849 aus der Nationalversammlung aus. Er folgte dabei dem Grundsatz, „man mindere die Gefährlichkeit einer extremen Partei weit wirksamer, indem man sich von ihr lossage, als man sich ihr anschließe, um Gelegenheit zu haben, auf ihr Tun und Lassen einzuwirken".[9]

Wie weit Bassermann für die deutsche Einheit zu gehen bereit war, zeigte in den folgenden Monaten seine konsequente Annäherung an die Unionspläne des Freiherrn von Radowitz. Diese waren den von Bassermann dem König gegenüber geäußerten Vorschlägen insofern ähnlich, als auch sie zum monarchischen Prinzip als Legitimationsgrundlage politischer Macht zurückkehrten und eine Verfassung befürworteten, die in erster Linie auf die von der Monarchie bestellte Regierung ausgerichtet sein sollte. Die Pläne von Radowitz' trafen allerdings nicht nur auf den entschiedenen Widerstand Rußlands und Österreichs, sondern auch der wiedererstarkten politischen Rechten in Preußen selber. Das im März 1850 zusammentretende Erfurter Unionsparlament, in das Bassermann als Abgeordneter für die Wahlkreise Kreuznach und Simmern in der preußischen Rheinprovinz gewählt worden war, blieb von daher nur eine Episode und ebenso die von jenem Parlament verabschiedete Verfassung im Sinne der Radowitzschen Ideen. Zu diesem Zeitpunkt hatte sich auch Bassermann keinem Zweifel mehr darüber hingeben können, an welchen Kräften der letzte Versuch einer Reformpolitik scheitern sollte: „Während von der äußersten Linken in Frankfurt dahin gestrebt wurde, dem Gesetze der Obrigkeit, der Monarchie, Ansehen und Gewalt zu rauben und sie nur dahin zu übertragen, wo die dicke Faust mit dem harten Kopfe übereinstimmt [...] hören wir hier von nichts anderem, als davon, daß, so lange noch Rechte auf Seiten der Nation sind, die wahre Monarchie und, wie man sagt, die wahre Freiheit nicht bestehen können. Es ist dasselbe Extrem in umgekehrter Form."[10]

Anfang Mai 1850, kurz nach Beendigung des nur wenige Wochen tagenden Erfurter Unionsreichstags, kehrte Bassermann in das seit einem Jahr von preußischen Truppen besetzte Mannheim zurück. Wie seine politischen Freunde Alexander von Soiron und Karl Mathy trat er auch aus dem badischen Landtag aus und gab damit die politische Wirkungsstätte preis, in der wenige Jahre zuvor sein politischer Aufstieg begonnen hatte. Der Rückzug ins Privatleben, die Wiederaufnahme seiner geschäftlichen Tätigkeit kennzeichneten die letzten Jahre seines Lebens. Tief enttäuscht über den Gang der Dinge in Deutschland und in seiner badischen Heimat, setzte er in dem Gefühl eines vollständigen Scheiterns am 29. Juli 1855, einen Tag nach der Goldenen Hochzeitsfeier seiner Eltern, seinem Leben mit einem Pistolenschuß ein Ende.

Robert von Mohl:
Konstitutionelle Monarchie, Repräsentativsystem und Staatswissenschaften

Von Nikolaus Urban

Wenn Robert von Mohl in seinen Lebenserinnerungen im Rückblick auf das Jahr 1848 das Angebot des württembergischen Wahlbezirks Mergentheim-Gerabronn, ihn in die Nationalversammlung zu entsenden, als unerwartet bezeichnet, so erscheint diese Aussage in dem im übrigen kraftvollen und selbstbewußten Dokument beinahe wie aus fremder Feder stammend. Denn nur wenige seiner Zeit waren für die Schaffung einer nationalen Parlamentsverfassung ähnlich prädestiniert wie der prominente liberale Staatsrechtslehrer, und hätte nicht auch Mohl dies so empfunden, so hätte er wohl kaum noch vor dem ersten Zusammentritt der Nationalversammlung in der von Gervinus redigierten *Deutschen Zeitung* seinen detaillierten Entwurf einer Bundesverfassung für die „künftige allgemeine Gestaltung Deutschlands" veröffentlicht.[1] Seinen Anspruch, „eine öffentliche Stimme zu führen in staatlichen Angelegenheiten", unterstrich Mohl weiterhin dadurch, daß er die folgenden Wochen für die Ausarbeitung und Publikation einer Geschäftsordnung nutzte, „damit weder kostbare Zeit mit der Beratung einer solchen verdorben werde, noch gleich von Anfang Unordnung einreiße".[2] Erfahrungen in der zweiten Kammer der württembergischen Ständeversammlung, auf die er seinen Entwurf einer Geschäftsordnung hätte stützen können, hatte Mohl zwar nur in den Jahren 1846/47 sammeln können. Sowohl die Tauglichkeit seiner „Vorschläge zu einer Geschäftsordnung des verfassungsgebenden Reichstages" als auch seine Eignung als Abgeordneter der Frankfurter Nationalversammlung wurden durch dieses scheinbare Defizit jedoch nicht berührt. Denn dieser Mangel an praktischer Erfahrung wurde – auch in den Augen seiner Zeitgenossen – mühelos kompensiert durch seine Herkunft, seine Profession und seine bedeutenden Werke aus der Zeit des Vormärz.

Robert von Mohl (1799–1875)

I.

Am 17. August 1799 als erster Sohn seiner zeitlebens innigst verehrten Mutter Friederica, geb. Autenrieth, in das altwürttembergische Honoratiorentum geboren, genoß Robert wie seine vier Brüder eine durch „strenge Pflichterfüllung" gekennzeichnete Erziehung, die den „Ehrgeiz eher zu viel als zu wenig geweckt" haben soll.[3] Der Vater, Benjamin Ferdinand von Mohl, der als Staatsrat, Konsistorialpräsident und Mitglied der ersten Kammer der württembergischen Ständeversammlung stets „entschieden und unveränderlich auf seiten der Regierung stand", vermittelte dem Erstgeborenen bei Gelegenheit kürzerer Dienstreisen schon früh ein Verständnis für Fragen der Staatsverwaltung und des spätabsolutistischen Beamtentums. Nach dem Besuch des Stuttgarter Gymnasiums, in welchem er dem Wunsch des Vaters gemäß stets zu den Ersten seines Jahrgangs zählte, bezog Mohl im Herbst 1817 die Landesuniversität Tübingen „zum Behufe des Studiums der Rechte".[4] Größeres Gefallen hieran vermochte er aber erst zu finden, nachdem er im Herbst 1819 nach Heidelberg wechselte und dort u. a. die bedeutenden Juristen Thibaut und Zachariä hören konnte. Vom Vater gedrängt, schloß Mohl sein Studium trotz eigener Bedenken mit einer – auch von ihm selbst als unbedeutend bezeichneten[5] – Dissertation über den Unterschied zwischen Repräsentativ- und ständischer Verfassung im Sommer 1821 ab. Die allen Söhnen zugedachte Bildungsreise führte Robert anschließend über zahlreiche kürzere Stationen nach Frankfurt, wo er auf Empfehlung des Vaters vom württembergischen Bundestagsgesandten Freiherr von Wangenheim fürsorglich aufgenommen wurde. Dieser ermöglichte Mohl ein eingehendes Studium der Rechtsbeziehungen und teils sogar geheimer politischer Dokumente des Deutschen Bundes, welches zur ersten „Abfassung einer Druckschrift" führte, die der Vater zur Vorbereitung der Gelehrtenlaufbahn forderte.[6] Nach Aufenthalten in Göttingen, die er in der Bibliothek verbrachte und zum Besuch von Vorlesungen der großen Juristen Hugo und Eichhorn nutzte, führte ihn die Reise im Januar 1823 nach Paris, wo er seine Kenntnisse der Sprache und des französischen Verwaltungsrechts vervollkommnen sollte. Der Zugang zu der ausgezeichneten Bibliothek des amerikanischen Konsuls Warden hatte indes zur Folge, daß Mohl das unerbittliche Verlangen des Vaters nach einer zweiten Druckschrift durch Zuwendung zum amerikanischen Staatsrecht erfüllte.[7] Nach Paris folgte ihm bald sein Bruder Julius (1800–1876), der dort ein Orientalist von Weltruf werden sollte. Robert aber, der nurmehr wenige Wochen zur Ausarbeitung des zweiten Bandes seines amerikanischen Bundesstaatsrechts benötigt hätte, wurde im März 1824 „ohne Barmherzigkeit abberufen, um die [...] indessen von dem Vater verschaffte Professur in Tübingen anzutreten".[8]

An der durch eine „Cliquenfeindschaft der Gmelin und Autenrieth" geprägten württembergischen Landesuniversität wurde Mohl zunächst 1824 zum außerordentlichen Professor, aufgrund eines Rufes nach Dorpat dann 1827 zum ordentlichen Professor – allerdings an der staatswirtschaftlichen Fakultät – ernannt.[9] Die „Kleinstädterei, Klatscherei" und „Dummheit" beeinträchtigten sein persönliches Wohlbefinden während der ersten Jahre in Tübingen jedoch ebenso wie die fortdauernde wirtschaftliche Abhängigkeit vom Elternhause, die der Vater wiederholt zu Einmischungen – selbst in Liebesdingen – ausnutzte.[10] Der zeitlebens durch ein „so besonders hohes Maß stetiger Arbeitsleistung" ausgezeichnete Mohl konzentrierte seinen Ehrgeiz nun darauf, „ein Monstrum von publizistischem Wissen zu werden", um sich auf diese Weise die erstrebte „Anerkennung als Schriftsteller" verdienen zu können.[11] Vorbereitet durch die jahrelangen, trotz Abneigung gegen das Katheder überaus sorgfältig ausgearbeiteten Vorlesungen über das Staatsrecht Württembergs unter der vereinbarten Verfassung von 1819, veröffentlichte er in den Jahren 1829/31 sein zweibändiges ‚Staatsrecht des Königreiches Württemberg'. Bereits mit diesem ersten Hauptwerk, das im Frühkonstitutionalismus „als bahnbrechend und stilbildend" empfunden wurde,[12] machte sich Mohl einen Namen über die Grenzen des Landes hinaus, und er konnte im Rückblick ohne Übertreibung sagen: „meine Stellung als Staatsrechtslehrer war gemacht".[13] Mit einer damals noch ungewohnten Klarheit trennte Mohl Verfassungsrecht und Verwaltungsrecht, hielt aber eine Verknüpfung beider Materien zugleich aufrecht, indem er die Aufgabe der Verwaltung richtungsweisend mit der „Anwendung der durch die Verfassung festgestellten obersten Grundsätze auf die einzelnen Fälle"[14] erklärte. Die „Repräsentativ-Monarchie" wurde von Mohl als die „Staatsform der Mittelstände" bezeichnet, „da die Aristokratie, im Vermögen gebrochen, in geistiger Bildung weit zurückgeblieben und der althergebrachten Achtung beraubt, keiner Regierungsgewalt zur Grundlage dienen kann, die Masse der Prolotarier aber, zu ihrem und Aller Glück, bis itzt noch kein gemeinschaftliches Ziel im Staatsle-

ben gefunden" habe. Jene Verantwortung befand er den Mittelstän-
den auch durchaus mit Recht übertragen, da ja diese „gegenwärtig in
den meisten Staaten europäischer Gesittung die ganze materielle und
geistige Kraft der Völker in sich" vereinigten. An ihnen sei es daher
auch in erster Linie, der Ständeversammlung zur Erreichung ihres
Zwecks zu verhelfen, der für Mohl in der „Vertheidigung der sämmt-
lichen Volksrechte gegen etwaige Angriffe der Regirung" bestand.[15]
Jedoch stehen die Rechte der Ständeversammlung, also insbesondere
die der „Einwirkung auf den Staatshaushalt" und der „Einwilligung
zu den Gesetzen", auch in der zweiten Auflage (1840) dem monarchischen Prinzip noch relativ unvermittelt gegenüber. Einen – wie er
später selbst formulierte – „harmonischen Zustand" seiner theoretischen Konzeption der konstitutionellen Monarchie hatte Mohl im
Jahre 1840 noch nicht erreicht.

Zum frühen Ruhm gesellte sich privates Glück, als Mohl mit dem
Einverständnis seiner Eltern im Juni 1830 die zehn Jahre jüngere
Pauline Becher heiratete, die – „wenn schon keine Schönheit" – doch
jedenfalls seine Hoffnung auf „ein tägliches Wohlbehagen" in der
Folge nicht enttäuschen sollte.[16] Mohl widmete sich nach Abschluß
des württembergischen Staatsrechts seinem zweiten Hauptwerk, das
er seinem Bruder Julius schon Ende der zwanziger Jahre angekündigt
hatte: Er wolle doch sehen, ob er „nicht der Adam Smith von der Polizei werden" könne.[17] Seine in den Jahren 1832/33 zunächst in zwei
Bänden erschienene ‚Polizei-Wissenschaft nach den Grundsätzen
des Rechtsstaates', die er 1834 um das in erster Auflage noch selbständig erschienene ‚System der Präventivjustiz oder Rechts-Polizei'
ergänzte, wurde „das bekannteste, am weitesten verbreitete deutsche
Werk über Polizeiwissenschaft im 19. Jahrhundert".[18] Flankiert
durch einen formalen Begriff des Rechtsstaates, der allerdings keine
dem Stahlschen vergleichbare Konturen aufweist, war es Mohls vor-
dringliches Anliegen, die Polizei (im Sinne von: innere Verwaltung)
an die Postulate seines materialen Rechtsstaatsbegriffs zu binden,
dessen Grundlage die „Freiheit des Bürgers" war. Der Staat sollte daher „immer dann, aber auch nur dann" einschreiten, „wenn der Erreichung eines vernunftgemäßen, rechtlich-erlaubten und allgemeiner nützlichen Unternehmens sich so große äußere Hindernisse in
den Weg stellen, daß ihre [...] Hinwegräumung für die Privatkräfte
der Staatsbürger zu schwer wäre."[19] Damit blieb bei Mohl Raum für
eine sozialpolitische Verantwortung des Staates, denn: „Wer möchte
und könnte in einem Staat leben, der nur Justiz übt, allein gar keine

polizeiliche Hilfe eintreten läßt?"[20] In der Abteilung über die „Hilfe
bei der Nahrungslosigkeit Einzelner (Armen-Polizei)" wurde auf
diese Weise in der zweiten (1844/45) und besonders der dritten Auflage (1866) auch die „Massen-Armut (Proletariat)" zum Gegenstand
seiner Polizeiwissenschaft. Trotz ihrer „betont bürgerlichen Perspektive" weist sie daher zugleich eine bemerkenswerte „Offenheit
für die kommende soziale Frage" auf.[21] Neben der Universitätspoli-
tik, der sich Mohl seit seiner Berufung zum Ordinarius der Staatswissenschaften mit Leidenschaft zugewandt hatte, widmete er sich in
seiner Tübinger Zeit, dem „Schwerpunkt seiner wissenschaftlichen
Arbeit",[22] einer Vielzahl von Detailfragen in der Form des Aufsatzes.
Hervorzuheben sind neben der Arbeit „Über die Nachtheile, welche
sowohl den Arbeitern selbst, als dem Wohlstande und der Sicherheit
der gesammten bürgerlichen Gesellschaft von dem fabrikmäßigen
Betriebe der Industrie zugehen", vor allem die Rezension von Tocque-
villes „De la Démocratie en Amérique" sowie seine frühe Arbeit
„Über Bureaukratie".[23] Letztere erschien erstmals 1846 in Band 3 der
auf Mohls Initiative hin gegründeten und mehrere Jahre von ihm unter „gehörigem Anteil an den Plackereien und Verdrießlichkeiten"
redigierten „Zeitschrift für die gesamten Staatswissenschaften".
Zahlreiche seiner Aufsätze erschienen auch in der zeitweise von ihm
und Mittermaier herausgegebenen „Kritischen Zeitschrift für
Rechtswissenschaft und Gesetzgebung des Auslandes".

Eine größere monographische Arbeit veröffentlichte Mohl erst
wieder 1837, nachdem er zuvor die Verteidigung des kurhessischen
Innenministers Hassenpflug in der gegen diesen angestrengten Mi-
nisteranklage übernommen hatte. Ihm wurde zwar von keiner Seite
widersprochen, als er dieses Werk später „nicht als ein gelungenes"
bezeichnete.[24] Immerhin problematisierte Mohl in dieser sehr breit
angelegten Arbeit über ,Die Verantwortlichkeit der Minister in Ein-
herrschaften mit Volksvertretung' aber erstmals die Vereinbarkeit
des Konstitutionalismus mit dem monarchischen Prinzip, und er bezeichnete auch die Ablösung der königlichen Gewalt durch „parlamentarische Allmacht" als mögliche Frage der Zukunft.[25] Bis Mohl
den von ihm beklagten Dualismus theoretisch aufzulösen vermochte
durch die Forderung, nach englischem Muster die „Bildung der
Ministerien aus den Kammermehrheiten" vorzunehmen, sollte es jedoch noch bis 1846 dauern.

Zu jenem Zeitpunkt war Mohl aus dem württembergischen Staatsdienst ausgeschieden, da er nur durch die Bitte um entschädigungs-

losen Abschied seine Strafversetzung (als Regierungsrat nach Ulm) hatte verhindern können. Hintergrund war sein Versuch, im Oberamtsbezirk Balingen ein Mandat für die zweite Kammer der württembergischen Ständeversammlung zu erringen. Aufgrund der ihm mitgeteilten Sorge, er „werde allzu regierungsfreundlich sein", beging Mohl die „unverzeihliche Thorheit", einem ihm völlig unbekannten Advokaten einen Brief mit deutlich regierungskritischem Inhalt zu übersenden. Nachdem dieser an die Öffentlichkeit gelangt und das Zerwürfnis mit dem König nicht mehr abzuwenden war, zog Mohl die Entlassung dem Amt in Ulm vor und veröffentlichte mit großem Erfolg die ‚Aktenstücke, betreffend den Dienstaustritt des Professors R. Mohl in Tübingen'.[26] Die Wahl in Balingen scheiterte ebenso wie ein zweiter Versuch in Urach an der massiven Wahlbeeinflussung durch die württembergische Regierung. Mohl gab aber nicht auf, schlug sogar, da er „nun einmal in Leidenschaft" geraten war, einen möglichen Ruf nach Berlin aus und errang tatsächlich im Herbst 1846 in Tuttlingen ein Mandat. Da er jedoch im Grunde „alles andere als ein ausgemachter Oppositionsmann" war, vermochte er seinem durch die Umstände der Wahl begründeten Ruf als „politischer Märtyrer" nur wenig abzugewinnen.[27]

Grund für sein rasches Ausscheiden aus der württembergischen Ständeversammlung war eine ihm aufgrund von Verhandlungen mit Mittermaier im Frühjahr 1847 angebotene Professur in Heidelberg. Noch bevor er diese antrat, hatte er jedoch seine bedeutende Abhandlung ‚Ueber die verschiedene Auffassung des repräsentativen Systemes in England, Frankreich und Deutschland' veröffentlicht.[28] Den Kern seiner Ausführungen am Vorabend der Revolution bildete der Hinweis auf die Vorzüge „des grossartigen repräsentativen Staatslebens Englands", wo der „Heischesatz, die Regierung müsse lediglich der Ausdruck der im Parlamente herrschenden Mehrzahl seyn, für immer den Sieg errungen" habe. Klarsichtig forderte er, daß – noch bevor „der Sturm hereinbricht" – die konstitutionellen Zustände ein frischerer Lebenshauch durchziehen müsse, und als erste Voraussetzung hierfür sah er an, daß der grundlegende Unterschied zwischen der alten ständischen Verfassung und dem repräsentativen Rechtsstaat zugestanden werden müsse. Da Volksvertretungen bereits bestanden und damit „ein unwiderruflicher Schritt" erfolgt war, konnte die „Spaltung der Staatsgewalt" zwischen Regierungen und Ständeversammlungen, jener „unglückliche Dualismus zwischen Regierung und Volk", in den Augen Mohls nur durch Übertragung der

Regierung an die Kammermehrheit, also durch „parlamentarische Ministerien" überwunden werden. Anerkannt werden müsse auch, daß die „Lebensluft des constitutionellen Staates [...] eine frei entwickelte öffentliche Meinung" sei und der Staat seinen Bürgern nicht mehr als verfassungsmäßigen Gehorsam abverlangen könne. Den Machtverlust des Monarchen im repräsentativen Rechtsstaat schließlich versuchte Mohl als durch die Vorzüge des Systems aufgewogen darzustellen, indem er den „Gedanke(n), dass der Fürst persönlich immer nur das Gute will und dass das Ueble und Verkehrte gegen seinen Wunsch und ohne seine Theilnahme stattgefunden habe, mit einem hinreichenden Scheine von Wahrheit" nur dort aufrechterhalten wollte, wo das angegriffene Ministerium gerade nicht als „Ausdruck der persönlichen Ansichten des Staatsoberhauptes" zu erscheinen habe.[29]

Noch vor der Pariser Februarrevolution besaß das liberale Bürgertum in Deutschland in Robert von Mohl mithin einen Vertreter, in dessen theoretischer Konzeption die konstitutionelle Monarchie mit den Prinzipien des Repräsentativsystems auf der Höhe der damaligen staatswissenschaftlichen Kunst vereinigt war.

II.

Obwohl Mohl im März 1848 nach einer schweren Krankheit gerade erst „wieder zum Bewußtsein und zu einiger Kraft gekommen" war, folgte er der Einladung des Siebener-Ausschusses mit der gleichen, beinahe pflichtschuldigen Selbstverständlichkeit, mit der er auch die weiteren, ihm im Verlauf der Revolution zufallenden Ämter und Aufgaben übernahm.[30] In seinen wenige Tage vor dem Zusammentritt des Vorparlaments veröffentlichten Vorschlägen für die „künftige allgemeine Gestaltung Deutschlands" hatte er sich, von dem durch Bassermann und Welcker ausgearbeiteten Entwurf insoweit abweichend, für ein erbliches Kaisertum ausgesprochen, und zwar, wegen der „Unfähigkeit gewisser Persönlichkeiten", unter Führung Österreichs.[31] Deutlicher brachte er seine Meinung über Friedrich Wilhelm IV. in einem Brief an seinen Bruder Julius zum Ausdruck: „Alles kommt um 24 Stunden zu spät. So in Preußen die itzt ganz radikalen Versprechen des Könges nach den [...] bubenhaften Massakern; der elende Komödiant hat sich um den deutschen Kaiserthron gebracht, u. reutet jetzt vergebens mit der schwarz roth

goldnen Fahne herum".³² Mohl plädierte daher im März 1848 für
Österreich als Führungsmacht eines bundesstaatlich verfaßten Deutschen Reiches, dessen Reichstag aus einem Fürsten- und einem
Volksrat bestehen sollte. Für die „Erwählung der Volksabgeordneten
zum Reichstage" war er (1848 vorübergehend)³³ bereit, jedem
„großjährige(n) Deutsche(n)" das aktive und passive Wahlrecht zu-
zugestehen, jedoch mit der Einschränkung, daß „die Ernennung
tüchtiger, gesinnungstreuer, auf Seite der Volksrechte stehender
Männer [...] durch die Ständeversammlungen jedes Landes", also
nicht im Wege der direkten Wahl erfolgen sollte.³⁴ Den Gedanken
an die Einführung der Republik mochte Mohl in seinem Entwurf
kaum ansprechen: „Ein Wahlreich sollte [...] gar nicht genannt
werden. (Es) wäre in kürzester Zeit der Untergang Deutschlands."
Struves Antrag vom 31. März 1848 lehnte Mohl daher mit Entschiedenheit ab, und der Versuch Heckers, die Republik mit Waffengewalt
einzuführen, erschien ihm „frevelhaft".³⁵ Die Sorge vor einem radikalen Umsturz muß ihn in diesen ersten Wochen der Revolution aber
stark bewegt haben, denn Mohl entwarf im ersten Drittel des April
1848 eine Flugschrift an die Arbeiter, in der er – unter dem Titel „Republik oder nicht?" – seine „liebe(n) Freunde und Landsleute" vor
den „unwahren und unglückdrohenden neuen Lehren" eindringlich
warnen wollte.³⁶ Nicht die Staatsform, sondern die geringe Besied-
lungsdichte sei „der wahre Grund des allgemeinen Wohlstandes und
des hohen Arbeitslohnes" in Nordamerika, und während die Einführung der Republik an den insoweit relevanten Faktoren in
Deutschland nichts ändern könne, seien ihr die „Gräuel und Grau-
samkeiten ein(es) Bürgerkrieg(es)" als notwendige Folge gewiß. Es
mag bezeichnend sein für die große Beruhigung, die sich nach der
Überleitung der revolutionären Energien „in eine geschäftsmäßige
Bahn"³⁷ im konstitutionell gesinnten Bürgertum einstellte, daß Mohl
seine Flugschrift letztlich nicht veröffentlicht, sondern sich der Ausarbeitung seiner „Vorschläge zu einer Geschäftsordnung des verfassungsgebenden Reichstages" zugewandt hat.

Mohls Vorschläge wurden in der ersten Sitzung der Nationalversammlung am 18. Mai 1848 als provisorische Geschäftsordnung angenommen, und er gehörte auch dem tags darauf gebildeten Ausschuß an, in dem die endgültige Geschäftsordnung beraten wurde.
Daß seinen Vorschlägen in der Abstimmung am 29. Mai 1848 im Ergebnis weitgehend gefolgt wurde, erfüllte ihn mit Genugtuung. Die
Einwände Jacob Grimms, der vor dem Hintergrund der deutschen

„Anlage zum Pedantischen" insbesondere die Aufteilung in Kommissionen und Ausschüsse kritisierte, verhallten ohne Wirkung. Mohl meinte trotzdem, sich noch in seinen ‚Lebenserinnerungen' durch einen Hinweis auf Grimms fehlende „geschäftliche Befähigung und Menschenkenntnis" revanchieren zu müssen.[38] Im Unterschied zu diesem war Mohl übrigens nicht der einzige Vertreter seiner Familie in der Paulskirche: Sein Bruder Moritz (1802–1888) war durch den Wahlbezirk Heidenheim in die Nationalversammlung entsandt worden und sollte dort – jedenfalls als Redner – weit häufiger in Erscheinung treten als der prominente Staatsrechtslehrer. Daß Robert von Mohl in dieser Hinsicht „nicht geglänzt" hat, begründete er im Rückblick mit der großen Zahl erstklassiger Redner und seiner Abneigung, sich in der zweiten Reihe „bemerklich zu machen". Er genoß aber vom ersten Tage an in besonderer Weise das Vertrauen seiner Abteilung und wurde von dieser als ihr Vertreter in den am 24. Mai 1848 gebildeten Verfassungsausschuß gewählt. Auch in dessen Verhandlungen trat er seltener in Erscheinung als etwa Bassermann, Droysen, Welcker oder Wigard, vor allem aber als dessen maßgebende Figuren Beseler und Dahlmann.[39] Mit letzterem und von Mühlfeld bildete Mohl im Verfassungsausschuß die zum Entwurf der Volksrechte bestellte „Vorcommission von Dreien", deren Zusammensetzung ihm jedoch ebenso mißfiel wie die des Verfassungsausschusses überhaupt. Dahlmann schilderte er seiner Frau brieflich als einen „peinliche(n), kleinliche(n) Kopf", der „überdies sehr langsam" begreife. Und Mühlfeld, mit dem er ebenfalls „große Not" hatte, sei „ein Österreicher, dem alles zu weit geht und der alles für die Gesetzgebung des einzelnen Landes reservieren will. [...] es ist ein Unglück."[40] Als die Kommission dem Verfassungsausschuß am 1. Juni 1848 ihren „ersten Entwurf der Grundrechte" vorlegte, beschloß dieser auf Antrag Beselers zunächst eine „allgemeine Verhandlung".[41] Mohl beklagte sich auch hierüber bei seiner Frau: „Es ist entsetzlich, welche Wut zu reden und Anträge zu stellen diese Norddeutschen haben." Seine wirklich auffallende Zurückhaltung in den Verhandlungen des Verfassungsausschusses mag daher gerade durch seine – wiederholt ausgedrückte – Hoffnung zu erklären sein, „daß wenn einmal die Sache im Zuge ist, es schneller gehen wird".[42] Trotz dieser Zurückhaltung und seines Ausscheidens aus dem Ausschuß nach Eintritt in das Kabinett Leiningen sollte Mohls Bedeutung insbesondere für die Gestalt des Grundrechtsentwurfs jedoch ebensowenig unterschätzt werden wie die seines Wirkens in dem am

1. Juli 1848 gebildeten Ausschuß „für die Entwerfung des Gesetzes über Ministerverantwortlichkeit".[43] Dem 19. Jahrhundert ist Mohl, der „seinen Sitz im linken Zentrum nahm und mit Eifer für Reformbestrebungen weise Mäßigung und politischen Takt verband", im Blick auf die Paulskirche aber in erster Linie dadurch in Erinnerung geblieben, daß er nach der Wahl Erzherzog Johanns zum Reichsverweser (29. Juni 1848) in dem Anfang August gebildeten „Reichsministerium das Portefeuille der Justiz" übernahm.[44] Die großen Schwierigkeiten, die sich für ihn mit dieser Aufgabe verbanden, schildert Mohl in seinen ‚Lebenserinnerungen' äußerst anschaulich: „In dem vom Bundestage verlassenen Taxisschen Palais [...] fanden sich keine Beamten, keine Schreiber [...]. Von bereitliegenden Vorarbeiten natürlich keine Spur, in den leeren Schränken nicht ein Aktenstück [...]. Die Minister mußten entweder unter Hindernissen und Zögerungen sich tüchtige Beamte von den einzelnen Staaten lehnungsweise erbitten oder junge und unerfahrene Männer auf gut Glück annehmen. [...] Zu allem dem aber kamen noch die fast täglichen anstrengenden Sitzungen der Nationalversammlung (und) die unvermeidliche Notwendigkeit, die Klubsitzungen nicht ganz zu vernachlässigen, wodurch die Zeit der Minister und der Unterstaatssekretäre über die Gebühr in Anspruch genommen wurde."[45] Mohls Wirken als Reichsjustizminister wurde aber trotz all dieser widrigen Umstände durchweg positiv beurteilt, und er soll, nachdem das Ministerium am 5. September 1848 wegen seiner aus Gründen der Staatsräson erklärten Zustimmung zum Waffenstillstand von Malmö zurückgetreten war, eindringlich dazu aufgefordert worden sein, doch im Amte zu bleiben. Hiergegen aber verwahrte er sich zunächst und ließ statt dessen – wohl nicht ohne eine gewisse Freude – Dahlmann, der als „fanatischer Holsteiner" einer der Wortführer der Mehrheit in dieser Frage war, an der ihm durch den Reichsverweser übertragenen Aufgabe einer neuen Regierungsbildung scheitern.[46]

Da die Fraktion des Württemberger Hofes in der schleswig-holsteinischen Frage für die Sistierung des Waffenstillstandes und damit gegen das Ministerium gestimmt hatte, gehörte auch Mohl in der Folge der Ende September 1848 als Abspaltung gegründeten Fraktion des Augsburger Hofes an, die mit dem Landsberg und dem Casino als parlamentarische Machtbasis des Mitte September gebildeten Kabinetts Schmerling diente. Er übernahm in diesem erneut das Justizministerium und sollte die Verantwortung für dieses Ressort behalten, bis das Kabinett unter Heinrich von Gagern aufgrund der

Ablehnung der Kaiserkrone durch den preußischen König am 9. Mai 1849 zurücktrat.

Dennoch war Mohls Urteil über die Frankfurter Nationalversammlung überwiegend positiv: „Wie unselig auch ihre Bemühungen schließlich gescheitert sein mögen – [...] eine solche Versammlung hatte Deutschland noch nie gesehen und wird sie vielleicht nicht wieder sehen." Insgesamt stark beeindruckt von ihrer Zusammensetzung, bekümmerten ihn allein die Vertreter der Linken, „welche Freiheit mit Pöbelhaftigkeit verwechselten (und) ihre bisherige untergeordnete und unbeachtete Stellung in Staat und Gesellschaft durch Ungezogenheit gegen alle geistig oder sozial höher Stehenden rächen zu müssen glaubten." Bereits im Oktober 1848 schilderte er sie seiner Frau als „eine schauderhafte Bande; der moralische Ekel mit solchem Gesindel in einer Stube sein zu müssen, bringt fast um".[47] Und in einer 1850 veröffentlichten Schrift bezog er in sein durch Abscheu geprägtes Urteil auch die „mit Proletariern und Juden überfüllte Gallerie" ein. Aber insgesamt erkannte er schon bald nach dem „traurigen Ende des großen Volksrathes" an, daß dieser ein „wichtiges Ereigniß in der deutschen Geschichte" war, sogar „ein Wendepunkt in derselben".[48] Auch wenn Mohl – noch ganz unter dem Eindruck der Revolution – 1852 „an der Wahrheit der allein seligmachenden constitutionellen Lehre" zu zweifeln begann, so erschien ihm doch noch gegen Ende seines Lebens „nichts unrichtiger, als die Bewegung von 1848 in der Bedeutung ihrer Folgen zu unterschätzen".[49]

III.

Nach Heidelberg zurückgekehrt, hatte Robert von Mohl „die praktische Politik dick satt bekommen" und sehnte sich nach „(s)einen Büchern und (s)einem Schreibtische".[50] Intellektuelle Originalität kennzeichnet die Werke, die er im letzten Drittel seines Lebens verfaßt hat, aber nurmehr selten. Es ist vielmehr das Ausmaß seiner hier dokumentierten Gelehrsamkeit und die Energie, mit der sich Mohl in unzählige Fragen seines Faches vertieft hat, die den Wert seiner Kompendien ‚Geschichte und Literatur der Staatswissenschaften' (3 Bände, 1855–58), ‚Encyklopädie der Staatswissenschaften' (1859, 2. Auflage 1872) und seines Werkes über ‚Staatsrecht, Völkerrecht und Politik' (3 Bände, 1860–69) ausmachen. Zuvor hatte Mohl aber in dem Aufsatz über ‚Das Repräsentativsystem, seine Mängel und seine Heilmittel' auf der Grundlage eines zwischen Individuum und Staat angesiedelten Gesellschaftsbegriffs seine Konzeption „des constitutionellen Systemes" nicht unwesentlich verändert. Zum einen arbeitete Mohl hier genauer als noch 1846 die Vorzüge der „parlamentarischen Regierungsweise" heraus, indem er die Schwierigkeit einer „Widerspruchspartei", in Anbetracht einer möglichen Regierungsübernahme „der Tadellust den Zügel schiessen zu lassen", als großen Gewinn für die Regierungspolitik bezeichnete. Und zum anderen kritisierte er die in seinen Augen „falsche Bildung der vertretenden Versammlungen", die er nun nach Maßgabe der „Rechte und Interessen" des Volkes, der „wahren gesellschaftlichen Gliederung desselben" vornehmen wollte. Stahl schien ihm zwar noch immer ein verkehrter Ratgeber, und eine „Uebergehung der Proletarier bei der Volksvertretung" erschien ihm „weder gerecht noch klug; allein vollkommene Unvernunft" sei „es freilich, denselben eine überwiegende Stellung zu geben, wie diess bei dem allgemeinen Stimmrechte nach der Kopfzahl geschieht".[51] Nachdem Bismarck, der Mohl zuweilen „wie ein besoffener Corpsbursch" erschien, das allgemeine Wahlrecht eingeführt hatte, verlagerten sich seine Sorgen stärker auf „die Forderung, dass auch den Frauen ein Stimmrecht gebühre" sowie auf die Bewegung des „Socialismus und Communismus, welcher sich mächtig rührt und zu organisieren sucht". Eine „republikanische Umgestaltung der constitutionellen Monarchie" erschien ihm 1871 aber noch wenig wahrscheinlich.[52] Und auch die Gefahr, daß es „dem Pöbel in den Städten und der unwissenden Bevölkerung des flachen Landes möglich" sein könnte, „Leute ihrer Art in den Reichstag zu schicken", erkannte Mohl in seinem Werk über ‚Das deutsche Reichsstaatsrecht' (1873) als durch das in Art. 32 der Reichsverfassung von 1871 normierte Diätenverbot wirksam abgewendet.[53]

Von jenem Verbot war übrigens auch er betroffen. Nachdem er sich 1857 als Vertreter der Universität Heidelberg in die erste Kammer der badischen Ständeversammlung hatte wählen lassen und zudem in den Jahren 1861–65 als badischer Gesandter am Bundestag, dann 1866–71 am bayerischen Hofe in München diplomatische Funktionen wahrnahm, erhielt Mohl 1874 ein Reichstagsmandat, das er – „nicht eben gern" – als Hospitant der nationalliberalen Fraktion wahrnahm. Größere Bedeutung hat Robert von Mohl in Berlin indes nicht mehr erlangt, bevor er dort in der Nacht vom 4. auf den 5. November 1875 starb.

Heinrich Freiherr von Gagern
Präsident der Frankfurter Nationalversammlung

Von Wolfgang Klötzer

In England gilt es als nichts Ungewöhnliches, daß sich politisches Wirken und staatsmännische Begabung gleichsam als Familientradition vererben. In Deutschland aber war und ist es etwas Besonderes, wenn ein bedeutender Staatsmann wie Hans Christoph von Gagern (1766–1852), der mit Talleyrand und dem Freiherrn vom Stein befreundet war, gleich auf drei „politische" Söhne blicken kann: Friedrich von Gagern (1794–1848) wurde niederländischer General und fiel am 14. April 1848 bei Kandern als Kommandeur der badischen mobilen Truppen gegen die Aufständischen unter Friedrich Hecker. Max von Gagern (1810–1889) war nassauischer Beamter und Diplomat und seit 1855 im österreichischen Staatsdienst. Neben seinen beiden Brüdern steht Heinrich von Gagern, der erste Präsident des ersten gesamtdeutschen Parlaments, am deutlichsten im Bewußtsein der Nachwelt.

Wilhelm Heinrich August Freiherr von Gagern wurde am 20. August 1799 in Bayreuth geboren, wohin sich die im Pfälzischen, Nassauischen und Hessischen beheimatete Familie vor den Franzosen zurückgezogen hatte, und evangelisch erzogen. Er besuchte das Gymnasium in Weilburg, die Kadettenschule in München und focht als blutjunger nassau-weilburgischer Unterleutnant 1815 in der Schlacht bei Waterloo, wobei er leicht verwundet wurde.

Aus der Zeit, in der das Alte Reich zerfiel, blieb Heinrich von Gagern die Sehnsucht, die Einheit Deutschlands zurückzugewinnen. Zugleich war er tief verwurzelt in der aristokratischen Tradition, für Kaiser und Reich zu wirken. Mit den reichsfreiherrlichen Tendenzen seiner Familie verband sich in Gagern das Selbstbewußtsein einer Generation, die genug Rousseausche Freiheitsideen aufgenommen hatte, um vor bloß restaurativen Zielen gefeit zu sein. So wurde der Sohn zum Gegner dessen, was der Vater als ein Vertreter deutscher Klein- und Mittelstaaten auf dem Wiener Kongreß mitbegründet hatte: des Deutschen Bundes, der die Einheitshoffnungen der Freiheitsfreunde so bitter enttäuschte.

Heinrich von Gagern (1799–1880)

Nach dem Frieden studierte Heinrich von Gagern – auch ein Mitgründer der Burschenschaft – die Rechte in Heidelberg, Göttingen und Jena. 1821 wurde er Landgerichtsassessor in Lorsch (Hessen) und 1829 Regierungsrat bei der Starkenburger Provinzialregierung in Darmstadt. Nachdem er bereits 1827 die Haushaltsbewilligung als Recht der Volksvertretung gefordert hatte, wurde er 1832 vom Wahlbezirk Lorsch in die zweite Kammer des hessen-darmstädtischen Landtags gewählt, wo er die liberale Opposition um sich versammelte. Durch sein parlamentarisches Auftreten und sein unbeugsames Festhalten an konstitutionellen Prinzipien machte er sich bei seiner reaktionären Regierung dermaßen unbeliebt, daß sie ihn nach Auflösung des Landtags in den Ruhestand versetzte. Gagern wurde unabhängig und zog 1834 wieder in die Kammer ein, wo er bei seiner oppositionellen Haltung blieb. Als Vorsitzender des Finanzausschusses kritisierte er schonungslos die Verschleuderung staatlicher Gelder und die verhaßte Kleinstaaterei.

Schon damals erhoffte er als einzig mögliche gesamtdeutsche Lösung, Preußen werde den 38köpfigen Staatenbund (mit Einschluß Österreichs!) zu einem Deutschen Reich einen, und fühlte sich darin namentlich von seinem ältesten Bruder Friedrich unterstützt. Nach abermaliger Auflösung des Landtags wurde Gagern von der Stadt Worms und dem Bezirk Hungen (Oberhessen) wiedergewählt, zog sich aber, enttäuscht über die starre, antiliberale Haltung der hessischen Regierung, 1836 auf sein Landgut in Monsheim (Rheinhessen) zurück, ohne jedoch die deutsche Einheitsbewegung aus dem Auge zu verlieren. Hatte er schon als Landtagsabgeordneter in Darmstadt namentlich mit württembergischen und badischen Politikern Verbindung aufgenommen, so konnte er in den vierziger Jahren den Kreis liberaler Freundschaften auf Rheinbayern und die preußischen Rheinlande ausdehnen. In Rheinhessen agitierte er vornehmlich im Rahmen des Landwirtschaftlichen Vereins, dessen Präsident er 1845 wurde. Zustatten kam ihm dabei, daß er seit 1839 mit Barbara Tillmann (1818–1889), einer Freinsheimer Gutsbesitzerstochter, verheiratet war.

Zu Schmelztiegeln vormärzlich-liberaler Bestrebungen wurden vor allem die von dem badischen Altliberalen Johann Adam von Itzstein organisierten interparlamentarischen Konferenzen auf dessen Weingut zu Hallgarten (Rheingau), wo Gagern sogar mit Robert Blum und Friedrich Hecker in Berührung kam, und die Treffen gleichgesinnter Freunde bei Franz Peter Buhl in Deidesheim (Weinstraße).

Von der öffentlichen Meinung getragen, gelangte Gagern über ein Mandat der Stadt Worms 1847 wieder in den hessen-darmstädtischen Landtag. Mit einer Kampfschrift verteidigte er damals die rheinhessischen, auf dem Code Napoléon beruhenden Rechtsinstitutionen so vehement, daß ihn ein konservativer Abgeordneter auf Pistolen forderte.

Mittlerweile hatte Preußen durch die Berufung des Vereinigten Landtags einen ersten Schritt zur deutschen Einheit getan. Unter diesem Vorzeichen trafen sich die Führer des südwestdeutschen und rheinischen Liberalismus im Oktober 1847 in Heppenheim (Bergstraße). Das dabei für die deutsche Einigung entwickelte Programm kam unter wesentlicher Mitwirkung Heinrich von Gagerns zustande. Nachdem am 12. Februar 1848 der Abgeordnete Bassermann seinen denkwürdigen Antrag auf Vertretung der deutschen Ständekammern beim Deutschen Bundestag im badischen Landtag eingebracht hatte, folgte Gagern am 28. Februar in der hessischen Kammer mit seinem Antrag auf Ernennung eines Bundesoberhaupts und Berufung eines Nationalparlaments. Am 5. März ging er nach Heidelberg, um auf der dortigen interparlamentarischen Versammlung über die Berufung eines Vorparlaments und über die Einleitung des nötigen gesamtdeutschen Verfassungswerks mit zubefinden. Am gleichen Tag wurde er an die Spitze des nun liberalen Großherzoglich Hessischen Ministeriums in Darmstadt berufen (bis 2. Juni), von wo aus er als Minister des Innern (und der auswärtigen Angelegenheiten) beruhigend auf die hessische Revolutionsbewegung einwirkte. An den Vorbereitungen des gesamtdeutschen Parlaments nahm Gagern in hervorragender Weise teil, zunächst im Frankfurter Vorparlament, bis er in zwei hessischen Wahlbezirken als Abgeordneter in die am 18. Mai 1848 in der Frankfurter Paulskirche eröffnete Konstituierende Reichsversammlung berufen wurde. Es war nur folgerichtig, daß diese ihn am 19. Mai mit überwältigender Mehrheit zu ihrem Präsidenten wählte.

Als Präsident des ersten gesamtdeutschen Parlaments hat Gagern durch die Überzeugungskraft seiner Persönlichkeit, mit hinreißender Beredsamkeit begabt, mit großem Talent, die Debatten zu leiten und Gegensätze zu vermitteln, Hervorragendes geleistet. Seinem Einfluß und seiner Partei der Mitte, der „Casino-Partei", zu der so herausragende Parlamentarier wie Friedrich Bassermann, Hermann von Beckerath, Georg von Beseler, Friedrich Dahlmann, Johann Gustav von Droysen, Max Duncker, Georg Gottfried Gervinus, Jacob

Grimm, Karl Mathy, Gustav Mevissen, Friedrich von Raumer, Alexander von Soiron und andere gehörten, war es zu verdanken, daß die Frankfurter Nationalversammlung nicht in einen Revolutionskonvent abglitt, sondern mit Einsetzung einer „Provisorischen Zentralgewalt" das monarchisch-konstitutionelle Prinzip für die Neugestaltung Deutschlands zugrunde legte. Gagern war es, der am 24. Juni 1848 beantragte, die Exekutive einem verantwortlichen Reichsverweser zu übertragen, und mit seinem sprichwörtlichen „Kühnen Griff" die Wahl (29.6.) auf den volkstümlichen Erzherzog Johann von Österreich lenkte, „nicht weil, sondern obgleich" er ein Fürst war. Freilich mußte Gagern wenig später einsehen, daß ein gesamtstaatliches Deutschland am preußisch-österreichischen Gegensatz scheitern mußte. Getreu seinen vormärzlichen Prämissen, hielt Gagern jedoch am seinem Postulat der preußischen Suprematie fest. Um die Fiktion eines Gesamtdeutschlands unter Einschluß Österreichs zu retten, fand er im Herbst 1848 zu dem völkerrechtlichen Konstrukt des „engeren und weiteren Bundes". Um wenigstens die „kleindeutsche" Einigung unter Führung Preußens zu erreichen, darüber hinaus aber die „großdeutsche" Bindung Österreichs an das geeinte Deutschland nicht ganz aufzugeben, sprach er sich am 28. Oktober 1848 für das Ausscheiden Österreichs aus dem engeren Bundesstaat und für ein übergreifendes Bündnis zwischen diesem und Österreich aus. An die Spitze des „kleindeutschen" Bundesstaates sollte, wie sich später aus den divergierenden Meinungen herauskristallisierte, die konstitutionelle Erbmonarchie unter dem Preußenkönig als „Kaiser der Deutschen" treten.

Nachdem somit die großdeutsche Ideallösung gescheitert und der amtierende Ministerpräsident in der provisorischen Reichsregierung, Ritter Anton von Schmerling, ein Österreicher, zurückgetreten war, übernahm Gagern – ganz folgerichtig – am 16. Dezember 1848 anstelle Schmerlings als Reichsminister des Äußern und des Innern den Vorsitz im Gesamtministerium, wofür er als Präsident der Nationalversammlung zurücktrat, sein Abgeordnetenmandat aber behielt. Damit hatte der Sproß eines ehemals reichsfreien Geschlechts sich erst recht Preußen verbunden.

Seinen und seiner Partei Anstrengungen, König Friedrich Wilhelm IV. von Preußen zur Annahme der deutschen Kaiserkrone zu bewegen, war jedoch kein Erfolg beschieden. Am 28. März 1849 war Friedrich Wilhelm von der Nationalversammlung mit 290 Stimmen (gegen 248 Enthaltungen) zum „Erbkaiser" gewählt worden, was nur

der Übertritt eines Teils der Linken zur Partei Gagerns („Pakt Simon-Gagern") ermöglicht hatte. Doch der König lehnte ab; eine
„Bürgerkrone", die er vielleicht gegen seine Mitfürsten mit Waffengewalt hätte verteidigen müssen, war ihm nicht genehm.

Damit war Gagerns Einigungswerk auf der Basis der Frankfurter
Nationalversammlung gescheitert. Angesichts der revolutionären
Wellen, die im Frühjahr 1849 Deutschland abermals erschütterten,
legte Gagern am 17. Mai sein Ministeramt nieder, das er schon am
22. März nach Scheitern des „Welckerschen Antrags" zugunsten eines preußischen Erbkaisers angeboten hatte. Am 21. Mai trat Gagern
mit zahlreichen „kleindeutschen" Gesinnungsgenossen auch aus der
Nationalversammlung aus, die nur mehr dahinsiechte und schließlich als linkes „Rumpfparlament" in Stuttgart aufgelöst wurde (18.
Juni 1849).

Noch gab Gagern politisch nicht auf. Wenige Wochen nach seinem Abgang aus Frankfurt am Main sammelte er auf dem Nachpar-
lament in Gotha die Freunde der bundesstaatlichen Idee, im wesentlichen seine Frankfurter Casino-Partei, die sich nun als „Gothaer
Partei" am „Dreikönigsbündnis" aufrichtete. Dieses waren Preußen,
Hannover und Sachsen am 26. Mai eingegangen, um – nunmehr auf
dynastischer Basis – doch noch zu einem preußisch-deutschen Bundesstaat zu finden. Doch die „Union", der die meisten deutschen
Kleinstaaten beitraten, löste sich schon nach einem halben Jahr wieder auf, indem Hannover und Sachsen sich lossagten, weil die süddeutschen Staaten sich verweigert hatten.

Und auch der letzte Versuch, an dem Gagern maßgeblich beteiligt
war, mit Preußens Hilfe zu einer Reichseinigung zu kommen, mußte
scheitern: Das „Erfurter Unionsparlament" (20.3.–29.4. 1850) beschloß zwar eine Verfassung für Deutschland unter Preußens
Führung, doch blieb diese folgenlos. Denn längst hatten Hannover,
Sachsen, Bayern und Württemberg ein „Vierkönigsbündnis" geschlossen (27. 2. 1850), um unter Mitwirkung Österreichs den Deutschen Bundestag wiederherzustellen.

Nun erst – von Preußen zutiefst enttäuscht – resignierte Gagern.
Am 28. Juli 1850 ging er, ohne von seiner Familie und seinen Freunden Abschied zu nehmen, nach Schleswig-Holstein und stellte sich
dort der kämpfenden Truppe als Major im Generalstab zur Verfügung. Nicht wenige waren damals der Ansicht, daß er im Freiheitskampf der Schleswig-Holsteiner gegen die Dänen den Tod suchte.
Doch er blieb unversehrt, und am 23. Januar 1851 kehrte er nach

Monsheim zurück, ohne jedoch – in Alzey gewählt – wieder in den hessen-darmstädtischen Landtag einzutreten. Nachdem er sein Monsheimer Gut verkauft hatte, zog Gagern im Mai 1852 mit seiner Familie nach Heidelberg, um dort dem Kreis der Freunde („Heidelberger Kreis" um Gervinus, Häusser, Wilhelm Beseler, Welcker u. a.) näher zu sein, wurde jedoch in seinen Erwartungen enttäuscht. Innerlich löste er sich immer mehr vom Kern der alten Erbkaiserpartei, und nachdem sein jüngster (zum katholischen Glauben konvertierter) Bruder Max im Mai 1855 als Ministerialrat nach Österreich gegangen war, konnte es nach Ansicht der Freunde nur noch eine Frage der Zeit sein, daß Heinrich von Gagern seine angestammten österreichischen (Reichs-) Sympathien und großdeutschen Ideale wiederbeleben werde.

In der Tat hielt er sich 1859 vom preußisch-deutschen „Nationalverein" fern, seine Sympathien galten eher dem großdeutschen „Reformverein", der sich 1862 konstituierte. So verwunderte es niemanden mehr, als Heinrich von Gagern im Dezember 1863 als Wirklicher Geheimer Rat und hessen-darmstädtischer Gesandter seinem Bruder nach Wien folgte. Die Ereignisse von 1866 ließen Gagern in der Folgezeit allerdings an seiner Aufgabe in Wien zweifeln, zumal er 1868 wieder in die zweite Hessische Kammer gewählt worden war, wo er 1871 die von demokratischer und erzkonservativer Seite scharf angegriffene Versailler Reichsproklamation in einer denkwürdigen Rede, die man seinen politischen Schwanengesang nennen könnte, verteidigte.

Noch fast ein Jahrzehnt lebte Gagern, seit 1871 im Ruhestand, in Darmstadt, wo er am 22. Mai 1880 starb. Mit dem Lauf der Geschichte war Gagern zwar ausgesöhnt, aber er litt unter der tragischen Trennung Deutschlands von Österreich, die er wie Bismarck mit „Eisen und Blut" zu lösen niemals über sein Gewissen gebracht hätte. Späte Genugtuung dürfte ihm daher der 1879 geschlossene Zweibund zwischen dem Deutschen Reich und Österreich-Ungarn gewesen sein, worin sich Gagerns „Weiterer Bund" von 1848/49 in etwa verwirklichte, der aber letztlich zu den weltgeschichtlichen Problemen von 1914 führte.

Wenige Tage nach Gagerns Tod schrieb die *Frankfurter Zeitung*: „Wir sahen Gagern zuletzt im Sommer 1872 an einem schwülen Julinachmittag am Bahnhof zu Alzey. Mit einer Anzahl demokratischer Parteigenossen kamen wir von dem Kirchheim-Bolandener Friedhof, wo dankbare Erinnerung den dort gefallenen Blutzeugen für die

Reichsverfassung ein Denkmal errichtet und geweiht hatte. Da geht ein Flüstern von Mund zu Mund, man deutet auf den hochgewachsenen Greis, der einsam den Perron entlangwandelt. Der toten Streiter für die deutsche Freiheit hatten heute Tausende gedacht; ob wohl aber ein einziger des Lebenden, der dort schreitet, den das Geschick dereinst mit einer Mission betraut hatte, wie sie ehrenvoller nicht gedacht werden kann? Das war die Frage in aller Blicke."[1]

Robert Blum:
Ich sterbe für die Freiheit, möge das Vaterland meiner eingedenk sein!

Von Thorsten Maentel

„Am entsetzlichsten schlug die Nachricht von der Erschießung Robert Blums ein. Niemals habe ich die Menschen so furchtbar überrascht und ergriffen gesehen, als in jenen Tagen. Sie wollten es wirklich nicht glauben, daß so etwas möglich sei."[1] Die von einem Zeitgenossen geschilderte Reaktion der deutschen Öffentlichkeit auf die Vollstreckung des Todesurteils gegen Robert Blum brachte weit mehr zum Ausdruck als bloße Betroffenheit über das persönliche Schicksal eines der prominentesten Mitglieder der Nationalversammlung. In ihr weitete sich der Eindruck des individuellen Scheiterns schlagartig zum Bewußtsein von der Illusion einer erfolgreichen deutschen Revolution. Deutlicher als mit dem Todesurteil gegen seinen Abgesandten ließ sich die Ohnmacht des nationalen Parlaments kaum bloßstellen. Das Schicksal Blums wirft aber nicht nur Licht auf die Auseinandersetzung zwischen monarchischem Herrschaftsanspruch und konstitutionell-parlamentarischem Rechtsbewußtsein, sondern es verkörpert zugleich die Vielfalt der politischen Konfliktlinien und Handlungsebenen der deutschen Revolution, die seine Entwicklung zu ihrem ‚Märtyrer‘ erst verständlich werden lassen.

Vom Typus des bürgerlichen, akademisch gebildeten liberalen Politikers, der das Revolutionsgeschehen auf der parlamentarischen Bühne prägte, unterschied sich Blum vom familiären Hintergrund und eigenen Werdegang her grundlegend. Geboren wurde er am 10. November 1807 in Köln als erstes von drei Kindern einer verarmten katholischen Handwerkerfamilie. Das durch frühzeitige Förderung geweckte Streben nach höherer Bildung mußte er nach vergeblichem Bemühen um ein Gymnasialstipendium bald aufgeben und statt dessen bereits mit dreizehn Jahren eine Handwerkslehre antreten, die er mit viel Verdruß bei einem Gürtler und Gelbgießer absolvierte. Die Gesellenwanderschaft brach er bereits nach sechs Monaten ab, ver-

Robert Blum (1807–1848)

sehen mit dem Rat eines Meisters, „er passe nicht zu einem Handwerksmann; er solle lieber ein Federfuchser werden".[2] Erst während seiner anschließenden Tätigkeit als Reisevertreter eines Öllaternenfabrikanten fand er trotz eines äußerst bescheidenen Gehalts Gelegenheit, durch den Besuch von Theatern, Museen und selbst Universitätsvorlesungen seinen unersättlichen Bildungseifer zu befriedigen, dem er jede freie Minute widmete. Nach drei Jahren entlassen und im August 1830 völlig mittellos nach Köln zurückgekehrt, fand er dort eine Stelle als Theaterdiener. Exzessiv nutzte er nun den Zugang zur literarischen Kultur, den ihm die Theaterbibliothek bot, und verschrieb sich vollends der zukunftsverheißenden Kraft des konfessionsübergreifenden, mit nationalem Pathos verbundenen Bildungsglaubens, den in solcher Intensität nur das anbrechende bürgerliche Zeitalter zu vermitteln vermochte.

Bereits 1829 hatte Blum begonnen, eigene Gedichte zu veröffentlichen, gefolgt von dramatischen Versuchen, mit denen er sich vor allem an der populären Verherrlichung der griechischen und polnischen Aufstandsbewegungen jener Zeit beteiligte. Sie beflügelten die Hoffnung auf eine gegen den restaurativen Fürstenbund gerichtete Neugestaltung Europas auf der Grundlage einer Nationsidee, deren Sprengkraft er etwa in einem 1831 verfaßten Gedicht „an Germania" mit den Worten beschwor: „Werdet eins, dann sind wir stark. [...] Werdet eins! dann sind wir – frei!"[3] Die bereits während der Befreiungskriege als Reflex auf die Fremdherrschaft ins Politische gewendete Idee der Nation zeigte sich hierin als eine gegen die Macht der Reaktion schlechthin gerichtete Freiheitsdoktrin. Prägend für die politische Erfahrungswelt Blums und seiner Generation wurde daher die Verknüpfung des Nationalgedankens mit liberalen und demokratischen Zielsetzungen, nachdem die im Deutschen Bund vereinten Monarchien eine scharfe restaurative Wendung gegen das Revolutionszeitalter und seine geistigen Wurzeln vollzogen hatten.

Nachdem Blum dem Kölner Schauspieldirektor Ringelhardt 1832 nach Leipzig gefolgt war, um dort die Stellung eines Theatersekretärs anzutreten, brachte er es dank der verbesserten Position zu einem durchaus bürgerlichen Lebenszuschnitt, der auch das Streben nach familiärer Häuslichkeit umfaßte. Nach einer 1838 geschlossenen Ehe mit der Tochter eines Markthelfers, die noch im selben Jahr starb, fand er bald eine neue Lebensgefährtin in Eugenie Günther, der Schwester eines engbefreundeten Leipziger Redakteurs, die er 1840 heiratete. Drei Jahre später kaufte er als mittlerweile zweifacher

Vater ein kleines Haus nebst Garten, das als privates Refugium und
Arbeitsstätte sowie als geselliger Treffpunkt eingerichtet wurde. Gesellschaftliche Kontakte entwickelten sich vor allem über das poli-
tisch-gesinnungsbezogene Gemeinschaftsgefühl, das Blum Anschluß
an die oppositionellen Literatenkreise vermittelte, die sich in der
Metropole des deutschen Buchhandels gebildet hatten. Nach einigen
Jahren sammelte sich um ihn ein Kreis junger Leipziger Intellektu-
eller, der unter seiner Führung als ‚Kegelgesellschaft‘ zu festem
Zusammenhalt fand. Der Rahmen geselliger Vergnügungen prägte
auch die überlokalen Treffen mit politisch Gleichgesinnten, durch
die sich das Netz persönlicher Verbindungen zunächst über Sachsen
ausdehnte und schließlich mit der Teilnahme an den Zusam-
menkünften des vorwiegend von süddeutschen Oppositionellen gebildeten Kreises um den badischen Kammerabgeordneten Adam von
Itzstein nationale Verknüpfungen schuf. Das Interesse an der Politik
integrierte den gesamten Lebenshorizont, und selbst seiner Frau, die
ihn in seinen Anschauungen bestärkte und auch praktisch unterstützte, bekannte Blum, daß er sein ganzes privates Dasein und selbst
das häusliche und eheliche Glück seinem unbedingten Drang unter-
ordne, „für die Freiheit und einen besseren Zustand des Vaterlandes
wirken zu können".[4]

Gestützt auf pragmatischen Organisationssinn und ein beein-
druckendes rhetorisches Talent, entwickelte sich Blum zum virtuo-
sen Gestalter einer angesichts der eingeschränkten Möglichkeiten
meist indirekten, gleichwohl wesentliche Bereiche des öffentlichen
Lebens erfassenden politischen Agitation. Ausgehend von der Fest-
stellung, daß die Theaterbühne „für uns Deutsche außer der Kirche
fast die einzige Stätte der Öffentlichkeit" sei,[5] verknüpfte er zunächst
sein berufliches Engagement mit der Idee der nationalen Bildungs-
funktion der Bühnenkunst und realisierte ab 1839 ein ‚Allgemeines
Theater-Lexikon‘, nachdem Pläne zur Errichtung einer National-
bühne erfolglos geblieben waren. Blum trat auch bald als umtriebi-
ger Initiator einer politisch geprägten Festkultur hervor, gipfelnd in
jährlichen Gedenkfeiern zum Geburtstag Schillers, die ab 1840 nach
dem Vorbild anderer Städte als ein ‚Fest des Vaterlandes‘ in Leipzig
ausgerichtet wurden. Indem er im Rahmen der großen, ebenfalls als
Nationalfest gestalteten Leipziger Jubiläumsfeier zur Erfindung des
Buchdrucks im gleichen Jahr eine eigenständige Demonstration der
Schriftsteller für die Pressefreiheit zu organisieren suchte, trat er
erstmals in direkte Konkurrenz zum gemäßigten Liberalismus, wie

ihn die örtlichen Honoratioren durch die Verbindung von bürgerli-
chem Selbstbewußtsein und liberal-nationalen Idealen vertraten.
Überdies suchte er mit seinen Bemühungen um einen schließlich
1842 gegründeten Leipziger Schriftstellerverein Literaten für ein
stärkeres Engagement für Einheit und Freiheit zu gewinnen.
Nicht von ungefähr sah Blum in Leipzig den politischen „Leit-
hammel für das Land"[6] und widmete den Verhältnissen in der Metropole der Bildung und des Handels große Aufmerksamkeit. Vor allem in der Abneigung gegen bürokratische Bevormundung bot der
national-demokratische Ideenhorizont durchaus Berührungspunkte
mit der politischen Mentalität des städtischen Bürgertums. Erst 1830
hatten landesweite Unruhen in Sachsen einen umfassenden staatlichen Reformprozeß ausgelöst, der das Königreich in den Kreis der
Verfassungsstaaten überführt hatte. Die neugeschaffenen Repräsen-
tativorgane gewährten einem begrenzten Kreis von Grundeigentü-
mern und Gewerbetreibenden, der in seinem sozialen Charakter
durchaus noch dem traditionellen Stadtbürgerstand entsprach, auf
staatlicher und vor allem kommunaler Ebene erweiterte Möglichkeiten der politischen Betätigung. Das politische Leben blieb in Sachsen allerdings zunächst hinter dem Niveau insbesondere der süddeutschen Verfassungsstaaten zurück, in denen bereits die Reformen
der Rheinbundzeit tiefe Eingriffe in die soziale Ordnung begründet
und den allgemeinen Politisierungsprozeß vorangetrieben hatten.
Daß die sächsischen Landtagswahlen 1839 erstmals von einer starken
Agitation der Partei des ‚Fortschritts' begleitet wurden, war daher
nicht zuletzt der publizistischen Regsamkeit Blums zu danken.
Fortan widmete er sich einer systematischen, auf eine breite Öffentlichkeit zielenden Presseagitation, die die Bemühungen der Land-
tagsopposition um die Erweiterung liberaler Grundrechte und Ver-
fassungseinrichtungen unterstützte und popularisierte.
Nach Verhängung einer Haftstrafe wegen Verunglimpfung der
königlichen Justizbehörde wurde Blum Ende 1844 erstmals Wahl-
mann für die Wahl der Leipziger Stadtverordneten. Sein populäres
Auftreten wirkte aber nicht nur als Artikulation des bürgerlichen Oppositionsgeistes gegen die bürokratische Obrigkeit. Es erschien zugleich als politischer Katalysator eines vom Bürgertum seinerseits als
bedrohlich empfundenen sozialen Konfliktpotentials, hervorgerufen
durch die materielle Not immer größerer Teile einer zunehmend
mobilen, aus den traditionellen ständischen Existenzformen heraus-
wachsenden Gesellschaft, die allein die Bevölkerung Leipzigs in den

sechzehn Jahren, die Blum dort lebte, fast um die Hälfte wachsen ließ. Diese Rolle als Hoffnungsträger sowohl des bürgerlichen als auch des unterbürgerlichen Protests fand nachhaltige Bestätigung, als am 12. August 1845 in Leipzig ein rabiater Einsatz des königlichen Militärs, der acht Menschenleben kostete, gewalttätige Auseinandersetzungen befürchten ließ. Unter der Losung „Verlaßt den Boden des Gesetzes nicht!"[7] und dem gleichzeitigen Ruf nach politischen Konsequenzen gelang es Blum, den durch die starke Beteiligung der städtischen Unterschichten an den Massendemonstrationen schwer berechenbaren Protest zu kanalisieren. Als ein wesentliches Resultat der Vorfälle konnte er zugleich festhalten, es sei endlich „auch der Spießbürger zum Teil wenigstens zur Gesinnung gelangt und hat die schwere Täuschung erkannt, die so lange ihn benebelt hat".[8]

Als Blum kurz zuvor die Entstehung einer nationalkirchlich orientierten katholischen Dissensbewegung aufgegriffen und in Leipzig eine Deutschkatholische Gemeinde gegründet hatte, in der er anfangs selbst die Predigten hielt, war für ihn die religiöse Dimension bereits ganz hinter der politischen Bedeutung der erfolgreichen Begründung einer ersten demokratischen Massenorganisation zurückgetreten. Nun wandte er sich noch ausschließlicher der direkten politischen Betätigung zu, organisierte Petitionen an den Landtag und suchte in einem Ende 1845 gegründeten Redeübungsverein die oppositionellen Kräfte zu bündeln. Mit der höchsten Stimmenzahl wurde er jetzt in die Stadtverordnetenversammlung gewählt und 1847 von dieser sogar zum Stadtrat ernannt, wogegen jedoch die Regierung ihr Veto einlegte. Dieser Affront gegen die bürgerliche Wertschätzung kommunaler Selbstverwaltungsrechte steigerte allerdings nur die Popularität des entschiedenen Oppositionsgeistes, und Blum konnte fest damit rechnen, im folgenden Jahr von der Leipziger Bürgerschaft in den sächsischen Landtag gewählt zu werden.

Parallel zur erfolgreichen Umwerbung des städtisch-bürgerlichen Milieus wandte er sich nun aber auch konsequent gegen die fortdauernde Ausgrenzung großer Teile der Bevölkerung von der Formierung eines Bürgertums, das unter dem Leitbild des gebildeten und selbständigen Individuums mit dem Anspruch auftrat, den allgemeinen Stand der Zukunft zu verkörpern. So sollte das ‚Staatslexikon für das Volk‘, dessen Herausgabe er ab 1847 nach seiner Kündigung beim Theater im eigenen Verlag betrieb, der Aufhebung der bürgerlich-liberalem Verständnis entsprechenden „Ausschließung des zahlreichsten und nützlichsten Theiles des Volkes, des vierten, des arbeitenden Standes – von jeder politischen Theilnahme"[9] dienen und diesen für die Ziele der eigenen Partei gewinnen. In den letzten, durch wirtschaftlich-soziale Krisen gezeichneten Jahren vor der Revolution bemühte sich Blum daher auch um eine stärkere gesellschaftspolitische Akzentsetzung. In einem Anfang 1847 veröffentlichten Artikel über die Not im sächsischen Erzgebirge, dessen Bevölkerung schwer unter dem Niedergang des vorindustriellen Textilgewerbes litt, wandte er sich dem vieldiskutierten Phänomen des sogenannten Pauperismus zu, der sich im raschen Anwachsen einer gänzlich besitzlosen Bevölkerungsschicht äußerte, und kritisierte scharf die den bürgerlichen Liberalismus prägende Erwartung, die unübersehbaren sozialen Gegensätze würden sich mit wachsendem allgemeinem Wohlstand in einer klassenlosen, mittelständisch geprägten Gesellschaft verlieren.[10] Statt dessen brandmarkte er „das unverhältnißmäßige Übergewicht des Capitals über die Arbeitskraft" und kritisierte, daß „die Verkehrtheit der Zeit die Besitzenden und Nichtbesitzenden fast schroffer geschieden hat, als die ehemaligen Stände".[11] Wenn er daher „wirkliche Gleichheit vor der Verfassung und dem Gesetze" forderte,[12] so radikalisierte er damit das auf die individuelle Bildung gemünzte Emanzipationskonzept des bürgerlichen Liberalismus durch die Verpflichtung der Gesellschaft, allen Individuen die zur Erlangung einer gesicherten Existenz notwendigen materiellen und Bildungsmittel zur Verfügung zu stellen. Damit beteiligte sich Blum an der Profilierung eines demokratischen Liberalismus, der sich nicht nur gegen feudale Vorrechte und bürokratische Obrigkeit, sondern auch gegen die nach wie vor bestehenden sozialen und politischen Privilegien des besitzenden und gebildeten Bürgertums richtete. Am gesamtgesellschaftlichen Vertretungsanspruch der ‚Bewegungspartei' hielt er jedoch fest und rechnete nicht mit der Formierung einer selbständigen, als Klassenpartei auftretenden proletarischen Bewegung. Das liberale Modell einer klassenlosen Gesellschaft, das sich an vorindustriellen Verhältnissen orientierte, wie sie die städtische Lebenswelt noch wesentlich prägten, wollte er nicht preisgeben.

Als schließlich im März 1848 der revolutionäre Funke von Frankreich auf das Gebiet des Deutschen Bundes übersprang, gelang es Blum angesichts des hinhaltenden Widerstands der sächsischen Regierung noch einmal, die Rolle des Moderators zwischen einem konfliktbereiten, zugleich aber seine politisch-soziale Führungsrolle in der Oppositionsbewegung massiv verteidigenden Bürgertum und einer auf konsequente Demokratisierung drängenden Massenbewegung einzunehmen. In einem dramatischen Wechselspiel zwischen Stadtverordnetenbeschlüssen, Ad-hoc-Komitees und Volksversammlungen, Mobilisierung der bewaffneten Bürgerschaft und drohenden Gewaltausbrüchen beharrte die Stadt trotz militärischer Belagerung geschlossen auf der Forderung nach eindeutigen politischen Zugeständnissen der Regierung, bis diese mit der Entlassung der Minister und sofortigen Einberufung des Landtags zentrale liberale Märzforderungen bewilligte.

Mit einem ‚Aufruf an die Freisinnigen Sachsens‘, in dem er unter anderem eine Ausweitung des Wahlrechts auf alle Männer und allgemeine Volksbewaffnung forderte, ging Blum allerdings sogleich wesentlich über die Ziele der bürgerlich-liberalen Bewegung hinaus. Auf regelmäßigen Volksversammlungen wurde der Massenprotest mobilisiert und gleichzeitig disziplinierend auf die demokratischen Forderungen eingeschworen. Bevor Blum zur Teilnahme am Vorparlament nach Frankfurt reiste, ging aus dem Redeübungsverein unter seinem Vorsitz der Leipziger Vaterlandsverein als erste politische Massenorganisation hervor, die sich rasch über das ganze Land ausbreitete. Obgleich Leipzig auch die Hochburg der liberalen Organisationsbestrebungen in Sachsen wurde, behielt Blum hier bei den Wahlen zur konstituierenden Nationalversammlung die Oberhand, die landesweit einen eindeutigen Sieg der demokratischen Bewegung erbrachten.

Wie sich mit dem disziplinierten Druck der ‚Straße‘ im Rücken die zunächst im Zentrum des organisierten Widerstandes stehenden sächsischen Gemeindevertretungen zu entschiedenem Widerstand gegen die staatlichen Zwangsmaßnahmen hatten bewegen lassen, so hoffte Blum, auch in Frankfurt mit der Unterstützung einer breiten demokratischen Volksbewegung auf parlamentarischem Wege den entschiedenen Bruch mit dem alten System erzwingen zu können: „Dort muß dem Faß der Boden ausgestoßen, die moralisch vernichtete Staatsgewalt gesammelt, die Republik ausgerufen und eine Regierung eingesetzt werden."[13] Im Vorparlament wurde allerdings sehr schnell deutlich, daß die liberale Mehrheit der Delegierten sich der von den Demokraten erhofften Begründung einer konsequent revolutionär legitimierten Staatsgewalt entgegenstellte und vor den Thronen stehenblieb, um die befürchteten sozialrevolutionären Konsequenzen einer rückhaltlosen Demokratisierung der Verfassungsverhältnisse zu vermeiden. „Die Republik hat alles zu alten Weibern gemacht", schrieb Blum nach dem gescheiterten Aprilaufstand der badischen Republikaner enttäuscht an seine Frau, die ihn über ähnliche Reaktionen in Leipzig unterrichtete: „Das einzige Wort ist ein wahrer Popanz für die Bemittelten geworden."[14] Die Hoffnung auf Errichtung einer auf die ausschließliche Souveränität des Volkes gestützten parlamentarischen Zentralgewalt, für die Blum im Juni als Führer der republikanisch gesinnten Fraktion ‚Deutscher Hof‘ in der konstituierenden Nationalversammlung plädierte, erfüllte sich nicht.

Ohne den parlamentarischen Konsens aufzukündigen, blieben seine Hoffnungen auf die jenseits der parlamentarischen Debatten voranschreitende Dynamik der Revolution gerichtet. Dabei ging er so weit, einen Völkerkrieg gegen die Allianz der europäischen Dynastien zu beschwören, der das erzwingen sollte, was das Parlament von sich aus nicht wagte. „Ein Krieg mit Rußland ist Lebensbedingung, die Luft für den Atem unserer Freiheit", hatte er bereits im Mai in der ersten Ausgabe des *Deutschen Reichstagsblattes* geschrieben, mit dem sich die Frankfurter Linke um ein nationales Parteiorgan bemühte.[15] Die Entfesselung eines solchen Krieges erschien ihm schließlich im September erreichbar, als er sich im Konflikt um Schleswig-Holstein gegen die Anerkennung des Waffenstillstands wandte, den Preußen unter erbittertem Protest der deutschen Nationalbewegung mit Dänemark geschlossen hatte. Auch die Hoffnung, die Auseinandersetzung um demokratische Republik oder konstitutionelle Monarchie aus dem Parlament auf das Schlachtfeld zu tragen und mit einem Krieg nach außen die Revolution nach innen zu sichern, scheiterte jedoch.

Zugleich zeigte sich auch an der eigenen politischen Basis die zunehmende Auflösung des Konsenses über den von Blum vertretenen Kurs der parlamentarischen Kompromißbildung. Vor seiner Abreise nach Frankfurt war er von einer Delegation aus dem besonders stark von Verelendung betroffenen sächsischen Erzgebirge mit der Forderung konfrontiert worden, binnen vierzehn Tagen die Durchsetzung der Republik zu bewerkstelligen. Dies verdeutlicht, wie eng die durch die Revolution aufgeworfene Verfassungsfrage von Anbeginn mit den seit dem Vormärz virulenten sozialen Problemen verknüpft war. Die wachsende Enttäuschung vor allem der traditionell unterprivilegierten Schichten über die Entwicklung in Frankfurt, die weder verfassungs- noch sozialpolitisch den von ihnen erhofften

Durchbruch brachte, fand beispielhaften Ausdruck in der Anfang August vollzogenen Spaltung des Leipziger Vaterlandsvereins. Nach dem Debakel in der Schleswig-Holstein-Frage setzte der Leiter des vor allem von Gesellen und Arbeitern getragenen republikanischen Mehrheitsflügels Blum massiv unter Druck und drohte seinen engen Vertrauten in Leipzig mit gewaltsamem Bruch. Das parlamentarische Wirken Blums hatte somit nicht nur bezüglich der Kräfteverhältnisse innerhalb des Parlaments, sondern auch im Hinblick auf die schwindende Unterstützung der außerparlamentarischen Bewegung kein tragfähiges Fundament mehr.

Unterdessen war die Politik für ihn in einem ganz materiellen Sinne zur schicksalsbestimmenden Macht geworden. Als sich 1847 die Möglichkeit eröffnet hatte, ein eigenes Verlagsunternehmen zu begründen, hatte er nicht gezögert, die sichere Stellung am Theater ganz bewußt gegen „das Precäre einer literarischen Existenz"[16] einzutauschen, um sich seinem politischen Engagement mit ganzem Einsatz widmen zu können. Für sein parlamentarisches Wirken in der Revolution nahm er dann auch in Kauf, daß die eben erst eröffnete Verlagsbuchhandlung ‚Blum & Co.' ihren Betrieb faktisch einstellen mußte, als er Leipzig verließ. Die mittlerweile sechsköpfige Familie war nun auf die knapp bemessene Abgeordnetendiät angewiesen. Die Hoffnung auf eine künftige gesicherte parlamentarische Stellung als Nationalpolitiker, aber auch die Entfremdung von den politischen Lagern vor Ort, formten den Gedanken an einen Wegzug von Leipzig. Als Blum sich in der Septemberkrise auf den Versuch festlegte, das Parlament unter dem Druck der Öffentlichkeit doch noch zu einer entschiedeneren Behauptung seiner Souveränität gegenüber den alten Mächten zu bewegen, rechnete er im Erfolgsfall mit einem Ministerposten. Nachdem auch diese Hoffnung gescheitert war, schrieb er am 4. Oktober an seine Frau: „Nie bin ich so lebens- und wirkungsmüde gewesen wie jetzt."[17]

In dieser Situation führte die gegenrevolutionäre militärische Intervention in Österreich einen entscheidenden Wendepunkt herbei. Erstmals wurde gegen die auf legale Weise erzielten Märzerfolge mit Waffengewalt vorgegangen. Nun mußte sich entscheiden, ob die liberale Parlamentsmehrheit willens war, die Errungenschaften der Revolution notfalls mit Gewalt zu verteidigen, und ob sich unter diesen Umständen die außerparlamentarische Bewegung noch einmal geschlossen für die Unterstützung des Parlaments gewinnen ließ. Als die Nationalversammlung in der unübersichtlichen, sozialrevolu-

tionäre Züge entwickelnden Situation eine eindeutige Stellungnahme ablehnte, organisierte Blum eine Solidaritätsadresse der linken Fraktionen für das revolutionäre Wien und setzte seine eigene
Wahl in die Deputation durch, die sie überbringen sollte. Bei der Ankunft in Wien am 17. Oktober erschien ihm die kaiserliche Residenzstadt nach der Flucht von Hof und Garnison, aber auch der meisten wohlhabenderen Bewohner „revolutionär in Fleisch und Blut".[18]
Die Delegation mußte jedoch feststellen, daß auch die revolutionären Wiener Behörden es ablehnten, sich an die Spitze des bewaffneten Widerstands zu setzen. Blum traf Vorbereitungen für die
Abreise, bekundete aber zugleich in Briefen an Freunde und Angehörige seine Bereitschaft, in den täglich erwarteten Kämpfen mit
dem Leben einzustehen. „In Wien entscheidet sich das Schicksal
Deutschlands, vielleicht Europas", schrieb er am 20. Oktober, als sich
der militärische Belagerungsring um die Stadt schloß. „Siegt die Revolution hier, dann beginnt sie von neuem ihren Kreislauf; erliegt sie,
dann ist, wenigstens für eine zeitlang, Kirchhofsruhe in Deutschland".[19] Mit seinem Begleiter Julius Fröbel beteiligte er sich vorübergehend am Kampf gegen die einrückende Armee, gemeinsam
wurden sie schließlich in ihrem Hotel verhaftet. Auf ihre Berufung
auf die Abgeordnetenimmunität reagierte das Restaurationsregiment
mit der standrechtlichen Aburteilung. Robert Blum wurde am 9. November 1848 in der Brigittenau bei Wien erschossen. Nur wenige
Stunden später erfolgte der gegenrevolutionäre Streich in Preußen.
    „Ich sterbe für die Freiheit, möge das Vaterland meiner eingedenk
sein!"[20] Mit seinen letzten, auf dem Richtplatz ausgerufenen Worten
war das öffentliche Wirken Blums nicht beendet. In ganz Deutschland wurden Trauerkundgebungen veranstaltet und zahllose biogra-
phische Würdigungen, Lieder und Gedichte in Umlauf gesetzt.
Auch die am 19. November von fast 10000 Menschen begangene
Leipziger Totenfeier erschien äußerlich noch einmal als eine
Demonstration revolutionärer Einheit. Dieser Einigkeit in der
Empörung zum Trotz konnte die wiedergewonnene Entschlossenheit der alten Regime die Revolutionsbewegung jedoch nur weiter
entzweien. Während das gemäßigte Lager der Demokraten darauf
beharrte, Blum sei „kein Mann der permanenten Revolution, sondern nur der berechtigten gewesen", bezeichneten die Radikaleren
sein Wirken auf den Wiener Barrikaden als „die Krone seines Lebens" und gaben die Losung aus, „uns so in die deutsche Revolution
zu werfen wie Blum".[21] Gerade durch seinen Tod, der den höchsten

Einsatz für den gesetzlichen ebenso wie für den bewaffneten Kampf für ‚Freiheit' und ‚Vaterland' versinnbildlichte, konnte Blum als ‚Märtyrer' der Revolution Jahrzehnte nach deren Scheitern „noch heute der volksthümlichste, ja der einzig volksthümliche" der Revolutionsmänner genannt werden[22] und ließ sich zugleich in ganz unterschiedliche politische Traditionsbilder einfügen.

Das die Erinnerung wirklich prägende Element blieb aber letztlich das Scheitern, das in der fatalistisch getönten Wendung ‚Erschossen wie Robert Blum' die Aussichtslosigkeit seiner Bemühungen um eine Verbindung von parlamentarischem und revolutionärem Handeln sprichwörtlich werden ließ.

Julius Fröbel:
Demokratie und Staat

Von Rainer Koch

Carl Ferdinand Julius Fröbel, am 16. Juli 1805 im Schwarzburg-Ru-
dolstädtischen Griesheim bei Stadt Ilm geboren, gehört zu den eigenwilligsten und bedeutendsten Theoretikern des vormärzlichen
demokratischen Liberalismus. In einem Nachruf charakterisierte ihn
sein langjähriger Freund Friedrich Pecht: „Die Natur hatte ihn ver-
schwenderisch mit ihren Gaben überschüttet, ihn mit vollendeter
Mannesschönheit, eiserner Gesundheit, ungewöhnlichem Mut und
Thatkraft, hoher Intelligenz und Idealität bei nur allzureicher Phantasie wie mit unermüdlicher Arbeitskraft und Arbeitslust ausgestattet, aber dieser Verschwendung ihrer schönsten Gaben einen Zug
von allzugroßer Beweglichkeit des Wesens und ein Bedürfnis nach
steter Veränderung beigemischt. Sicherlich ist mit ihm einer der
interessantesten Achtundvierziger dahingegangen, dessen unzerstör-
barer Idealismus und tiefe Humanität ihn außerordentlich charakte-
ristisch für jene kosmopolitische Periode unserer deutschen Geschichte machen."[1]
    Der rationalistische Geist des elterlichen Pfarrhauses, die Ausein-
andersetzungen mit dem Herrenhuter Pietismus haben die Kindheit
Fröbels ebenso geprägt wie die besondere soziale Stellung seiner Familie. Nach dem frühen Tod des Vaters 1814 ermöglichten Freitische
den Besuch des Gymnasiums zu Rudolstadt, 1817 nahm ihn sein Onkel Friedrich Fröbel in die soeben gegründete Keilhauer Erzie-
hungsanstalt auf. Das von Pestalozzi beeinflußte erzieherische Ideal
der freien Selbsttätigkeit der Menschen im Dreiklang mit Gott und
Natur bestimmten Fröbels individualistische Ethik, die Keilhauer
Ideale eines in Allseitigkeit bildbaren und zur Freiheit bestimmten
Menschen fixierten die anthropologischen Grundlagen seiner politischen Theorie bis 1850.
    1825 bot ihm einer seiner Keilhauer Lehrer Arbeit: Im Auftrag des
Cottaschen Verlages durchzogen sie den Schwarzwald und die ober-
rheinische Ebene. Ihre topographischen Studien weckten sein Inter-

Julius Fröbel (1805–1893)

esse an vergleichender geomorphologischer Betrachtung und den wechselnden kulturellen Prägungen der Landschaft. Wenn auch noch ohne Systematik und theoretischen Zusammenhang: Die Frage nach dem Verhältnis von Natur und Kultur sollte für Fröbel von entscheidender Bedeutung werden.

Das Studium der Geographie und Mineralogie führte ihn nach München, Jena und Berlin. Die Studienorte wurden zugleich zu Etappen der Abkehr von der Schellingschen Naturphilosophie und vom Weltbild der Romantik. An der soeben von Landshut nach München verlegten Universität hörte er bei Martius und Oken, hospitierte bei Görres, lehnte noch jede Spezialisierung zugunsten des universalistischen Zugriffs der Naturphilosophie ab. Seine Freundschaft mit Gabriel Riesser, dem nachmals bedeutendsten Vertreter des deutschen Judentums in der Paulskirche, rührte aus den Münchener Tagen. Seit 1825 lernte er Englisch und Italienisch, bald kam Portugiesisch hinzu, und seit dem Frühjahr 1828 wirkte Fröbel als Übersetzer im Dienst des Landesindustriecomptoirs in Weimar.

Jena wurde seine zweite Universität, hier geriet er durch die Einflüsse von J. F. Fries in den Bann der Kantischen Philosophie. In Auseinandersetzung mit der historischen Anthropogeographie Karl Ritters bezog Fröbel in einem aufsehenerregenden Beitrag Position,[2] fand die Aufmerksamkeit Alexander von Humboldts, trat in Kontakt zur Geographischen Gesellschaft in Berlin. Trotz seiner wissenschaftlichen Erfolge bewahrte ihn allein ein großzügiges Darlehen Joseph Mendelssohns vor größter Not. Nie wieder, so sollte er später notieren, sei ihm „eine so edle und freie Gastlichkeit" begegnet wie bei den Mendelssohns.[3] Anfang 1833 erhielt er von seinem Förderer Karl Herzog die Mitteilung, daß die Stadt Zürich eine Universität eröffne und daß an der dortigen Cantonsschule die Stelle eines Geographielehrers ausgeschrieben sei. Empfehlungsschreiben Herzogs und Humboldts gaben den Ausschlag, zugleich erhielt er eine Privatdozentur für Mineralogie und wurde 1836 zum außerordentlichen Professor ernannt. Im gleichen Jahr erschien sein wissenschaftliches Hauptwerk, der „Entwurf eines Systems der geographischen Wissenschaften".[4] Eben jene Spannung zwischen der wissenschaftlichen Zielsetzung des Hochschullehrers und den Fragen nach den Bedingungen möglichst allgemeiner Volksbildung des Cantonsschullehrers aber trieb Fröbel in ein politisches Engagement. Wie denn der Staat konstituiert und organisiert sein müsse, der ein demokratisches Bildungsanliegen befördere, wurde für ihn die beherrschende Frage.

Mit einigem Geschick gelang es Fröbel, seine Familie nach Zürich zu holen: seinen Bruder Karl als Lehrer für Englisch an der Industrieschule, seinen Bruder Theodor als Universitätsgärtner. Auch seine Mutter und seine Schwester, die kurz nach dem Umzug verstarb, zogen in die Schweiz. 1838 heiratete er Kleophea Zeller, die Tochter eines Seidenfabrikanten aus Balgrist, und erwarb das Schweizer Bürgerrecht. Eine enge Freundschaft verband ihn mit August Ludwig Follen, der mit seinem Bruder Karl als einer der „Gießener Schwarzen" eine herausragende Rolle in der deutschen Burschenschaftsbewegung gespielt hatte.

Der Züricher „Straußenhandel", die erbitterten Auseinandersetzungen um die Berufung von David Friedrich Strauß auf den Lehrstuhl für Theologie, der Schlag von Klerus und Land gegen die liberale Partei im Großen Rat, waren für Fröbel entscheidend: „Am 6. September des Abends war ich nicht nur in meiner politischen Gesinnung sondern auch in meinen Sympathien ein Radikaler!"5 Die Lehrtätigkeit an der Universität legte er Ende 1841 nieder, ein Jahr später auch die Verpflichtungen an der Cantonsschule. Seine Frau unterstützte mit ihrem Erbteil vorbehaltlos Fröbels Entschluß, die verlegerischen Geschäfte am „Literarischen Comptoir Zürich und Winterthur" Ulrich Reinhart Hegners zum beruflichen Lebensinhalt zu machen. Die Verlagsbuchhandlung sollte „für die Partei der Zukunft die Waffenschmiede sein".6

Herweghs ‚Gedichte eines Lebendigen' ließen das Literarische Comptoir zu einer bedeutenden Sammelstelle für „zensurflüchtige Manuskripte" werden,7 G. Siegemund, A. Ruge und A. L. Follen traten als Teilhaber dem Unternehmen bei. Neujahr 1842 erschien die erste Nummer des *Deutschen Boten aus der Schweiz* mit der erklärten Hoffnung, daß eine politische „Regeneration" die Schweiz zur Wiedervereinigung mit einem freien Deutschland führen werde. Eben jene reichische Orientierung der Fröbelschen politischen Phantasie macht seine vorübergehende Verbindung mit den Brüdern Rohmer erklärlich. Friedrich Rohmers Koalition mit Johann Caspar Bluntschli, einem der Wortführer des Septemberputsches 1839, ihre Gründung einer liberal-konservativen Partei führten jedoch rasch zum Konflikt. Der publizistische Schlagabtausch endete in einem Prozeß und Fröbels Verurteilung. Gleichwohl, Rohmer, vor allem aber Bluntschli, waren diskreditiert. Fröbel sollte alsbald Bluntschlis Rache erfahren.

Ausführlich legte Fröbel im *Schweizerischen Republikaner* seinen politischen Standort dar, sein Ziel einer Verankerung des Liberalismus in den Gruppen des alten Mittelstandes, entwickelte ein revolutionäres Konzept auf der Grundlage einer ordnungspolitisch und sozial hochgradig konservativen Anschauung. Im Liberalismus des Juste-Milieus lösten Fröbels Vorstöße einen Sturm der Entrüstung aus, er wurde des „Kommunismus" verdächtigt. Dieser von Bluntschli massiv unterstützte Vorwurf sollte Fröbel, der soeben noch mit Hoffmann von Fallerslebens ‚Deutschen Gassenliedern' und den ‚Deutschen Liedern aus der Schweiz' dem Literarischen Comptoir Glanzpunkte gesetzt hatte, an den Rand des wirtschaftlichen Ruins treiben. Im Frühjahr 1843 war Wilhelm Weitling nach Zürich gekommen und sofort wegen „kommunistischer Umtriebe" verhaftet worden. Da Fröbel im *Schweizerischen Republikaner* gegen die Behandlung Weitlings protestierte, war es für Bluntschli ein leichtes, ihn in den Weitling-Prozeß zu verwickeln. Als wenig später neben Schriften Ruges und Ludwig Feuerbachs auch noch Bruno Bauers ‚Das entdeckte Christentum' im Literarischen Comptoir erschien, wurde Fröbel – wiederum durch Intervention Bluntschlis – wegen des Verbrechens der Religionsstörung zu einer Haft- und Geldstrafe verurteilt.

Ruges Forderung nach einer „Auflösung des Liberalismus in Demokratismus" war für Fröbel von großer Faszination. Die Nachricht, daß die *Rheinische Zeitung* verboten und Karl Marx ausgewiesen worden war, erlaubte weitreichende Pläne: Ruge ging daran, die Redaktion des *Deutschen Boten aus der Schweiz* Marx zu übertragen und das Projekt der *Deutsch-Französischen Jahrbücher* mit ihm zu realisieren. Fröbel reiste nach Paris, trat in Kontakt zu Louis Blanc, Heinrich Heine, Lamartine. Gleichwohl, der große Plan einer deutsch-französischen „Alliance intellectuelle" schlug fehl. Zudem zerbrach in dieser kritischen Phase die Freundschaft zwischen Ruge und Marx, die sich fortan mit übelsten Anschuldigungen verfolgten.

Anfang 1845 erging ein Beschluß des Bundestages, sämtliche Verlagsartikel des Literarischen Comptoirs vom Vertrieb zu sperren. Ruge und Fröbel mußten ihre in der Schweiz unhaltbar gewordene Position aufgeben, Fröbel ging nach Dresden. Die Entscheidung für Ruge und gegen Marx bedeutete zugleich die Hinwendung zu einer politischen Ethik, in deren Wertehierarchie die Freiheit des Individuums und seine Selbstverwirklichung an oberster Stelle standen. Eine liberale Staats- und Gesellschaftslehre wurde nun zur Aufgabe, deren Lösung ihn neben Ruge und Gustav von Struve zum bedeu-

tendsten Theoretiker der vormärzlichen Demokratie werden ließ.
Unter dem Pseudonym C. Junius erschien 1846 die ‚Neue Politik',
welche schon ein Jahr später als ‚System der socialen Politik' eine
zweite, nun namentlich gekennzeichnete Auflage erfuhr.[8]

Fröbels Staatslehre ist anthropozentrisch begründet und bezieht
ihren Zukunftsoptimismus aus dem Glauben an einen letztendlichen
Triumph des Geistes der Freiheit. Subjekt seiner Geschichtstheorie
ist der sich zur geistigen und wirtschaftlichen Autonomie ent-
wickelnde Mensch, die „Menschheit [...] als Verein freier, bewußter
Menschen" das „objective Culturziel der Weltgeschichte". Das Streben nach individueller Selbstverwirklichung in einer durch Natur
und Kultur bedingten und durch „Interessen" strukturierten Gesellschaft ist die in der konkreten historischen Situation stets neu auszu-
lotende Aufgabe des Individuums, sein „subjektives Culturziel".[9]

Von diesen Prämissen ausgehend, erhob Fröbel fünf Grundforde-
rungen, die seine Staatslehre entscheidend prägten:

– Oberster Zweck eines staatsbegründenden Vertrages muß es sein,
  die Regeln freier Selbstverwirklichung festzulegen und sie zugleich als unabänderliche Bedingungen des „objektiven Cultur-
  ziels" jedem Eingriff des Gesetzgebers zu entziehen. Eine ver-
  nunftrechtliche Theorie überpositiver Grundnormen ist Prämisse
  des Fröbelschen Demokratiemodells.

– Das sich selbstverwirklichende Individuum als Urheber allen positiven Rechts ist im Sinn von Rousseaus ‚Contrat social' Souverän
  und zugleich Untertan selbstgeschaffener Normen. Fröbels
  Staatslehre baut auf einer im Kern atomistischen Lehre der Volkssouveränität auf.

– Volkssouveränität als staatsrechtliches Prinzip begründet, daß Gesetze durch Mehrheitsentscheid Verbindlichkeit erlangen; entschieden wandte sich Fröbel gegen Rousseaus Vorschlag einer von
  der „volonté des tous" abgelösten „volonté générale" und gegen
  seine Konstruktion des „législateur".

– Demokratie als Mehrheitsentscheid aller mündigen Bürger in-
  nerhalb vorverfassungsrechtlicher Wertentscheidungen ist im
  Kompetenzbereich zentralstaatlicher Organe möglichst eng zu
  begrenzen. Demokratie muß „von unten auf" gestaltet werden,
  Gemeindeselbstverwaltung und Föderalismus sind wesentliche
  Strukturelemente.

– Demokratie, Gewaltenteilung, Rechtsstaat müssen notwendig
  einhergehen mit der Sicherung der materiellen Bedingungen von

Freiheit. Soziale Sicherheit und Volksbildung sind Wesensele-
mente einer demokratischen Ordnung.[10] Fröbel war auferlegt, sich in Dresden jeder Auseinandersetzung
mit der „Litteraturpolizei" zu enthalten. Gleichwohl, mit Ruge war
– parallel zu Robert Blums ‚Staatslexikon' – eine ‚Hausbibliothek aller Natur- und Geisteswissenschaften' nach dem Vorbild der französischen Enzyklopädisten geplant, doch mit Fröbel wollte sich keiner
der bedeutenden Gelehrten mehr einlassen, zu groß war die Furcht
vor politischer Diskreditierung. Fröbel wandte sich dem Theater zu,
trat in Kontakt zu Richard Wagner, die Stellung des Theaters in einem freien Volksleben wurde beherrschendes Thema. Nach einem
Perikles- Roman[11] erschien Anfang 1848 sein auf den Freiheitskampf
der Stadt Genf gegen Savoyen bezogenes Drama ‚Die Republikaner'
als Teil einer geplanten Trilogie.[12] Der Ausbruch der Februarrevolution in Frankreich jedoch, so erinnerte sich Fröbel, „beseitigte alle
ästhetisch-literarischen Pläne und wurde auch für mich ein tempora
mutantur et nos in illis".[13] Heinrich Hoff, der Mannheimer Verlags-
buchhändler, forderte ihn Mitte März 1848 auf, die Redaktion der
Deutschen Volkszeitung in Mannheim zu übernehmen. Immer wieder
trat Fröbel nun in zahlreichen Artikeln für die Sache der Republik
ein, wählte „Wohlstand, Bildung, Freiheit für alle" zum Motto und
erläuterte seinen Begriff der Volkssouveränität.[14]

Die mangelnde Resonanz der Aufstände Heckers und Struves bestärkte seinen wachsenden Pessimismus. Es galt nun, die demokratische Bewegung als Partei zu organisieren. Am 14. Juni 1848 folgte
Fröbel der Einladung zum ersten Demokratenkongreß nach Frankfurt am Main, die Konflikte mit den Kommunisten um Marx, Engels,
Heß drohten die demokratische Linke zu spalten. Vor allem Fröbel,
so der scharfsichtige Beobachter Ludwig Bamberger, war es zu
danken, daß der Zentralausschuß schließlich ein liberales, republika-
nisches Manifest verabschiedete. Julius Fröbel wurde – fast einstim-
mig – zum Vorsitzenden des „Zentralausschusses der deutschen Demokraten" mit Sitz in Berlin gewählt. Bis Mitte August 1848 war
Fröbel in dieser Funktion der wohl entscheidendste Mann der demokratischen Bewegung in Deutschland. Bereits am 10. Juli legte er
einen ‚Organisationsplan für die demokratische Partei Deutschlands'
vor. Doch die Organisation der Partei stieß auf politischen Widerstand, demokratische Kreisvereine wurden durch die Polizei aufgelöst, Teilnahme unter Strafe gestellt. Im Sommer befand sich der
Zentralausschuß in größten finanziellen Problemen. Fröbel reiste

nach Wien, um die Verbindung zu österreichischen Demokratenvereinen herzustellen.

Für wenige Monate gelang es Fröbel, die demokratische Bewegung zumindest nach außen hin zu einen: Die schlesischen Rustikalvereine, der Handwerker- und Gewerbekongreß, der Gesellenkongreß als Beginn der Arbeiterbewegung standen von Juli bis September 1848 unter dem Einfluß der Demokraten. Als Fröbel den Vorsitz im Zentralausschuß niederlegte, setzten die Kommunisten ein Programm zur Lösung der sozialen Frage durch, das die demokratische Vereinsbewegung endgültig spalten sollte. Bamberger, in der Nachfolge Fröbels Präsident des Kongresses in Berlin, reiste empört ab.

Kurz vor seiner Reise nach Wien erreichte Fröbel ein Schreiben des Vereinigten Volksvereins zu Schleiz mit dem Anerbieten, in der Nachfolge von Johann Georg August Wirth das Fürstentum Reuß jüngere Linie in der Paulskirche zu vertreten. Fröbel akzeptierte, auch in der Hoffnung, die Spannungen zwischen der Vereinsbewegung, den „Klubisten", und den Parlamentariern der äußersten Linken zu mildern. Als Fröbel am 6. Oktober 1848 zur Fraktion „Donnersberg" stieß, lag die Beschlußfassung der Nationalversammlung zum Malmöer Frieden bereits mehr als drei Wochen zurück, der Septemberaufstand in Frankfurt war niedergeschlagen, Struves Putschversuch in Baden gescheitert und die Reaktion formierte sich überall. Die Fraktionen der Linken hatten im „Klub der Vereinigten Linken" ein Koordinationsorgan geschaffen.

Die Wiener Oktoberrevolution veranlaßte die „Vereinigte Linke", eine Delegation zu entsenden: Robert Blum vom „Deutschen Hof", Julius Fröbel vom „Donnersberg". Am 17. Oktober trafen sie in der bereits von den Truppen Windischgrätz' eingeschlossenen Stadt ein. Die Wiener Revolutionäre ernannten Blum und Fröbel zu Offizieren, beide kämpften unter dem Oberbefehl Bems in der Nähe des Praters. Die Niederlage der Wiener Revolution, die standrechtliche Erschießung Blums und die Vorgänge um die Begnadigung Fröbels sind hinreichend bekannt. Fröbel vermutete zu Recht in seiner Schrift ,Wien, Deutschland und Europa', in der er im September 1848 einen drohenden Zerfall des österreichischen Staates beklagte, den entscheidenden Grund für sein glücklicheres Schicksal.[15] Gleichwohl sah er sich, nach Frankfurt zurückgekehrt, zu einer Rechtfertigungsschrift veranlaßt.[16]

Nun konzentrierte er seine Arbeit auf die Nationalversammlung, war Mitglied des Dreißiger-Ausschusses für die Durchführung der Reichsverfassung, Fragen der Ausgestaltung der Reichsgewalten, insbesondere der Kompetenzen des Reichsgerichtes, beschäftigten ihn. Zugleich versuchte er, wenn auch vergebens, sein Föderalismus-konzept durchzusetzen. Das Ziel eines staatlichen Volksbildungswe-sens, die Aufhebung geistlicher Schulaufsicht und kirchlicher Schul-trägerschaft, die Auseinandersetzung mit der sozialen Frage – vor allem die Vollendung der Bauernbefreiung – waren weitere Schwer-punkte der parlamentarischen Arbeit.

Mit zwei bedeutenden Grundsatzreden, Schlüsseldokumente für die Selbsteinschätzung der 48er Demokraten, ist Fröbel in der Na-tionalversammlung hervorgetreten. In den entscheidenden Debatten über die Staatsform und das Reichsoberhaupt ergriff er am 22. Ja-nuar 1849 das Wort: „Ich bin der Meinung, daß die Demokratie auf dem gegenwärtigen Standpunkte der europäischen Geschichte eine Unvermeidlichkeit geworden ist. Sie mag nun dem einen gefallen, dem anderen mißfallen, das hat keinen Einfluß auf die Frage. Ich urteile darin wie Tocqueville in seinem Werk über die amerikanische Demokratie."[17] Anders als die parlamentarisch gesonnene Mehrheit seiner Fraktion trat Fröbel für ein Präsidialsystem ein, zugleich forderte er eine mitteleuropäische Föderation mit Wien als Sitz der Zentralgewalt. Noch einmal, unmittelbar vor der Kaiserwahl, wandte sich Fröbel am 20. März 1849 an das Paulskirchenparlament: Das Kaisertum sei ein „greller Anachronismus", die Demokraten seien an „diesem großen Wendepunkte der Geschichte unseres Va-terlandes [...] die Fahnenträger der Zukunft".[18] Für die demokra-tische Gesinnung Fröbels – wie für die Mehrheit der Fraktion „Don-nersberg" – sollte es bezeichnend sein, daß sie die von ihnen nicht geliebte Reichsverfassung mit der Institution des preußischen Erb-kaisers gleichwohl unterzeichneten und für diese Verfassung ihr Le-ben aufs Spiel setzten.

Nach dem Sieg der Gegenrevolution in Wien und Berlin ver-suchte die Linke noch einmal, mit dem „Centralmärzverein" eine enge Bindung zwischen demokratischer Volksbewegung und Parla-mentsfraktion herzustellen. Erneut wurde im Kampf um die Reichs-verfassung deutlich, in welchem Ausmaß die Kommunisten die demokratische Vereinsbewegung paralysierten. Angesichts dieser be-drohlichen Situation wurde eine Generalversammlung aller März-vereine nach Frankfurt a. M. einberufen. Am 6. Mai 1849 versam-melten sich im „Wolfseck" ca. 300 Delegierte unter einem lebensgroßen Bild Robert Blums, Vorsitzender war Julius Fröbel. Zwei Entscheidungen trugen seine Handschrift: der Mehrheitsbeschluß zugunsten von Nationalversammlung und Reichsverfassung und der „Aufruf an das Deutsche Heer", sich loyal hinter die Reichsverfassung zu stellen. Am 30. Mai 1849 trat zum letzten Mal die Nationalversammlung in Frankfurt zusammen. Nach dem Ausscheiden der Österreicher und der „Erbkaiserpartei" war die Linke unter sich, man beschloß die Verlegung des „Rumpfparlaments" nach Stuttgart. Keine drei Wochen später sprengte württembergisches Militär die Versammlung. Als Zivilkommissär der Revolutionsregierung versuchte Fröbel noch vergebens, in das belagerte Rastatt zu kommen, Anfang Juli 1849 floh er in die Schweiz. Mit Ludwig Bamberger ging er sodann nach Hamburg, wich auf das britische Helgoland aus, traf schließlich am 24. September in Liverpool ein. Fünf Tage später verließ er auf einem amerikanischen Segelschiff inmitten irischer Auswanderer Europa.

Die knapp acht Jahre, die Fröbel in Nord- und Mittelamerika verbrachte, haben ihn schließlich zu einem materialistischen Pragmatismus geführt. Die Begründung politischer Theorie und politischen Handelns aus den Prinzipien individueller Freiheit ersetzte er Zug um Zug durch eine Politik, die ihre Rechtfertigung in „naturhistorischen Tatsachen" suchte, „Realpolitik" verdrängte ideale Zielsetzungen. Vor deutschen Emigranten in New York hielt er Vorträge über die 48er Revolution, dann gründete er mit zwei Kompagnons eine Seifensiederfabrik von fragwürdigem Ansehen. 1850 in Konkurs gegangen, beteiligte er sich an der von Franz Zitz gegründeten Agentur für deutsche Aussiedler. Charles A. Dana, 1848 Berichterstatter am Paulskirchenparlament, verschaffte ihm die Möglichkeit, für die *New York Tribune* zu schreiben, E. G. Squier, Geschäftsträger der Vereinigten Staaten bei den Zentralamerikanischen Republiken, begeisterte Fröbel für den Plan eines Kanals vom Atlantischen zum Pazifischen Ozean. Gemeinsam mit seinem Sohn reiste er nach Nicaragua, unternahm Expeditionen weit in das Landesinnere hinein. Das Projekt war jedoch auf betrügerischen Machenschaften aufgebaut, im September 1851 kehrte Fröbel ernüchtert nach New York zurück.

Nun griff er in die Parteikämpfe zwischen den Demokraten des Südens und den Republikanern des Nordens ein. Nachhaltig warnte er die deutschen Emigranten vor einer Überschätzung der Ideen der Revolution, auch Prometheus sei „an den Felsen der Wirklichkeit" geschmiedet worden.[19] Im Auftrag des jüdischen Handelshauses

H. Mayer u.Co. übernahm Fröbel im Sommer 1852 die Begleitung eines Transportes nach Chihuahua im Norden Mexikos. Seine Schilderungen des Apachengebietes, der ihm fremden Tierwelt und Vegetation der Trockengebiete sind ebenso eindrucksvoll wie Berichte über das Wiedersehen mit Christian Kapp in San Antonio oder mit A. Wislicenius in St. Louis.[20] Wieder in New York, stellte er das Chemiestudium seines Sohnes sicher, nachmalig Professor an der New Yorker Universität. Die zweite Handelsreise, die ihn nach El Paso führte, war ein Mißerfolg, ein waghalsiger Treck durch die Wüstengebiete Arizonas führte ihn nach Kalifornien. Im Herbst 1854, Fröbel war inzwischen amerikanischer Staatsbürger, trennte er sich von Mayer u. Co. Gemeinsam mit Karl Rühl begründete er das deutschsprachige *San Francisco Journal*. Zwei Themenkomplexe bestimmten seine Kommentare: die Sklavenfrage und der Krimkrieg.

Die Sklaverei der Schwarzen, so Fröbel, sei weder eine Frage humanitärer Prinzipien noch eine solche des Eigentumsrechts, vielmehr sei sie aus den Notwendigkeiten weltweiter Zivilisationsleistung der Rassen zu beantworten. „Kulturhistorische Zweckmäßigkeit" schließe Sklavenarbeit für die Weiterentwicklung fortgeschrittener Länder aus. Ebenso deutlich aber betonte er, daß Rassen dann von bürgerlicher und politischer Selbständigkeit ausgeschlossen bleiben sollten, wenn sie intellektuellen und sittlichen Anforderungen nicht genügten.[21]

Als im September 1854 der Krimkrieg sich endgültig zu einem großen europäischen Konflikt ausweitete, wurde Fröbels Interesse wieder ganz von den Problemen der Alten Welt in Anspruch genommen. Amerika und Rußland seien die Pole der neuen Weltordnung, mit unterschiedlichen Prinzipien, aber ähnlichen Interessen, und Westeuropa müsse – unter französischer Führung – seine Rolle neu definieren. Wenn auch Fröbel im Frühjahr 1856 noch mit Hecker, Struve und Kapp den Wahlkampf des Republikaners Fremont unterstützte, wenn er auch noch einmal bei einem Eisenbahnprojekt in Mittelamerika Unterkommen suchte, am 9. Juli 1857 gab er seine amerikanischen Träume auf und schiffte sich nach Le Havre ein. Seine zweite Ehe mit Karoline Mördes mag die Entscheidung zur Rückkehr bestimmt haben. Karoline, Tochter des vormaligen bayerischen Ministers Graf von Armansperg, öffnete Fröbel unmittelbaren Zugang zu den Führungsschichten jenes „Dritten Deutschland", dessen Rolle er in einer europäischen Föderation zu definieren beabsichtigte.

In kürzester Zeit gelang es Fröbel, den ihn immer noch belasten-

den Ruf eines Revolutionärs zu überwinden und bereits 1859, nach
der Niederlage Österreichs bei Magenta und Solferino, machte ihn
seine Abhandlung zum Waffenstillstand von Villafranca zu einem der
einflußreichsten politischen Publizisten seiner Zeit.[22] Zwei Jahre
später erschien der erste Band seiner ,Theorie der Politik', eine deut-
liche Abrechnung mit seiner liberaldemokratischen Vergangenheit.
Aus dem Theoretiker der Volkssouveränität war ein Verfechter der
Staatssouveränität geworden, ein Hegelianer, der die anthropologischen Grundannahmen und die staatstheoretischen Konsequenzen,
die ihn im Vormärz und in der Revolution geleitet hatten, nun auf das
schärfste bekämpfte.[23] Wie August Ludwig von Rochau war er der
Auffassung, daß die Machtfrage, und nicht die Frage nach Prinzipien
an die Spitze allen politischen Denkens zu stellen sei. Mit der ,Theo-
rie der Politik' begab sich Fröbel auf eine abschüssige, alle Werte am
kulturellen Selbstverständnis und der rassischen Eigenart relativie-
rende Bahn. Wichtigste Konstante in seinem Denken blieb die Fi-
xierung auf eine im Kern vorindustrielle Lebenswelt, zugleich eine
Ablehnung kapitalistischer wie sozialistischer Wirtschaftsformen zugunsten von genossenschaftlichen Assekuranz-Gedanken und staatlicher Wirtschaftslenkung.

Höhepunkte des politischen Wirkens von Fröbel vor 1866 waren
die von ihm maßgeblich initiierte großdeutsche Parteiversammlung
in Frankfurt 1862, die Gründung des „Deutschen Reformvereins"
und sein Anteil am österreichischen Bundesreformplan von 1863.
Unter dem Eindruck des Scheiterns des Frankfurter Fürstentages
und voll Unzufriedenheit über die österreichische Politik nach 1864,
wandte er sich wieder den Trias-Plänen zu. Der württembergische
leitende Minister Varnbüler verschaffte ihm Einfluß auf den offi-
ziösen *Staatsanzeiger*, Fröbel reiste in Diensten der Stuttgarter
Regierung nach Wien und Paris, legte Conti, dem Finanzberater
Napoleons III., seinen föderalistischen Deutschland-Plan vor. Die
Ereignisse von 1866 aber veranlaßten ihn zu einem „Übergang auf
den Standpunkt der neuen Tatsachen": „Nicht wer recht hat, sondern
wer recht behält, ist die große Frage der Politik [...] Auf der Rück-
seite der Münze jedoch, auf der die Gedankensouveräne Kant, Fichte
und Schelling zu sehen sind, steht nun einmal Bismarck."[24]

In München gab Fröbel ab Juli 1867 die offiziöse *Süddeutsche Presse*
heraus, verfolgte in Abstimmung mit Ministerpräsident Hohenlohe
das Ziel eines Süddeutschen Bundes in Anlehnung an den Norddeutschen Bund unter preußischer Führung. Sein Konflikt mit der

katholischen Partei, die keinesfalls einen nach Berlin gerichteten Kurs akzeptierte, dann seine Auseinandersetzung mit Richard Wagner, führten zum Abbruch der königlichen Subventionen. Fröbel übernahm, nun aus dem „Reptilienfonds" der preußischen Regierung gestützt, die *Süddeutsche Presse* in sein Eigentum; zweimal, im Dezember 1866 und im März 1867, traf er wegen der Ausrichtung der Pressearbeit mit Bismarck zusammen.

1870 erschien der erste Teil seines Werkes ‚Die Wirthschaft des Menschengeschlechtes'.[25] Es wurde ein Bekenntnis zum Ideal wirtschaftlicher Selbständigkeit und zugleich eine Aufforderung an den Liberalismus, nach wie vor im handwerklichen Mittelstand das wichtigste Element wirtschaftlichen und gesellschaftlichen Lebens zu sehen. Ähnlich wie Schmoller war Fröbel der Auffassung, nach einer „Reinigungskrise" werde der Mittelstand in der industriellen Welt „Veredelungsprozesse" in Produktion und Distribution vorantreiben. Als Gegengewicht zur Arbeiterklassse und als Stabilisator in einer von Entfremdung bedrohten Welt komme ihm zentrale politische Bedeutung zu. Begrenzung des Monopolkapitalismus durch eine mittelstandsfreundliche Wirtschaftsverfassung auf der einen Seite, schroffe Ablehnung sozialdemokratischer Forderungen auf der anderen resultierten aus einer für viele Liberale typischen Verbindung von hegelianischem Staatsgedanken, sozialdarwinistischer Entwicklungsphilosophie und utilitaristischem Realismus. Gemäß den Bedürfnissen einer berufsständisch gegliederten und hierarchisierten Gesellschaft müsse auch das Konzept der allgemeinen Volksbildung neu überdacht werden. Fröbel hat mit seiner bildungspolitischen Konzeption der 1870er Jahre, mit seiner Erklärung, daß das „Streben nach Gleichheit der Bildung sich auf einem Irrwege befindet", die Ausgangsfrage seines politischen Lebens überhaupt erneut aufgeworfen. Die Absage an das ihn im Vormärz leitende Menschenbild der Aufklärung ging einher mit einem nun als liberal definierten Zweckdenken.

Nach 1871 verlor die preußische Regierung das Interesse an der *Süddeutschen Presse*, 1873 verkaufte Fröbel sein Unternehmen. Nun, 68jährig, hielt er den Zeitpunkt für gekommen, durch eine einflußreiche Stelle im auswärtigen Dienst die Erfolge seiner geheimen Missionen und seiner Pressearbeit honoriert zu erhalten. Nach einer Abschiedsaudienz bei Bismarck trat er Ende Mai 1873 seine Stelle als Konsul in Smyrna an, ab Februar 1876 in Algier – enttäuscht, daß er keine bedeutendere Aufgabe in der Wilhelmstraße erhalten hatte.

Während seiner Dienstjahre in Algier vollendete Fröbel die dritte seiner großen „Politiken". Nach einer beinahe 40jährigen Feindschaft mit Johann Caspar Bluntschli reichte er ihm nun, versöhnt mit einem konservativen Liberalismus, die Hand.[26] Nicht in der Selbstbestimmung des Individuums, sondern in der machtpolitischen Selbstbehauptung des nationalen Staates als einer Konkretisierung der sittlichen Idee sah er die oberste Norm politischen Handelns, ja das Ziel von Geschichte überhaupt. Machtstaat, Rassenfrage, berufsständisch gegliederte Gesellschaft: Fröbel hatte seit 1850 Zug um Zug jede Verankerung politischer Theorie in einer individualistischen Ethik preisgegeben.

1888 – kurz vor Vollendung seines vierundachtzigsten Lebensjahres – bat Fröbel, wenige Monate nach dem Tod seiner Frau, um Entlassung aus dem Reichsdienst. Er kehrte in die Schweiz, dem Ausgangspunkt seines politischen Werdegangs, zurück und verfaßte seine Autobiographie. Er verstarb am 6. November 1893.

Gabriel Riesser:
Der Advokat der Einheit

Von Erik Lindner

„Ich bin überzeugt davon, daß die Republik, obgleich die ideal vollkommenste Regierungsform, für jetzt noch ungeeignet für die deutschen Zustände ist."[1]

Ein Jahr nach den revolutionären Märzerhebungen von 1848 beriet die Nationalversammlung in Frankfurt über die zukünftige politische Gestalt Deutschlands und votierte mehrheitlich für den kleindeutschen Bundesstaat unter Führung des zum Kaiser zu wählenden preußischen Monarchen. An dem vorangegangenen parlamentarischen Entscheidungsprozeß besaß der Hamburger Gabriel Riesser besonderen Anteil, denn der promovierte Jurist hatte am 21. März 1849 ein zweistündiges Plädoyer für die Annahme des Verfassungsentwurfs und für das Erbkaisertum gehalten. Dabei konnte er mit bestechender Rhetorik und kluger Argumentation die Mehrheit der Nationalversammlung überzeugen. Der zu diesem Zeitpunkt 43 Jahre alte Gabriel Riesser stand auf dem Gipfel seiner politischen Laufbahn. Er war in der Paulskirche anerkannt und beliebt, was die Wahl zum Vizepräsidenten verdeutlicht. Er setzte sich für den Gleichheitsgrundsatz in der Verfassung ein, kämpfte für die Integration Schleswigs und Holsteins in den deutschen Staatenverband und galt als integrer Vertreter einer realpolitischen Linie. Daß Riesser Jude war und sich selbstbewußt zu seiner jüdischen Bindung bekannte, hebt ihn unter den Politikern der Paulskirche heraus.

Gabriel Riesser stammte aus einer gelehrten jüdischen Familie; beide Großväter waren Rabbiner, während sein Vater eine Zeitlang als Sekretär der jüdischen Gemeinde in Altona gearbeitet hatte. Trotzdem erhielt er – neben dem väterlichen Hebräisch- und Bibelunterricht – eine moderne, weltliche Erziehung. Durch den Besuch des renommierten Hamburger Gymnasiums Johanneum erlangte Riesser Zugang zur zeitgenössischen humanistischen Bildung. 1824

Gabriel Riesser (1806–1863)

legte er dort das Abitur ab. Das Jura- und Philosophiestudium in Kiel, Heidelberg und München schloß er bereits als Zwanzigjähriger mit einem hervorragenden juristischen Doktorexamen ab. Sein *summa cum laude* aus Heidelberg ermutigte ihn, an der Münchener Universität Römisches Recht zu studieren und sich auf ein akademisches Lehramt vorzubereiten. Als Jude traf er jedoch bei mehreren Versuchen, eine Dozentenstelle zu erhalten, auf beharrlichen Widerstand der Fakultäten: 1829 erhielt er keine Privatdozentur in Heidelberg, im gleichen Jahr verweigerte man ihm in Hamburg die Zulassung zur

Anwaltschaft, da er als Jude kein Bürgerrecht besaß; 1830 wurde
seine Bewerbung um eine Lehrtätigkeit an der Universität Jena ab-
gelehnt. Die Liste der Mißerfolge ließe sich fortsetzen. Die Reaktion Riessers auf diese Zurückweisungen war, daß er sich
mit den gesellschaftlichen Ursachen der Diskriminierung von Juden
auseinandersetzte. Der dafür prädestinierte Jurist entwickelte sich in
der Folgezeit zum bedeutendsten Vorkämpfer der Judenemanzipation in Deutschland während des 19. Jahrhunderts. Seine Einstellung
wurde von den *droits de l'homme*, d. h. von dem französisch-revolu-
tionären Ideal der Gleichheit von Rechten und Pflichten des einzelnen in allen öffentlichen Verhältnissen bestimmt. Seit 1831 kämpfte
Riesser für die Rechte der Juden mit den Mitteln der Publizistik,
wobei das rhetorische Talent des hanseatischen Intellektuellen zum
ersten Mal deutlich zutage trat. So urteilte beispielsweise der Lite-
raturkritiker Wolfgang Menzel über die Schriften Riessers zur Judenemanzipation, daß er „die kräftigste, geistvollste Sprache" geführt
und „Meisterstücke politischer Beredsamkeit" verfaßt habe.[2]

Wie kein anderer deutscher Jude im Vormärz verstand es Riesser,
globale Bezüge herzustellen und den politischen Fortschritt einzu-
fordern. Bemerkenswert erscheint dabei eine Stellungnahme zur
Frage der nationalen Einigung der deutschen Staaten, die Riesser
1835 in seiner Zeitschrift *Der Jude* veröffentlichte: „Bietet mir mit
der einen Hand die Emancipation, [...] mit der anderen die Verwirklichung des schönen Traumes von der politischen Einheit
Deutschlands mit seiner politischen Freiheit verknüpft, ich würde
ohne Bedenken die letztere wählen: denn ich habe die feste, tiefste
Überzeugung, daß in ihr auch jene enthalten ist."[3] Tatsächlich mußte
die politisch-nationale Einheit einen höheren Stellenwert besitzen,
denn die Existenz unterschiedlicher Rechtsordnungen in den 36
deutschen Bundesstaaten schien das bedeutendste Hindernis für die
generelle Emanzipation der Juden zu sein.

Riesser äußerte sich vor allem zu Landtagsdebatten und politischen Entscheidungsprozessen der Regierungen in Baden, Hamburg
und Preußen. Dabei opponierte er auch gegen die Haltung des
Preußenkönigs Friedrich Wilhelm IV., als dieser 1842 beabsichtigte,
die fortschreitende Integration der jüdischen Bevölkerung durch
Sondergesetze zu bremsen, etwa durch die Freistellung der Juden
von der Wehrpflicht. Riesser, der mittlerweile als Notar in Hamburg
arbeitete, kämpfte für die Integration, und sein Anteil an der Emanzipationsdebatte war aufgrund seiner publizistischen Beiträge nicht

unbeträchtlich. Wie erklärt es sich angesichts dessen, daß der Jurist im März 1849 mit rhetorischer Verve dazu aufforderte, gerade Friedrich Wilhelm IV. die deutsche Kaiserwürde anzutragen? Im Kontext der Revolution machte Riesser erstmals im Frankfurter Vorparlament auf sich aufmerksam. Der neben drei weiteren Juden dorthin geladene populäre Jurist plädierte bei der Beratung des Wahlgesetzes für die deutsche Nationalversammlung am 1. April 1848 dafür, daß „jeder volljährige Deutsche ohne eine Bedingung des Standes, des Vermögens und Glaubensbekenntnisses Wähler und wählbar sei."⁴ Die politischen Ziele des in Frankfurt angestrebten Nationalstaates könnten nur durch diesen demokratischen Wahlmodus zum benötigten breiten Rückhalt finden. Riesser formulierte entsprechend: „Die Einheit Deutschlands soll nicht eine bloße Form sein, die Einheit soll eindringen in die Gesinnung."⁵ Dieser Vorschlag Riessers förderte die Entscheidung für das gleiche und allgemeine, jedoch indirekte Wahlrecht, das auch den deutschen Juden den Zugang zu Wahlurne und Parlament eröffnete.

Nach den viertägigen Beratungen des Vorparlaments kehrte Riesser eilig nach Hamburg zurück, um sowohl die politische Arbeit vor Ort als auch seine Kandidatur für die Nationalversammlung in Angriff zu nehmen. In dem programmatischen Artikel ‚Ein Wort über die Zukunft Deutschlands', der als Broschüre erschien, nahm er zu den zentralen Frankfurter Beschlüssen Stellung und offenbarte darin seine politischen Ideale. Demzufolge sollte ein straff zentralisierter deutscher Staat entstehen, dessen Bundesstaaten ihre Repräsentanten in einen nach amerikanischem Vorbild gestalteten Senat entsandten. Riesser, der die Vision eines freien, einigen und mächtigen Deutschland hegte, forderte u. a. die Schaffung gesamtdeutscher Streitkräfte, einheitliche Zoll- und Handelsgesetze, ein Bürgerliches Gesetzbuch sowie die Besteuerung nach Vermögen und Einkommen. Soziale Einrichtungen sollten den einkommensschwachen Bevölkerungsschichten zugute kommen, um damit das Gefahrenpotential der sozialen Frage zu überwinden. Deutsche Einheit, demokratisches Wahlrecht und sozialer Ausgleich waren drei Eckpunkte im politischen Grundsatzprogramm des Hamburgers.

Die Skizzierung dieser gemäßigt-liberalen Ziele war bereits Teil des Wahlkampfes in Hamburg, wo Riesser für eines der drei Paulskirchenmandate der Hansestadt kandidierte. Nachdem er hier den von der Kaufmannschaft unterstützten Bewerbern deutlich unterlegen war, stellte er sich der Wahl im benachbarten Herzogtum Lauenburg. Als bekannter Politiker hatte er eine Einladung zur Rede auf einer Volksversammlung in Schwarzenbek erhalten und die Zuhörerschaft von seiner Person und seinen Zielen überzeugen können, so daß er mit 64:31 Stimmen der Wahlmänner gewählt wurde. Beachtenswert ist dabei, daß bis dahin aufgrund überkommener Restriktionen Juden in Lauenburg nur in wenigen Orten leben durften. Die Fürsprecher, die nun den jüdischen Liberalen nach Frankfurt entsandten, gehörten zum freisinnigen Bürgertum, während Riesser zufolge die Gegenstimmen den Einfluß „des hohen Beamtentums, des Adels und der fast durchwegs pietistischen Geistlichkeit" ausdrückten: „In einem Lande, das noch eine ganz mittelalterliche Verfassung hat und bis vor kurzem von Beamten, Adel und Pfaffen beherrscht schien, ist der Erfolg ein überaus erfreulicher."[6]

Allgemein wird Gabriel Riesser als der bedeutendste jüdische Wortführer in der Emanzipationsdebatte bezeichnet. Zu seinen wichtigsten politischen Mitstreitern gehörten u. a. der Publizist und Rabbiner Ludwig Philippson, den man 1848 als Ersatzmann für die Paulskirche nominiert hatte, und der Berliner Verleger Dr. Moritz Veit. Die von den jüdischen Publizisten und politisch Aktiven geforderte Vollemanzipation hatte bis 1848 außer Luxemburg kein Staat des Deutschen Bundes verwirklicht.[7] Das Besondere an Riesser, Philippson, Veit und weiteren politischen Wortführern ist, daß sie immer wieder ihre Selbsteinschätzung als Deutsche jüdischen Glaubens betonten. Dies fand bereits unter den akkulturierten Juden, die sich weitgehend am Einfluß gewinnenden städtischen Bürgertum orientierten, eine Entsprechung. Dem gegenüber standen die ländlichen Kleingemeinden in Posen, Schlesien, Baden oder Bayern, in denen man sich mit politischen Meinungsäußerungen zurückhielt und noch stark den traditionellen Lebensformen anhing.

Nachdem Riesser am 18. Mai 1848 sein Mandat angetreten hatte, hielt er sich mit nur wenigen Unterbrechungen ständig in Frankfurt auf. Seine Tätigkeit war vorwiegend von den Beratungen der Verfassungskommission sowie des Prioritäts- und Petitionsausschusses in Anspruch genommen. In letztgenanntem Gremium, dessen Vorsitz Riesser lange Zeit innehatte, galt es ein immenses Arbeitspensum zu bewältigen. Bis Anfang August 1848, d. h. in den zehn Wochen seit dem Zusammentreten der Nationalversammlung, gingen nahezu 2200 Anträge und Petitionen aus ganz Deutschland beim Ausschuß zur Bearbeitung ein. Insgesamt wurden daraus über 9300.

Seine Parteigänger vom linken Flügel des Liberalismus, die den deutschen Nationalstaat in Verbindung mit der konstitutionellen Monarchie propagierten, fand Riesser im Württemberger Hof. Neben Robert von Mohl, Heinrich Simon, Karl Biedermann und Franz Raveaux gehörte Riesser zu den herausragendsten Mitgliedern dieser Gruppierung. Die anderen Paulskirchenabgeordneten jüdischen Glaubens oder jüdischer Herkunft schlossen sich nicht generell dieser Fraktion an. Vielmehr verkörperten diese Abgeordneten – es waren neun Juden und zehn Getaufte – das gesamte politische Spektrum: Zu den gemäßigten Sozialisten zählte etwa der Mainzer Ludwig Bamberger, während der im schlesischen Grünberg gewählte Buchhändler Friedrich Wilhelm Levysohn den Radikaldemokraten angehörte und der schon erwähnte Moritz Veit aus Berlin Mitglied des rechten Zentrums war. Die Mehrheit der politisch aktiven Juden verfolgte liberale Ziele, nur wenige unter ihnen zählten zur republikanischen Linken oder zu konservativen Kreisen.

Im August 1848 besuchte Riesser Köln, um an der 600-Jahr-Feier der Grundsteinlegung des Domes teilzunehmen. Bereits seit 1841 interessierte sich die Öffentlichkeit für den Weiterbau der unvollendeten gotischen Kathedrale. Damals hatte sich die Dombau-Bewegung konstituiert, die einen politisch-nationalen Charakter besaß. Zahlreiche deutsche Fürsten und weite Teile des Bürgertums hatten sich der Fertigstellung des Kirchenbaus als Sinnbild deutscher Einheit und Stärke verschrieben. Der Dombau-Verein, der unter dem Protektorat des protestantischen Preußenkönigs stand, während der Kölner Erzbischof der Leitung angehörte, rief große Sympathien und Geldspenden in ganz Deutschland hervor. Auch Juden gehörten zu den Förderern, wie etwa die Frankfurter Rothschilds und der Kölner Bankier Simon Oppenheim. Das sakrale Jubiläum vom August 1848 wurde mit einem Dom-Festkonzert, an dem der gebürtige Kölner Jacques Offenbach als Solist teilnahm, und weiteren großen Veranstaltungen begangen. Daß Riesser als Politiker auftrat, um für die nationale Einheitsidee und die Vollendung der Kathedrale zu werben, verdeutlicht nicht allein seine deutsche Identität, sondern gerade seinen charakteristischen Willen zur Partizipation an allgemeinen gesellschaftlichen Prozessen.

Sein Mandat als ein von christlichen Wählern nach Frankfurt entsandter Abgeordneter übte Riesser trotz seines bisherigen politischen Werdegangs im allgemeinen Sinne aus, d. h. er vertrat in der Paulskirche prinzipiell die Ziele des linken Zentrums. Die Frage der Judenemanzipation setzte er nicht auf die Tagesordnung, trat aber engagiert für sie ein, sobald es nötig wurde. Im Sommer 1848 war bei der Beratung der Grundrechte des deutschen Volkes vor allem der Paragraph 13 für die Juden von Bedeutung, denn hier wurde die Unabhängigkeit der staatsbürgerlichen Rechte vom religiösen Bekenntnis bestimmt. Moritz Mohl, der radikale Bruder des liberalen Justizministers Robert von Mohl, stellte am 29. August 1848 den Antrag zur Beschränkung der Rechte von Juden und verlangte Sondergesetze. Dieses restriktive Ziel versuchte Mohl mit traditionellen antijüdischen Argumenten zu begründen, wie etwa dem Wucher und dem Vorwurf der Absonderung von der übrigen Gesellschaft.[8] Bis zu diesem Zeitpunkt hatte Riesser in der Paulskirche noch keine Rede gehalten. Nunmehr entschloß er sich spontan zu einer Erwiderung auf Mohls Antrag.

Die fulminante Protestrede begann mit der Eröffnung, daß die Nationalversammlung den nichtdeutschsprachigen Minderheiten in Deutschland, was vor allem den polnischen Bevölkerungsteil in Preußen betraf, die Rechtsgleichheit zugesichert habe: „Sollen wir Juden es für unser Unglück erachten, daß wir deutsch reden? Sollen wir darum schlechter behandelt werden dürfen, weil wir nicht in die Kategorie der nicht deutsch redenden Volksstämme gehören?"[9] Für Riesser waren die Juden Angehörige einer Konfession; sie wollten keine besondere Nationalität aufgebürdet bekommen, da sie deutsch dachten und fühlten. Entsprechend erinnerte der Redner an Preußen, wo die jüdische Bevölkerung 1842 die Korporationspläne des Königs mit Petitionen und patriotischen Loyalitätsadressen abgewehrt hatte. Nachdem nun selbst die Landtage in Preußen und Bayern die Gleichstellung der Juden anstrebten, müßte auch die Nationalversammlung entsprechend votieren, denn durch Ausnahmegesetze würde „das höchste politische Recht geschändet, [...] das] zum Gemeingut aller Deutschen" werden sollte.[10] Die öffentliche Meinung wäre nicht etwa auf seiten Moritz Mohls, sondern vielmehr auf der Seite der Freiheit. Eine moderne Gesetzgebung und freiheitliche Gesellschaftsordnung würde die deutsche Identifikation der jüdischen Bevölkerung bedeutend fördern. Entsprechend proklamierte Riesser vor dem Plenum: „Ich kann zugeben, daß die Juden in der bisherigen Unterdrückung das Höchste, den vaterländischen Geist, noch nicht erreicht haben. Aber auch Deutschland hat es noch nicht erreicht. Die Juden werden immer begeistertere und patriotischere Anhänger Deutschland's unter einem gerechten Gesetze werden."[11] Da generell keine nennenswerte Opposition gegen die Vollemanzipation zu verzeichnen war, beschloß die Nationalver-

sammlung die Unabhängigkeit der Rechte vom Bekenntnis.[12] Dieser
epochale Aspekt der Grundrechte des deutschen Volkes basierte somit auch auf der politischen Überzeugungskraft Riessers.

Im Verlauf der Parlamentsdebatten hatte der Hamburger bei einem Großteil der Abgeordneten mit seiner nüchternen, auf Vermittlung bedachten Art einen sehr positiven Eindruck hinterlassen, so
daß er im Oktober 1848 zum zweiten Vizepräsidenten der Nationalversammlung gewählt wurde. Wegen der in Preußen angespannten
politischen Lage hielten sich Präsident Heinrich von Gagern und der
erste Vizepräsident Eduard Simson als Reichskommissar in Berlin
auf, weshalb Riesser das Präsidium der Nationalversammlung alleine
vertrat. Manche turbulente Sitzung mußte er bewältigen, wie ein
Chronist berichtete: „Riesser tat sein Möglichstes, die Beratungen
durch die Skylla und Charybdis dieses lärmvollen Chaos zu einer ge-
deihlichen Beschlußfassung zu leiten; ausgiebig schwang er die Prä-
sidentenglocke und unaufhörlich rief seine weiche Tenorstimme ‚Ich
bitte um Ruhe‘ in die Versammlung [...] "[13] Hier konnte man be-
merken, daß der Hamburger trotz der in zahlreichen Beratungen und
Ausschüssen unter Beweis gestellten juristischen und rhetorischen
Kompetenz nicht die letzte Durchsetzungsfähigkeit für die Leitung
der zum Teil hitzigen Plenardebatten besaß. Als Riesser im November erneut zum zweiten Vizepräsidenten gewählt wurde, empfand er
dieses Ehrenamt als belastend und legte es zum Ende des Monats nieder. Generell jedoch betrachtete er das ihm in der Paulskirche ent-
gegengebrachte Vertrauen, das sich in seiner Berufung in den hoch-
relevanten Verfassungsausschuß und in das Präsidium widerspiegelt,
als Bestätigung. Eine briefliche Selbsteinschätzung vom 1. November 1848 gibt sowohl über seine Freude als auch seine innere Unruhe
und Skepsis angesichts der politischen Möglichkeiten der Paulskirche Auskunft: „Was mich selbst anlangt, so befinde ich mich geistig
und körperlich wohl, und ich würde diese Zeit in mancher Hinsicht
für die glücklichste meines Lebens halten, wenn ich über die Zukunft
des Vaterlandes, über das Gelingen des Werkes, an dem hier so mühsam gebaut wird, beruhigt sein könnte. Daß gegen solche Erwägungen jedes Gefühl persönlicher Befriedigung in den weitesten Hintergrund zurücktritt, werden Sie mir leicht glauben."[14]

Bereits seit anderthalb Jahrzehnten hatte Riesser die Überzeugung
vertreten, die nationalstaatliche Einigung Deutschlands sei von
höchster Bedeutung.[15] In der Paulskirche wirkte er daran um so entschiedener mit, wie aus seiner maßgeblichen Beteiligung an der Er-

arbeitung der deutschen Verfassung – u. a. neben den prominenten Professoren Friedrich Christoph Dahlmann und Georg Beseler – hervorgeht. Als Berichterstatter des Verfassungsausschusses hatte Riesser die Aufgabe, in der Schlußrede vor dem Plenum der Paulskirche über das Verhältnis zu Österreich, zu Preußen und zum künftigen Reichsoberhaupt Stellung zu nehmen. Akut war die Frage durch den Antrag Karl Theodor Welckers geworden, der auf die Annahme der Verfassung abzielte. Am 21. März 1849 argumentierte Riesser mehr als zwei Stunden lang für die Gesamtverfassung und gegen den Beitritt des Habsburger Vielvölkerstaates zum deutschen Staatenbund. Deshalb forderte er die Schaffung der kleindeutschen Nation unter Führung des Hohenzollernkönigs als deutschem Kaiser. Einige Auszüge aus dieser von zeitgenössischen Kommentatoren wie Chronisten der Revolution hoch gelobten „Kaiserrede" illustrieren sowohl die deutsche Identifikation als auch die realpolitische Einstellung Riessers:

„Wie Deutschland Preußens zu seiner Erstarkung, so bedarf Preußen Deutschlands zu seiner inneren Versöhnung; denn der Name des ‚Deutschen' schlägt an alle Herzen an, der wird nirgends zurückgestoßen. Und Preußen, meine Herren, dessen Größe ich verehre, ist doch immer ein Kunststaat, Deutschland ist ein Volksstaat, ein Naturstaat, und so wie die Natur mächtiger ist als die Kunst, [...] so, behaupte ich, wird, wenn Preußen und Deutschland vereint sind, die Naturkraft Deutschlands die künstliche Kraft Preußens überwiegen. Der Name ‚Preußen' spricht mächtig zum politischen Verstand, aber nur der Name ‚Deutschland' spricht zugleich zum Herzen. Dieses Uebergewicht aber, dieses geschichtliche ‚Aufgehen Preußens in Deutschland' kann nur das allmälige Werk der freien, edlen Hingebung des großen Preußens an das größere Deutschland sein; aber nimmermehr können wir Preußen Bedingungen stellen, die seine Existenz aufheben; nimmermehr können wir Preußen zumuthen, daß es über Sein oder Nichtsein mit uns in Verhandlung trete; ja, ich erkläre es offen, so wohl Deutschlands als Preußens wegen dürfen wir nicht wünschen, daß Preußen im Mindesten in seinem Bestande erschüttert werde, bis Deutschland sicher und fest für die Ewigkeit gegründet ist. [...] Ich gehöre nicht zu Denen, die zu einer ermüdeten Versammlung zu reden glauben; ich meine, daß, wenn die Versammlung das Ziel ihrer langen Wanderung vor sich sieht, sie zu diesem letzten Schritt dieselbe Kraft und Begeisterung mitbringen wird, die sie bei unserem ersten Zusammenkommen in sich trug. Ich fordere

Sie daher nicht auf, Ihre letzte Kraft aufzuraffen, denn die unvergängliche Kraft und Größe Deutschlands lebt in Ihnen; ich rufe Ihnen vielmehr zu: Bleiben Sie bei Ihrem Charakter, krönen Sie Ihr Werk, erfüllen Sie den alten edlen Traum des deutschen Volkes von seiner Einheit, Macht und Größe, fassen Sie einen großen, rettenden, weltgeschichtlichen Entschluß!"[16] Der Redner hatte in eindringlichen Worten unter anderem das Aufgehen Preußens in Deutschland als Hingebung an den politischen Fortschritt empfohlen und den Verfassungsentwurf Gagerns untermauert. Riesser befürwortete die erbliche Monarchie, da für ihn die deutschen politischen Gegebenheiten noch nicht für eine Republik geeignet schienen.[17] Zur Bekräftigung seines Standpunktes nahm er Bezug auf England, wo die „Versöhnung des Königtums mit der Volksfreiheit" historisch war, um den Wunsch nach der Entwicklung ähnlicher Verhältnisse in Deutschland auszusprechen. Bei einem Großteil der Zuhörer rief die „Kaiserrede" Beifallsstürme und tiefe Bewegung hervor; Robert von Mohl zollte ihr hohe Anerkennung: „Vielleicht das Großartigste, was je in der Reichsversammlung gesprochen wurde, das sei aus dem Munde eines deutschen Juden gekommen."[18] Riesser gehörte zu den Vätern der Reichsverfassung, und sein engagierter Appell förderte ihre parlamentarische Annahme sowie die Akzeptanz des Erbkaisertums.[19] Wegen der hier erworbenen Meriten gehörte Riesser der von Eduard Simson geleiteten Deputation an, die Friedrich Wilhelm IV. Anfang April in Schloß Sanssouci vergeblich die deutsche Kaiserwürde anbot. Diese Enttäuschung bedeutete das Scheitern einer der zentralen Hoffnungen, die Riesser mit der Paulskirche verbunden hatte. Mit dem Rest der gescheiterten erbkaiserlichen Partei blieb er noch bis zum 26. Mai 1849 im Frankfurter Parlament, dessen Auflösungsprozeß bis dahin schon weit fortgeschritten war.

Nach dem Revolutionsjahr übte Riesser in seiner Heimatstadt wieder das Notariat aus und erlebte eine beachtliche gesellschaftliche Integration, die durch sein u. a. in der Paulskirche erworbenes Renommee befördert wurde. Im Jahre 1851 etwa ernannte man ihn zu einem der Vorsteher der Hamburger Patriotischen Gesellschaft; 1859 erfolgte seine Wahl in die Hamburger Bürgerschaft, deren Vizepräsident er im folgenden Jahr wurde. Daß Riesser schließlich 1860 ein Richteramt am Hamburger Obergericht – dem höchsten Gericht der Hansestadt – erhielt, wird nicht allein als größter Erfolg seiner beruflichen Laufbahn eine besondere Genugtuung für ihn gewesen sein.

Vielmehr besaß diese Berufung einen außerordentlichen Charakter, denn bis dahin hatte kein Jude in Deutschland ein staatliches Richteramt übertragen bekommen. Es war ein deutliches Zeichen für die sich nun durchsetzende Gleichstellung des jüdischen Bevölkerungsteils.

Nach einem Jahrzehnt der politischen Windstille entstand eine neue Nationalbewegung in Deutschland, die im September 1859 in Frankfurt, angeregt durch das Vorbild der italienischen Società Nazionale Italiana, zur Gründung des Deutschen Nationalvereins führte. Die unter der Ägide von Hermann Schulze-Delitzsch und Rudolf von Bennigsen stehende bürgerlich-liberale Organisation verfolgte in Anknüpfung an die Ziele der Paulskirche die Schaffung eines deutschen Bundesstaates, wobei der Deutsche Bund aufgelöst und Österreich bei der künftigen staatlichen Neuregelung ausgeschlossen werden sollte. In das Präsidium der in Coburg ansässigen preußenfreundlichen Organisation wurden mit Gabriel Riesser und Moritz Veit zwei bekannte Juden gewählt. Überhaupt befanden sich im Nationalverein, der 1860 auf seiner ersten Generalversammlung 5000 Interessierte anzog und seine Basis in Nord- und Mitteldeutschland besaß, eine ganze Anzahl politisch aktiver Juden wie etwa der Frankfurter Zeitungsverleger Leopold Sonnemann. In Hamburg übernahm Riesser die Gründung eines lokalen Zweigvereins der Organisation und publizierte Artikel, in denen er für die politischen Ziele des Nationalvereins warb.

Das Revolutionsjahr hatte die politische Apathie der deutschen Juden beseitigt. Daran besaß Riesser als populärer Politiker maßgeblichen Anteil. Über Jahrzehnte bis zu seinem Tod am 22. April 1863 war der gebürtige Hamburger engagiert für die deutsche Einheit – unter preußischer Führung – eingetreten. Dabei hatte ihn seine realistische Einschätzung der politischen Machtverhältnisse in Deutschland ebenso gekennzeichnet wie eine starke nationale Emotion: Deutschland, das er als Vaterland verehrte, appellierte sowohl an seinen politischen Verstand als auch an sein „Herz". Mit dem bereits in den dreißiger Jahren publizierten Credo, als in Deutschland geborener Jude ein Deutscher zu sein, war Riesser seiner Zeit voraus, denn erst im Kaiserreich verinnerlichte der Großteil der jüdischen Bevölkerung in Deutschland diese akkulturierte deutsch-jüdische Identität. Da er als Advokat der Einheit und der Legitimität tatsächlich für Deutschland und für die jüdische Bevölkerung zentrale Entwicklungen beförderte, war ihm langanhaltende Popularität unter Juden und Nichtjuden sicher.

David Hansemann:
Das Kind der Industrie[1]

Von Rudolf Boch

Im Jahre 1790 kam David Hansemann als jüngstes von elf Kindern
eines Pfarrers in Finkenwerder bei Hamburg zur Welt. In seinem
vierten Lebensjahr siedelte die Familie nach Heiligenfelde im Han-
noverschen über. Während die drei ältesten Söhne studieren durften
– zwei wurden Theologen –, sollte David zum Kaufmann ausgebildet werden; eine damals in Pfarrhaushalten verbreitete Form der Be-
rufswahl, die im deutschsprachigen Raum Ausdruck einer engen
wechselseitigen Verbindung der protestantischen Pfarrfamilien mit
der dynamisch wachsenden Schicht der Kaufmannschaft war. 1804,
in seinem 14. Lebensjahr, trat er als Lehrling in das Detailgeschäft
der Gebrüder Ferdinand und David Schwenger in Rheda/Westfalen
ein. Die Wahl fiel auf diese kleine Stadt, weil der ältere Bruder Karl
als Prinzenerzieher im Schloß des Grafen Bentheim-Tecklenburg zu
Rheda tätig war und sich, wie schon im Elternhaus, der Betreuung
und Weiterbildung des Jüngeren annehmen sollte. David erhielt von
ihm bis zum Ende seiner Lehrzeit Sprachunterricht in Französisch
und Englisch; jeden Morgen um vier auf dem Schloß, zwei Stunden
vor Beginn ihrer täglichen Arbeit.

Nach fünfjährigem Aufenthalt in Rheda, im Alter von neunzehn
Jahren, sah sich David Hansemann nach einer neuen Stellung um. Es
zog ihn in das wirtschaftlich prosperierende Rheinland, wo er acht
Jahre lang als „Comptorist" und Reisender für Tuch- und Wollma-
nufakturen in Monschau und Elberfeld tätig war. Seine ausgedehnten Geschäftsreisen führten ihn bis in das benachbarte westliche
Ausland und brachten ihm zahlreiche persönliche Kontakte, die er
nutzen konnte, als er sich im September 1817 als Wollhändler in
Aachen selbständig machte.

Hansemanns Geldkapital belief sich zur Geschäftseröffnung auf
nur 1000 preußische Taler, die ihm hauptsächlich vom Vater und na-
hen Verwandten vorgeschossen worden waren. Ein Jahr später, 1818,
betrug sein Jahresumsatz bereits eine Million französische Franc,

David Hansemann (1790–1864)
im Alter von etwa 40 Jahren

und nach fünf Jahren konnte er 100 000 Franc sein eigen nennen. Bereits 1821 veranschlagte Hansemann sein Vermögen als angemessen hoch, um eine Tochter „aus gutem Hause" ehelichen zu können. Seine Wahl fiel schließlich auf Fanny Fremerey, Tochter des reichsten Eupener Wolltuchfabrikanten Johann Fremerey. Diese Familie hugenottischer Herkunft stand in engen verwandtschaftlichen Beziehungen zu führenden Aachener und Monschauer Unternehmern protestantischen Glaubens. Daß die Fremereys nach Prüfung von

David Hansemann im Alter von etwa 65 Jahren

Hansemanns Vermögensverhältnissen schließlich bereitwillig eine
Eheschließung akzeptierten, zeigt – neben anderen Beispielen –, daß
die bewußt eng gehaltenen Heiratskreise des wohlhabenden rheinischen Wirtschaftsbürgertums für soziale Aufsteiger durchaus offen-
standen.

Befreit von unmittelbaren materiellen Zwängen und stolz auf die
erreichte bürgerliche Selbständigkeit und Unabhängigkeit, begann
sich Hansemann seit Mitte der 20er Jahre verstärkt öffentlichen Auf-

gaben zu widmen. 1825 wurde er zum Mitglied des Handelsgerichts gewählt, 1827 als Mitglied der Handelskammer kooptiert. 1828 wurde Hansemann durch die preußischen Behörden in den Aachener Gemeinderat berufen. 1824 war er maßgeblich an der Gründung der Aachener Feuerversicherungs AG beteiligt, die bald zu einem der bedeutendsten deutschen Versicherungsunternehmen heranwuchs. Die Errichtung von Aktiengesellschaften war damals in Preußen von der staatlichen Genehmigung abhängig, die nur dann erteilt wurde, wenn deren Zwecke „fortdauernd gemeinnützig" waren. Um die Gemeinnützigkeit der geplanten Neugründung besonders zu unterstreichen, und aus der festen Überzeugung heraus, daß eine Verpflichtung zum „Allgemeinwohl" und individuelles Gewinnstreben in der modernen Form einer Aktiengesellschaft in ein fruchtbares Spannungsverhältnis gebracht werden könnten, setzte sich Hansemann maßgeblich dafür ein, daß die Hälfte des jährlichen Reingewinns öffentlichen Arbeitsanstalten sowie schließlich dem 1834 in Tätigkeit tretenden – von ihm gegründeten – Aachener Verein zur Beförderung der Arbeitsamkeit zufloß. Dieser lange Zeit im deutschen Bürgertum als vorbildlich geltende Verein, der nicht nur in der Stadt Aachen, sondern im ganzen Regierungsbezirk „Kinderverwahranstalten" und Arbeitshäuser sowie ein flächendeckendes Netz von Sparkassen unterhielt, sollte – ohne eine Anspruchshaltung der Unterstützten zu begründen – „bürgerliche Hilfe zur Selbsthilfe" leisten.[2]

Hansemann hatte sehr schnell die scharfe soziale Ungleichheit und die – trotz gewerblicher Fortschritte – wachsende Armut in seiner neuen Heimatstadt Aachen als Herausforderung erkannt. Er hielt es stets für eine zentrale Aufgabe des Bürgertums, „auf die Verbesserung des Loses der handarbeitenden Klassen [...] in ausführbare Weise hinzuwirken."[3] Den im Vormärz gepflegten Hoffnungen, den unterbürgerlichen Schichten durch geeignete Reformmaßnahmen den Aufstieg in die Schicht der Besitzenden auf längere Sicht hin zu ermöglichen, sie ins „Bürgertum emporzuheben", trat er jedoch mit Skepsis entgegen. In bewußter Distanz zu einem harmonischen Gesellschaftsideal zielte sein soziales Engagement auf die Eindämmung von Massenarmut und die politische Beherrschbarkeit der wachsenden Zahl der besitzlosen Lohnarbeiter.[4] Frühzeitig begriff er die Chance, durch ein forciertes, anhaltendes Wirtschaftswachstum die soziale Frage zu entschärfen. Es ging ihm mithin primär darum, „die der bürgerlichen Gesellschaft durch die Proletarier erwachsenden Schwierigkeiten [...] nicht zu vermehren". Schon 1834 hielt

Hansemann, vor dem Erfahrungshintergrund der rheinischen Gewerbestädte und mit Blick auf die einsetzende Dynamik der gewerblich-industriellen Entwicklung, die Proletarisierung, d. h. die Herausbildung einer sehr großen Schicht unselbständiger und weitgehend besitzloser Existenzen, nicht mehr für grundsätzlich korrigierbar, da „durch die zunehmende Anwendung des Prinzips der Teilung der Arbeit der Stand der Proletarier stets neuen Zuwachs" erhalte, „wie viele derselben auch bei zweckmäßigen Staatseinrichtungen immer in die anderen Stände übergehen mögen".⁵

Zur Mitte der 30er Jahre wurde der protestantische „Neu-Aachener" Hansemann als Präsident der Aachener Handelskammer (1835–1839) und „Retter Aachens" beim Bau der Köln-Antwerpener Eisenbahn dann für einige Jahre zum unangefochtenen Repräsentanten der lokalen Wirtschaftsinteressen seiner weitgehend katholisch geprägten Wahlheimat. In einflußreichen Wirtschaftskreisen Kölns plante man seit 1832 eine Eisenbahnverbindung mit der Nordsee, welche die holländischen Rheinhäfen und die hohen holländischen Transitzölle umgehen sollte. Aus Kostengründen, aber auch um sich unliebsame Konkurrenz vom Leibe zu halten, sollten die Städte Düren und Aachen von der Streckenführung ausgespart bleiben. Im Gegensatz zur traditionell merkantil argumentierenden Kölner Großkaufmannschaft gelang es Hansemann, sich im Vorfeld der staatlichen Genehmigung durch eine bemerkenswert moderne Argumentation zu profilieren und die „bürgerliche Öffentlichkeit" der Rheinprovinz sowie die maßgeblichen preußischen Behörden auf seine Seite zu ziehen: Es sei ein Anachronismus, eine Bahnlinie als einen „eisernen Rhein" (Heinrich Merkens, Großkaufmann aus Köln) zwischen zwei privilegierten Handelsplätzen – Köln und Antwerpen – zu projektieren, vielmehr hätten Eisenbahnen die Aufgabe und das Potential, die Wirtschaftskraft eines ganzen Landes auch bei eventuell höheren Baukosten zu erschließen. Nach zähem Ringen wurde schließlich das Kölner Eisenbahnkomitee aus der Projektleitung verdrängt, und eine Finanzgruppe um Hansemann und das bedeutende Kölner Bankhaus Oppenheim übernahm die Federführung des Bahnbaus unter Einschluß Dürens und Aachens.

Dieser erfolgreiche Einsatz für seine Heimatstadt konnte aber nicht verhindern, daß Hansemann gegen Ende der 30er Jahre in die aufbrechenden konfessionellen Auseinandersetzungen in der Rheinprovinz geriet. 1839 verweigerten ihm die mehrheitlich katholischen Wähler aus dem wahlberechtigten, wohlhabenden Bürgertum Aachens das Mandat für den Rheinischen Provinziallandtag. Sein siegreicher Rivale, der politisch unbedeutend bleibende, katholische Tuchfabrikant Jakob Springsfeld, wurde auch sein Nachfolger als Präsident der Handelskammer.

Hansemann dachte aber nicht daran, sich nach diesen Niederlagen aus dem öffentlichen Leben zurückzuziehen und sich nur noch seinen Geschäften zu widmen. Er hätte sein Vermögen in den vergangenen Jahren ohne öffentliche Ehrenämter durchaus verdoppeln können, schrieb Hansemann 1839 einem engen Freund. „Mancher nennt mich deshalb gewiß töricht; ich aber erachte Vermögen nur als Mittel, nicht Zweck, welcher Unabhängigkeit, Beruhigung für die Lebensdauer und die Tätigkeit, den Kindern eine gute Erziehung mitzugeben, [...] für mich ist." Sein eigentliches Ziel sei es, „auf mehrfache Weise schaffend bei der Fortbildung der sozialen Verhältnisse" einzugreifen. Er „rede und schreibe frei über die Mängel der Verwaltungszweige nach oben hin, sehr oben hin" und habe, weil er als Kaufmann in öffentlichen Angelegenheiten niemals seinen Vorteil gesucht habe, „in Preußen eine Stellung erworben, die niemand hat".[6]

Tatsächlich war Hansemann nicht nur zu einem der ersten Sachverständigen in Eisenbahnfragen geworden, dessen fachliches Urteil weithin Anerkennung fand. Durch zahlreiche Denkschriften und Aufsätze hatte er sich nicht nur im Rheinland und in Preußen, sondern im gesamten deutschsprachigen Raum bereits einen Namen gemacht. 1839 widmete das Brockhaussche Konversationslexikon ihm erstmals einen eigenen Artikel. Selbst der Berliner Hof hatte ihn mit seiner großen, bis 1845 unveröffentlichten ‚Denkschrift' an König Friedrich Wilhelm III. im europäischen Revolutionsjahr 1830[7] zur Kenntnis nehmen müssen und verfolgte Hansemanns Karriere fortan mit Argusaugen.

Die westlichen Provinzen Preußens befanden sich in den Jahren um 1840 in einer politischen und wirtschaftlichen Umbruchsituation. Hansemann erkannte das überaus klar und begann – nachdem die auf den Thronwechsel zu Friedrich Wilhelm IV. gerichteten Hoffnungen des Bürgertums enttäuscht worden waren – zielbewußt die „zahlreiche, vermögende Klasse politisch indifferenter Staatsbewohner" (Hansemann, 1840)[8] auf einen liberalen Oppositionskurs gegen Berlin zu bringen. Er konnte seinen Einfluß auf die in der gesamten Rheinprovinz gelesene *Stadt-Aachener Zeitung* beträchtlich vergrößern, und schon 1843 wurde sie von den preußischen Behörden durchweg als Sprachrohr Hansemanns gewertet.⁹ Im selben Jahr war seine Unterstützung im Aachener Wirtschaftsbürgertum bereits wieder so stark, daß er erneut zum Mitglied und Präsidenten der Handelskammer gewählt wurde. Hansemanns Popularität im Bürgertum Aachens und der Rheinprovinz wuchs nicht zuletzt mit der Unzufriedenheit über die preußische Wirtschaftspolitik. In den einflußreichen wirtschaftsbürgerlichen Kreisen der Provinz war man nicht nur über die zögerliche, häufig unberechenbare Haltung des preußischen Staates zum Eisenbahnbau irritiert. Auch auf anderen zentralen Feldern der Ökonomie geriet das immer klarer formulierte und vereinheitlichte Interesse des rheinischen Wirtschaftsbürgertums an einer beschleunigten Industrieentwicklung, die zugleich als entscheidendes Mittel im Kampf gegen die Massenarmut begriffen wurde, in Konflikt mit dem Leitungsanspruch und dem konservativen Beharrungsvermögen der Berliner Bürokratie sowie den Interessen der ostelbischen Junker. Während etwa das Wirtschaftsbürgertum auf eine Liberalisierung bzw. Deregulierung des Ruhrbergbaus drängte und die ungehemmte Steigerung der Kohleförderung als notwendige Voraussetzung für ein rasches Wirtschaftswachstum sah, zeichnete sich seit 1841 immer deutlicher ab, daß die Bergbaubürokratie und einflußreiche konservative Kreise in Berlin an wesentlichen Bestimmungen des alten staatlichen „Direktionsprinzips" festzuhalten gedachten. Auch die offizielle Geld- und Bankpolitik wurde zu einem solchen Konfrontationspunkt. Die ernüchternde Zurücksetzung industrieller Interessen mündete in eine Anfang der 40er Jahre schärfer werdende Bürokratiekritik, in die sich zugleich eine Kritik an der politischen Verfaßtheit des preußischen Staates mischte. In den Augen jener, zwischen 1790 und 1810 geborenen, Generation rheinischer Kaufleute und Unternehmer, zu der Hansemann gehörte, war der antikonstitutionelle preußische Staat mit seiner intransigenten „Beamtenherrschaft" weder dazu fähig, die großen Fragen der Zeit zu erkennen und eine langfristige, neuartige Wirtschaftspolitik für die angestrebte Industrieentwicklung zu betreiben, noch war er dazu in der Lage, die Geldmittel dafür zu mobilisieren. Aber nicht nur wirtschaftspolitische Erfordernisse führten dazu, daß das wohlhabende Bürgertum der Rheinprovinz seit den frühen 40er Jahren die „Verfassungsfrage" stellte und eine Teilhabe an der Macht im Gesamtstaat Preußen ansteuerte. Denn in einer Zeit rascher ökonomischer Veränderungen und sozialer Spannungen erschien das antiquierte politische System Preußens insgesamt als

überaus labil und gefährdet. Man begann sich am konstitutionellen
Liberalismus der westlichen Nachbarstaaten – vor allem Belgiens
und Frankreichs – zu orientieren, der die bedrohliche Problemhäu-
fung in der Gesellschaft am ehesten zu entschärfen schien.
1845 konnte Hansemann aus seiner Rolle als „graue Eminenz" der
sich formierenden liberalen Bewegung heraustreten. Als Nachrücker
wurde er für Aachen in den – freilich nur beratend tätigen – Rheinischen Provinziallandtag gewählt und profilierte sich im Landtag, der
nach 25 Jahren erstmals wieder von rheinischem Boden die Forderung nach einer gesamtstaatlichen Volksvertretung in Preußen erhob, sehr rasch als einflußreichster Wortführer. Seine Denkschrift an
Friedrich Wilhelm III. aus dem Jahre 1830 war 1845 noch so aktuell,
daß er sie als Broschüre für alle Landtagsabgeordneten drucken ließ.
Strategie und Programm des rheinischen Liberalismus der 40er
Jahre, der nun zunehmend von den – bis dato den Liberalismus im
deutschsprachigen Raum prägenden – süddeutschen Liberalen als
eigenständige politische Kraft wahrgenommen wurde, waren in dieser Schrift bereits weitgehend vorformuliert; sie wies Hansemann
mithin auch als prominenten Vordenker aus.

Das Kennzeichen des rheinischen Liberalismus des späten Vormärz war, daß er im Gegensatz zum älteren Liberalismus der „einfachen Markt- und Handwerkergesellschaft" (Gangolf Hübinger)[10]
mit seiner Zielvorstellung einer „klassenlosen Bürgergesellschaft
mittlerer Existenzen" (Lothar Gall),[11] bereits ganz auf die Karte der
industriellen Entwicklung setzte. Die „bürgerliche Gesellschaft"
sollte nicht gegen die Industrie, sondern mit ihr, unter Inkaufnahme
einer breiten Schicht von Lohnarbeitern verwirklicht werden. Mit
dem süddeutschen Liberalismus teilte man zwar die Forderung nach
Gewährung allgemeiner staatsbürgerlicher Rechte – einschließlich
der Presse- und Vereinsfreiheit –, nach Konstitution und Parla-
mentarisierung der gesellschaftlichen Entscheidungsfindung. Den
kleinbürgerliche und teilweise auch unterbürgerliche Schichten einschließenden Wahlrechtsvorstellungen süddeutscher Liberaler stand
man im Rheinland aber zumeist ablehnend gegenüber. Das
angestrebte Wahlrecht sollte eine politische Bevorrechtung der Besitzenden klar absichern, sei es in Form eines Zensuswahlrechts oder
des Dreiklassenwahlrechts, das seinen Ursprung im Wahlrecht der
reformierten Kirchengemeinden der Rheinprovinz hatte und seit
1845 die Grundlage des rheinischen Kommunalwahlrechts bildete.
Hansemann suchte in den 40er Jahren wie bereits im Revolutionsjahr

1830 – nun freilich nicht mehr isoliert, sondern mit breiter Unterstützung im rheinischen Bürgertum – einen Weg des Umbaus und der liberalen Öffnung der preußischen Gesellschaft auf allen Ebenen, der zugleich eine Demokratisierung der politischen Willensbildung vermeiden sollte. Diese schien ihm für die angestrebten Ziele einer im Vergleich zu Westeuropa und England nachholenden Industrialisierung und Dynamisierung der Gesellschaft geradezu kontraproduktiv, „nicht nur nach der Erfahrung, sondern nach der Vernunft verwerflich" und mit der latenten Gefahr der „Pöbelherrschaft" verknüpft.[12]

Hansemanns Beschwörung einer Revolte der Unterschichten, der Ausgangspunkt seiner Denkschrift im Revolutionsjahr 1830, war einerseits ein bis 1847 gern genutztes taktisches Mittel, um die konservativen Regierungskreise von der Notwendigkeit „präventiver" liberaler Reformen zu überzeugen. Andererseits drückte sich in der Perhorreszierung der „Pöbelherrschaft" die seit der Französischen Revolution latent vorhandene Angst des besitzenden Bürgertums, weniger vor einer längerfristigen Herrschaft der Unterschichten, als vielmehr vor dem „Exzeß", vor der kurzlebigen „Herrschaft der Straße", die Leib und Leben bedrohen konnte, aus. Hansemanns Erfahrungshorizont war zudem durch den sogenannten Aachener Aufstand von 1830 und durch die Zerstörung des Hauses seiner Schwiegereltern im Jahre 1821 – eine Woche nach seiner Hochzeit – als Resultat einer Weber„emeute" in Eupen geprägt.

Die Auseinandersetzung zwischen den rheinischen Liberalen und der alten Berliner Machtelite erreichte auf dem Vereinigten Landtag von 1847 ihren Höhepunkt. Das ausschlaggebende Motiv für die Einberufung dieser ersten gesamtstaatlichen Ständeversammlung war die prekäre Finanzsituation des preußischen Staates: Der Staat benötigte vor allem eine umfangreiche Anleihe für den Bau der militärisch motivierten Ostbahn von Berlin nach Königsberg. Das im Vorfeld von der liberalen Führung um Hansemann und den Kölner Großkaufmann Ludolf Camphausen (1803–1890) formulierte Ziel, die gesamtstaatliche Ständeversammlung auf „organischem Weg" zu einem verfassungsrechtlich verankerten, mit gesetzgeberischen Befugnissen ausgestatteten und periodisch einzuberufenden – langfristig auch repräsentativen – Parlament ausbauen zu wollen, erwies sich aber rasch als Illusion. Der König und seine konservativen Beraterkreise zeigten sich zu keinerlei substantiellen Zugeständnissen bereit. Die mehrheitsfähige liberale Opposition unter der Wortführerschaft der rheinischen Abgeordneten verweigerte daher den Krediten die seit der Staatsschuldenverordnung von 1820 erforderliche Zustimmung, obwohl die Liberalen das verstärkte staatliche Engagement im Eisenbahnbau eigentlich begrüßten. Der Vereinigte Landtag endete in einem machtpolitischen Patt.

Der Ausbruch der Revolution in Frankreich im Februar 1848 und der rasche Sturz des für stabil erachteten, von Hansemann sogar lange Jahre als vorbildlich angesehenen Herrschaftssystems Louis Philippes kamen für die führenden Liberalen des Rheinlandes unerwartet. Nach anfänglicher Verunsicherung erkannte insbesondere Hansemann die Chance, durch ein staatsloyales, aber zugleich entschieden liberales Programm die bisherige oppositionelle Führungsrolle zu behaupten und die vormärzliche „Protestpartei" der Provinziallandtage in Preußen an die Macht zu bringen. Tatsächlich berief der König unter Reformdruck und um Schlimmeres zu verhüten am 29. März 1848 Camphausen zum ersten bürgerlichen Ministerpräsidenten Preußens und Hansemann zu seinem Finanzminister. Beide Männer sahen in den revolutionären Berliner Barrikadenkämpfen vom 18. März nur eine unnötige, die Wirtschaft noch weiter in Mitleidenschaft ziehende Unterbrechung ihrer langfristigen Strategie. Sie glaubten, daß nichts errungen worden war, was ihnen nicht sowieso irgendwann zugestanden worden wäre. Ihr Ziel war, die Konzessionen der alten Machtelite auf das im Vormärz bereits anvisierte Maß zu begrenzen und die Revolution möglichst bald abzuschließen. Es war mithin nicht der – von der marxistisch orientierten Forschung häufig vorgeworfene[13] – „Verrat" an zuvor geäußerten Absichten und Versprechen, sondern im Gegenteil eine erstaunliche Kontinuität, das beharrliche Festhalten an im späten Vormärz vereinheitlichten strategischen Zielen bis hin zur politischen Selbstaufgabe, die das Verhalten der führenden rheinischen Liberalen in den Revolutionsjahren kennzeichnete.

Obwohl das Ministerium Camphausen/Hansemann durch die Einberufung des nach wie vor ständisch gegliederten Vereinigten Landtags Anfang April 1848 zielstrebig eine politische Kontinuität zum Vormärz herzustellen suchte und dieses Gremium dazu benutzte, die zukünftige preußische Nationalversammlung auf ihre seit langem verfolgte Strategie einer „Vereinbarung" der Verfassung mit einem politisch gestärkten König rechtlich bindend festzulegen, mithin eine auf Volkssouveränität beruhende, verfassungsgebende Konstituante zu verhindern, verfügte es bis in den Mai 1848 hinein über erhebliche Popularität. Das lag nicht zuletzt an einem vergleichsweise demokratischen Wahlgesetz für die Berliner Nationalversammlung, das in seinen Bestimmungen einem allgemeinen Wahlrecht für Männer über 25 Jahre sehr nahe kam. Vor allem Hansemann mußte aber von jüngeren rheinischen Liberalen wie Gustav Mevissen (1815-1899), die sich von dem indirekten Wahlverfahren über Wahlmänner eine mäßigende Wirkung versprachen, zur Vorlage dieses Gesetzes nachgerade gedrängt werden.

Für fast alle führenden rheinischen Liberalen war das neue Wahlrecht kaum mehr als eine zeitweilige, baldmöglichst zu revidierende Konzession an die Stimmung in der Bevölkerung. Unter Rekurs auf tradiertes Herrschaftswissen und in Verkennung der historisch neuartigen Fundamentalpolitisierung breiter Bevölkerungsschichten, der neuen Partizipationsansprüche und des Verlangens nach sozialen Reformen, setzten Hansemann und seine engsten Berater auf eine ausreichende Nahrungsmittelversorgung für die hauptstädtische Bevölkerung und flankierende Repression sowie schließlich auf einen baldigen Wirtschaftsaufschwung. In der Regierung Camphausen/Hansemann war man noch im Frühsommer 1848 fest davon überzeugt, daß es, wie in früheren Krisensituationen, nur darum gehe, die „ordinäre Empörung", die „Pöbelherrschaft" für einige Wochen oder Monate zu verhindern, um dann zum politischen Tagesgeschäft in einer günstigeren – in großer Selbsttäuschung als irreversibel erachteten – Machtkonstellation mit der adlig-bürokratischen Elite übergehen zu können. Politisch neuartiges, legitimitäts- und loyalitätsstiftendes Regierungshandeln, wie etwa die Verkündung von gesetzlichen Mindestlöhnen und Arbeitszeitbegrenzungen oder des Verbots des betrügerischen „Warenzahlens" (Trucksystem), wurde von Hansemann, der die Entscheidungskompetenz dafür besaß, nicht ernsthaft erwogen. Solche Zugeständnisse waren nicht nur inopportun für den erhofften Wirtschaftsaufschwung, Hansemann erachtete sie bis in die Endphase seiner Regierungsbeteiligung auch als machtpolitisch unnötig.

Historisch neuartig, ja geradezu revolutionär waren dagegen Hansemanns rege und sofort nach der Amtsübernahme beginnende Aktivitäten zur Wiederherstellung des privatwirtschaftlichen Kredits, der Ende März 1848 einem Kollaps nahe schien: Unter Rücktrittsdrohungen setzte er ein Sofortprogramm von 25 Millionen Talern – fast die Hälfte eines normalen preußischen Staatshaushalts des Vormärz – durch, das über zunächst freiwillige Anleihen des Staates finanziert wurde und der „Herstellung des Kredits im Innern und zur Erhaltung von Handel, Gewerbe und Landwirtschaft" dienen sollte. Außerdem entnahm er dem Staatsschatz und dem laufenden Etat einige weitere Millionen zur raschen Gründung von Darlehenskassen und zur unmittelbaren Unterstützung vom Zusammenbruch bedrohter Firmen und Banken. Hansemann brach zielbewußt mit dem patriarchalischen Finanzgebaren Preußens und wies dem Staat völlig neue Funktionen und die letztendliche Verantwortung für das Wirtschaftsleben zu. Er nutzte die Krise des Frühjahrs 1848 geschickt, um mit Hilfe von Staatsgarantien, wie im Fall der Rettung der bedeutenden Schaaffhausenschen Bank in Köln, das im Vormärz erklärte Ziel der Errichtung von modernen, privaten Aktienbanken exemplarisch zu realisieren. Entschlossen nahm er außerdem die gesetzgeberische Vorbereitung einer weitreichenden Deregulierung des Bergbaus und eines großen staatlichen Eisenbahnbauprogramms in Angriff.

Die Popularität des Kabinetts Camphausen/Hansemann in den ersten Wochen seines Bestehens und die raschen Stabilisierungserfolge der Hansemannschen Finanz- und Wirtschaftspolitik kontrastieren scharf mit dem politischen Scheitern bereits im Frühsommer 1848. Camphausens große Konzessionsbereitschaft an die alten Mächte, vor allem sein Leugnen der Revolution als Prämisse der politischen Veränderungen in Preußen und schließlich sein beharrliches Festhalten an der zukünftigen Etablierung eines Zweikammersystems mit Zensuswahlrecht hatten ihm bis Juni 1848 jeglichen Rückhalt in der städtischen Bevölkerung Preußens und der Berliner Nationalversammlung mit ihrer liberaldemokratischen Mehrheit gekostet. Am 20. Juni 1848 mußte Camphausen sein Rücktrittsgesuch einreichen, aber überraschend beauftragte der König Hansemann mit der Neubildung des Kabinetts. Die neue Regierung von Auerswald (Ministerpräsident)/Hansemann (Finanzminister), die am 25. Juni 1848 trotz nun vermehrten Drucks reaktionärer Kreise auf den Monarchen nach parlamentarischen Regeln als Konsequenz eines zunehmend funktionierenden Mitte-Links-Bündnisses in der Nationalversammlung gebildet wurde, bezeichnete sich selbstbewußt als „Regierung der Tat". Sie zielte auf eine Kooperation mit dem Parlament ab, die sich auch durch die Einbeziehung von Abgeordneten aus dem linken Zentrum in das Kabinett ankündigte. Die faktisch von Hansemann geführte Regierung unterstrich diese Absicht, indem sie die bisherigen Pläne zur Bildung einer besitzständischen Ersten Kammer fallenließ und Gesetzesentwürfe in Angriff nahm, die mit einer antifeudalen Stoßrichtung der Ausgestaltung der zukünftigen bürgerlichen Ordnung dienen sollten: die Reform der Gemeindeordnung, die Einführung von Geschworenengerichten, die beschleunigte Regulierung von Feudallasten oder die Aufhebung der Steuerbefreiung des Großgrundbesitzes. Hansemann scheiterte aber nach kaum zwei Monaten im Spannungsfeld des entscheidenden Machtproblems des Jahres 1848: der Verfügungsgewalt über das weitgehend intakt gebliebene, die neue Staatsform ablehnende preußische Militär. Durch den sogenannten Antireaktionserlaß, ein Verbot für Offiziere, sich an reaktionären Bestrebungen oder Handlungen zu beteiligen, versuchte die parlamentarische Mehrheit der Berliner Nationalversammlung, „auf legislativem Wege die Mittel militärischer Zwangsgewalt des modernen Staates in den Prozeß der Demokratisierung zu integrieren".[14] Hansemann wußte, daß das preußische Militär die Grenzen eines evolutionären Wegs der Legalität markierte, mithin das Ziel der Nationalversammlung nur durch Mobilisierung breiter Bevölkerungsschichten und einen wahrscheinlich aussichtslosen bewaffneten Kampf durchsetzbar war. Da er beides weit mehr fürchtete als ein Erstarken der Reaktion, weigerte er sich, den mit großer Mehrheit verabschiedeten „Antireaktionserlaß" zu vollziehen. Mit dem Sturz der Regierung Auerswald/Hansemann am 8. September 1848 war zugleich das Schicksal der Nationalversammlung entschieden. Der König und seine Generäle bereiteten drei Tage später ihren Stufenplan für den beabsichtigten, im November durchgeführten Staatsstreich vor.

Zwar war der preußische Staat nach dem Herbst 1848 nicht mehr mit dem des Vormärz zu vergleichen. Er blieb konstitutionell, verfolgte eine moderne Wirtschaftspolitik und berücksichtigte bevorzugt industrielle Interessen. In der ursprünglichen Zielsetzung einer gleichberechtigten bürgerlichen Machtteilhabe in Berlin waren Hansemann und seine rheinischen Weggefährten aber gescheitert.

In Anerkennung seiner Verdienste um das politische Wohl des Staates und die preußischen Staatsfinanzen – Hansemann war auch späterhin stolz darauf, daß Preußen nicht wie Österreich und andere Staaten 1848 finanziell zusammengebrochen war[15] – wurde Hansemann nach seinem Rücktritt vom König zum Präsidenten der Preußischen Bank ernannt. Er verlor aber diese Stellung 1851 auf Betreiben der politischen Reaktion. Bis 1852 blieb Hansemann sehr engagiert als liberaler Abgeordneter in der ersten Kammer des 1849,

auf der Basis der sogenannten Oktroyierten Verfassung, neu gewählten Preußischen Abgeordnetenhauses tätig. Er lehnte aber 1852 wegen der erdrückenden konservativen Mehrheit und der geringen Ge-
staltungsspielräume ein weiteres Mandat ab und zog sich weitgehend
aus dem politischen Leben zurück. Mit Gründung der Disconto-Ge-
sellschaft in Berlin entwickelte sich Hansemann trotz seines Alters
von über sechzig Jahren seit 1851 zu einem der führenden deutschen
Bankiers. Er konnte dadurch die finanziellen Verluste, die ihm durch
den Konkurs einer seiner geschäftlich vernachlässigten Firmen im
Jahre 1848 entstanden waren – Hansemann verlor mit seinem
Aachener Wollhandlungsgeschäft 75 000 Taler –, rasch wieder wett-
machen. Politisch wie handelspolitisch wurde Hansemann ein Ein-
zelgänger unter den rheinischen „Altliberalen": Enttäuscht von
Preußen, verfolgte er das Ziel einer föderativen großdeutschen Lösung auf dem Weg einer Reform des Deutschen Bundes. Als Präsident des 1. Deutschen Handelstages unterlag er 1862 mit seinen
großdeutsch-schutzzöllnerischen Bestrebungen der ganz auf der
Höhe der Zeit argumentierenden Freihandelspartei unter Führung
seines liberalen Weggefährten, des Krefelder Bankiers Hermann von
Beckerath (1801–1870). Hansemann starb 1864 bei einem Kuraufenthalt nach einer Operation in Bad Schlangenbad und wurde, unter
nur geringer Anteilnahme der politischen Prominenz jener Jahre, in
Berlin begraben.

Peter Reichensperger:
Der katholische Liberale

Von Thomas Mergel

„Die rheinischen Beamten [...] hatten meist, bei allem liberalen
Schein und Anstrich, etwas Absolutistisches; sie hatten sich den Ein-
wirkungen des Napoleonischen Regiments und Napoleonischer Institutionen, die Freiheit, Absolutismus und Phrase durcheinander
warfen, auch bei dem besten Willen nicht entziehen können. Die
Meisten hatten guten Willen, Manieren und Formen dabei; Manche
hatten das nicht."[1]

Der Demokrat und Richter Jodokus Donatus Hubertus Temme
erwähnte Peter Reichensperger nicht namentlich, als er dieses Ver-
dikt des westfälischen „Volksmannes" gegen seine rheinischen Kollegen aussprach. Doch zweifellos hat er seinen Kollegen in der
Preußischen Nationalversammlung mitgemeint, wenn er auf die
Ambivalenz von Liberalismus und Obrigkeitsdenken hinwies. Denn
Peter Reichensperger war ein Prototyp dieser Ambivalenz. Als An-
gehöriger einer rheinischen bürgerlichen Oberschicht fühlte er sich
ausgeprägt als Vertreter einer Elite, als Jurist war er staatsfreundlich;
als ein Hauptvertreter des politischen Katholizismus und Mitbegründer der Zentrumspartei aber sah er sich von eben diesem Staat
als „Reichsfeind" verunglimpft. In dieser Auseinandersetzung konnte
ihm das Recht als Rückzugsgebiet dienen, und deshalb muß man
Temme hier widersprechen: Die Napoleonischen Institutionen waren nicht „absolutistisch" in jenem alten Sinne. Unter den preußischen Bedingungen fungierten sie als Pfeiler des Rechtsstaates und
der bürgerlichen Öffentlichkeit; allerdings öffneten sie einer Anschauung das Tor, die man als einen „Absolutismus des Rechts" bezeichnen könnte, als einen Legalismus ohne Ansehen der damit ver-
knüpften Legitimität. Für diesen Legalismus steht Reichensperger.[2]

Peter Reichensperger (1810–1892)

1. Herkunft und Familie

Peter Reichensperger wurde am 28. Oktober 1810 in Koblenz geboren. Mütterlicherseits stammte er aus einer der Familien, die seit dem 18. Jahrhundert die Funktionseliten des Rheinlandes gestellt hatten. Seine Mutter, eine geborene Knoodt, war die Tochter des kurtrierischen Kellermeisters und Amtswalters August Knoodt, der auf Schloß Daun in der Eifel residierte. Dessen Vater war Bürgermeister in Boppard gewesen.[3] Der Vater Reichenspergers war als Richter ebenfalls in der kurtrierischen Administration tätig. Wie die meisten anderen Mitglieder der Beamtenschaft der geistlichen und weltlichen Kleinstaaten trat auch er in französische Dienste, nachdem Napoleon das Rheinland in französischen Besitz genommen hatte, und brachte es bis zum Präfekturrat in Koblenz.

Peter hatte drei Geschwister, darunter den zwei Jahre älteren August, der ihn auf seinem politischen Lebensweg begleiten sollte. Es war nach kurzer Zeit eine Familie ohne Vater, denn dieser starb bereits 1812. Die Familie zog nach Boppard ins Haus des Großvaters, wo Peter eine recht unbeschwerte, wenngleich nicht auf Rosen gebettete Kindheit verbrachte. Zwischen 1829 und 1832 studierte er Jura, Kameralistik, Nationalökonomie und Naturwissenschaften in Bonn und Heidelberg, wo bereits sein Vater und sein Bruder studiert hatten. Besonders die Heidelberger Erfahrungen brachten ihn auch in engen Kontakt zu den Lehren des klassischen Wirtschaftsliberalismus.

Ein solches Studium prädestinierte für eine Beamtenkarriere; 1832 machte er sein Examen und mußte danach zum Militär nach Trier. Es kam ihn hart an. Statt im *Code Napoléon* war er nun gezwungen, sich „im Koth herumzutreiben". Mit dieser Erfahrung der anderen Seite des preußischen Staates ausgestattet, setzte er danach seine Ausbildung am Trierer Landgericht fort. 1836 wurde er dort Landgerichtsassessor; im Jahr darauf heiratete er die Tochter eines reichen Gutsbesitzers. Von 1839 bis 1842 war er nach Elberfeld versetzt, jenem Zentrum der Frühindustrialisierung, aus dessen „trübseligen Straßen" der einheimische Fabrikantensohn Friedrich Engels zur selben Zeit das Elend der Arbeiterschaft und die Bigotterie des Pietismus in seinen ‚Briefen aus dem Wuppertal' beschrieb.[4] Danach ging er wieder nach Koblenz, wo er bis 1850, nunmehr Landgerichtsrat, blieb. Nach einigen Jahren am Kölner Appellhof machte Reichensperger Karriere: 1859 wurde er als Richter an das höchste preußische Gericht, das Obertribunal, nach Berlin berufen, wo er bis 1879 im Amt blieb.

2. Gouvernementalismus, Rheinisches Recht und Wirtschaftsliberalismus

Eine solche Beamtenkarriere, die vor dem familiären Hintergrund naheliegend und in dieser Gruppe des rheinischen Bürgertums keineswegs selten war, wäre nicht möglich gewesen ohne eine gewisse innere Nähe zum preußischen Staat. Gleichzeitig gilt Reichensperger aber als einer der Väter des politischen Katholizismus, der lange Zeit mit demselben Staat im Zwist lag. In der Tat war Reichensperger unter den rheinischen Politikern – besonders unter den Katholiken – einer der gouvernementalsten und suchte, wo immer möglich, politische Opposition zu vermeiden. Seine Prägung durch das Rheinische Recht, das die Reformen des *Code Napoléon* übernommen hatte, und den ökonomischen Liberalismus machten ihn aber auch zum Vertreter einer liberalen Öffnung der Gesellschaft und, damit verbunden, auch der politischen Verfassung. 1842 schrieb er eine Broschüre über ‚Öffentlichkeit, Mündlichkeit, Schwurgerichte‘, in der er die Vorteile dieser Institutionen – die, anders als im rechtsrheinischen Preußen, im Rheinland seit Jahrzehnten galten – darlegte und argumentierte, eine Öffnung des preußischen Rechtswesens würde das Vertrauen in den Staat und seine Diener stärken und diesem so mehr Legitimität verschaffen.

Zum ersten Mal klang hier bei ihm das Motiv an, daß aus dem entwickelteren Rheinland wesentliche Impulse zur Entwicklung der politischen und Sozialverfassung Preußens kommen könnten; es ist wohl auch so, daß vieles an seinem Katholizismus in Wahrheit eine Form von rheinischem Superioritätsbewußtsein war, das von der preußischen Enge nicht viel wußte. Wie die meisten Rheinländer war Reichensperger fest davon überzeugt, daß es nun, da das Rheinland preußisch sei, gelte, das in seinen rechtlichen Institutionen, seinem Bildungsstand, seinem ökonomischen Niveau und vor allem seiner politischen Kultur rückständige Preußen zu zivilisieren. Das Motiv tauchte wieder auf in seinem bedeutendsten Werk, ‚Die Agrarfrage aus dem Gesichtspunkte der Nationalökonomie, der Politik und des Rechts‘ von 1847. Die Schrift beschäftigt sich keineswegs allein mit Agrarfragen; vielmehr ist sie eine am Beispiel des ländlichen Eigentums erläuterte Theorie über den Zusammenhang von ökonomischen Bedingungen, politischer Verfassung und gesellschaftlicher Stabilität. Vor dem Hintergrunde der Pauperismus- und Industrialisierungsdebatte plädierte Reichensperger für die freie Teilbarkeit des Bodens, Anathema für die vom Großgrundbesitz dominierte ostelbische Landwirtschaft. Davon erwartete er nicht, wie Altpreußen argumentierten, das Entstehen vieler Kleinstbesitzer am Existenzminimum, sondern vielmehr einen Anreiz zum Erwerbsstreben. Die damit verbundene Dezentralisierung und Selbstverwaltung war für ihn ein Mittel zur Bekämpfung der Massenarmut, die den Zeitgenossen noch als ein Effekt der Industrialisierung erschien. Reichensperger sah die industrielle Moderne unvermeidlich kommen, aber er hoffte, sie zähmen zu können, sie zu versöhnen mit den hergebrachten Lebensformen, genauer: was daran noch existierte und erhaltenswert war. Der freie Lohnarbeiter, der sich schon allerorten zeigte, schien ihm nicht wieder abschaffbar, aber er hoffte, daß man die Ausdehnung dieses Sozialtyps begrenzen könne.

Dieser Gestus der Mäßigung zeigte sich erst recht in der Diskussion der politischen Konsequenzen der Freiheit des Bodens. Denn die Bindung an den Boden und die Gutswirtschaft waren nicht nur wirtschaftliche, sondern auch politische Strukturprinzipien, etwa in der Unterscheidung von Stadt und Land oder in der Herrschafts- und Vertretungsrolle, die der Adel gegenüber den Bauern hatte. Die aristokratischen Begründungen für eine Aufrechterhaltung der traditionellen Landwirtschaft und des alten Verhältnisses von Adel und Bauern konterte Reichensperger mit einer unsentimentalen Adelskritik, die insbesondere die historischen Rechtfertigungen einer Herrschaft über die Bauern abtat: Das Alter einer Institution beweise noch nicht seine Notwendigkeit. Darüber hinaus: So alt wie der Adel zu sein behaupte, sei er gar nicht.[5] Mit kühlen Argumenten setzte er sich von den Versuchen einer Erfindung von Tradition ab, wie Preußen sie im Rheinland mit einer Wiedereinführung der Provinzialstände versuchte. Was solle eine solche ständische Neugliederung, wenn sie gewaltsam Strukturen aufpfropfen müsse, die den Gegebenheiten gar nicht entsprächen? So werde etwa ein Industrieller, der seine Fabrik in eine ländliche Gegend gebaut habe, zum Land geschlagen und habe deshalb keinerlei Vertretungsmöglichkeit. Wo es keine Stände mehr gebe, habe eine ständische Gliederung keine Existenzberechtigung. Nicht ihre Ehrwürdigkeit begründete eine Institution, sondern ihre Zweckdienlichkeit.

Wie sich Reichensperger gegen einen romantisch-historisieren-
den Konservatismus verwahrte und die zwangsweise korporative
Gliederung kritisierte, so setzte er sich aber auch vom repräsentativen – liberalkonstitutionellen – Modell und der erwarteten „Atomi-
sierung" im repräsentativen Vertretungsmodell ab. Er zog die Vorstellung in Zweifel, daß der Abgeordnete auch wirklich das Volk
vertrete; es gebe doch immer verschiedene Ansichten: welchen Teil
des Wahlvolks vertrete er dann? Vor allem aber sah er durch ein
mächtiges Parlament die Macht des Königs schwinden. Und in diesem konzentrierte sich nach Reichenspergers Vorstellung die ganze
Legitimität eines Staates. Seine Alternative war ein föderalistisch-
korporatives Modell, in dem die Gemeinden, Bezirke und Provinzen
soviel Macht wie möglich und der König soviel Macht wie nötig
erhalten solle. Die Gründung von Zünften, Ständen und Korpora-
tionen wollte Reichensperger wieder gestatten, nunmehr aber als ex-
plizite Institutionen der politischen Partizipation, die der „Atomisie-
rung" entgegenwirken sollten. In seiner Beschreibung wurde er
geradezu lyrisch:

„[...] an diese den ganzen Staatsbau durchziehenden Bande des
korporativen Lebens schießen alsdann die Atome des aufgelösten
Volkes wiederum krystallinisch an und bilden allmählich jene starken, schönen Säulen, auf denen das Gewölbe und die hohe Krönung
des Ganzen sicher ruhen mag."[6]

Doch der Schein des Traditionalismus täuscht. Reichensperger
argumentierte bürgerlich. Wenn er von Aristokratie sprach, dann
„nicht blos von der Aristokratie der Geburt, sondern von der des
Talents, des Wissens und des Besitzes, welche letztere vielleicht berufen ist, die erstere ganz und gar zu verdrängen."[7]

Mit diesen Ansichten, die nicht ganz frei waren von Sozialroman-
tik, konnte Reichensperger schwerlich als ein lupenreiner Liberaler
gelten; doch in der kleinen liberalen Elite des Vormärz, in der viele
unausgegorene Konzepte brodelten, brachte er sich damit schnell ins
Gespräch, obwohl er noch kaum praktische politische Erfahrung
hatte. 1846 war er lediglich kurzzeitig Ersatzvertreter im Koblen-
zer Gemeinderat in der Dritten Klasse gewesen. So ist es hauptsächlich der Bekanntheit seiner Schriften zuzuschreiben, daß er im März
1848 zum Frankfurter Vorparlament eingeladen wurde, das für freie
Wahlen zu einem deutschen Nationalparlament sorgen sollte. Reichensperger konnte damals bestenfalls als einer aus der zweiten
Reihe gelten. Die meisten Größen des rheinischen Liberalismus wa-

ren nicht anwesend; weder Ludolf Camphausen noch Gustav Mevissen, Hermann von Beckerath oder David Hansemann kamen nach Frankfurt, weil sie beim gleichzeitig stattfindenden Vereinigten Landtag in Berlin festgehalten waren. Das war der Grund, warum das Frankfurter Vorparlament vom süddeutschen Liberalismus majorisiert wurde und warum man Peter Reichensperger eingeladen hatte.

3. Im Vorparlament

Über den Ausbruch der Revolution war Reichensperger keineswegs erfreut gewesen. Ganz im Gegenteil befürchtete er, daß sie den Eliten aus den Händen gleiten könne und der „mäßige Fortschritt", auf dessen Seite er stand, durch die „Anarchie" des Pöbels über den Haufen geworfen werden könne. Wie der größte Teil des rheinischen Bürgertums sah er in der Revolution hauptsächlich einen Aufstand der Massen; die Aufgabe der Eliten bestehe nun darin, den neueröffneten Handlungsspielraum zu nutzen und die Bewegung in geordnete Bahnen zu lenken. Die parlamentarischen und quasiparlamentarischen Institutionen, wie das Vorparlament oder der Vereinigte Landtag, sollten, vor allem durch die Herstellung von Rechtsnormen, die Ordnung erhalten. Für den Juristen Reichensperger war die Revolution primär ein Problem der verfassungsrechtlichen Legitimation. Deshalb sah er im Vorparlament ein Institut, das „einen gewissen revolutionären Beigeschmack an sich trug" – was ja auch stimmte; die Einladung nahm er nach eigener Auskunft nur an wegen der „offen zu Tage liegenden Unfähigkeit der Regierungen, ihrerseits das Unerläßliche zur Abwehr der drohenden Anarchie zu thun", und in der Hoffnung, selbst Einfluß auszuüben. Die pragmatische Entscheidung konnte aber in seinen Augen die grundlegende Illegitimität dieser Versammlung nicht in Abrede stellen.[8]

Reichensperger machte sich schnell einen Namen. Gegen die Versuche der südwestdeutschen Radikalen um Gustav Struve und Friedrich Hecker, das Vorparlament zu einer ständigen Institution zu machen, um die Revolution voranzutreiben, setzte er sich erfolgreich zur Wehr, indem er argumentierte, das Vorparlament habe „in Ermangelung eines Wahlmandates nur ein exceptionelles Dasein". Seine Legitimation sei moralischer Art, und man könne ihr nur gerecht werden, indem man sich selbst möglichst schnell überflüssig mache, sprich: indem man erfolgreich ein gewähltes Parlament zuwege brächte.[9]

In den Erinnerungen Reichenspergers klingt immer wieder die Assoziation durch, daß die Linke von 1848 die revolutionären Gremien in der Art des Konvents von 1793 umgestalten und eine revolutionäre Tugendrepublik installieren wollte. Dieser damals weitverbreitete Vergleich bezeichnet die Gräben, die zwischen dem liberal-konservativen Bürgertum nach Art Reichenspergers und den Radikalen, die oft aus Südwestdeutschland und damit aus einer völlig anderen politischen Kultur stammten, aufbrachen. Keineswegs bestanden diese in der Differenz zwischen Monarchie und Republik; auch in der Linken bekannte sich nur ein kleiner Teil zur Republik. Vielmehr ging es darum, in welchem Verhältnis die beiden Entscheidungsinstanzen, König und Parlament, zueinander stehen sollten. Während die Rechte, aber auch das Zentrum, das Schwergewicht der Entscheidungsrechte auf die Krone legte und – Kernstück des Konstitutionalismus – dieser die letzte Dezision, mithin die Souveränität, zusprachen, wollte die Linke am Ende dem Parlament das letzte Wort zubilligen. Damit lag die Souveränität beim Volk bzw. seiner Vertretung. Zwischen diesen grundsätzlichen Standpunkten, wer „das letzte Wort" haben sollte, war eine Einigung schwer möglich, und man denunzierte sich wechselseitig als Reaktionäre oder Jakobiner.

4. In der Preußischen Nationalversammlung

Für Reichensperger war der Auftrag des Vorparlaments erfüllt, als am 8. Mai die Wahlen zur deutschen Nationalversammlung und kurz darauf auch zu den Länderparlamenten stattfanden. Er wurde aufgefordert, im Wahlkreis Mayen-Ahrweiler für die Frankfurter Versammlung zu kandidieren. Bei der dortigen Wahlversammlung machte er keinen Hehl aus seinen politischen Ansichten. Er vertrat das monarchische Prinzip und die Notwendigkeit, stabile Institutionen zu schaffen, um eine Reformpolitik im Geist der Mäßigung durchführen zu können. Konstitutionalismus war ihm gleichbedeutend mit der Abwehr radikaler Bestrebungen. Auf Nachfrage gestand er auch zu, daß das Pathos der Berliner Märzrevolution, als der König dazu gezwungen worden war, den Toten der Revolution seine Reverenz zu erweisen, nicht nach seinem Geschmack gewesen sei. Diese Äußerungen kosteten ihn wohl sein Mandat. Auch im ehemaligen geistlichen Kurfürstentum Köln war das Erlebnis vom 19. März

mit einer solchen symbolischen Integrationskraft aufgeladen – ein
König hatte den Hut vor den toten Revolutionären gezogen! –, daß
ein Kandidat sich nicht gut davon distanzieren konnte.
Reichensperger kam doch noch zu seinem Mandat. Ohne sein Zu-
tun war er im Wahlkreis Kempen in die Preußische Nationalversammlung gewählt worden. Sein Bruder August hatte ein Mandat für
beide Parlamente erhalten; nach einem kurzem Abstecher in Berlin
entschloß sich jener zum dauernden Engagement in Frankfurt; man
darf die Tätigkeit der Brüder in den beiden Versammlungen als eine
Art von Arbeitsteilung betrachten.

Peter Reichensperger schloß sich der konstitutionellen Rechten
an und fungierte als einer ihrer Sprecher. Profilieren konnte er sich
besonders als Mitglied der Verfassungskommission, wo er herausra-
genden Einfluß auf die Verfassungskonzeption nahm, einige wichtige
Grundsatzartikel selbst formulierte und sie im Plenumsreferat vertrat.[10] In den Korrekturen, die er am Verfassungsentwurf der Regierung vom 20. Mai 1848 vornahm, wurde deutlich, daß er sich von den
sozialromantischen Ingredienzien, die noch die „Agrarfrage" durch-
tränkten, verabschiedet hatte und sich nunmehr einerseits als echter
Konstitutionalist verstand, d. h. daß er Krone und Volksvertretung
als auf Vereinbarung beruhende und konkret zusammenwirkende Institute begriff. Die Zünfte und Gilden hatten ausgedient. Andererseits tat er dies als Rheinländer. Das Rheinische Recht dehnte den
Freiheitspielraum des Bürgers gegenüber dem Staat sehr viel weiter
aus als das Allgemeine Landrecht, das im übrigen Preußen galt; es
suchte die *checks and balances* besser auszutarieren und nahm das Ideal
des Rechtsstaates ernster, namentlich in der Frage der Unabhängigkeit der Gerichte. Als Konstitutionalist suchte Reichensperger die
Rechte der Krone möglichst ungeschmälert zu erhalten, da ihm das
Pendel in der Revolution zu weit in Richtung einer reinen Volksre-
gierung ausgeschlagen zu haben schien. In diesem Interesse wollte er
die beiden Hauptkennzeichen der Monarchie verfassungsmäßig ver-
ankern: das Recht der Krone, ihre Räte – die Regierung – selbst zu
wählen, und das Recht, von ihrem absoluten Veto freien Gebrauch
zu machen. Deshalb plädierte er in den Verfassungsberatungen für
eine möglichst starke Stellung des Königs. Mit seiner Forderung,
dafür müsse dieser das absolute Veto besitzen, drang Reichensperger
aber nicht durch.

Andererseits sollte auch der König durch Gesetze gebunden sein,
sobald deren Grundlage, die Verfassung, einmal frei vereinbart war.

Deshalb wirkte Reichensperger darauf hin, daß der König bei seinem Amtsantritt einen Eid auf die Verfassung leisten mußte; eingeleitete Untersuchungen sollte er nur auf Grund eines besonderen Gesetzes niederschlagen können. Die Rechte der Abgeordneten und der Bürger versuchte Reichensperger möglichst zu erweitern. Dabei orientierte er sich an der belgischen Verfassung, eine der liberalen Musterverfassungen Europas, die ebenfalls das französische Recht kopiert hatte. So weitete er die Rechenschaftspflicht der Minister aus, ebenso die Immunität der Abgeordneten, die nach seinen Vorstellungen nicht nur für Äußerungen in der Kammer, sondern für alle Äußerungen, welche sie als Abgeordnete (also etwa auch im Wahlkreis) taten, Immunität genossen. Während der ursprüngliche Entwurf keine Abgeordnetendiäten vorgesehen hatte, nahm die Reichenspergersche Korrektur eine solche Bestimmung auf.

Damit leistete er einen wichtigen Beitrag zur Entstehung des modernen politischen Systems. Seine Vorstellung von politischer Partizipation war dennoch keineswegs demokratisch. Das Dreiklassenwahlrecht war ihm selbstverständlich, wie es überhaupt für ihn keine Frage war, daß das Volk von Eliten regiert werden müsse. Seine Tätigkeit während der Preußischen Nationalversammlung richtete sich denn auch hauptsächlich darauf, Unruhe aktuell zu verhindern und in den rechtlichen Regelungen zu erschweren. So wichtig ihm die Grundrechte schienen: erst mußte es starke Institutionen geben, die jene sichern konnten.

Der König konnte mit ihm rechnen. Nach dem Staatsstreich vom November 1848, der in der Auflösung der Bürgerwehren, der Besetzung Berlins durch preußische Truppen (samt Erklärung des Belagerungszustandes) und der Auflösung und dann Verlegung der Nationalversammlung nach Brandenburg gipfelte, erhielt Reichensperger den Auftrag, als Vertreter Preußens in Frankfurt für die Akzeptanz dieses Schrittes zu wirken. In Frankfurt hatte die Nationalversammlung bereits einen Beschluß gefaßt, der Preußen zur Rücknahme der Maßnahmen des Belagerungszustandes aufforderte; Reichensperger arbeitete dagegen und erreichte immerhin, daß die Frankfurter Versammlung den Steuerverweigerungsbeschluß verurteilte und sich in den anderen Fragen bedeckt hielt. In der nun folgenden Auseinandersetzung um die Fortführung der durch die Revolution entstandenen Wahlgremien nahm Reichensperger die Position der königstreuen Rechten ein. Während in Berlin ein beschlußfähiges Rumpfparlament so lange als möglich tagte, dabei aber von Wrangels Soldaten von einem Sitzungslokal zum anderen gejagt wurde und sich schließlich auflöste, erschien Reichensperger am 27. November in der Versammlung von Brandenburg, die sich allerdings als nicht beschlußfähig herausstellte und dies erst wurde, als nach der Auflösung des Rumpfparlaments einige Abgeordnete der Opposition dazustießen. Notwendig war das nicht mehr: Am 5. Dezember löste der König die Versammlung auf und oktroyierte gleichzeitig eine Verfassung, die der Revision durch ein neu zu wählendes Parlament unterliegen sollte.

Das Ende der Berliner Nationalversammlung wurde von Reichensperger allein unter dem Aspekt der formalen Rechtsförmigkeit gesehen und akzeptiert, weil in seinen Augen die Krone dazu das Recht gehabt habe. Denn, so führte er in einer Schrift gegen den linken Abgeordneten Rodbertus aus, es habe sich doch bei der Angelegenheit, um die es gehe, um ein Rechtsgeschäft gehandelt, bei dem zwei Partner – Krone und Nationalversammlung – etwas vereinbaren wollten, „zufällig eine Verfassung".[11] Und wie bei jedem Rechtsgeschäft sei es doch jedem der Partner möglich zu sagen, er wolle an diesem Orte nicht weiter verhandeln. Nichts anderes habe die Krone getan. Darüber hinaus habe sich die Nationalversammlung mit dem Steuerboykott selbst ins Unrecht gesetzt; gegen die Herrschaft einer Minderheit und die Anarchie der Straße, die sich darin abgezeichnet habe, habe die Krone ihre Rechte wahren müssen. Auch hier war mithin für ihn die Ordnung die Voraussetzung zur Sicherung des Rechts. Die Oktroyierung der Verfassung begründete er mit „Notwendigkeit" und machte angelegentlich darauf aufmerksam, daß die oktroyierte Verfassung viele der liberalen Garantien enthielte, die man der Krone doch habe abbringen wollen. Er hätte dazusagen können, daß sie viele seiner eigenen Entwürfe wörtlich übernommen und darüber hinaus auch das von ihm so sehr favorisierte absolute Veto wieder eingeführt hatte.

Nach dem Ende der Revolution änderte sich nicht der Grundgehalt der politischen Ideen Reichenspergers; wohl aber wandelte sich das Umfeld. Angetreten war er als gouvernementaler Vertreter des liberalen Rechtsstaates, der die Obrigkeit hochschätzte. Als Mitglied der zweiten preußischen Kammer, die im Juli 1849 gewählt worden war und der die Revision der oktroyierten Verfassung oblag, fand sich Reichensperger wegen der Wahlenthaltung der Demokraten aber in der Mitte wieder. Hier verteidigte er die liberalen Errungenschaften der Verfassung gegen die erstarkte Rechte und griff erstmals in die

Beratungen um das Verhältnis zwischen Staat und Kirche ein, die sein künftiges Parlamentarierleben entscheidend prägen sollten. Im Erfurter Parlament 1850 bekannte er sich zur großdeutschen Idee. Er tat dies aber noch nicht aus dem Grund, der viele Katholiken zu Großdeutschen machte – der Angst, als Minderheitenkonfession unter Druck zu geraten –, sondern aus der grundsätzlichen Erwägung, die Einheit des Reiches sei ein Gebot. Sein Weg zum politischen Katholizismus führt über das Recht und seine Hochschätzung einer legitimen Autorität.

5. Verfassungsliberalismus und politischer Katholizismus

Mit der Haltung, die Revolution eher als eine Gefahr denn als eine Chance zu begreifen und sie zu zähmen, zu verlangsamen und aus ihr eine weitreichende politische Reform zu machen, ohne das Revolutionäre – das Handeln der Massen – zuzulassen, reihte sich Reichensperger ein in den *common sense* des rheinischen Bürgertums. Zu Unrecht zählte das Berliner Oppositionsblatt *Die ewige Lampe* 1848 Reichensperger zu den Vertretern des ultramontanen Katholizismus. Sie nannte ihn den „Kommandeur der München-Koblenzer Glaubensrotte und Stabsoffizier in der Kriegskanzlei des heiligen Ignatius; ein verschmitzter, gefährlicher Bursche von etwas pavianartigem Aussehen, dessen lauernder Blick gleich den Basilisc verrät".[12]

Ursprünglich konnte er aber keineswegs als ein Agent des politischen Katholizismus gelten; selbstverständlich war der Rheinländer Reichensperger katholisch, doch das mußte nicht heißen, daß er besonders gläubig gewesen sei oder gar ein Anhänger des Ultramontanismus, der sich gerade anschickte, mit seinem Programm von Papstherrschaft und der Ablehnung bürgerlicher Werte die Hegemonie im Katholizismus zu erringen. Die religiöse Tradition, aus der er kam, war aufgeklärt und tolerant, beachtete die religiösen Formen zwar noch weithin, nahm sie aber nicht mehr als bedeutsam. Reichenspergers Mutter mußte 1838 ihren Sohn August nachdrücklich dazu ermahnen, seiner Osterpflicht nachzukommen. Peter liebte es, über die Katholiken und ihre Frömmigkeit zu spötteln. 1832 machte er sich lustig über die Trierer, die glaubten, die Stadt werde ob ihrer Frömmigkeit von der Cholera verschont bleiben. Im Jahr darauf berichtete er über seine Osterpflicht:

„Der Ostermontag, wo mir Gnade ward, machte gewiß eben so

viel *éclat* bei den lieben Engelchen als hier; denn ich fand mich plötzlich in Gesellschaft einiger Advokaten, eines fetten Kornhändlers
und einer im Geruch der Heiligkeit wandelnden Mama; und der Bischof selbst betete für uns arme Sünder mit! – Übrigens, da ich doch
zufällig beim Bischof gelandet bin, hier will niemand etwas von seiner alle Abende regelmäßig sich einstellenden (wein)geistigen Be-
lehrung wissen [...]"[13]

Daß er dennoch zum Mitbegründer der Katholischen Fraktion im
Preußischen Abgeordnetenhaus wurde, lag weniger in einer besonderen katholischen Religiosität als vielmehr in seinem Rechtsemp-
finden begründet. Durch die Preußische Verfassung von 1850 hatte
die katholische Kirche zwar Freiräume erhalten, die vorher unbe-
kannt waren; doch die Regierung versuchte während der Reaktionszeit immer wieder, diese Freiheit einzuschränken. 1852 erließ der
Kultusminister von Raumer ein Verbot für Volksmissionen in ge-
mischtkonfessionellen Gebieten und verbot preußischen Untertanen
das Studium am Collegium Germanicum in Rom, einem Ausbil-
dungszentrum für ultramontane Geistliche. Aus der Empörung über
diese Maßnahmen heraus gründeten die Brüder Reichensperger die
„Katholische Fraktion", der sich 63 Abgeordnete anschlossen. Sie
verstand sich als Wahrerin der Rechtsstaatlichkeit auch und gerade
in kirchlichen Angelegenheiten, dabei aber als „ihrer Majestät ge-
treueste Opposition".[14] Im Unterschied zu intransigent katholischen
Kreisen meinte Reichensperger aber nicht nur die Gleichberechtigung der Katholiken; so setzte er sich auch für die Zulassung der
Juden zu Gemeindeämtern ein. Das Dilemma zwischen verfassungs-
rechtlichem Liberalismus und Regierungstreue kostete die Katholische Fraktion im Verfassungskonflikt den größten Teil ihrer Wähler,
weil sie auf eine Verständigung mit der Regierung hinarbeitete.

Die Diskussion um das päpstliche Unfehlbarkeitsdogma in den
Jahren 1869/70, die internationale Gefahr für den Kirchenstaat und
die sich ausbreitende antikatholische Stimmung in Deutschland än-
derten aber die politische Lage für die Katholiken und führten
schließlich zur Gründung der Zentrumspartei, an der das rheinische
Bürgertum kaum Anteil nahm, mit Ausnahme der Brüder Reichensperger, die beide maßgeblich beteiligt waren und beide den Namen
erfunden haben wollten.[15] Trotz ihres Einflusses, vor allem aufgrund
ihrer großen parlamentarischen Erfahrung, waren jedoch die Brüder
Reichensperger keineswegs unbedingte Vertreter des römischen Katholizismus, denn sie selbst gehörten zu den „verdammt heterogenen

Elementen", so Peter Reichensperger, die die Fraktion ausmachten. Wie manch andere Gründungsväter, Ludwig Windthorst etwa, waren sie gegen die Verkündung der päpstlichen Unfehlbarkeit gewesen, und Peter Reichensperger selbst hatte gehofft, „dieser Unsinn von Dogma" werde nicht publiziert werden.[16] Dennoch war die Teilnahme an der Gründung einer katholischen Partei für ihn wie für seinen Bruder selbstverständlich; durch seine jahrzehntelange Tätigkeit für den politischen Katholizismus war eine andere Heimat nicht mehr denkbar. Peter Reichensperger, der als katholischer Liberaler angefangen hatte, wurde zum liberalen Katholiken, der sich der Kirche wohl unterordnete, aber nach wie vor die staatliche Autorität hochschätzte.

Dieses Faible wurde im bald darauf beginnenden Kulturkampf auf eine harte Probe gestellt. Vor allem als Mitglied des Reichstags, dem er seit seiner Gründung 1867 angehörte, sah er sich in die Lage versetzt, den Liberalismus der Reichsverfassung gegen die Liberalen zu verteidigen. Doch gleichzeitig suchte er jede sich bietende Brücke zum Staat: So stimmte er 1884 gegen die Mehrheit der Fraktion für eine Verlängerung des Sozialistengesetzes, 1887 in innerfraktioneller Abstimmung für das Septennat und konnte nur mühsam zu einer Enthaltung bewegt werden. 1889/90 war er für Bismarcks Plan eines Reichszuschusses zur Arbeiterversicherung – wiederum gegen die Zentrumsfraktion. Der Staat war für ihn nicht einfach eine Institution aus göttlichem Recht, sondern er hatte einen Zweck; dieser lag einerseits in der Gewährung und Sicherung des Rechts für die Bürger, später, mit der wachsenden Bedeutung der sozialen Frage, auch in der Wohlfahrt. 1889 war der Staat für Peter Reichensperger ein „organisierter Verband des Volkes zur Pflege aller leiblichen und geistigen Güter".[17] Dagegen mußte sich Ludwig Windthorst entschieden verwahren:

„Wie können wir noch überhaupt feststehen, wenn Männer von der Bedeutung Peter Reichenspergers vor der Omnipotenz des Staates das Knie beugen! Als ich ihn seine neueste Definition vom Staat gelassen aussprechen hörte, war es mir, als würde ich vom Schlag getroffen."[18]

Aber für Reichensperger war der Staat nicht nur ein Ableger liberaler Omnipotenzphantasien, sondern er schützte auch vor den Massen, die der rheinische Bürger nur als anarchische Drohung wahrnehmen konnte. Reichensperger wahrte diesen gegenüber immer Distanz, und das nicht nur während der Revolution von 1848/49, sondern auch im Katholizismus: Bei Katholikentagen aufzutreten und deren populistische Politik mitzumachen lehnte er ab.

Andererseits hatte er ein feines Gespür für die Schutzfunktionen von Gesetzen und besonders einer Verfassung. Seine Erfahrung mit dem Rheinischen Recht ließ ihn die Bürgerrechte im Rechtsstaat hochschätzen und verteidigen. Als Beamter und Jurist orientierte er mithin sein Handeln an zwei widersprüchlichen Leitbildern; er verstand sich „als Staatsdiener und als Anwalt der Bürger gegen den Staat in einem".[19]

Schließlich war er auch Katholik, nicht unbedingt ein eifriger, aber ein politischer. Daß religiöse Rechte vor allem politische Rechte seien – darin lag letzten Endes das Motiv für sein Engagement im politischen Katholizismus und seine fast ein halbes Jahrhundert währende Tätigkeit als Parlamentarier. Als er 1892 starb, war er es immer noch, Mitglied des Preußischen Abgeordnetenhauses und dazu Alterspräsident des Deutschen Reichstags.

Ludwig Bamberger:
Mit Dampf und Elektrizität für ein modernes Deutschland

Von Christian Jansen

Als Ludwig Bamberger im Mai 1870 seinem „verehrten Freund und Meister", dem Linkshegelianer und wohl wichtigsten Vordenker der 1848er Linken, Arnold Ruge, sein Buch ‚Vertrauliche Briefe aus dem Zollparlament' zueignete, schrieb er in den Widmungstext auch eine treffende Selbstcharakterisierung: „Mich besitzt, zu meiner Schande oder Ehre, die schnell lebende Gegenwart. […] Am Morgen säen, am Mittag ernten, am Abend backen; alles Lieben und alles Hassen heiß vom Ofen weg auftischen und – Dank all dem – in jeder Minute inne werden, daß man offenen Auges und rühriger Hand mitten in dem bunt bewegten Fluß des breiten frischen Lebens schwimmt und rudert, das, dünkt mich, ist die Art der Zeit, ist ihre Lust und Signatur."

Bamberger widmete dem berühmten Philosophen keine gelehrte Abhandlung, sondern eine Sammlung von Pressekorrespondenzen. Er verband dies mit einem Hymnus auf die Zeitung und den Journalismus und stilisierte sich selbst zum Produkt und zugleich Propagandisten der schnellebigen Moderne. Während viele Zeitgenossen die allgemeine Beschleunigung, die Verfügbarkeit von immer mehr Informationen aus immer entfernteren Gegenden, die Entzauberung der Welt und die Globalisierung von Wirtschaft, Technologie und Politik eher skeptisch wahrnahmen, begeisterte Bamberger sich für diese Erscheinungsformen der Moderne. Ein „rastlos bringende[s] und rastlos verschlingende[s] Moment" sei „das Mysterium unserer maßgebenden Weltanschauung: Zunächst verrät es merkbar die umsichgreifende Erschütterung des Glaubens an ein Jenseits; denn wer dem Tode ernstlich traut, wirft sich nicht mit solcher Gewalt an die Brust des Augenblicks". Symbol der „weltbeherrschenden" Gottgleichheit des modernen Menschen war für ihn die Tagespresse: „Auf dem Blatt, das uns zum Frühstück vorgelegt wird, schwingen wir uns empor zur Sonnenhöhe, von der herab der ganze Erdball wie das Tischtuch vor uns ausgebreitet liegt; und in geringerer Zeit[,] als der

Ludwig Bamberger (1823–1893)

Zucker braucht[,] um in der Theetasse zu schmelzen, schweift unser Auge von dem Palast des Taikun [japanischer Feldherr] über den stillen Ozean zu dem weißen Hause von Washington. Welch Meisterwerk der Schöpfung wirkt erstaunlicher als diese sturmbeflügelte Zeitungspresse, die, während wir den letzten Morgentraum ausschlafen, mit hunderttausend Kehlen den Verlauf des neuesten Weltprozesses in die Luft schmettert als die wackerste, munterste, Gott preisende Dampf-Lerche des Himmels und der Erde. Der ist kein echter Sohn des Jahrhunderts, dem nicht der eigentümlich süße, frische, feuchte Duft des eben geborenen Morgenblatts ein Wohlgeruch ist, trotz dem Odem des Feldes. Wir schlagen es auf, und verrichten unser Frühgebet. Denn jetzt begrüßen wir das Universum bis zu den Antipoden und fühlen uns gestärkt in der Gemeinschaft des Denkens und Wissens mit hunderttausenden unseres Gleichen [...]."[1]

In Bambergers Kult der Presse als „Dampf-Lerche", als Ausdruck und Vollenderin der in „Dampf und Elektrizität" symbolisierten industriellen Revolution, ersetzte Technikbegeisterung biedermeierlich-romantische Naturmystik. Bamberger betrieb die Säkularisierung der Gesellschaft, indem er den Jenseitsglauben durch augenblicksverhaftete Informationsgläubigkeit und die rationalistische Illusion ersetzte, alles verstehen zu können. Er bekannte sich zu einer modernen Bürgerlichkeit, die sich durch Fortschritts- und Industriebegeisterung, Kampf für die individuelle Freiheit, Religionsferne und ethisch-politische Westorientierung auszeichnete, mit der sich aber im Deutschland der Reichsgründungszeit nur eine kleine, radikale Minderheit identifizierte.

Zusammen mit dem acht Jahre älteren Otto von Bismarck, mit dem ihn eine Haßliebe verband, war Bamberger wohl der erste erfolgreiche moderne Politiker in Deutschland. Sein Selbst- wie sein Politikverständnis wären undenkbar gewesen ohne die Revolution von 1848/49 und spezifische Aspekte seiner Herkunft und Biographie. Er selbst hat später die Revolution als Gelegenheit bezeichnet, „mich für das politische Leben einzuüben und für alle Folgezeit den Grund zu legen".[2]

Ludwig Bamberger wurde am 22. Juli 1823 in Mainz geboren als Sohn des jüdischen Kaufmanns und kleinen Bankiers August Bamberger und seiner Frau Amalia, die aus der weitverzweigten Bankiersfamilie Bischoffsheim stammte. Die wichtigsten geistigen Einflüsse, die ihn fürs Leben prägten, erhielt er während seines Jurastudiums, das er 1842 in Gießen begann, durch den Linkshegelianismus und in seiner Heidelberger Studienzeit seit Herbst 1843 durch die liberale Nationalökonomie in der Nachfolge Adam Smiths, die den wirtschaftlichen Bereich als sich selbst regulierendes System verstand, in das der Staat möglichst nicht eingreifen sollte. Nach einem Semester in Göttingen beendete Bamberger im April 1845 das Studium und legte nach seiner Referendarzeit am Appellationsgericht im Frühjahr 1847 das Staatsexamen ab.

Da er als Jude keine Stelle im Staatsdienst antreten konnte, war ihm die Richterlaufbahn verschlossen, und bis zur Zulassung als Anwalt mußte er mit einer zehn- bis 15jährigen Wartezeit rechnen. So orientierte er sich auf eine akademische Karriere und setzte seine Studien, vor allem im Bereich der Philosophie fort. Er gehörte damit zu einer gesellschaftlich marginalisierten Intelligenz, aus der sich ein großer Teil der bürgerlichen Aktivisten von 1848/49 rekrutierte. Das unabhängige Leben, das er an wechselnden Orten führte, lockerte die innere Bindung des 24jährigen an die herrschenden bürgerlichen Wertvorstellungen und erhöhte seine politische Risikobereitschaft weiter – ebenso wie seine bevorzugte Lektüre, die französischen Frühsozialisten.

Als die ersten Nachrichten von der Pariser Februarrevolution nach Deutschland drangen, war Bamberger in Heidelberg. Voller Hoffnung auf eine grundsätzliche Veränderung seines Lebens begab er sich nach Straßburg, die nächstliegende französische Stadt, um sich über Verlauf und Ziele der Revolution zu informieren. Dort wurden er und einige genauso spontan angereiste Freunde als offizielle Delegation der Heidelberger Studenten, am nächsten Tag gar als Deputation der deutschen Universitäten auf der Siegesfeier der Revolutionäre der Straßburger Öffentlichkeit vorgestellt und von dieser bejubelt. Zwar reisten sie daraufhin wieder ab, weil ihnen diese Stilisierung unheimlich wurde. Aber diese Episode hatte Bamberger doch deutlich gemacht, wie sehr die Dinge im Fluß waren und welche Chancen die Revolution demjenigen bot, der ungebunden war, entschlossen und wagemutig zu agieren vermochte.

Bamberger ging zurück nach Mainz, wo er rechtzeitig eintraf, um die dortige Siegesfeier der Revolution mitzuerleben, nachdem der Großherzog eine liberale Regierung ernannt und alle Forderungen der aufständischen Bürger bewilligt hatte. Die Ereignisse des Februar und März lösten die Einstellungen und Handlungsweisen Bambergers wie auch vieler anderer aus seiner Generation aus einer

Erstarrung. Über Nacht wurden zuvor schier unüberwindliche Wi-
derstände und Instanzen brüchig. Dies zeigte sich auch daran, daß
Bamberger bei der Mainzer Revolutionsfeier eine junge Frau „im
Gedränge fest am Arme hatte": Anna Belmont (1826–1874), seine
Cousine und Geliebte, mit der er sich gegen den Widerstand ihrer
Familie am selben Tag verlobt hatte. Am nächsten fällte er eine weitere Lebensentscheidung: er überredete den Verleger der kleinen,
liberalen *Mainzer Zeitung*, ihn als Redakteur einzustellen, und entschied sich damit für den Beruf des Journalisten – einen der typischen
Berufe moderner Politiker – und zugleich gegen den des Gelehrten
– den typischen Beruf der älteren Generation, der gemäßigten Liberalen von 1848.

All dies war eine Entwicklung von Tagen. Seit dem 10. März
schrieb er für das Blatt radikale, zutiefst von einer aus seinem Hege-
lianismus gespeisten Siegesgewißheit geprägte Leitartikel, die dessen
Auflage sprunghaft steigen ließen. Aus dem von elterlichen Zu-
wendungen lebenden Privatgelehrten war ein gutbesoldeter Bürger
mit politischem Gewicht geworden, dessen Einfluß von Tag zu Tag
wuchs, da er nicht nur ein brillanter Journalist, sondern auch ein
charismatischer Volksredner war. Innerhalb weniger Wochen wurde
er ein politischer Star in seiner Vaterstadt, die nicht zuletzt aufgrund
seiner Agitation zu einem der Zentren des Radikalismus wurde.

Bambergers Leitartikel für die *Mainzer Zeitung* wiesen bereits die
Charakteristika auf, die sein ganzes journalistisches Œuvre maßgeblich geprägt haben:
– Einsatz für einen deutschen Einheitsstaat, da die Kleinstaaterei die
  Ursache der unpolitischen Mentalität der Deutschen und die
  Quelle ihrer wirtschaftlichen und politischen Rückständigkeit sei,
– tiefes Mißtrauen gegen die deutschen Fürsten und ihre Regierungen und daraus folgend Kampf gegen die Vertrauensseligkeit der
  meisten Liberalen und Demokraten,
– Werben für Toleranz und der immer wiederkehrende Versuch, mit
  rationalen Argumenten zwischen den Parteien zu vermitteln,
– Kampf gegen Maschinenstürmerei, was von Bambergers unzer-
  störbarem Glauben an den Segen des industriellen Fortschritts
  und zugleich von seiner zutiefst bürgerlichen Verständnislosigkeit
  für jene proletarische „Kultur der Armut" zeugte, die sich 1848
  erstmals politisch artikulierte, sowie
– Einsatz für die deutsch-französische Verständigung, indem er der
  Franzosenfurcht vieler deutscher Nationalisten, vor allem aus den

östlichen Regionen des späteren Reichs, mit Aufklärung über das Nachbarland zu begegnen suchte.

Bereits am 16. April 1848 erlebte Bamberger den Höhepunkt seiner steilen ersten politischen Karriere: Auf seine Initiative sprach sich eine Massenversammlung für Volkssouveränität und ein Ein-Kammer-Parlament für den Deutschen Bund aus und zwang damit das seit Anfang März regierende Mainzer Bürgerkomitee, das eine Verfassung mit den herrschenden Fürsten vereinbaren wollte, zum Rücktritt. In den nächsten Tagen wurde ein neues, radikales Komitee gewählt, dem auch Bamberger angehörte und in dem seine politische Richtung über die Mehrheit verfügte.

Nach diesem schnellen Erfolg stieß jedoch der von Bamberger vertretene Radikalismus bereits in den Tagen an seine strukturell bedingten Grenzen, in denen im ganzen Deutschen Bund während der Wahlen zur Nationalversammlung die Hoffnungen auf Einheit und Freiheit ihren Höhepunkt erreichten. Für scharfe Analytiker wie Bamberger kündigte sich damit das Scheitern der Revolution bereits an. Auf Druck einer gemäßigten Bevölkerungsmehrheit und des Bürgermeisters mußte sein radikales Bürgerkomitee nach wenigen Tagen zurücktreten. Auch verlor er seinen Redakteursposten, weil viele Abonnenten mit Abbestellung der *Mainzer Zeitung* drohten. Schließlich kam es am 21./22. Mai zu einem Zusammenstoß mit den loyalen Bundestruppen der Festung Mainz, in deren Verlauf diese die Bürgerwehr mit der Drohung, die Stadt zu bombardieren, zwangen, ihre Waffen abzugeben. Die Absetzung des Bürgerkomitees, die Anfälligkeit von Bambergers Agitationsbasis für ökonomischen Druck und vor allem die Wehrlosigkeit der Revolutionäre waren Ausdruck wohl unlösbarer Probleme des Radikalismus: Als unorganisierte, spontan entstandene politische Kraft mit basisdemokratischer Programmatik, die sich auf keinerlei politische Institutionen stützen konnte, waren die wirkungsvollsten politischen Instrumente der Radikalen Demonstrationen und Massenversammlungen. Hier vermochten sich in der Regel die radikalen, charismatischen Volksredner wie Bamberger mit ihren einfachen Parolen Mehrheiten zu verschaffen. Ohne Rückhalt in den politischen Institutionen waren die gefaßten Beschlüsse jedoch häufig nicht durchsetzbar, und ohne politische Organisationen ließ sich der aufgebaute Druck nicht dauerhaft erhalten. Die Mehrheit der Bevölkerung blieb außerdem auch in den Hochburgen der Revolution unpolitisch und ließ sich allenfalls punktuell mobilisieren.

Zwar arbeiteten die Mainzer Radikalen – ebenso wie ihre Genossen andernorts – in den folgenden Monaten mit Erfolg an der Überwindung ihrer organisatorischen Defizite, indem sie mit den demokratischen Vereinen die erste moderne Mitgliederpartei in Deutschland aufbauten. An der hoffnungslosen Unterlegenheit gegenüber dem Militär änderte dies jedoch nichts. Ein weiteres Problem, das zu den Ursachen des Scheiterns der Revolution gehörte, war der Gegensatz zwischen lokalem (und häufig auch in seiner Perspektive lokal beschränktem) Radikalismus und den weitaus gemäßigteren Parlamenten.

Bamberger, der erst im Juli 1848 mit seinem 25. Geburtstag das aktive und passive Wahlrecht erhielt – also zu spät, um in die Nationalversammlung oder den hessischen Landtag gewählt werden zu können, ging Mitte Mai als Parlamentsreporter nach Frankfurt, um für verschiedene demokratische Blätter von den Verhandlungen in der Paulskirche zu berichten. Er gehörte dort auch ohne Mandat zum inneren Kreis der linken Parlamentsopposition. Hier entstanden lebenslange, seit 1866 allerdings teilweise durch die unterschiedlichen politischen Entscheidungen getrübte Freundschaften zu den Abgeordneten Moritz Hartmann, Johann Jacoby, Julius Fröbel, Ludwig Simon, Arnold Ruge u. a. Mit den rheinhessischen Abgeordneten Franz Zitz und Martin Mohr teilte er sich sogar eine Wohnung. Seit der Wahl des alternden, gemäßigt liberalen österreichischen Erzherzogs Johann zum Reichsverweser Ende Juni nahm Bambergers Interesse an den Paulskirchenverhandlungen deutlich ab. Seine Berichterstattung wurde zunehmend kritischer; er wollte die Gründe für die auf eine Verständigung mit den Fürsten abzielende Taktik der Mehrheitsfraktionen nicht akzeptieren und mokierte sich über die Langwierigkeit der parlamentarischen Debatten und Entscheidungsprozesse.

Seit Juli 1848 arbeitete Bamberger zwar weiter in verschiedenen radikalen Organisationen führend mit und erhielt auch seinen Redakteursposten zurück. Aber der Optimismus des Frühjahrs war verschwunden. Sein Engagement wirkt eher wie Pflichterfüllung und wie der Versuch, wenigstens dauerhafte organisatorische Strukturen im Hinblick auf eine erhoffte ‚zweite Revolution‘ zu schaffen. Spätestens seit der blutigen Niederschlagung des Wiener Oktoberaufstands mit der Erschießung Robert Blums verschärfte sich derTon seiner Artikel spürbar. Der Glaube an die Möglichkeit radikaler Reformen auf parlamentarischem Wege mit Hilfe öffentlichen Massen-

drucks verschwand. An seine Stelle trat eine fatalistisch-trotzige Wi-
derstandsgesinnung, die sich unabhängig von den Niederlagen der
Revolution gegen das Militär in Wien, Berlin und vielen anderen Orten Deutschlands und Europas steigerte. Die Polarisierung zwischen
der auch zu militärischem Widerstand bereiten Linken, die sich bun-
desweit in den Märzvereinen zusammenschloß, und den gemäßigten
Liberalen, die entweder resignierten oder aus Angst vor einer sozialen Revolution sogar die Reaktion begrüßten, verschärfte sich. An
den unterschiedlichen Versuchen der Linken, mindestens in ihren
verbliebenen Hochburgen in Sachsen und Thüringen, West- und
Südwestdeutschland eigene Strukturen von Gegenmacht aufzubauen, beteiligte sich Bamberger u. a. mit einem auf seine familiäre
Herkunft zurück- und zugleich auf seine berufliche Zukunft voraus-
weisenden Projekt: Er propagierte im Frühjahr 1849 Proudhons Idee
massenhafter Volksbank-Gründungen. Diese Idee kam nicht nur
Bambergers ausgeprägtem Pragmatismus entgegen. Sie korrespondierte auch mit seinem lebenslangen Glauben an die bürgerliche
Selbsthilfe und daran, daß der Kapitalismus nach und nach auch die
Unterschichten verbürgerlichen werde.

Die Entwicklung des Radikalismus zu einer Widerstandsgesin-
nung, die auch den Einsatz militärischer Gewalt nicht ausschloß, bildete den Hintergrund dafür, daß sich erstaunlich viele Menschen an
der Reichsverfassungskampagne beteiligten, obwohl ihre hoffnungs-
lose Unterlegenheit gegenüber der preußischen Armee offensichtlich war. Diese Risikobereitschaft trug deutlich fatalistische Züge.
Ein Mainzer Massenbankett zur Feier des Jahrestags der Pariser Revolution am 24. Februar veranschaulicht den Zeitgeist in den Hochburgen der Revolution im Frühjahr 1849, an dessen Inszenierungen
Bamberger als Journalist und Volksredner maßgeblich beteiligt war.
Mehr als 3000 Menschen waren essend und trinkend versammelt.
Auf der Rednerbühne stand die Büste Blums. Über ihr wehte die rote
Fahne, flankiert von der US-amerikanischen und der französischen,
die die republikanischen Vorbilder repräsentierten, sowie die italienische, polnische und deutsche, die für die noch ‚unerlösten' Völker
standen. Parolen nannten die demokratischen Hauptforderungen,
erinnerten an Märtyrer und Daten der Revolution. Bamberger, der
eine der Hauptreden hielt, wies deutlich auf den Widerspruch zwischen dem Pathos dieser Inszenierung und den Chancen der Revolution hin: „Die Revolution ist kein Freudenmahl! Wir können noch
nicht triumphieren. Ein Ozean von Blutsthränen liegt noch zwischen

uns und dem Land der Freiheit. Aber [...] wir sind Männer der Zukunft."³ War die Niederlage auch absehbar, so blieb der Fortschritts-
optimismus doch ungebrochen. Zugleich verwies die Inszenierung
auf den bürgerlichen Kosmopolitismus von 1848 und auf die ideolo-
gische Orientierung des Radikalismus auf den Westen.

Im Mai 1849 wurde Bamberger doch noch in die Deutsche Nationalversammlung gewählt, nahm sein Mandat auch am 4. Juni an,⁴
zog es dann jedoch vor, als Kommandant eines 1500köpfigen Mainzer Freiwilligenverbandes zum bewaffneten Kampf für die Reichsverfassung in die Pfalz zu ziehen. Die scharfe Selbstkritik, die er noch
im selben Jahr über diesen von vornherein wegen mangelnder militärischer Erfahrung und Ausrüstung zum Scheitern verurteilten
Feldzug veröffentlichte,⁵ deutet darauf hin, daß vor allem ein männ-
licher Ehrbegriff, wie er für die Linke von 1848 insgesamt charakte-
ristisch ist, Bamberger zu diesem Abenteuer wider alle Vernunft veranlaßt hat. Man führte Dinge, die man begonnen hatte, unter allen
Umständen zu Ende und wollte keinesfalls feige erscheinen. Zugleich vermitteln die Liebesbriefe an seine Braut aus der Zeit dieses
Feldzugs, die Bamberger in seinen ,Erinnerungen' auszugsweise abgedruckt hat, den Eindruck einer spielerischen, etwas unreifen
Grundhaltung. Mehrfach verließ er seine Truppe, um die Geliebte zu
treffen. Mit der Beteiligung am bewaffneten Kampf für die Reichsverfassung handelte sich Bamberger jedenfalls – neben zahlreichen
kleineren Strafen für andere Vergehen – die Verurteilung in Abwesenheit zum Tode und damit ein fast 20jähriges Exil ein.

Trotz aller Kritik, die auch die eigene Person nicht ausnahm, hat
sich Bamberger – auch darin ein typischer „48er" – nie von seinen revolutionären Aktivitäten distanziert. Er sah sein späteres politisches
Wirken in der Kontinuität der Ziele, die er bereits 1848/49 verfolgt
hatte. Noch in seine seit 1895 erscheinenden ,Gesammelten Schriften' nahm er – unter der ironischen Überschrift „Die Flitterwochen
der Pressefreiheit" eine Auswahl seiner radikalen Leitartikel auf. In
seinen Briefen schwelgte er immer wieder in Reminiszenzen an die
gemeinsamen Kämpfe der Revolutionszeit und gedachte der Jahres-
tage herausragender Ereignisse.⁶

In einem langen Artikel für Proudhons Zeitung *La Voix du Peuple*
bezog Bamberger 1850, am Ende der europäischen Revolutionen
und bereits als Emigrant, Stellung zu der für den deutschen Liberalismus zentralen Frage der deutschen Einheit. Er lehnte jede Beteiligung an dem national-konservativen Einigungsprojekt einer Deut-

schen Union unter preußischer Führung strikt ab, die Friedrich Wilhelm IV. und sein Berater Joseph Maria von Radowitz zu realisieren versuchten. Vielmehr entmystifizierte er den Wunsch der Deutschen nach nationaler Einheit: „Ich habe vom ersten bis zum letzten Moment in den Reihen der deutschen Revolution gedient und wiederhole: dieser vielgepriesene Kult der deutschen Einheit beherrschte die Herzen des Volkes nicht. Wenn es dieser Parole applaudierte, so geschah dies nur, weil man es indoktriniert hatte [...]." Bamberger formulierte eine politische, weder von einem historischen noch von einem ethnischen oder kulturellen Begriff der Nationalität abgeleitete Vorstellung von deutscher Einheit: „Ich leugne jene Einheit, die Gegenstand eines idealisierenden Kults, einer mystischen Religion, einer romantischen Liebe ist, mit einem Wort: ich leugne sie als Frage der Nationalität. Aber ich bejahe sie als unsere erste revolutionäre Aufgabe, als die Grundbedingung unserer Existenz, mit einem Wort: ich bejahe sie als vordringliche politische und administrative Reform."

„Die Reaktion" habe von Anfang an die Idee der Einheit verfälscht; in deren Geburtsstunde habe sie „in die Arme der Revolution ein kleines lebloses Monster gedrückt und das natürliche Kind erwürgt". Die Gegner der Einigung hätten die politische Frage der staatlichen Einigung („das natürliche Kind") nationalistisch aufgeladen, damit sie sich an den Aporien der mitteleuropäischen Nationalitätenprobleme totlaufe. Bambergers Darlegungen von 1850 zeigen, daß in den Debatten über die staatliche Neuordnung des Deutschen Bundes keineswegs allein in der Tradition Fichtes, Arndts, Jahns usw. nationalistisch oder mit einem spezifisch deutschen „Volkstum" (und den dann unvermeidlichen xenophoben und segregierenden Nebentönen) argumentiert wurde. Vielmehr gab es auf der Linken auch die rein politische Idee der staatlichen Einheit, die neben Bamberger in dieser Zeit von seinen Freunden Julius Fröbel, Carl Vogt, Ludwig Simon und anderen Paulskirchendemokraten vertreten wurde. Die Nationalbewegungen in Italien, Polen, Böhmen und Ungarn verfolgten Bamberger zufolge den zum Scheitern verurteilten oder in die Reaktion führenden Irrweg, staatliche Einheit als Frage der Nationalität anzusehen. Es handle sich jedoch mindestens in Deutschland nicht um „die *Wiederherstellung nationaler Einheit*", sondern um „die *Herstellung politischer Einheit*". Es gehe darum, „die 34 Souveräne zu verjagen und Deutschland zu einem einzigen Staat zu vereinigen. [...] Sind die Fürsten erst einmal verjagt, ergibt sich der Rest

ohne ernsthafte Probleme." Der Appell an nationalistische Emotionen lenke von den allein wichtigen politischen Fragen ab und liege
deshalb im Interesse der Reaktion. Bamberger knüpfte mit dieser rationalistischen Auffassung an die angelsächsisch-aufklärerische Tradition an und stellte sich gegen den religiös-revolutionären Volunta-
rismus Mazzinis oder Kossuths, mit denen Ruge zur selben Zeit im
Londoner Europäischen Zentralkomitee der Demokraten zusam-
menarbeitete: „Vergleichen Sie die gesunde und einfache Logik der
Erklärung der Menschenrechte vom 4. Juli 1776 mit der apokalypti-
schen Sprache piemontesischer, polnischer oder ungarischer Mani-
feste!"

Die seit 1848 mit hohem emotionalen Engagement diskutierte
Schleswig-Holstein-Frage war für Bamberger ein Beispiel für die
Aussichtslosigkeit des unpolitischen, d. h. nichtrevolutionären Nationalismus: die Kooperation mit den Fürsten und die Hoffnung, mit
ihnen zusammen zu einer Lösung zu kommen, habe von Niederlage
zu Niederlage geführt.[7] Im Festhalten an einem politischen, in der
westlichen Tradition stehenden Nationsbegriff gegen einen zunehmend völkischen Zeitgeist lag eine über sonstige Gegensätze hinaus-
reichende Gemeinsamkeit im politischen Denken der meisten Paulskirchenlinken.

Nach der Niederlage der Revolution entschied sich Bamberger für
eine Lehre im internationalen Bankhaus Bischoffsheim, das zwei
Brüdern seiner Mutter gehörte. Nach einem Jahr in den Filialen in
London, Antwerpen und Amsterdam eröffnete er 1851 mit Unterstützung seiner Onkel ein eigenes Bankhaus in Rotterdam. 1853 gab
er diese mäßig erfolgreiche Unternehmung in einer Stadt, die vor allem seiner Frau überhaupt nicht behagte, auf, da er als Prokurist in
die Pariser Filiale des Bankhauses wechseln konnte. Sein Gehalt von
12 000 Francs (3240 Taler) jährlich, mit dem er in Deutschland ein
reicher Mann gewesen wäre, erlaubte ihm im teuren Paris seiner
rückblickenden Darstellung zufolge nur ein Leben „auf ordentlich
geringe[m] Fuß". Er nahm aber am gesellschaftlichen Leben der
Bourgeoisie teil und führte ein gastfreies Haus. Nachdem 1860 seine
Gewinnbeteiligung erhöht worden war, und dank der Hochkonjunk-
tur in Frankreich konnte er ein großes Vermögen vor allem an Ei-
senbahnobligationen akkumulieren, das nach eigenen Angaben Ende
der sechziger Jahre die enorme Rendite von mehr als 50 000 Talern
jährlich abwarf. So konnte er sich 1866 aus dem aktiven Geschäfts-
leben zurückziehen, um sich ganz der Politik zu widmen.[8]

Diese persönliche Erfolgsgeschichte bestimmte in hohem Maße Bambergers Glauben an das freie Spiel der Marktkräfte und daran, daß jeder die gleiche Chance habe, bei entsprechendem Einsatz wirtschaftlich erfolgreich zu sein. Bis in die 1890er Jahre hinein war Bamberger ein vehementer Gegner des Staatsinterventionismus, wozu er auch jede Form von staatlich gestützter Sozialversicherung zählte. Beides sah er als unzulässige Einschränkung des individuellen Freiheitsspielraums und Anreiz zu unverantwortlichem Verhalten an. Die beste Sozialpolitik bestand für ihn darin, ein möglichst ungehindertes Wirtschaftswachstum durch Freihandel, Industrialisierung und einen schwachen Staat zu ermöglichen. Auch die Arbeiter würden davon profitieren und allmählich in die Mittelschicht aufsteigen. Erst am Ende seines Lebens ließ sich Bamberger durch die ökonomische Entwicklung eines Besseren belehren.

Die Realisierung seines Wunsches nach einem einigen, mächtigen und in wirtschaftlicher wie politischer Hinsicht liberalen Deutschland erhoffte Bamberger immer weniger vom „Volk" das er schon in seiner Selbstkritik von 1849 als unfähig zur Revolution charakterisiert und dem er seit 1850 immer wieder fehlenden Willen zur Einheit attestiert hatte. Er erwartete eine Lösung der deutschen Fragen zunehmend von der veränderten internationalen Konstellation und hielt sie nur als Ergebnis eines Krieges zwischen den beiden deutschen Großmächten für möglich. Nachdem der Krimkrieg zu einer Schwächung der Bamberger besonders verhaßten reaktionären Großmächte Rußland und Österreich geführt hatte, brach sein politischer Optimismus endgültig im Mai 1859 wieder durch. Das napoleonische Frankreich begann unter dem Banner des Selbstbestimmungsrechts der Völker einen Krieg gegen Österreich, um die Befreiung Italiens zu unterstützen (und nebenbei einige norditalienische Territorien zu erobern). In einer aufsehenerregenden, anonym publizierten Broschüre ‚Juchhe nach Italia' rief er zur Solidarität mit der italienischen Einigung auf, die die deutsche erleichtern werde. Er widersprach damit einer Solidarisierung des übrigen Deutschland mit Österreich gegen Napoleon. Österreich sei „das böse Prinzip Deutschlands [...], die Vielherrschaft, die Zerstückelung, die Dunkelheit, der Jesuitismus, der Rückschritt und die Luderwirtschaft des patriarchalischen Polizeiregiments". Das aufgrund der diplomatischen Niederlage im Krimkrieg, der militärischen gegen Italien und der heftigen ökonomischen Probleme geschwächte Österreich sollte endgültig aus dem Deutschen Bund herausgedrängt werden.

212   *Ludwig Bamberger*

Bamberger plädierte für eine Überwindung der deutschen Kleinstaaterei durch einen Einheitsstaat nach preußischem Vorbild und
setzte dabei nun offen auf Preußens militärische Macht. Seit 1866
war er ebenso wie Ruge von der Alternativlosigkeit der Bismarckschen Einigungspolitik überzeugt. Ihre realpolitische Selbstkritik,
die sie zu der Überzeugung gebracht hatte, daß der Weg von unten
zur deutschen Einheit – sei er basisdemokratisch oder parlamentarisch – nicht gangbar sei, und hegelianisches, staatsfixiertes
Geschichtsdenken mit der These von der ‚deutschen Sendung‘
Preußens bekehrten einen großen Teil der 48er zu der von Bamberger entwickelten Strategie „durch Einheit zur Freiheit". Außerdem
sah diese alternde politische Generation im Bündnis mit Bismarck
die letzte Chance, die Realisierung des Hauptziels ihres Engagements noch zu erleben. Die Revolution von oben der Jahre 1866–71
wurde als die einzig realistische Möglichkeit zur Verwirklichung
mindestens einiger Ziele von 1848 angesehen.

Da er nicht mehr an die Möglichkeit einer Modernisierung
Deutschlands von unten her glaubte, interessierte sich Bamberger
nach seiner Rückkehr aus dem Exil im Jahr 1868 ausschließlich für
die nationale Ebene der Politik. Nachdem er 1868 und 1871 in seiner Heimatstadt nur mit äußerst knapper Mehrheit als Nationallibe-
raler erst ins Zollparlament und dann in den Reichstag gewählt worden war, wechselte er 1874 in den sicheren liberalen Wahlkreis
Bingen/Alzey, den er bis 1893 vertrat. Ihm kam es weniger auf die
Verwurzelung in einem lokalen Milieu an als darauf, mit möglichst
geringem Aufwand die Möglichkeit zu großer Politik zu haben.
Diese nicht nur bei Bamberger zu beobachtende Geringschätzung
politischer Basisarbeit und der Verwurzelung vor Ort gehört zu den
Ursachen der abnehmenden Wählerresonanz des Liberalismus und
insbesondere des Linksliberalismus im Kaiserreich.

Vor allem in der Phase der Zusammenarbeit der Nationalliberalen
mit der Regierung Bismarck in der Reformphase der 70er Jahre
gehörte Bamberger zu den einflußreichsten Parlamentariern. Sein
Hauptgebiet war die Währungs- und Finanzpolitik. Seine Handschrift tragen das Münzgesetz von 1873 und das Bankgesetz von
1874. Zugleich war er 1869/70 maßgeblich an der Gründung der
Deutschen Bank beteiligt, da er die Existenz eines kapitalkräftigen
privaten Bankwesens als notwendig für die wirtschaftliche Entwicklung Deutschlands ansah. Sein Einsatz galt der Durchsetzung des
westlichen Kapitalismus, in dessen Entwicklung der Staat möglichst

wenig – weder durch Sozialpolitik noch durch Schutzzölle – eingreifen sollte. Bamberger nannte in seinen politischen Schriften immer wieder „Dampf und Elektrizität", also die industrielle Revolution, als die „Testamentsvollstrecker" der Ideen von 1789.[9] Auf diesem gewissermaßen materialistischen Weg sollte die Demokratisierung und Verbürgerlichung der deutschen Gesellschaft erreicht werden, die er seit 1848 für unfähig zur Revolution hielt.

Mathilde Franziska Anneke:
Die Vernunft gebietet uns frei zu sein

Von Susanne Kill

Als Mathilde Franziska Anneke am 8. Oktober 1849 das Zwischendeck des Handelsschiffes Robert Parker in Le Havre bestieg, um sich sieben Wochen später von New York aus eine neue Existenz zu erschließen, war sie 33 Jahre alt. Gemeinsam mit ihrem Ehemann Fritz Anneke, ihrer 12jährigen Tochter aus erster Ehe und dem einjährigen Sohn verließ sie die Alte Welt in der Hoffnung „auf gesündere Lebensluft" und mit dem festen Vorsatz, sich „ohne diese verpestete Nähe der fürstlichen Speichellecker und Henkersknechte [...] all den europäischen Ärger aus dem Sinn" zu schlagen.[1] Dabei war es ihr schwergefallen, „Deutschland mit seinen Herrlichkeiten", „das liebliche Land, das so viel Elend dennoch trägt", zu verlassen. „Amerika? Ja, meine Sehnsucht ist es niemals gewesen",[2] schrieb sie an ihre Freundin Franziska Hammacher.

Seit der gemeinsamen Flucht des Ehepaars aus der Festung Rastatt im Juli 1849 war Zürich zu einer ihrer Zwischenstationen der Emigration geworden. Hierhin schickte auch Friedrich Hammacher das dringend benötigte Geld für die Überfahrt nach Amerika. Ein Zurück nach Deutschland war sowohl für Fritz als auch für Mathilde Franziska Anneke ausgeschlossen. Beide hatten ihre Existenz eng an das Gelingen der Revolution geknüpft. Fritz Anneke drohte als Offizier der vereinigten badischen Liniensoldaten, Bürger- und Volkswehren im günstigsten Fall das Gefängnis und seiner Frau, die ihm im Juni 1849 rheinabwärts von Köln nach Baden gefolgt war, die Ausweisung.

Bereits vor ihrer Entscheidung, als Ehefrau und Beobachterin an den letzten militärischen Auseinandersetzungen der Revolution in Baden teilzunehmen, hatte sich Mathilde Franziska Anneke einen Namen gemacht, der vor allem auf ihrer Tätigkeit als Publizistin, Journalistin und Schriftstellerin, aber auch auf ihrem ungewöhnlichen Lebensweg gründete. Ohne Scheu vor der klatschsüchtigen Öffentlichkeit des Vormärz veröffentlichte sie 1844 unter ihrem voll-

Mathilde Franziska Anneke (1816–1884)

ständigen Namen, Mathilde Franziska, verehelicht gewesene v. Tabouillot, geb. Giesler, die Anthologie ‚Producte der Rothen Erde‘.[3] Mit diesem ‚Westfälischen Jahrbuch‘, einer Sammlung von Aufsätzen, Erzählungen und Gedichten, bekannte sich Anneke – zu einer Zeit, als es Frauen noch längst nicht selbstverständlich war, unter ihrem Namen zu publizieren – zu ihrer Identität als geschiedene Frau und Tochter eines angesehenen Bürgers.

Heimlichkeiten, Lügen und Unaufrichtigkeit waren Anneke ihr Leben lang zuwider. So konnte sie sich auch wenig mit dem in der Öffentlichkeit kursierenden Bild einer intellektuellen Amazone der Revolution anfreunden. Ein Karikaturist hatte sie hoch zu Roß, mit

Brille auf der Nase und dem berühmten Heckerhut auf dem Kopf gezeichnet. In ihren ‚Memoiren einer Frau aus dem badisch-pfälzischen Feldzug'⁴ war sie um Richtigstellung bemüht: Sie habe den
Feldzug in „gewöhnlicher Frauentracht, die nur durch ein leinenes
Beinkleid zu einem Reitanzuge complettirt wurde", mitgemacht und
war nicht ausgestattet mit „wuchtigem Schleppsäbel, [...] Hirsch-
fänger, Muskete und Männerkleidung", das „fabelhafteste Kostüm,
das wohl jemals eine Frau getragen haben kann".⁵ Daß sie solch
„lächerlicher Extravaganz" bezichtigt wurde, empörte sie besonders,
da dies die „eigentlichen Motive, welche mich aus meinem mir ursprünglich angewiesenen Kreis in das Kriegsgewirre hinaustreten
liessen", verschleierte.

In der Vorrede ihrer 1853 im amerikanischen Selbstverlag er-
schienenen Memoiren wandte sich Anneke insbesondere an die
„Frauen daheim".⁶ Mit sicherem Gespür für weibliche Kritik war es
ihr ein Anliegen, den ungewöhnlichen Schritt zu erklären, weshalb
sie am Feldzug der dritten badischen Erhebung im Frühsommer
1849 teilgenommen hatte. Mit der Kraft starker Gefühle und tiefer
Überzeugung versuchte sie der Denunziation entgegenzutreten: Die
Liebe zu ihrem Mann und der Haß, „der glühende, im Kampf des Lebens erzeugte Hass gegen Tyrannen und Unterdrücker der heiligen
Menschenrechte" sowie die Hoffnung auf den „Anfang eines Sieges
über die Unterdrücker",⁷ das waren die wahren und lauteren Beweggründe ihrer ungewöhnlichen Konsequenz. Daß sich Anneke „besonders" an ihre Leserinnen wandte, markiert den Bruch mit ihrer
Vergangenheit. Der Diskurs der Frauen daheim – „mit ästhetischer
Gravität schön reden über das, was ein Weib tun soll, tun darf"⁸ – erschien ihr nach den Erfahrungen eigener Handlungsmöglichkeiten
während der deutschen Revolution wie auch in ihrer neuen Heimat
als unangemessen. Längst war sie dem Milieu entwachsen, in dem sie
die schöne Rede „einst auch getan" hatte.

Obwohl Anneke durch ihre bürgerliche Herkunft und Erziehung,
der das Räsonieren als eine Tugend galt, geprägt worden war, er-
schöpfte sich das „Einst" keineswegs im Salonräsonnement. 1817 als
älteste Tochter von zwölf Kindern geboren, verlebte sie ihre Jugend-
zeit auf dem großväterlichen Gut Ober-Levringhausen und in Blankenstein an der Ruhr. Die Familie ihres Vaters Carl Giesler zählte zu
den wohlhabenden und angesehenen Bürgern des Bergischen Lan-
des.⁹ So war Freiherr vom Stein, dem als Vertreter des reformwilli-
gen Preußen noch nach den Napoleonischen Kriegen in der jungen

preußischen Provinz Westfalen viel Respekt entgegengebracht wurde, einer der Paten ihres Vaters. Carl Giesler pflegte den Kontakt zu den einflußreichen Männern Westfalens wie Fritz Harkort, Carl Friedrich Gethmann und Ludwig Sombart. Selbst aus wohlhabendem Haus, verheiratet mit der katholischen Handwerkerstochter Elisabeth Hülswitt, Rentmeister in preußischen Diensten und als Beigeordneter und Kirchenrat in Blankenstein tätig, konnte er seine Kinder in einem bürgerlichen Milieu aufwachsen lassen, in dem die Teilnahme am öffentlichen Leben eine Selbstverständlichkeit und der Zugang zum Wissen der Zeit ein geschätztes Privileg war.

Für die Töchter solch bürgerlicher Familien bedeutete dies in der Regel, daß sie eine relativ gute Schulbildung mit zusätzlichem Privatunterricht genossen, eine standesgemäße Ehe eingingen und wie ihre Mütter die Verantwortung für eigene Kinder und das häuslich organisierte gesellschaftliche Leben übernahmen. Auch Mathilde Franziska Anneke folgte zunächst diesem vorgezeichneten Weg. Mit neunzehn Jahren heiratete sie Alfred von Tabouillot, den Sohn einer vermögenden Essener Patrizierfamilie. Doch bereits nach zwei Jahren Ehe und der Geburt ihrer Tochter Johanna verließ sie ihren Mann, reichte 1840 den Antrag auf Scheidung ein und beendete damit die typische Karriere einer Bürgerstochter.

Ob ihr der Entschluß zur Scheidung schwergefallen war, muß offenbleiben. In allen überlieferten Selbstzeugnissen äußert sich Anneke sehr zurückhaltend über ihre erste Ehe. Die katholische Lösung einer gescheiterten Ehe – die Trennung von Tisch und Bett – kam für sie jedenfalls nicht in Frage. Mit dem festen Vorsatz, die Verbindung zu ihrem Mann auch rechtlich zu lösen, zog sie zunächst zu der Familie ihres Schwagers nach Münster, wo sie mit einigen Reiseunterbrechungen sieben Jahre lebte. Der weite Bekanntenkreis ihrer eigenen und angeheirateten Familie bot ihr auch in der lebensweltlich konservativ geprägten Provinzialhauptstadt genügend gesellschaftlichen Rückhalt und eröffnete ihr Kontakte zu den dort existierenden familiären und freundschaftlichen Verbindungen literarisch und politisch interessierter Kreise. Trotzdem war ihre Existenz prekär, da sie auf finanzielle Unterstützung angewiesen war, die nicht mehr von dem eigenen Elternhaus erwartet werden konnte. Ihr Vater zählte inzwischen zu den Verlierern der so oft beschworenen industriellen Unternehmerlust, hatte er sich doch bei Harkortschen Investitionen an der Ruhr verspekuliert und das gesamte Familienvermögen verloren. Um so mehr war Annekes Entschluß zur Scheidung ein Wagnis.

Ihr Scheidungsprozeß zog sich über vier Jahre und drei Instanzen hinweg, wobei sie letztlich schuldig geschieden wurde und ihr damit jedes Recht auf Unterhaltszahlungen verweigert wurde.[10] Dies war möglich, da das für seine Zeit ungewöhnlich moderate preußische Scheidungsrecht seit den dreißiger Jahren durch neue Verfahrensordnungen an Liberalität eingebüßt hatte. Im Fall Mathilde Annekes verfügte der Richter in letzter Instanz ein Versöhnungsgebot, nach welchem sie nochmals in das Haus ihres Mannes hätte ziehen sollen. Ein Ansinnen, das ihr reichlich dreist erscheinen mußte, hatte sie als Scheidungsgrund doch Mißhandlungen angegeben.[11] Anneke widersetzte sich der richterlichen Autorität und verweigerte sich so der Unterwerfung, wie sie Ehefrauen sowohl von der Kirche als auch in der Rechtsprechung prinzipiell zugemutet wurden. Zugleich zeugte ihr Schritt von einem Selbstbehauptungswillen und Autonomiebewußtsein, wie es erst das bürgerliche Zeitalter hervorgebracht hatte.

Erst in einem fast dreißig Jahre nach der Revolution verfaßten Brief schilderte Anneke ihre Scheidung als Schlüsselerlebnis: „Nach dem Ausgang eines unglücklichen Scheidungsprozesses meiner ersten Ehe, worin ich ein Opfer der preußischen Justiz wurde, war ich zu Bewußtsein gekommen und zur Erkenntnis, daß die Lage der Frauen eine absurde und der Entwürdigung der Menschheit gleich bedeutende sei", und sie fuhr fort, so „begann ich früh durch Wort und Schrift für die geistige und sittliche Erhebung des Weibes so viel ich vermochte zu wirken".[12] Diese Zeilen waren einer deutschen Bürgerstochter würdig. Die „geistige und sittliche Erhebung des Weibes" war ein hehres Anliegen, das für Anneke allerdings nichts mit zeitgenössischen bürgerlichen Wohltätigkeitsveranstaltungen und Erziehungsprogrammen für Frauen und Mädchen aus den „unteren Volksklassen" gemein hatte. Immer ging es ihr auch um die Emanzipation ihrer selbst und der Frauen aus ihrer eigenen Gesellschaftsschicht.

1847 verfaßte sie die Streitschrift ‚Das Weib im Konflikt mit den socialen Verhältnissen',[13] die aktuell auf die Verbannung Louise Astons als „staatsgefährdender Person" aus Berlin Bezug nahm und zugleich für die Gleichberechtigung der Frau im politischen und kulturellen Leben Partei ergriff. Die von der späteren Frauenbewegung als Manifest begriffene Schrift enthielt bei aller Gesellschaftskritik auch die persönliche Unabhängigkeitserklärung Annekes. Vor allem aber schrieb sie ihrem Geschlecht keine besonderen Fähigkeiten oder Eigenschaften zu, die der geforderten Gleichberechtigung Beschränkungen auferlegt hätten. Die Kenntnis der Schriften Feuerbachs und Hegels sprechen aus ihren Worten, wenn sie schreibt: „Warum auch sollte das Weib überhaupt die schweigende Dulderin fortan noch sein? – Warum noch länger die demütige Magd, ‚die ihrem Herrn die Füße wäscht'– warum noch länger die christlich duldende Magd eines Herrn, der zum Despoten ihres Herzens geworden ist, weil er selber Knecht ward?"[14] So wie sich der Mann aus seiner selbstverschuldeten Knechtschaft zu befreien hatte, so war es auch die Frau, die sich selbständig das Reich der Vernunft erschließen und sich damit aus patriarchalischen Herrschaftsverhältnissen befreien mußte. Dieser Denkansatz war weit radikaler als der ähnlich gesinnter Frauen wie Louise Otto-Peters, die mit ihrer Frauenzeitung *Dem Reich der Freiheit* zwar Bürgerinnen werben wollte, doch die Sphäre der institutionellen Politik weiterhin als sakrosankten Ort männlichen Handelns begriff.[15]

Die selbst für das Jahr 1848 radikale Position Annekes war ein Ergebnis der autodidaktischen Erziehung zur Selbständigkeit. Als „Startkapital" standen ihr vor allem die Kenntnis zeitgenössischer Literatur und Kunst sowie der Wille zu eigenen schriftstellerischen Versuchen zur Seite. Harsche Religionskritik, die sie erst seit 1847 immer wieder formulierte, lag ihr dabei noch fern. Ihre erste Publikation erschien 1839 auf Vermittlung des aus Münster stammenden Bischofs Droste-Vischering und trug den Titel ‚Des Christen freudiger Aufblick zum himmlischen Vater. Gebete und Betrachtungen'. Es folgte ‚Der Meister ist da und rufet Dich', ein Buch, das 1843 mit dem Untertitel ‚Ein vollständiges Gebet und Erbauungsbuch für die christkatholische Frauenwelt' eine zweite Auflage erlebte. Mit diesen ersten Büchern bewegte sich Anneke noch auf gesellschaftlich sicherem Terrain. So sehr die öffentliche Hinwendung zur Religion auch persönlich begründet gewesen sein mag, so gab es daran wenig Aufsehenerregendes, da sie mit einem gängigen bürgerlichen Weltbild konform ging, das den öffentlichen Raum geschlechtsspezifisch teilte. Galt die Sphäre der Politik als Männerdomäne, so war die der öffentlichen Religionsausübung eine, zu der Frauen selbstverständlichen Zugang hatten. Auch boten die Erbauungsbücher zu einer Zeit, als die Zahl der schreibenden und publizierenden Frauen noch gering war, ein festes Gerüst für erste literarische Versuche. Und schließlich bediente diese Form der „Gebrauchsliteratur" einen expandierenden literarischen Markt.

Alle drei Momente waren für die Lebensperspektiven Annekes

nicht unwesentlich. Als katholisch erzogene Frau, die darum bemüht
sein mußte, ihre bürgerliche Existenz aufrechtzuerhalten, bot die
Religion weit mehr als seelischen Beistand. Sie erlaubte es, in die
literarische Öffentlichkeit zu treten und sich als Schriftstellerin einen
Namen zu machen, ohne in den Ruf einer von „Verstand und Zweifel zerrütteten Weiblichkeit"[16] zu geraten. Doch vor allem eröffne-
ten diese ersten religiösen Publikationen eine Zukunftsperspektive.
Anneke lieferte Produkte selbständiger Arbeit, die bezahlt wurden.
Das war der gesellschaftlich konsensfähige materielle Kern, auf dem
jeder Anspruch einer bürgerlichen Existenz gründete. Dabei war es
unerheblich, daß das Honorar Annekes kaum für den täglichen Lebensunterhalt ausreichte. Für sie, die Bürgerstochter, handelte es
sich um symbolisches Kapital im Hinblick auf die Zukunft.

Ihre ersten Veröffentlichungen waren Fingerübungen der später
ausgebildeten Fähigkeit agitatorischen und pointierten Schreibens;
darüber hinaus hatte sie sich als ernsthafte Publizistin erwiesen. Mit
diesem Ruf verstand es Anneke von Münster aus, Kontakte zu den in
Westfalen ansässigen Schriftstellern zu knüpfen und sie zur Mitarbeit
an weiteren Projekten zu bewegen. Das erste Zeugnis ihrer neuen
Orientierung, die keine Affinität mehr zur Frömmelei hatte, war die
Herausgabe eines Damenalmanachs. Wieder wandte sie sich also an
ein ihr vertrautes Lesepublikum. Programmatisch war dem Band ein
Essay von Levin Schücking mit dem Titel ‚Dichter und Frauen‘ vor-
angestellt. Ein Beitrag, der Frauen vor allem als potentielle Musen
der Dichter feierte und noch wenig von den späteren kämpferischen
Reden Annekes an die Frauen ahnen ließ. Dieser Almanach sowie die
im folgenden Jahr erscheinenden ‚Producte der Rothen Erde‘, denen
das Freiligrathsche Motto „Ans Herz der Heimat wirft sich der Poet"
voranstand, markierten den Beginn des politischen Engagements
Annekes. Ähnlich wie bei ihren Erbauungsbüchern handelte es sich
um „Gebrauchsliteratur", die nun Zeugnis von den literarischen Pro-
duktionen einer Region gaben und so einen Beitrag zur kulturellen
Einheit Deutschlands leisten sollten. Die ‚Producte der Rothen
Erde‘ verstand Anneke als Versprechen an die Zukunft, in der das
endlich zum Tragen kommen könne, was sich die „Besseres unseres
Volks [...] im Ringen mit der Zeit und im Benutzen ihres Selbst erworben haben"[17]. Hinter dieser Formulierung steht die im Vormärz
verbreitete Hoffnung, daß aus dem eigenen regionalen Umfeld heraus das kulturpolitische Fundament eines von politischen Zwängen
und Zensur befreiten Deutschland gelegt werden könne. Zugleich

benannte Anneke hier aber auch das Credo ihres bisherigen und zukünftigen Lebens. Aus der ständigen Selbstverpflichtung zur Reflexion des Ichs und seiner Beziehung zur Umwelt entwickelte sich ihr ausgeprägtes Zugehörigkeitsgefühl zur Avantgarde des gesellschaftlichen Fortschritts.

Geprägt durch ihre Erfahrungen als selbständige Schriftstellerin und geschiedene Frau wandte sie sich mehr und mehr den politischen und sozialen Fragen ihrer Zeit zu. Noch in Münster, wo sie über die Familie ihres Schwagers Zugang zu den bürgerlichen Gesellschaften und literarischen Zirkeln gefunden hatte, schloß sie sich einem kleinen Kreis von gesellschaftskritischen Juristen und Offizieren an, dem auch Friedrich Hammacher und Fritz Anneke angehörten. Unterstützt durch diesen vormärzlichen Debattierklub, aus dem der revolutionäre Demokratische Verein in Münster hervorging, wurde aus der literarisch ambitionierten Publizistin die politische Schriftstellerin.

In Köln, einem der intellektuellen Zentren der 48er Revolution, wohin sie, nachdem sie 1847 Fritz Anneke geheiratet hatte, zog, konnte sie ihre Fähigkeiten als politisch und pragmatisch denkende Frau wesentlich besser unter Beweis stellen als in der westfälisch-katholischen Provinzialität Münsters. Unter dem Motto „Wohlstand, Freiheit, Bildung für alle" engagierte sich Anneke nun für das Erscheinen der *Neuen Kölnischen Zeitung*, als deren Herausgeber ihr Mann und Fritz Beust firmierten, während sie von der Beschaffung der nötigen Gelder bis zur Fertigstellung des Satzes für das Erscheinen der Zeitung sorgte.[18] Als nur gut vierzehn Tage nach der ersten Nummer die Zeitung verboten wurde, versuchte sie ohne ihren Mann – er wurde im Juli 1848 gemeinsam mit Andreas Gottschalk und Christian Joseph Esser als Rädelsführer eines Umsturzkomplotts verhaftet –, die Arbeit der *Neuen Kölnischen* fortzusetzen. Am 27. September 1848 gab sie die erste von drei Ausgaben der *Frauenzeitung*[19] heraus.

Die Wahl des Titels resultierte aus ihrem politischen Kalkül und war Ausdruck von Annekes Selbstbewußtsein als gleichberechtigte Bürgerin im Namen der sozialen und politischen Revolution. Ein feministisches Blatt aber war die Zeitung keineswegs.[20] Sie, „ein Weib", wollte weiterhin „so einfach und redlich die Wahrheit" sagen wie das „kleine unschuldige Blättchen, Die Neue Kölnische Zeitung", schrieb sie im redaktionellen Vorwort der ersten Nummer. Hier zeigt sich ein kleiner Anflug von Ironie, die ihrem schriftstellerischen Repertoire ansonsten fremd blieb. Auch wenn es sich um kein tagespolitisches Damenalmanach handelte, dessen Titel die Zensurbehörden hätte täuschen können, – „unschuldig", das Blatt selbst war es nicht. Es ergriff Partei für jede revolutionäre Bewegung. Und so wird Anneke wenig überrascht gewesen sein, als auch ihre *Frauenzeitung* nach der dritten Nummer eingestellt wurde. Doch mit der „redlichen und einfachen Wahrheit" war es ihr ernst. Längst sind ihr Revolution und Wahrheit synonym geworden. Deshalb arbeitete sie kurz nach der Geburt ihres Sohnes weiterhin journalistisch, redigierte die wiedererscheinende *Neue Kölnische*, engagierte sich sozial für verarmte Familien, besuchte ihren Mann im Gefängnis und versorgte den Haushalt. In einem Brief an ihre Freundin formulierte sie einen der wenigen überlieferten Stoßseufzer aus dem Alltag der Revolution: „Du weißt nicht, was es heißt Fritz aufrecht zu halten. Dabei das Haus, das Kind, das Streben unserer heiligen Sache, die unsere Religion geworden ist."[21]

Die religiöse Überhöhung der Revolution, aber ebenso ein zutiefst pragmatischer Grundimpuls, ihre Ideen auch in die Tat umzusetzen, bestimmten ihr Leben in den Revolutionsjahren 1848 und 1849. Vollkommen unbeirrt von den Richtungskämpfen zwischen den liberalen, radikaldemokratischen und sozialistischen Lagern der Revolution, innerhalb deren sie sich als Redakteurin einer Kölner Zeitschrift bewegte, orientierte sie sich an dem, „was ein Weib tun muß, wenn der Augenblick vor ihm steht und gebietet".[22] Als ihrem Mann nach der ersten Entlassung aus dem Kölner Gefängnis eine erneute Inhaftierung drohte und er sich flüchtend im Mai 1849 zunächst den Aufständischen in Elberfeld und sodann den Pfälzern anschloß, hielt auch Anneke nichts mehr bei ihren „Buchdruckern"[23] in Köln. Obwohl sie die Vergeblichkeit militärischer Bemühungen im Namen des Fortschritts ahnte, folgte sie ihrem Mann und schloß sich den Freischärlern an. Diese kompromißlose Bindung an den Augenblick der Revolution eröffnete ihr eine Welt des Handelns und Denkens, die bürgerlichen Frauen in der Regel verschlossen blieb.

Aus dieser Position heraus gelang es Anneke auch, sich in der Emigration zurechtzufinden. Zugute kam ihr dabei, daß sie es verstanden hatte, im politischen Alltag der Revolution Freundschaften zu schließen und Bekanntschaften zu pflegen. So konnte sie in Amerika auf ein Netzwerk deutscher Emigranten zählen, die sie zu Vortragsreisen einluden und zu Publikationen aufforderten. Vor einem deutschsprachigen Publikum berichtete sie von ihren Revolutionser-

lebnissen und hielt viele Vorträge über deutsche Literatur, der sie leidenschaftlich verbunden blieb. Doch verharrte sie keineswegs in der
Pose einer sentimentalen Veteranin der deutschen Revolution. Sie
war ihrem Glauben an die vernunftbegründete Freiheit des Menschen und ihrer Selbstverpflichtung zum Kampf für die Durchsetzung der Menschenrechte treu geblieben. Bereits 1852 gründete sie
eine neue Frauenzeitung, deren Untertitel, bar jeder Bescheidenheit,
Central-Organ der Vereine zu Verbesserung der Lage der Frauen lautete.[24] In ihr setzte sie sich nun ebenso wie auf vielen Vortragsreisen
für das Frauenstimmrecht und für das allgemeine Recht auf Bildung
sowie gut bezahlte Arbeit ein. Knapp vier Jahre nach ihrer Ankunft
in New York hatte sie sich bereits wieder einen Namen gemacht. Ihr
Wirkungskreis wurde größer. Mit der Einladung von amerikanischen
Frauen, als deutsche Delegierte 1853 in New York auf der allgemeinen Frauenrechtsversammlung zu sprechen, hatte sie auch Anschluß
an das alte Amerika und eine neue intellektuelle Heimat gefunden.

Einmal noch kehrte sie nach Europa zurück. Wieder folgte sie
ihrem Mann, der sich den Truppen Garibaldis angeschlossen hatte,
sich aber 1861 wieder auf den Weg nach Amerika machte, um dort
im Namen der Menschenrechte am amerikanischen Bürgerkrieg teilzunehmen. Anneke aber blieb zunächst in der Schweiz. Sie muß es
müde gewesen sein, sich auf das Leben in Amerika einzustellen, mit
einem Mann, der, sobald „nur jemals eine Trompete erscholl",[25] seinen Ranzen schnürte und in seine Militärstiefel stieg. Fünf Jahre
gönnte sie sich eine Pause, besuchte alte Freunde, unter ihnen die
Herweghs, arbeitete journalistisch und erzählerisch zu Fragen der
Sklaverei und der Frauenrechte, um dann doch in die nun blutig vereinigten Staaten zurückzukehren. Dort lebte inzwischen ihre gesamte Familie – auch ihre Mutter und Schwestern waren ihr in die
Neue Welt gefolgt –, dort waren auch die Gräber ihres Sohnes Fritz
und der in Amerika geborenen Tochter Irla.

Zur zweiten Heimat wurde ihr nun endgültig Milwaukee, eine
noch junge Stadt in Wisconsin, die vornehmlich durch deutsche Einwanderer geprägt worden war. Hier gründete sie ein Töchter-Institut, in dem, wie es in einer ihrer Werbeschriften hieß, „neben einigem Streben nach praktischer Bildung strenge Sittlichkeit, deutsche
Einfachheit und Gemüthlichkeit vorwalten".[26] Dabei war das Institut in seiner betonten Germanophilie durchaus modern. Die Schülerinnen wurden nach den pädagogischen Konzepten Friedrich Fröbels betreut und erhielten neben dem üblichen Unterricht in

Sprachen, Rhetorik und weiblichen Handarbeiten auch eine Ausbildung in naturwissenschaftlichen und arithmetischen Fächern. Die Schülerinnen sollten eine möglichst gute Ausbildung bekommen, die es ihnen erlaubte, sowohl mit den erwarteten Fähigkeiten einer „höheren Tochter" und zukünftigen Ehefrau zu glänzen als auch durch eigene Arbeit und Wissen eine selbständige Existenz zu führen. Anneke selbst schuf sich mit dem Töchter-Institut eine feste Einnahmequelle, die sie vom Zwang der unsicheren Lohnschreiberei befreite und ihr trotzdem die Zeit ließ, sich weiterhin als Vortragsrednerin und Schriftstellerin für die Literatur und politische Gleichberechtigung der Frau einzusetzen.

1884, im Alter von 67 Jahren, starb Anneke. In einem Nachruf hieß es: „Sie war eine der gebildetsten, begabtesten und edelsten Frauen, obgleich die Welt, wir wollen hoffen, ihre unpraktischen Grundsätze bezüglich der Gleichstellung der Frauen niemals anerkennen wird."[27] Im nachrevolutionären Deutschland hat man von den „unpraktischen Grundsätzen" Annekes nur noch wenig wahrgenommen, auch wenn sie für deutsche Zeitschriften wie die *Augsburger Allgemeine* oder *Die Gartenlaube* geschrieben hatte. Erst von der Vertreterin der amerikanischen *National Women Suffrage Association*, Susan Anthony, die als Rednerin 1904 bei der Gründung des Weltbundes für Frauenstimmrecht auftrat, wurden die deutschen Frauenrechtlerinnen wieder auf eine ihrer nationalen Vorkämpferinnen aufmerksam gemacht. Allen anderen Frauen voran habe sie siegreich die Fahne der Gleichberechtigung von Mann und Weib getragen.[28] Mit dieser emphatischen Erklärung wäre Anneke sicherlich einverstanden gewesen, war sie doch in der Sprache der Revolution formuliert, der sie sich spätestens seit 1848 verpflichtet gefühlt hatte.

Malwida von Meysenbug:
Mit den Waffen der Freiheit und der Zukunft

Von Susanne Klabunde

„Ich bin 32 Jahre alt, klein, blond, nicht schön, sonst sah ich immer aus wie ein Kind und sehr frisch, die letzten innern Leiden und auch körperliche haben den Hauch der Jugend verweht; aber mein Geist ist voll Jugend"[1] – so zog Malwida von Meysenbug zum Jahresende 1849 in einem Brief an Johanna Kinkel das Resümee ihres – bisherigen – Lebens. Dabei charakterisierte das offenkundige Schwanken zwischen Resignation und fast trotzig zu nennendem Behauptungswillen die persönliche Situation Meysenbugs ebenso wie die allgemein politische: Gottfried Kinkel, Johannas Ehemann und eine der Symbolfiguren des letzten badischen Aufstandes, befand sich seit Juni 1849 in Haft. Es bestand kaum noch Hoffnung auf einen Erfolg der Revolution, in die auch Meysenbug, sich selbst als „Demokratin"[2] bezeichnend, so große Erwartungen gesetzt hatte. Wegen ihrer politischen Überzeugungen in der eigenen Familie wie auch im weiteren sozialen Umfeld isoliert, litt sie besonders unter den Grenzen, die ihrem Geschlecht auch in dieser politischen Umbruchphase immer wieder gesteckt wurden, und war – nicht nur für sich selbst, sondern für die Frauen insgesamt – auf der Suche nach einer Lebensaufgabe jenseits der traditionellen Existenz einer Gattin, Hausfrau und Mutter. Insofern war Malwida von Meysenbug nicht nur eine der „Frauen der deutschen Revolution 1848";[3] sie war auch eine der eigenwilligsten und interessantesten Vertreterinnen einer frühen deutschen Frauenbewegung, die ihre Aktivitäten in den Jahren 1841 bis 1852 im Umfeld der religiösen Reformbewegung des Deutschkatholizismus und der Freien Gemeinden entfaltete.

Geboren wurde Malwida von Meysenbug als Malwida Rivalier am 28. Oktober 1816 in Kassel, der Hauptstadt des nach der Auflösung des Königreichs Westfalen wiederhergestellten Kurfürstentums Hessen. Dort und in Detmold, der Residenzstadt der Fürsten zu Lippe, verbrachte sie ihre Jugend und die ersten Jahre ihres Erwachsenendaseins. Ihren eigenen Schilderungen zufolge handelte es sich

Malwida von Meysenbug (1816–1903)

bei beiden Territorien um typische deutsche Kleinstaaten der ersten
Hälfte des 19. Jahrhunderts, an denen die Aufbruchstimmung der
Befreiungskriege weitgehend folgenlos vorbeigegangen war und „die
Menschen der alten Zeit [...] in Bequemlichkeit aufs neue die alten
Throne und die alte Herrschaft"[4] eingenommen hatten.

   Vor diesem Hintergrund gehörten die Männer der Familie Rivalier als Hof- und Staatsbeamte zur Funktionselite der landesherrli-
chen Verwaltung. Malwidas Vater Carl Philippe Rivalier etwa hatte
als geheimer Kabinettsrat und späterer Staatsminister und Minister
für auswärtige Angelegenheiten in Diensten des hessischen Kurfür-

sten Wilhelm II. Karriere gemacht. 1825 war er – in Anerkennung seines Wirkens für das Land Hessen-Kassel – in den Adelsstand erhoben worden. Der Name *von Meysenbug*, den die Familie von da an führte, war der eines alten hessischen Adelsgeschlechts, dessen letzter Vertreter, der Landrat Heinrich von Meysenbug, in freundschaftlicher Beziehung zu Carl Philippe Rivalier gestanden hatte. Vier seiner Söhne bekleideten ebenfalls Ämter in den Landesverwaltungen mehrerer deutscher Staaten. In den Krisensituationen der Jahre 1830/31 bzw. 1848/49 erwiesen sie sich alle als loyale Verteidiger des alten ständischen Systems und seiner obersten Repräsentanten.

Eine Vermittlerin bürgerlich-liberaler Werte und Orientierungen war im Gegensatz dazu wohl eher die Mutter, Ernestine von Meysenbug, deren „Geisteshaltung" Malwida rückblickend als „zugleich liberal, patriotisch und philosophisch" beschrieben hat, mit einer „eigentümlichen Beimischung von dem Mystizismus, den die damals in höchster Blüte stehende romantische Schule hinzubrachte".⁵ So beschäftigten die Mutter von insgesamt 12 Kindern, von denen allerdings zwei bereits im Kindesalter starben, nicht nur die Pflichten, die ihr aus ihrer Position als Ehefrau eines hohen Regierungsbeamten erwuchsen, sondern sie kümmerte sich auch mit großer Sorgfalt um die Erziehung ihrer Kinder. Immer wieder griff sie ein, wenn der Unterricht des Hauslehrers Lobe, an dem im übrigen nicht nur die Söhne, sondern auch ihre beiden jüngsten Töchter Laura und Malwida teilnahmen, nicht ihren stark am neuen bürgerlichen Bildungsideal orientierten Vorstellungen entsprach. Darüber hinaus bemühte sie sich durch die Kontakte, die sie in ihrem Kasseler Salon zu Künstlern und Schauspielern wie z. B. Ludwig Sigismund Ruhl knüpfte, früh die musikalisch-künstlerischen Neigungen ihrer Kinder zu fördern.

Einen ersten tiefgreifenden Einschnitt in das Familienleben brachte das Jahr 1830. Im Anschluß an die Pariser Julirevolution kam es auch in Hessen-Kassel zu Unruhen. Die Bevölkerung protestierte gegen die *Mätressenwirtschaft* Wilhelms II. und verlangte die Einführung einer Verfassung. Als erster Minister seines Landes wurde auch Carl Philippe von Meysenbug das Ziel von Attacken aufgebrachter Bürger. Als Wilhelm II. schließlich den Entschluß faßte, sich den erhobenen Forderungen nicht zu beugen, sondern die Regentschaft seinem Sohn zu übertragen und ins Exil zu gehen, mußten auch die von Meysenbugs das Land verlassen. Malwidas Vater begleitete in der Folgezeit seinen Dienstherrn bis zu dessen Tod 1847 auf seinen Reisen durch Deutschland und Europa. Die Mutter Ernestine ließ sich mit den beiden jüngsten Töchtern in Detmold nieder. Denn dort lebte nicht nur ihre älteste Tochter Julie, sondern auch einer der Söhne, Carl, der in Lippe das Amt eines Kammerrats bekleidete.[6] Für Malwida wurde Detmold zu einer entscheidenden Station für die Ausbildung ihres politischen und sozialen Selbstverständnisses. Hier machte sie die Bekanntschaft von Theodor Althaus, Carl Volkhausen und einem kleinen Kreis radikaler Demokraten, die sich bei Elisabeth Althaus, der jüngeren Schwester Theodors, zusammenfanden, um über ihre Vorstellungen von Volkssouveränität, der Republik als bestmöglicher Staatsform und einer dogmenfreien Humanitätsreligion zu diskutieren. Meysenbug hat ihre Essenz dieser Debatten 1849 in der Schrift ‚Eine Reise nach Ostende‘ erstmals in zusammenhängender Form zu Papier gebracht.

Dreh- und Angelpunkt dieser Ausführungen war die Verknüpfung von Religionskritik, einem demokratisch-utopischen Gesellschaftsentwurf und der Forderung nach Frauenemanzipation. Der Ausgangspunkt ihrer Überlegungen war ihre Unzufriedenheit mit der offenkundigen Untätigkeit der beiden christlichen Kirchen in Anbetracht der sich im Vormärz zuspitzenden sogenannten sozialen Frage. Hinter dieser Untätigkeit glaubte Meysenbug ein Grundproblem christlichen Religionsverständnisses überhaupt ausmachen zu können: den Dualismus von Gott und Mensch, Geist und Welt. In der Tradition Ludwig Feuerbachs wandte sie sich deshalb gegen jede personifizierte Gottesvorstellung und interpretierte alle religiösen Vorstellungen als Projektionen menschlichen Seins und Handelns auf eine außerhalb des Menschen gedachte höhere Instanz. Wenn aber der Ursprung dieser Instanz, oder anders gesagt der Ursprung Gottes, in den Menschen bzw. in deren Vorstellungen von sich selbst als Gattung lag, dann hatte dieser Gott keine Existenz und damit auch keine Autorität sui generis. Er verwies den Menschen vielmehr auf sich selbst, auf seine *Natur*, sein innerstes und eigenstes *Wesen*, das er erkennen lernen mußte, um, wie Meysenbug es ausdrückte, „frei, mit eigener kühner Prüfung, das Gesetz aufzufinden, das... [seines] individuellen Lebens Richtschnur sein"[7] sollte. Unter den gegebenen politischen, sozialen und ökonomischen Verhältnissen wurde die Mehrheit der Bevölkerung aber genau an dieser Selbsterkenntnis gehindert und zu einem Leben in materieller wie geistiger

Armut verdammt. Diesen Zustand nicht einfach hinzunehmen, sondern nach den Voraussetzungen für eine gerechtere Organisation der
Gesellschaft zu forschen und deren Realisierung nach Kräften voranzutreiben, war ein integraler Bestandteil des religiösen Selbstverständnisses Malwida von Meysenbugs.

Das Konzept einer neuen, gerechteren Gesellschaftsordnung lieferte ihr Julius Fröbel, mit dessen ‚System der socialen Politik‘ von
1847 sie sich im Kreis ihrer Detmolder Freunde nicht nur intensiv
auseinandergesetzt hatte, sondern mit dem sie, auch noch nach seiner Flucht ins amerikanische Exil, in brieflichem Kontakt stand. Fröbels Grundgedanke, an den Meysenbug unmittelbar anknüpfte, war,
daß es kein übergeordnetes, überzeitliches Prinzip gebe, das das Leben eines Menschen determiniere, außer dem *Urrecht* auf sich selbst,
d. h. auf die freie Entwicklung aller in ihm angelegten Eigenschaften
und Fertigkeiten. Dieses *Urrecht* war unveräußerlich und erlosch daher auch nicht mit dem Übertritt in eine wie auch immer geartete,
letztlich auch staatliche Gemeinschaft. Gesellschaften entstanden
vielmehr durch die freie Verbindung Gleichgesinnter zur Verfolgung
gemeinsamer Zwecke, und eine ihrer zentralen Aufgaben mußte es
deshalb sein, dem höchsten Zweck des einzelnen, seiner Selbstverwirklichung, zu dienen. Diese individuelle Selbstverwirklichung
wiederum war Voraussetzung für die von Fröbel antizipierte fortschreitende Demokratisierung und Humanisierung der Gesellschaft
insgesamt.

Meysenbug zog aus diesen Überlegungen vor allem zwei Konsequenzen. Erstens: Auch die Frau war ihrem Wesen nach ihr eigener
höchster Zweck. Und zweitens: Darin war sie dem Manne gleich.
Das aber bedeutete: Niemand hatte das Recht, die Frauen unter Verweis auf ihre Geschlechtlichkeit daran zu hindern, durch die Entwicklung aller in ihnen angelegten Fähigkeiten ihr eigenes, innerstes
Wesen zu vervollkommnen. Denn, so ihre Argumentation: „Ist es
eine Wahrheit und eine Möglichkeit, dass mit steigender Erkenntnis,
mit klarem Blick nach allen Seiten, mit der Ausbildung jeder leise-
sten Fähigkeit, die innerhalb der Natur liegt, der Mensch etwas an
seiner Menschenwürde verliere, dass er das Mass des Schönen verliere, jemehr ihm die Schönheit selbst zum Bewusstsein wird, dass er
aufhöre, seinen Beruf zu erfüllen, jemehr sich Fähigkeiten in ihm
ausbilden? [...] Nun, *wenn* dies eine Wahrheit und Möglichkeit ist,
dann ist die Konsequenz davon, dass auch dem Manne die Berechti-
gung jedes Strebens nach allseitiger Entwicklung nicht zusteht, dass

diese überhaupt dem Menschen gefährlich ist und ihn aus den Bahnen seines Müssens herausführt, denn wo steht es geschrieben, dass nur der eine Teil der Menschheit vom Baume der Erkenntnis essen darf und der andere nicht? Müssen wir aber mit gesunder Vernunft sagen: dass es keine Wahrheit und keine Möglichkeit ist, dann lasst auch zuerst die Forderung gelten: die geistige Gleichberechtigung der Frauen mit den Männern."[8] Aus diesem Gleichheitspostulat resultierten für Meysenbug unmittelbar drei Forderungen: die nach einer grundlegenden Reform der Mädchenerziehung, nach wirtschaftlicher Selbständigkeit und gleichen bürgerlichen Rechten für Frauen.

Das heißt aber nicht, daß damit auch das Denken in einer Polarität der Geschlechtscharaktere aufgehoben war. Im Gegenteil, aus dem Bedürfnis heraus, sich besonders von den sogenannten *Emanzipierten* zu distanzieren, die, wie etwa eine Mathilde Franziska Anneke, durch ein von den Zeitgenossen als männlich gebrandmarktes Verhalten in der Öffentlichkeit in Erscheinung getreten waren, legte Meysenbug größten Wert darauf zu betonen, daß der Kreis von Frauenrechtlerinnen, dem sie sich selbst zugehörig fühlte, bei allen seinen Überlegungen zur Neuordnung der Rolle der Frauen von der Prämisse einer *wesensmäßigen* oder *natürlichen* Verschiedenheit von Mann und Frau geleitet wurde. Sie setzte gerade bei der konstatierten Differenz an und argumentierte, eine freie, durch keinerlei äußere Zwänge beeinträchtigte Entwicklung aller in ihnen angelegten Fähigkeiten werde auch bei den Frauen die Selbsterkenntnis fördern und dabei neben dem allgemein Menschlichen auch das spezifisch Weibliche, und zwar in seiner eigentlichen, nicht in überholten religiösen oder gesellschaftlichen Konventionen erstarrten Form, zum Vorschein bringen. Eine solchermaßen gebildete Frau aber habe nichts mehr gemein mit jenen lieblichen, aber unselbständigen und passiven Geschöpfen ohne Verständnis für die realen politischen und sozialen Gegebenheiten, die man gemeinhin als die Inkarnationen *echter Weiblichkeit* feiere. Eine solche Frau sei vielmehr eine sich ihrer selbst, ihres Wollens und ihrer Zwecke bewußte Persönlichkeit, die – egal ob als Ledige, Ehefrau, Mutter oder Witwe – einen Beitrag zu leisten habe „zur Entfaltung des einen unteilbaren Ganzen der vollendeten Menschheit".[9]

Meysenbug mußte schnell erkennen, daß für solche Ideen in Detmold kein Platz war. Der auf ihre Initiative mit zurückgehende *Verein der Arbeit für Arme* z. B. zeigte kein Interesse an einer wie auch immer gearteten sozialen Frage. Die Frauen, die sich dort engagierten, betrieben Armenfürsorge in der Tradition christlicher Caritas, d. h. sie nähten Kleidungsstücke, die sie dann zu Weihnachten an die Bedürftigen der Umgebung verteilten.

Dazu kam das Gefühl, daß die – immer rarer werdenden – wirklichen politischen Veränderungen, deren Augenzeugin Meysenbug etwa während eines kurzen Aufenthalts in Frankfurt gewesen war, wo sie vom Winter 1847 bis zum Frühjahr 1848 ihren todkranken Vater besucht hatte, an Lippe vorbeigingen. In dem kleinen Fürstentum bestimmte 1848 nicht der kleine Kreis radikaler Demokraten den Gang der Ereignisse, sondern jene liberal bis reformkonservativ gesinnten Vertreter des akademischen und kaufmännischen gehobenen Bürgertums, die zwar für eine Aufhebung der Pressezensur oder die Reform der Landesverfassung im liberal-konstitutionellen Sinne eintraten, die aber nie so weit gegangen wären, die Monarchie als Staatsform grundsätzlich in Frage zu stellen. Für Malwida war deshalb das Bekenntnis zu ihren revolutionären Ideen nicht nur mit wachsenden familiären Spannungen verbunden, sie geriet auch in eine immer stärker werdende soziale Isolierung, die sie selbst schließlich als „offenen Krieg mit der Welt, in der [... sie] erzogen worden war"[10] bezeichnet hat. Dies alles sowie das Scheitern ihrer Liebesbeziehung zu Theodor Althaus ließ sie 1850 den Entschluß fassen, Detmold zu verlassen und an die soeben eröffnete Frauenhochschule nach Hamburg zu gehen.

Die Hochschule für das weibliche Geschlecht war ein für die damalige Zeit einmaliges Projekt zur Verbesserung der Frauenbildung, das getragen wurde vom eigens dafür gegründeten Bildungsverein für deutsche Frauen und in enger Verbindung stand zur Freien Gemeinde Hamburgs und dessen freisinnigem Frauenverein. Sie bot Frauen verschiedenen Alters, die ihre normale Schulbildung bereits abgeschlossen hatten, die Gelegenheit, ihr Wissen auf so unterschiedlichen Gebieten wie Geschichte, Philosophie oder Mathematik zu vertiefen bzw. Kenntnisse zu erwerben, die ihnen eine Berufstätigkeit, vor allem im erzieherischen Bereich, ermöglichen sollten. Malwida von Meysenbug war begeistert von diesem Angebot. Schon bald nach ihrer Ankunft war sie nicht mehr nur eine Schülerin, sondern sie übernahm auch Aufgaben in der Organisation und Verwaltung des Instituts.[11]

Daneben nahm sie aber auch intensiv Anteil an dem breitgefächerten Leben der Hamburger Dissidenten, deren Gemeinde sie seit dem Herbst 1850 offiziell angehörte. Sie war z.B. Mitglied des

Gesangvereins der Freien Gemeinde und des Bildungsvereins, auf dessen Versammlungen sie u. a. einmal einen Ausschnitt aus der ‚Reise nach Ostende‘ vortrug, in dem sie sich mit der sozialen Stellung der Frauen kritisch auseinandersetzte. Sie war in der Armenpflege engagiert und betreute nicht nur einen kleinen Kreis notleidender Familien, sondern gab darüber hinaus auch noch Stunden an der Armenschule. Besondere Aufmerksamkeit widmete sie dem Vorhaben der Gemeinde, eine Schule zu gründen, in der Kinder unabhängig von ihrer sozialen Herkunft, ihrer Konfession oder ihrem Geschlecht die Grundlagen einer zeitgemäßen Erziehung vermittelt bekommen sollten. Sie war Mitglied der aus fünf Personen, drei Männern und zwei Frauen, bestehenden Planungskommission, die dieses Projekt betreute, gewählt nach allgemeinem gleichen Wahlrecht von den Mitgliedern der *Freien Gemeinde Hamburgs*.[11a]

Malvida von Meysenbug war damit eingebunden in ein Netzwerk, das sich in den Jahren 1841 bis 1852 zwischen der Frauenhochschule, den in vielen Teilen Deutschlands im Umkreis der religiösen Reformbewegung entstandenen freisinnigen Frauenvereinen, der Kindergartenbewegung sowie Einzelpersonen spannte und sich dadurch auszeichnete, daß seine Mitglieder – im Gegensatz zu den meisten anderen zeitgenössischen Frauenwohltätigkeitsvereinen – ihr umfangreiches Engagement im Sozial- und Bildungsbereich mit dem doppelten Anliegen verbanden, die soziale Lage von Frauen nicht nur zu verbessern, sondern ihre Rolle in der Gesellschaft neu zu definieren. Dabei mochten diese Frauen im einzelnen durchaus unterschiedliche Vorstellungen davon vertreten, wo im Prozeß der Frauenemanzipation die Grenze *echter Weiblichkeit* zu ziehen war. Gemeinsam war ihnen das Bewußtsein, erstmals in Deutschland Teil einer über individuelle Emanzipationsbemühungen hinausgehenden nationalen Frauenbewegung zu sein.[12]

Das Ende dieser Aktivitäten kam 1852. Die immer massiver durchgreifende staatliche Reaktion traf auch die deutsche Frauenbewegung mit voller Härte. Einige der freisinnigen Frauenvereine wurden verboten; die anderen hatten mit Repressalien zu kämpfen, die ihre Arbeit zunehmend erschwerten bzw. ganz zum Erliegen brachten. 1851 wurden in Preußen und einigen anderen deutschen Staaten die nach der Fröbelschen Erziehungslehre arbeitenden Kindergärten verboten. Und im Frühjahr 1852 mußte auch die Hamburger Hochschule wegen mangelnder politischer und finanzieller Unterstützung ihre Tore schließen. Auch Malwida von Meysenbug selbst geriet ins Blickfeld des polizeilichen Überwachungsapparates. Ihr Engagement für die Hochschule sowie die Kontakte, die sie zu bekannten Demokraten wie Carl Volkhausen oder Julius Fröbel unterhielt, hatten das Interesse der Behörden erregt. Im Sommer 1852 konnte sie sich einer drohenden Verhaftung nur noch durch die Flucht ins Londoner Exil entziehen.

Die einzigen Menschen, die Malwida von Meysenbug in London kannte, waren Johanna und Gottfried Kinkel, mit denen sie seit 1849 in intensivem Briefkontakt gestanden hatte. Die beiden wurden ihre erste Anlaufstelle und unterstützten sie bei dem nicht gerade einfachen Unterfangen, sich als alleinstehende Frau in der neuen Umgebung zurechtzufinden und ihr Leben neu zu organisieren. Ihren Lebensunterhalt bestritt Meysenbug zunächst damit, daß sie Kindern der englischen Mittel- und Oberschicht Deutschunterricht erteilte. Diese Tätigkeit gewährte ihr Einblicke in das englische Erziehungssystem, die sie zu einer harschen Kritik an dessen „fashionabler" Ausrichtung veranlaßten, durch die so „manches Talent hoffnungslos geknickt, [...] manche Blüte der Menschlichkeit zur steifen Gliederpuppe des ‚gentleman' und ‚ladylike' ausgetrocknet, [...] manches entwicklungsfähige Gehirn vom trüben, poesielosen Lernen der notwendig zur Kategorie ‚gute Erziehung' gehörigen Fächer, zur dumpfen Gleichgültigkeit gegen alles wahre Erkennen getrieben"[13] werde.

Über die Kinkels fand Meysenbug auch Zugang zu den verschiedenen Exilantenkreisen, die es nach dem Scheitern des revolutionären Umbruchversuchs von 1848/49 aus allen Teilen Europas nach England verschlagen hatte. Sie traf nicht nur Carl Schurz wieder, den sie schon aus ihrer Hamburger Zeit kannte, sondern sie machte auch Bekanntschaft mit Johannes Ronge, Franz und Therese Pulsky, Giuseppe Garibaldi und Louis Blanc, um nur einige zu nennen. Von solchen Einzelkontakten abgesehen, entwickelte Meysenbug im Laufe der Zeit ein ausgesprochen zwiespältiges Verhältnis zur Londoner Emigrantenszene, der sie in ihren Memoiren vorwarf, sich zu oft in theoretischen Spitzfindigkeiten und persönlichen Eitelkeiten ergangen zu haben, anstatt sich eine sinnvolle Beschäftigung zu suchen. Besonders wichtig waren ihr deshalb die Freundschaften zu Giuseppe Mazzini und Alexander Herzen.

Mit dem italienischen Freiheitskämpfer gründete sie in den 50er Jahren einen Verein, in dem sich Arbeiter zusammenfinden sollten, „um durch Besprechung und gemeinschaftliches Nachdenken sich über die wahren Interessen und Pflichten ihres Standes aufzuklären, ein Programm vernünftiger Forderungen für die Zukunft zu entwerfen und über die Mittel zu beraten, ihm Anhänger zu erwerben und die Solidarität der Gesinnung und des Handelns unter den Arbeitern jenseits und diesseits des Kanals zu fördern".[14] Das Projekt scheiterte an den unterschiedlichen Intentionen der Beteiligten. Während es den Arbeitern um eine moderne Interessenvertretung ging, hielt Meysenbug fest an ihrer sozialkonservativen, auf die ‚Sociale Politik' von Julius Fröbel zurückgehenden Utopie von der Überwindung der sozialen Gegensätze in einer Bürgergesellschaft ökonomisch selbständiger Individuen, in der für den *Klassenkampf* kein Platz war.

Der Arbeiterverein war der letzte Versuch Meysenbugs, in dieser Form politisch aktiv zu werden. Mit der „Familie der freien Wahl", die sie 1853 gemeinsam mit dem Russen Alexander Herzen und seinen beiden mutterlosen Töchtern gründete, verlagerte sie ihr Engagement zusehends von der allgemein politischen auf die privaterzieherische Ebene. Da ein politisch-öffentliches Handeln in ihrem Sinne augenscheinlich immer weniger möglich war, wollte sie wenigstens diesen Kindern, die nicht ihre eigenen waren, die Grundwerte einer neuen, besseren Gesellschaft der Zukunft vermitteln. Sie verstand sich dabei ausdrücklich nicht als Gouvernante, sondern interpretierte ihre Tätigkeit im Sinne einer *geistigen Mütterlichkeit*, die der individuellen Erziehungsarbeit eine – wenn auch in ihrer Reichweite zunehmend kritischer beurteilte – gesellschaftspolitische Bedeutung zumaß. Persönliche Differenzen zwischen Meysenbug und Herzen beendeten aber bereits 1856 dieses Experiment eines familienähnlichen Zusammenlebens jenseits aller Konventionen.

Tief getroffen von dem Zerwürfnis mit Herzen und dem daraus resultierenden Verlust der Kinder, versuchte Meysenbug in der Folgezeit, sich auf ihre publizistisch-schriftstellerische Arbeit zu konzentrieren. Bis Ende der 50er Jahre übersetzte sie mehrere Werke russischer Autoren, u. a. Herzens ‚Aus den Memoiren eines Russen' und Tolstois ‚Childhood and Youth' ins Deutsche bzw. Englische und bemühte sich, eigene Artikel in verschiedenen Zeitungen und Zeitschriften zu veröffentlichen. Daneben stellte sie das Manuskript für einen, allerdings nie gedruckten, Roman fertig und begann mit ersten Vorarbeiten zu ihren Memoiren. 1859/60 kam sie schließlich doch noch zu einer Übereinkunft mit Herzen, der ihr daraufhin die Verantwortung für die Erziehung seiner jüngsten Tochter, Olga, zu der sie stets eine besonders enge Beziehung gehabt hatte, übertrug.

Die folgenden Jahre verbrachte Meysenbug auf Reisen, die sie wiederholt nach Frankreich, England, Deutschland und Italien führten. Ihren ständigen Wohnsitz fand sie schließlich in Rom. Unter den vielen Menschen, die sie in diesen Jahren kennenlernte, war ihr einer besonders wichtig: Richard Wagner. Zwischen Meysenbug und Richard und Cosima Wagner entwickelte sich eine langjährige, allen äußeren Anfeindungen trotzende Freundschaft. Malwida wurde zu einem gerngesehenen Gast in Bayreuth. Der Grund für Meysenbugs Wagnerverehrung dürfte gewesen sein, daß er ihren in die Sackgasse geratenen Ideen von einer anderen, besseren Welt eine neue Richtung und einen neuen Sinn gab, nämlich den des Strebens nach der Durchdringung und Vervollkommnung des individuellen Lebens durch die Kunst. Sie sah in ihm den Genius, der diesen Anspruch in seinem Werk eingelöst hatte. Wagner machte sie auch bekannt mit den Schriften Arthur Schopenhauers, dessen Formel von der „Verneinung des Willens zum Leben" ihr als die Umkehrung ihres gesamten bisherigen Denkens, das von der Prämisse des „Willens als der Kraft sittlicher Selbstbestimmung" ausgegangen war, erschien, aber gleichzeitig auch als der „Schlüssel [...] zu der Pforte, hinter der [sie] das Licht der letzten Erkenntnis, zu der [...sie] ahnungsvoll... [ihr] Leben geführt hatte", finden sollte. Denn durch Schopenhauer löste sich für Meysenbug endlich der von ihr so schmerzlich empfundene Widerspruch zwischen der „vom christlichen Dogma erklärten Freiheit"[15] des menschlichen Willens und seiner faktischen Gebundenheit.

Ihre größten öffentlichen Erfolge feierte Meysenbug in dieser zweiten Lebenshälfte. Ihre ‚Memoiren einer Idealistin', die 1869 in französischer und 1876 dann in deutscher Sprache erschienen, waren ein Bestseller und machten aus ihr mit einem Schlage eine literarische Berühmtheit. Es folgen 1879 die ‚Stimmungsbilder aus dem Leben einer alten Frau', 1898 der ‚Lebensabend einer Idealistin' und 1901 schließlich ‚Individualitäten', eine Sammlung von Arbeiten über Freunde wie Friedrich Nietzsche, Alexander Herzen und Giuseppe Mazzini. Daneben veröffentlichte sie Romane und Erzählungen und verfaßte Beiträge für verschiedene Zeitungen und Zeitschriften. Sie starb 1903, im Alter von 86 Jahren, in Rom, umgeben von einem Kreis von Freunden und Bewunderern, zu dem u. a. Marco und Laura Minghetti, Alexander von Warsberg, Bernhard von Bülow und der junge Romain Rolland zählten.

Malwida von Meysenbug hat ihr Engagement in den 40er Jahren

nie verleugnet. Im Gegenteil, sie hat in ihren ‚Memoiren' ausführlich
Zeugnis darüber abgelegt. Sie hat es allerdings aus der Perspektive
ihrer späteren Erfahrungen neu gedeutet. Schon manche Zeitgenossen stießen sich dabei an ihrem, wie sie meinten, moralisierenden,
leicht altjüngferlichen Habitus, dem oftmals der Bezug zu den praktischen Problemen zu fehlen schien, mit denen sich z. b. Frauen wie
Helene Lange und Gertrud Bäumer bei ihrem Bemühen um den
Aufbau einer schlagkräftigen Frauenbewegung gegen Ende des
19. Jahrhunderts auseinanderzusetzen hatten.[16] Aber auch noch in
neueren Arbeiten findet sich das Urteil, Malwida von Meysenbug
und insbesondere ihre Vorstellungen von Frauenemanzipation seien
„z. T. schwärmerisch, unrealistisch und naiv"[17] gewesen. Oder sie
wird – in Abgrenzung von einer „auch im heutigen Sinne feministi-
schen" Richtung – einer „pragmatischen", stärker „traditionell"[18]
verhafteten Richtung unter den deutschen Vormärz-Frauen zuge-
rechnet, die sich, unter Verweis auf die besonderen Eigenschaften
ihres Geschlechts, mit der Forderung nach einer besseren Frauenbildung und erweiterten Berufsmöglichkeiten für Frauen zufrieden-
gegeben hätten. Diesen Interpretationen ist zumindest für die Zeit
bis 1852 nicht zuzustimmen. Malwida von Meysenbug war vielmehr
mit ihrer Ideenwelt, die durch das Ineinandergreifen individualisti-
scher und auf die besondere Rolle der Frauen in der Gesellschaft be-
zogener Argumente gekennzeichnet war, in vielerlei Hinsicht ausgesprochen typisch für die Vertreterinnen der frühen deutschen
Frauenbewegung. Ähnliche Gedanken lassen sich z. B. auch bei
Louise Otto und den Mitarbeiterinnen ihrer *Frauen-Zeitung* nach-
weisen.[19] Unterschiede zwischen diesen frühen Feministinnen, und
damit letztlich auch die Entscheidung darüber, wo im Prozeß der
Emanzipation die Grenze echter Weiblichkeit gezogen wurde, erga-
ben sich primär aus Nuancen des entwickelten Begründungszusam-
menhangs. Vor diesem Hintergrund gehörte Malwida von Meysenbug mit ihrer auf Fröbel zurückgehenden Vorstellung von einer
neuen, demokratischen Gesellschaft und der speziellen Verantwortung, die den Frauen für deren Verwirklichung zukam, Mitte des
19. Jahrhunderts eher zu den progressiveren Streiterinnen für die
Emanzipation des weiblichen Geschlechts. Und insofern konnte sie
1849 auch mit einigem Recht von sich sagen: „Meine Waffen waren
gut zum Kampfe, denn sie sind die Waffen der Freiheit und der
Zukunft!"[20]

Jakob Venedey – Henriette Obermüller-Venedey: Der Held des Parlaments und die Heckerin

Von Birgit Bublies-Godau

Als Anfang März 1848 die deutsche Revolution ausbrach, da unterschieden sich Jakob Venedey und Henriette Obermüller nicht nur in ihren konkreten Lebenswelten – er als *Refugié* und Publizist in der Metropole Paris, sie als oppositionelle Bürgerin und Ehefrau eines Weinhändlers im Großherzogtum Baden –, sondern auch in ihrem jeweiligen Umgang mit der Politik. Hatte *er* seit seinen frühesten politischen Betätigungen stets die Organisation seiner Interessen und die Institutionalisierung von Politik im allgemeinen angestrebt, so hatte *sie* aufgrund ihrer familiären Erfahrungen ihre Vorstellungen und Forderungen eher im Rahmen privater Zirkel, spontaner Proteste oder bei Besuchen von Landtagssitzungen artikuliert. Als überzeugte Demokraten und Republikaner, deren Auffassungen in der Frage der Verrechtlichung oder Fortsetzung der Revolution deutlich voneinander differierten, behielten beide ihre politischen Ausdrucks- und Aktionsformen in den Jahren 1848/49 bei: Jakob Venedey engagierte sich als Parlamentarier in der Frankfurter Nationalversammlung und beim Aufbau funktionsfähiger Fraktionsgemeinschaften, wogegen Henriette Obermüller einen revolutionären Frauenverein leitete und die badischen Aufstände aktiv unterstützte. Noch in ihren späteren ‚Erinnerungen‘ hielt die Barrikadenkämpferin diese so gegensätzlichen revolutionären Welten für unverknüpfbar, da „zu selber Zeit, wo die Gemüther so aufgeregt, genug, um sich zu bekämpfen", sie und Venedey sich „zweifelsohne" gegenseitig abgestoßen hätten.[1] Da jene politischen Zielsetzungen und Gestaltungsräume auch interessante Beispiele für die mittlerweile in der Forschung anerkannten nebeneinander existierenden Handlungsebenen von institutionalisierter und spontaner bzw. elementarer Revolution bieten,[2] sollen sie anhand der Lebensläufe der beiden Demokraten im Vormärz und in der Revolution illustriert werden.

Jakob Venedey (1805–1871)

„Die festeste Stütze der deutschen Democratie liegt in dem deutschen Parlamente." Zwischen Anspruch und Wirklichkeit: Jakob Venedey in der Frankfurter Nationalversammlung

„Ich gestehe gerne, daß ich ganz besonders deswegen diese Anklage abweise, weil ich noch nicht einmal will, daß sie [...] Jemanden glauben machte, Männer, die ihr Vaterland lieben, dürften die Freiheit preisgeben, wenn nur die Einheit Deutschlands dafür geboten würde. Nein, ich glaube, daß die Einheit eines Volkes ohne Freiheit

Henriette Obermüller-Venedey (1817–1893)

eine hohle Frucht ist. Und deswegen habe ich für Freiheit und Einheit gekämpft und werde dafür kämpfen, solange mir Gott die Kraft dazu gibt."[3]

In diesem politischen Bekenntnis, zu dessen Erklärung sich der Kölner Demokrat und Republikaner Jakob Venedey nach Angriffen eines „Freunde(s) der Freiheit" in einem Offenen Brief an die Darmstädter *Neue Deutsche Zeitung* vom 26. November 1848 veranlaßt sah, dokumentiert sich eine ideelle Grundhaltung im Denken und Handeln des rheinischen Politikers, Publizisten und Historikers Venedey.

Sie kennzeichnete nicht nur dessen Arbeit in der Frankfurter Nationalversammlung und dem Stuttgarter ‚Rumpfparlament' von 1848/49, sondern zog sich auch wie ein Leitfaden durch die gesamte politische Karriere dieses bürgerlichen Intellektuellen von der Restaurations- bis zur Reichsgründungszeit. Venedey erweist sich somit als Repräsentant eines *anderen Stranges* in der deutschen Geschichte jener politischen Gruppe zugehörig, die an die demokratisch-republikanischen Traditionen und ihre Entwicklung seit der Französischen Revolution anknüpfte. Die Rede ist von Venedeys Überzeugung, daß der erfolgreiche Prozeß der auf gesetzlichem Wege zu vollziehenden Errichtung eines deutschen Nationalstaates immer zugleich auch mit dessen freiheitlich-rechtsstaatlicher Ausgestaltung auf demokratisch-parlamentarischer Grundlage einhergehen müsse, oder wie er es in seiner Reichstagsschau *Die Wage* ausdrückte: „Die Einheit, die Macht, die Freiheit, das Gesammtwohl Deutschlands können organisch und auf friedlichem Wege nur durch das erste deutsche Parlament verwirklicht werden."[4]

Während der französischen Besatzung des Rheinlandes am 23. Mai 1805 in Köln als Jacques Venedey, ältester Sohn des Rechtsanwalts und ehemaligen Moderateurs des Konstitutionellen Zirkels, Michel Venedey und dessen Frau Anna Barbara geboren, studierte Venedey zwischen 1825 und 1827 Jura an den Universitäten Bonn und Heidelberg und engagierte sich in der Heidelberger Burschenschaft. Nach ersten Berufserfahrungen als Rechtsgelehrter in seiner Heimatstadt floh Venedey vor der ihm wegen Mitgliedschaft in einem Leseverein und seiner preußenkritischen Erstlingswerke drohenden Einberufung zum Militär im Mai 1832 in die Pfalz. Hier schloß er sich dem ‚Deutschen Preß- und Vaterlandsverein' an, nahm am Hambacher Fest und an den folgenden Demokraten-Versammlungen teil, wurde im Juni vom ‚Preßverein' als Emissär zur Erkundung der Revolutionsbereitschaft nach Norddeutschland gesandt und arbeitete nach seiner Rückkehr am *Wächter am Rhein* in Mannheim mit. Wegen „Mangels an Legitimationspapieren" wurde er dort am 24. August 1832 verhaftet und im Gefängnis arretiert. Während seiner Auslieferung nach Preußen, wo ihm wegen „revolutionairer Umtriebe" und Fahnenflucht der Prozeß gemacht werden sollte, konnte Venedey Ende September bei einem Aufenthalt im Kantonsgefängnis Frankenthal entkommen und floh über Bergzabern nach Straßburg.[5]

Während seines 16jährigen Exils in Frankreich zwischen 1832 und

1848 knüpfte Venedey in Straßburg erste Kontakte zu Emigrantenkreisen und gründete einen ‚Verein der revolutionären Flüchtlinge‘, dem er als Präsident vorstand. Nach seiner Ausweisung nach Nancy im April 1833 organisierte er dort die Jahresfeier zum Hambacher Fest, trat am 16. September der Freimaurerloge ‚St. Jean de Jérusalem‘ bei und stiftete einen ‚Verein der Deutschen‘, dessen Vorsitz er innehatte. Mit diesen Erfahrungen als *Refugié* – wie die politischen Flüchtlinge in der französischen Julimonarchie genannt wurden – ging Venedey im November 1833 nach Paris, um sich als Zeitungskorrespondent eine Existenz zu schaffen und am Aufbau demokratischer Auslandsvereine wie des ‚Deutschen Volksvereins‘ oder des 1834 gegründeten ‚Bundes der Geächteten‘ mitzuwirken. Diesen Geheimbund leitete Venedey bis April 1835 und gab gleichzeitig dessen Journal *Der Geächtete* heraus. Wegen „Hochverraths“ steckbrieflich gesucht, wurde Venedey auf Druck der preußischen Regierung von den französischen Behörden nach Le Havre ausgewiesen, wo er seine publizistischen Arbeiten fortsetzte, bis er 1839 wieder nach Paris zurückkehren konnte. Von 1840 bis 1848 pendelte Venedey zwischen Paris, Le Havre, Boulogne-sur-Seine und Pontoise und unternahm Reisen durch das Elsaß, Südfrankreich, die Schweiz sowie durch England und Irland; im September und Oktober 1845 durfte er mit Erlaubnis preußischer Stellen seine Familie in Köln besuchen. Nach Ausbruch der deutschen Revolution kehrte Venedey Ende März 1848 aus Paris nach Köln zurück.[6]

Nachdem er bei seiner Rückkehr nach Deutschland mehrere Angebote zur Herausgabe oder Redaktion von Zeitungen, die über das Revolutionsgeschehen berichten sollten, erhalten hatte und als öffentlich angesehene Persönlichkeit zum Vorparlament eingeladen und zum Fünfzigerausschuß delegiert worden war, fungierte Venedey im Ausschuß als Schriftführer und verfaßte im Namen des Vorstandes Aufrufe ‚An das deutsche Volk‘, Grußadressen an Frankreich als den Partner, „der den Völkerfrühling erst ermöglicht habe“, und einen Entwurf über die „Grundrechte des deutschen Volkes“, in dem er sein Ideal von der sozial gerechten Republik konkretisierte.[7] Am bekanntesten ist wohl Venedeys Mission als Ausschuß-Kommissar während des ersten badischen Aufstands im April 1848, als er zusammen mit Karl Spatz die Freischärler um Friedrich Hecker von ihrem Putschversuch abbringen sollte. Ein Zusammentreffen mit Hecker in Bernau am 17. April endete allerdings erfolglos: Auf Venedeys und Spatz’ Angebot einer Amnestie bei Waffenniederlegung ging Hecker nicht ein und nahm statt dessen die Kommissare kurzfristig gefangen.[8]

Schon im Vorfeld galt Venedeys Wahl in die Nationalversammlung als gesichert, konnte er doch zwischen mehreren Kandidaturen in Wahlbezirken in der Eifel, im Kreis Euskirchen und in Hessen-Homburg wählen. Letztlich wurde er am 3. Mai 1848 bei der Wahlversammlung im „Hessischen Hof" in Homburg gewählt. Für die Vertretung der Landgrafschaft als Abgeordneter erhielt er ein „Taggeld" in Höhe von fünf Gulden, dessen Zahlung nach dem Scheitern des Parlaments Ende Mai 1849 mit der Begründung, daß „nunmehr die Mission der deutschen National-Versammlung erledigt erscheine", von der landgräflichen Regierung gegen Venedeys Proteste eingestellt wurde.[9] Während seiner Zugehörigkeit zur Nationalversammlung und zum ‚Rumpfparlament' in Stuttgart konzentrierte Venedey seine Parlamentsarbeit auf drei Bereiche: auf die Auseinandersetzung um die Grenzen und Länder eines deutschen Nationalstaates, die Mitarbeit in den Ausschüssen für die österreichischen Angelegenheiten und für die Durchsetzung der Reichsverfassung sowie auf die Organisation der politischen Willensbildung und Effektivierung der parlamentarischen Arbeit in den Fraktionen der Paulskirchenlinken.

Als großdeutscher Linker widmete Venedey mehrere Reden dem Anschluß Deutsch-Österreichs an einen sich auf eine parlamentarische Legislative und präsidiale Exekutive stützenden Bundesstaat, beantragte als Berichterstatter der Österreich-Ausschüsse anläßlich der Wiener Gegenrevolution, daß die „Anerkennung der deutschen Centralgewalt" und die „Interessen Deutschlands in Österreich" „zur vollen Geltung zu bringen" seien, erteilte im Januar 1849 Heinrich von Gagerns Unionsplan eine Absage und forderte die Zentralgewalt auf, eine Verfassung Deutschlands so zu gestalten, „daß Deutsch-Österreich vollkommen hineinpasse". Dieser politischen Haltung verpflichtet, lehnte Venedey die kleindeutsch-erbkaiserliche Lösung der Einigungsfrage ab, enthielt sich der Stimme beim Beschluß über die Erblichkeit der Kaiserwürde am 27. März 1849 und votierte einen Tag später gegen die Ernennung Friedrich Wilhelms IV. zum deutschen Kaiser.[10]

Bezüglich der Nationalitätenkonflikte und der Grenzziehung eines deutschen Staates verfolgte Venedey jedoch keine einheitliche Linie. Während er im Juni anläßlich des Prager Aufstandes die Bereitstellung von Bundestruppen zur Intervention in Böhmen befürwortete und in der entscheidenden Parlamentssitzung am 16. September 1848 gegen die Annahme des Malmöer Waffenstillstandes stimmte, behandelte er die Zugehörigkeit Posens zum Deutschen Bund unterschiedlich. Geprägt durch die Polenbegeisterung im Vormärz, forderte Venedey bei der Polen-Debatte in der Paulskirche im Juli 1848 die Nichtanerkennung der erneuten Aufteilung Posens und der Legitimation der Abgeordneten aus der preußischen Provinz, die Wiederherstellung eines polnischen Nationalstaates sowie die Festlegung einer neuen deutschen inneren und äußeren „Politik der Gerechtigkeit", da der polnische Fall die Frage aufwerfe, „ob wir ein eroberndes Volk sein wollen oder nicht".[11]

Venedeys großdeutsche Ideale entsprangen zweifellos einem starken Patriotismus, zielten aber nur auf die Gründung eines deutschen Nationalstaates und verschränkten sich in seiner Vorstellungswelt unauflösbar mit *Rechtsstaats- und Sozialreformmodellen*, einer *gesetzlichen Widerstandstheorie* sowie mit einem *freiheitlich-parlamentarischen Demokratie- und Republikanismusverständnis*. Diese Ideale spiegelten sich 1848/49 zunächst in seiner Mitgliedschaft in der Parlamentsfraktion „Deutscher Hof" wider und darauf in der Führung der gemäßigt-demokratischen „Westendhall", der „Linken im Frack", zu der er am 12. August 1848 gewechselt war. Deren Programm für allgemeines, gleiches und direktes Wahlrecht, Volkssouveränität und gegen die Vereinbarung der Reichsverfassung mit den einzelstaatlichen Regierungen deckte sich mit seinen Vorstellungen. Auch daß die Westendhaller ausschließlich den parlamentarischen Weg zur Verwirklichung ihres Programms einschlagen wollten, kam Venedey entgegen, sprach er sich doch nach den von ihm verurteilten Frankfurter Septemberunruhen für die Verteidigung der Freiheit und Einheit des Vaterlandes im „selbstbewußten Doppelkampfe gegen Anarchie und Reaction zugleich" aus.[12] Das Eintreten für Gewaltfreiheit und die Verteidigung der Märzerrungenschaften gegen die wiedererstarkte Reaktion veranlaßten ihn auch, am 18. Dezember 1848 in Hanau dem ‚Centralmärzverein', der „erste(n) moderne(n) politische(n) Partei in Deutschland", beizutreten. Dort hatte er eine Vereinssektion gegründet, die er unter das Motto stellte: „Gesetzlicher Widerstand – das ist die Bedeutung des Märzvereins".[13] Im Januar 1849 kandidierte Venedey dann auf Wunsch des Vorstandes für den ‚Märzverein' bei den Wahlen zur preußischen Landesversammlung.

Obwohl Venedey sich zunächst gegen die Verlegung des Frankfurter Parlaments nach Stuttgart aussprach, weil dieses dann nur noch „ein Revolutions-Ausschuß für Süddeutschland, aber keine deutsche Nationalversammlung mehr sein konnte", beugte er sich schließlich dem Mehrheitsvotum der verbliebenen Abgeordneten und ging am 11. Juni 1849 nach Württemberg.[14] Hier erlebte er eine Woche später die Auflösung des Parlaments, worauf er Stuttgart verließ und zurück nach Köln ging. Nach seinem vergeblichen Engagement in der demokratischen Schleswig-Holstein-Bewegung und als Kriegsberichterstatter vom deutsch-dänischen Krieg in Kiel versuchte sich Venedey in Berlin und Breslau als freier Schriftsteller niederzulassen, wurde jedoch aus diesen Städten im November 1849 ausgewiesen und kehrte in das rheinpreußische Köln zurück, wo er seine Tätigkeit als Zeitungskorrespondent wiederaufnahm.[15]

„Kein Weib weit und breit, ich Allein…" Zwischen Bürgerversammlung und Barrikadenkampf: Die politische Karriere der Henriette Obermüller-Venedey bis zur badischen Revolution

> „Des Vaterlandes kampfgeübten Söhnen,
> Die […] zum Siege, wie zum Tod bereit,
> Hast Du mit anderen freigesinnten Schönen
> Die Fahne, die sie führen soll, geweiht.
> Seht ihr sie in des Himmels Lüften wehen?
> Sie hat die Farbe von dem Morgenroth,
> Und schau! in einem grünen Kranze stehen
> Der Losung Worte ‚Siegen oder Tod!' "[16]

Diese ‚Danksagung an die Bürgerin Henriette Obermüller', die am 17. Juni 1849 in der Zeitung *Der Verkündiger für Karlsruhe und Umgegend* von Durlacher Bürgern veröffentlicht wurde, gilt einer Frau, die sich selbst als „Heckerin" bezeichnete und die 1848/49 als überzeugte Republikanerin und Revolutionärin im Großherzogtum Baden für die Etablierung einer freiheitlich-demokratischen, sozialen Staatsordnung und die Gleichstellung von Frauen gewirkt hat.[17]

Als drittes Kind des Karlsruher Amtsrevisors Carl Theodor Obermüller und seiner Frau Henriette am 5. April 1817 geboren, erhielt die Beamtentochter während ihrer Schulzeit auch naturwissenschaftlichen und altphilologischen Unterricht. Unter der Obhut ihres freidenkenden Vaters wuchs Henriette zusammen mit ihren Brüdern „im Fürsten- (und) Pfaffenhaß" auf – einem politischen Klima, das die Zustimmung zum Hambacher Fest 1832 genauso mit einschloß wie zum Frankfurter Wachensturm von 1833, dessen Scheitern in der Familie „tiefes Bedauern" hervorrief. Im Zuge der Untersuchungen gegen ihre an jenen Aktionen beteiligten, zunächst inhaftierten und im Januar 1837 geflohenen Cousins wurde auch gegen Henriette Obermüller wegen vermeintlicher Fluchthilfe ermittelt. Doch konnte ihr trotz intensiver Verhöre und der Durchsuchung ihrer Korrespondenz kein Kontakt zu den Flüchtigen nachgewiesen werden, so daß am 13. März 1837 das badische Innenministerium das Verfahren gegen sie einstellte.[18] Ob diese Ermittlungen auch ein Grund für die Heirat mit ihrem Vetter Gustav August Obermüller am 16. November desselben Jahres und die Übersiedlung nach Le Havre waren, wo jener als Geschäftsführer bei einer Auswanderungsagentur angestellt wurde, läßt sich nicht mehr ermitteln. Nach ihrer Rückkehr nach Durlach im März 1845 und der Etablierung eines Weinhandels besuchten Gustav und Henriette Obermüller, vom Kampf für die „Rechte des Volks" erfaßt, 1846/47 die Sitzungen der zweiten badischen Landtagskammer in Karlsruhe und nahmen Kontakt zu demokratischen Kreisen auf, die sich vor Revolutionsausbruch in der Wohnung des Ehepaares zu politischen Absprachen trafen. Die Nachricht vom Sturz der französischen Julimonarchie im Februar 1848 wurde nach Henriettes Beobachtungen von der badischen Bevölkerung voller Freude darüber aufgenommen, daß „endlich die Franzosen den falschen, feilen König abgeschüttelt, die Republik erklärt" hätten. Diese positive Resonanz nutzte die Durlacher Revolutionsbewegung für die Abhaltung von Volksversammlungen, die Neuorganisation der Bürgerwehr und die Auflistung ihrer Forderungen, allen voran derjenigen „nach einem Parlament für ganz Deutschland".[19] Während ihr Ehemann 1848 Reden zugunsten der unterbürgerlichen Schichten hielt, 1849 Mitglied des Durlacher Volksvereins wurde und zum Lieutenant der lokalen Bürgerwehr avancierte, setzte Henriette Obermüller ihre Hoffnungen zuerst auf die Frankfurter Nationalversammlung. Gleichzeitig kam sie in Baden seit Frühjahr 1848 „täglich mit den ersten Männern der Revolution in Berührung" und nahm aktiv an den öffentlichen Sitzungen der demokratischen Vereinsbewegung in Durlach teil. Bis Dezember pflegte sie auch noch den Kontakt mit politisch Andersdenkenden: Bei einer Kaffeekranz-Runde mit Damen der Durlacher Gesellschaft kam es allerdings zu heftigen Auseinandersetzungen, als sie die Demokratie lobte, „die Republicanische Staatsform als die einzig Menschenwürdige" verteidigte und sich „auf die Seite der Freyschaaren" stellte, bis sich die Damen mit ihr „förmlich zankten".[20]

Nach Ausbruch der badischen Mairevolution 1849, der Ausrufung der Republik und dem Amtsantritt der provisorischen Landesregierung veranstaltete Henriette Obermüller zusammen mit dem Herausgeber der Konstanzer *Seeblätter*, Josef Fickler, in Freiburg ein Festessen der Demokraten, bei dem sie geehrt und „mit großer Auszeichnung behandelt" wurde. Etwas später traf sie Lorenz Brentano zu einem Gedankenaustausch in Karlsruhe, in dessen Verlauf sie ihn zur Verteidigung der badischen Republik gegen die Reaktion aufforderte. Brentanos schwankende Haltung, das Auseinanderfallen des Frankfurter Parlaments und der Einmarsch der Bundestruppen in Baden im Juni 1849 ließen sie jedoch am positiven Ausgang der Revolution zweifeln. Zu ihren letzten Aktionen zählte die Unterstützung eines Freiwilligen-Bataillons der Turner beim Barrikadenkampf in Durlach. Als Präsidentin des revolutionären ‚Vereins der Demokratinnen Durlach's' übergab Henriette Obermüller demselben die erwähnte Standartenfahne mit schwarz-goldenen Bändern und einem grünen Eichenkranz, in den sie die Worte „Siegen oder Tod" hineingestickt hatte. Obwohl ihr für diesen Einsatz von Seiten der Republikaner viele „Gedichte der Zustimmung" gewidmet wurden, „haßten" sie die vornehmeren Durlacher Bürgerinnen bis „aufs Blut".[21]

Nach der Niederlage von Waghäusel floh sie vor den preußischen Truppen nach Ettlingen, ehe sie, mittlerweile wie ihr Mann steckbrieflich gesucht, diesem ohne Paß am 25. Juni 1849 ins französische Lauterburg folgte. Dort erhielt sie im August von der Preußischen Kommandantur die Nachricht von ihrer Anklage und der Beschlagnahmung ihres Vermögens, worauf sie sich, um dieses zu retten, zusammen mit ihrem Mann am 12. und 16. November 1849 den badischen Behörden stellte. Angeklagt der „Theilnahme am Hochverrath", die „Soldaten zum Treubruch verleitet (und) gegen die Preußen gekämpft" zu haben, wurde sie im Durlacher Stadtgefängnis inhaftiert. Am 8. Januar 1850 wurde Henriette Obermüller gegen eine Kaution von 1000 Gulden aus der Untersuchungshaft entlassen, und ihr Verfahren wurde am 19. Februar ausgesetzt. Unmittelbar nach ihrer Entlassung wurde sie aus Durlach nach Karlsruhe ausgewiesen, wo sie für zwei Jahre unter polizeiliche Aufsicht gestellt wurde. Gustav Obermüller wurde im Jahre 1850 vom Hofgericht Bruchsal wegen Teilnahme am Hochverrat zu 20 Monaten Zuchthaus verurteilt, bis zur Urteilsbestätigung jedoch gegen eine Kaution von 5000 Gulden auf freien Fuß gesetzt. Nachdem er im Januar 1851 seine Haftzeit angetreten und Henriette Obermüller die badische Generalstaatskasse mit weiteren 3000 Gulden abgefunden hatte, konnte sie für ihren Mann ein Gnadengesuch einreichen, dem auch am 29. August 1851 entsprochen wurde. Doch Obermüller starb bereits eineinhalb Jahre später, am 14. Januar 1853, an den Folgen seiner in der Haft zugezogenen Schwindsucht.[22]

Das Ehepaar Venedey auf gemeinsamen Wegen – Ein Ausblick

Bereits 1838 hatten sich Jakob Venedey und Henriette Obermüller in Le Havre kennengelernt. Nach der Revolution sahen sie sich durch die Vermittlung des Republikaners Johann Adam von Itzstein Ende 1853 wieder und heirateten am 8. Juni 1854. Beruflich betätigte sich Henriette Obermüller-Venedey nach der Geburt ihrer Söhne ab 1860 als Pensionswirtin in Oberweiler im Schwarzwald. Jakob Venedey hatte sich 1854 im Fach Geschichte an der Züricher Universität habilitiert und arbeitete seitdem als Privatdozent, der Vorlesungen in ganz Deutschland hielt und mehrere historische Abhandlungen veröffentlichte. Politisch betrachtet, blieben sich beide Venedeys auch nach 1849 treu: Während Henriette aufgrund ihrer Revolutionserlebnisse und ihres Kampfes für die Rechte von Frauen 1868/69 zunächst mit der Vorsitzenden der Genfer *Association internationale des femmes*, Marie Goegg, korrespondierte, sich schließlich der ‚Association‘ anschloß und an der Vereinszeitschrift *Journal des femmes* mitarbeitete, stritt Jakob Venedey zwischen 1859 und 1871 getreu seinem stärker institutionalisierten Politikverständnis und seinen revolutionären Partei-Erfahrungen in den zeitgemäßen Organisationen des ‚Nationalvereins‘, ‚Deutschen Abgeordnetentags‘, der Schleswig-Holstein-Bewegung, ‚Demokratischen Volkspartei‘ und des ‚Müllheimer Arbeiterbildungsvereins‘ für die politischen Ziele der Demokraten und Republikaner.[23]

Beide Venedeys lehnten in den Jahren nach 1860 eine Hegemonie Preußens in Deutschland und Bismarcks Einigungspolitik ‚von oben‘ ab und forderten statt dessen ein nach dem Reichswahlgesetz von 1849 zu konstituierendes Parlament, eine von den Volksvertretern ausgearbeitete demokratisch-republikanische Verfassung sowie eine auf freiheitlichen Prinzipien beruhende Einigung Deutschlands unter möglichem Einschluß Deutsch-Österreichs. Daß Jakob Venedey diesen politischen Kurs noch während des Deutsch-Französischen Krieges und der sich anschließenden Reichseinigung vertrat, machen unter anderem seine in der Wiener *Neuen freien Presse* im September 1870 publizierten Artikel ‚Vae Victoribus!‘ deutlich, in denen er zum Großmut „gegen den Besiegten" aufrief und vor der weiteren Einengung der inneren Freiheit in Deutschland nach einem siegreichen Krieg gegen Frankreich warnte. Diese und andere, politisch gleichlautende Artikel trugen dem Ehepaar Venedey in den Jahren 1870/71 erneut, wie schon in der Reaktionsdekade, starke öffentliche Kritik und Bedrohungen von seiten nationalistisch-konservativer Kreise ein.[24]

Georg Gottfried Gervinus:
Aussichten auf Reformen und Revolutionen in Europa

Von Gangolf Hübinger

‚Aussichten auf Reformen und Revolutionen in Europa' überschrieb der liberale Historiker, Publizist und Politiker Gervinus eine dreiteilige Artikelserie, vierzehn Tage vor Ausbruch der französischen Februarrevolution, in der *Deutschen Zeitung*. „Der Gedanke, daß ein großes Volk bei seinem Durchbruch zum selbständigen politischen Leben, zu Freiheit und Macht, notwendig die Krise einer Revolution durchzumachen habe", war für den engagierten Zeithistoriker mit einem Blick „voll innerer und äußerer Analogien" auf England und Frankreich auch für Deutschland nur allzu naheliegend. In der europäischen Gärungsphase zu Beginn des Jahres 1848 entschied sich Gervinus jedoch für eine andere Vergleichsebene. Nur dort, wo wie in Italien und Spanien starre politische Systeme mit „großen und kompakten Volksmassen" zusammenstoßen, sei die revolutionäre Entladung unvermeidbar.[1]

Die *Deutsche Zeitung* oder die „Gervinus-Zeitung" (Karl Marx), auf deren Gründung am 1. Juli 1847 der am Beginn seiner politischen Karriere stehende Otto von Bismarck mit Plänen einer ständisch-konservativen Gegengründung reagierte, entwickelte sich zum führenden Presseorgan des konstitutionellen Liberalismus in der Revolutionszeit.[2] Sie verband wie kein sonstiges Organ die südwestdeutschen Gelehrtenpolitiker mit dem rheinischen Wirtschaftsbürgertum. Darin liegt ihre herausragende Bedeutung für die Prägung einer liberalen und nationalen Öffentlichkeit in der unmittelbaren Vorrevolution und während des Revolutionsverlaufs. Die Mannheimer Verlagshandlung Bassermann übernahm die Herausgabe, nachdem der rheinische Unternehmer David Hansemann den Finanzierungsplan erstellt hatte. Die Heidelberger Kollegen Ludwig Häusser und Karl Joseph Anton Mittermaier, dazu Karl Mathy, wählten Gervinus zu ihrem Hauptredakteur. Gervinus hatte in der Anlaufphase der Revolution nicht nur eine organisatorische Schlüsselrolle für den nationalen Zusammenschluß der liberalen Eliten inne. Er entwarf

Georg Gottfried Gervinus (1805–1871)

ebenso die programmatischen Richtlinien und schrieb bis zum Re-
volutionsende etwa hundertzwanzig Leitartikel und Kommentare zu
den wichtigsten Ereignissen. Sie flankierten die Paulskirchendebat-
ten nicht selten als vielteilige historische Gutachten. Die Serien ‚Der
Entwurf der deutschen Verfassungsurkunde‘, ‚Die Posener Frage‘,
‚Die Grundrechte‘, ‚Die österreichische Frage‘ entstammen ganz
dem Selbstverständnis der führenden Historiker um die Jahrhundertmitte, daß ‚Politik auf geschichtlicher Grundlage‘ und nicht anders zu begreifen sei. ‚Politik auf geschichtlicher Grundlage‘ lautete
deshalb auch schon die in der Öffentlichkeit vielbeachtete Vorlesung,

die Gervinus im Heidelberger Wintersemester 1846/47 ganz unter liberalen Vorzeichen gehalten hatte.

Am 10. März 1848, unmittelbar nachdem sich in den Einzelstaaten liberale Ministerien gebildet hatten, stellte Gervinus die revolutionäre Bewegung unter die Leitfrage „Republik oder konstitutionelle Monarchie?", die auch die neuere Revolutionsforschung für eine systematische Analyse der unterschiedlichen politischen und sozialen Handlungsebenen aufgegriffen hat.[3] „Republik" und „Konstitutionelle Monarchie" wurden zu den entscheidenden Losungswörtern, unter denen sich zwei bürgerliche Blöcke in ihren Zukunftsentwürfen immer mehr voneinander entfernten. Gervinus machte sich in dieser Anfangsphase zum Sprecher einer besonders extremen Mäßigungspolitik, die in jeder Hinsicht die Vereinbarung mit den alten Institutionen suchte und einen anderen republikanischen Geist beschwor: „Wir bestehen überall zehn Mal auf Menschenrechten, bis wir uns einmal bereit zeigen, uns einer Bürgerpflicht zu unterziehen. Einige der größten Forderungen des Liberalismus, wie völlige Religionsfreiheit, Aufhebung des Militärs, Freiheit des Unterrichts und dergleichen, zielen, ohne daß man es weiß oder einsehen will, mehr auf Lockerung als auf Anziehung der Staats- und Bürgerbande ab."[4] Dem schickte er noch nach dem 18. März den Wunsch nach: „Wir wollen halten zu unseren Fürsten, in der festen Voraussetzung, daß sie zu uns, dem Volk und seinen großen Interessen halten werden."[5]

Im Verlauf der Revolution wird sich diese Haltung ebenso extrem in ihr Gegenteil verkehren. Aus dem Bundestagsgesandten im ‚Siebzehnerausschuß' zum Entwurf einer neuen Bundesverfassung und dem rechten Flügelmann der rechten Zentrumsfraktion in der Paulskirche wird wieder der von außen blickende Historiker, der in seinem vorletzten Artikel für die *Deutsche Zeitung* das Scheitern der Reichsverfassungskämpfe unter die Devise „Reaktion oder Revolution" stellt[6] und die Geschichte des 19. Jahrhunderts umzuschreiben beginnt: „Die Neuheit des Gedankens einer deutschen Republik darf nicht abschrecken. Er steht mit dem Gange der Geschichte, mit den bisherigen Verhältnissen und Gewohnheiten keineswegs im Widerspruch. Zur republikanischen Staatsform Amerikas überzugehen, ist heutzutage leichter als eine konstitutionelle Monarchie wie die englische zu gründen. Diese vollendetste der Staatsbildungen ist nirgends zum zweitenmal ausgebildet worden."[7] Aus solchen Thesen für eine nachrevolutionäre Neuorientierung des Liberalismus er-

wuchs eine achtbändige ‚Geschichte des 19. Jahrhunderts', mit der
sich der im Vormärz Gefeierte in der Reichsgründungsära immer
weiter in die intellektuelle Isolation schrieb und die bis zu seinem
Tod eine nachhaltige Provokation für die nationalstaatliche Eini-
gungseuphorie darstellte.

An Gervinus ist der Weg eines Mannes der Vorrevolution, eines
führenden Repräsentanten des harmonisierenden Bildungsliberalis-
mus über die existentiellen Orientierungskrisen im Jahre 1848 zu einem der schärfsten bürgerlichen Selbstkritiker der Nachrevolution
zu verfolgen.

Gervinus' Lebenslauf folgt anfänglich nicht den klassischen bil-
dungsbürgerlichen Mustern. Er wurde am 20. Mai 1805 in der hessischen Residenzstadt Darmstadt geboren und entstammte einer
Handwerkerfamilie. Der Vater wurde in den Hungerkrisen von 1817
Weinwirt, er zeigte sich als Ratsherr napoleonischen Ideen durchaus
aufgeschlossen – in altbürgerlichem Standesbewußtsein schwankend
zwischen Obrigkeitsloyalität und städtischem Oppositionsgeist.
Diese Spannung prägte den jungen Gervinus. Mit 14 Jahren brach er
seine Schulausbildung ab und wurde Kaufmann. Er gründete kleine
poetische und freimaurerische Bünde; nur ein Anwerbungsverbot
des Großherzogs konnte den 17jährigen hindern, sich von durchrei-
senden Offizieren für das philhellenische Heer rekrutieren zu lassen.
In diszipliniertem Selbststudium erwarb er die Aufnahme an die Landesuniversität Gießen, wechselte 1826 nach Heidelberg und wurde
hier von Friedrich Christoph Schlosser zum Historiker ausgebildet.
Schlossers kantianische Geschichtsschreibung brachte Gervinus in
Distanz zu den beiden konkurrierenden Hauptströmungen der sich
an den Universitäten etablierenden Fachdisziplin Geschichte. Gegenüber der ‚Göttinger Schule' und ihrem kameralistisch-statisti-
schen Wissenschaftsverständnis lernte Gervinus die kulturellen Ori-
entierungs- und Deutungssysteme als historische Triebkräfte schät-
zen. Weit stärker geriet er in Distanz zur ‚Berliner Schule' mit dem
aufsteigenden Stern Leopold Ranke. Ihr gegenüber wird Gervinus
zeit seines Lebens und ungeachtet aller erkenntniskritischen Einwände die „Richter"- und „Urteils"-Funktion der Geschichte in den
Mittelpunkt seines historischen und politischen Denkens stellen und
damit Objektivität und Parteilichkeit, Sein und Sollen eng aufeinander beziehen. Mit seiner Maxime, „Parteimann des Schicksals" sein
zu wollen, Geschichte „nur in Bezug auf die Gegenwart zu schreiben",[8] und systematisch „Politik auf geschichtlicher Grundlage" zu

lehren, wurde er zu einer Leitfigur der liberalen Gelehrtenopposition nicht nur in Baden, sondern auch in Preußen.

Ersten Ruhm und den Ruf auf eine ordentliche Professur in Göttingen brachte Gervinus 1835 der erste Band einer breit sozial- und kulturgeschichtlich angelegten ‚Geschichte der poetischen Nationalliteratur der Deutschen'. Sie begründete die Literaturgeschichte als neue historische Teildisziplin.⁹ Nur blieb Gervinus keine Zeit, diese in Göttingen weiter auszubauen. Er war Mitinitiator des berühmten Protests der „Göttinger Sieben" 1837 gegen die Aufhebung des Staatsgrundgesetzes durch den König von Hannover und wurde, da er über den individuellen Gesinnungsprotest hinaus auf Mobilisierung der Öffentlichkeit zielte, zusammen mit seinen engsten Freunden Friedrich Christoph Dahlmann und Jacob Grimm des Landes verwiesen. Dieser Protest hat die Kollektivfigur des „politischen Professors" fest im Bewußtsein der liberalen Öffentlichkeit verankert, und für Gervinus begann neben seiner wissenschaftlichen Tätigkeit die Zeit des anerkannten politischen Publizisten.

Die ambitionierte ‚Deutsche Literaturgeschichte', fünfbändig, vollendete Gervinus wieder in Heidelberg, jetzt als Honorarprofessor. Das 1842 fertiggestellte Hauptwerk ist konzipiert als eine mit Luther und der Reformation einsetzende Bildungsgeschichte, die in drei Entwicklungsstufen von der religiösen Säkularisierung über die nationalkulturelle Identitätsbildung durch Literatur – dafür steht Lessing – zur bürgerlichen Reformsphäre des „politischen, des tätlichen, des praktischen Lebens" verläuft, für die – sehr ungewöhnlich – der Mainzer Jakobiner Georg Forster idealtypisch herausgehoben wird. In Gervinus' eigener komprimierter Zusammenfassung: „In den 3 Jahrhunderten der deutschen Geschichte seit dieser Zeit hat die Nation die zwei großen Bildungsstufen zurückgelegt, die religiöse jener Tage und die literarische des vorigen und dieses Jahrhunderts; an dem Eingange einer dritten Stufe politischer Bildung steht sie jetzt, auf demselben Wege fortschreitend, den ihr Engländer und Franzosen vorausgegangen sind, und den die menschliche Natur selbst den Völkern wie den Individuen vorschreibt."¹⁰ Dieser Satz enthält Gervinus' komplette Geschichtsphilosophie und liefert das Gerüst sowohl für alle seine späteren Schriften als auch für seine politischen Optionen. Es ist ein Evolutionismus, der sich durch die Methode des „Analogisierens", so bezeichnete Gervinus seine Strukturvergleiche mit England und Frankreich, erheblich von der zeitgenössischen historistischen Staatsmetaphysik unterscheidet, welche die Nationen ästhetisch zu individualistischen Totalitäten stilisiert. Mit dem Einsatz seines evolutionistischen Geschichtsmodells als politischem Argument besetzte Gervinus in der vorrevolutionären Phase in programmatischen Schriften die Schlüsselfelder liberaler Gesellschaftsreform.

Kulturell war das die ‚Mission der Deutsch-Katholiken‘. Mit diesem Essay erhob Gervinus die sektiererische Bewegung der Lichtfreunde und des Deutschkatholizismus in den Rang einer national-kulturellen Avantgarde. Ein Jahr später, 1846, redigierte Gervinus die Schleswig-Holstein-Adresse der Universität Heidelberg. Die Adresse mobilisierte im Namen von „Vaterland, Politik, Industrie, Ehre"[11] deutsches Nationalbewußtsein gegen die dänische Inkorporationspolitik und drohte mit dem Nationalkrieg, dem „Volkskrieg". Dieser Krieg entbrannte tatsächlich in der Revolution, und für Gervinus, der machtpolitisch für ein „Großdeutschland" mit Posen und holländischem Seehafen eintrat, war die außenpolitische Zurückhaltung Preußens in dieser Frage ein wichtiger Anlaß für seine spätere Radikalisierung. Er stellte sich diplomatisch in den Dienst der separatistischen Schleswiger Regierung und verhandelte noch 1850 in London mit dem britischen Premier Palmerston um einen Anschluß an den Deutschen Bund.

Machtpolitik nach außen, unter den Bedingungen eines echten Konstitutionalismus im Innern, dieses bürgerlich-liberale Leitmotiv, das später auch liberale Intellektuelle wie Max Weber und Friedrich Naumann leitete, entwickelte Gervinus pointiert in seiner Streitschrift ‚Die preußische Verfassung und das Patent vom 3. Februar 1847‘, als deutlich wurde, daß König Friedrich Wilhelm IV. bei der Einberufung des Landtages nicht die Absicht hatte, das immer wieder in Aussicht gestellte Verfassungsversprechen einzulösen. Für kurze Zeit rückte Gervinus jetzt ganz an die Spitze der liberalen Oppositionspolitik. Als Chefredakteur der neugegründeten *Deutschen Zeitung* bündelte er liberale Energien und polarisierte zugleich zwischen dem gemäßigten und dem demokratischen Bürgerblock im Streit um Verfassung und Sozialpolitik.

Gervinus erfand dazu eine umstrittene „zensorische Direktion", die in einer Art Selbstzensur Verbot oder Behinderung des Blattes in den Einzelstaaten vermeiden sollte. Ihr gehörten unter anderen die Industriellen Hansemann und Diergardt, der Breslauer Bürgermeister Pinder, der Bremer Bürgermeister Smidt, die Professoren Beseler und Schlosser, auch Christoph und Heinrich von Gagern an; zu den prominenten preußischen Vertretern zählten Theodor von Schön, Alfred von Auerswald und Maximilian von Schwerin. Aus Verärgerung über eine solche vorbeugende Institution lehnten allerdings Dahlmann, Jacob Grimm, Paul Pfizer und Ludwig Uhland eine Teilnahme ab. Das von Gervinus entworfene und breit zirkulierende Programm der *Deutschen Zeitung* vermied konkrete Festlegungen sowohl verfassungsrechtlicher als auch wirtschaftspolitischer Art. Die ungebundenen Aktivitäten der „Volkspolitik" sollten durch „freien Konstitutionalismus" gezähmt und auf nationale Machtpolitik gelenkt werden. Soziale Konflikte habe der industriepolitische Kurs des Zollvereins zu entschärfen. Adelsprivilegien seien abzuschaffen. Eine liberale Sammlungspolitik ruhe auf der Basis des „einfachen Staatsbürgertums, in dem die früher geschiedenen Stände gleichberechtigt aufgehen". Das Programm stellte die Weichen für eine auf Parlamente und Ministerien beschränkte „Reform von oben" und eine Abschottung gegen „die äußerste Linke des Liberalismus" und die sich kontinuierlich erweiternde demokratische und sozialistische Protestbewegung.[12]

Mit zuerst 1800, dann in der Revolution 5000 Abonnenten begleitete die *Deutsche Zeitung* den politischen Kurs der Casino-Fraktion, des rechten Zentrums in der Paulskirche. Hier versammelte sich die große Mehrheit der südwestdeutschen und norddeutschen Professoren, gemeinsam mit dem rheinischen Wirtschaftsbürgertum. Die Fraktion, der auch Gervinus mit seinen Freunden Jacob Grimm, Georg Beseler und Dahlmann beitrat, dominierte die Verfassungsberatungen. „Die Professoren reißen / nicht Altar noch Thron uns ein, / auch ist der Stein der Weisen / kein deutscher Pflasterstein." Von Beginn an ist der Topos vom „Professorenparlament" wie in den Versen Georg Herweghs präsent. Die Sozialisten spotteten, die ältere nationalliberale Revolutionsforschung feierte die Professoren über Gebühr und wähnte sich in deren Tradition, die neuere Sozialgeschichte hat dagegen die juristischen und administrativen Berufe der mittleren Ebene ins Zentrum gerückt.[13] Was hat es mit der Rede vom „Professorenparlament" auf sich?

Akademisch Gebildete, an der Spitze Professoren, galten im vormärzlichen Bürgertum und bis über die Revolutionsjahre 1848/49 als die führenden Autoritäten gesellschaftlicher Selbstdeutung. Ihre politischen und geistigen Normen „prägten die dominante Kultur" bis weit in das Kaiserreich hinein.[14] Darin ist ihre Wirkung zu sehen, auch wenn Kompetenz in verfassungsrechtlichen Fragen oder Urteilskraft in sozialen Konflikten mehrfach fehlten. Gervinus selbst ist

als fremde Autorität in die Paulskirche gewählt worden. Nachdem
ein badischer Wahlkreis gegen die demokratischen Kandidaten aussichtslos erschien, wurde er gegen den Protest der lokalen Honoratioren in Wanzleben-Wolmirstedt in der preußischen Provinz
Sachsen nominiert und siegte mit 56 von 110 Wahlmännerstimmen
äußerst knapp gegen einen dortigen Justizbeamten. Er wurde Mitglied des Paulskirchenausschusses für völkerrechtliche und internationale Fragen. Im Plenum hat Gervinus kein einziges Mal das Wort
ergriffen. Sein Medium blieb die *Deutsche Zeitung*. Von Beginn an
stellte er sich ganz in den Dienst der „Mission Gagern" und deren
Bemühungen, die Revolution in rein rechtliche und parlamentarische Bahnen zu lenken. Mit seinem rigorosen ordnungspolitischen
Kurs, der eher die patriarchalischen Steinschen Reformen zum Vorbild nahm und überraschend Heinrich von Gagerns „kühnen Griff"
zur Einsetzung des Reichsverwesers als illegitim mißbilligte, isolierte
sich Gervinus mehr und mehr von seinen liberalen Freunden der Casino-Fraktion. Am 1. August 1848 legte er sein Abgeordnetenmandat nieder. Aus dem rechten Kritiker liberaler Verfassungskompro-
misse wurde dann innerhalb der Monate August bis Dezember, in der
die Paulskirche ihre wichtigen politischen Handlungsspielräume
verlor, ein ebenso entschiedener linker Fundamentalkritiker. Wenn
für die Mentalität der beamteten Mandatsträger die Beobachtung
gilt: „Sie studierten die Balance auf dem schmalen Grat zwischen ver-
ordnetem Kompromiß und Fundamentalopposition ein",[15] dann hat
Gervinus, der die Rückkehr in den badischen Staatsdienst abgelehnt
hatte und als Honorarprofessor lehrte, sich in seinem Gelehrtenmi-
lieu einen größeren Freiraum sowohl nach der einen als nach der anderen Seite geschaffen. Das macht die Sprünge und Zuspitzungen
seiner Revolutionskommentare aus, die ein Spiegel der heterogenen
Handlungsabläufe und ihrer Krisen sind.

Drei große Themenkreise kehren in diesen Kommentaren immer
wieder. Sie sind grundsätzlich an der liberalen Generallinie ausgerichtet, „Einheit und Freiheit" als zwei Seiten derselben Moderni-
sierungspolitik zu betrachten und deshalb in einem Zuge erringen zu
wollen. Für den Historiker Gervinus stellte sich dies als ein kompli-
ziertes Zusammenspiel auf drei Ebenen dar, auf den Ebenen des be-
anspruchten Staatsgebiets für den neuen Nationalstaat als Machtstaat, der Organisation und Legitimation der Herrschaft im Innern
sowie der sozialen Ordnung durch eine gute Verwaltung statt durch
vermeintlich abstrakte Grundrechte.

Militanter Nationalismus und konstitutionelle Rechtsordnung waren für Liberale keine Gegensätze, so auch nicht für Gervinus, der schon als Mitglied des Siebzehner-Ausschusses die Grenzkonflikte zwischen Tirol und der Lombardei durch „einen Bundeskrieg gegen Italien" lösen wollte.[16] Exemplarisch ist die Beurteilung der Polenfrage im Vorfeld der großen Kontroversen um das Selbstbestimmungsrecht der polnischen Bevölkerung vornehmlich Westpreußens und Posens, die Ende Juli in der Paulskirche geführt wurden. Zwar sei die erste Teilung von 1772 „Raub" gewesen, aber das damalige Preußen sei nicht das Deutschland von 1848. In dessen Interesse liege die definitive Eingliederung der deutschpolnischen Gebiete: „Die Schwächung, die Teilung, der Untergang von Völkern und Staaten ist trotz aller Grundsätze der neuesten, humanitarischen, nationalen, volkstümlichen Politik oft vorgekommen, ohne die ungemeine Teilnahme zu erwecken, die Polen in Anspruch nimmt [...]. Wir haben ungefähr gleichzeitig mit Polen auch Venedig untergehen sehen, und auf nicht viel gerechtere Weise." Gervinus zeichnete in seinen fünf Leitartikeln[17] die Linie vor, auf der am 27. Juli 1848 die überwältigende Mehrheit von 342 gegen 31 Abgeordnete der Linken für eine Demarkationslinie und gegen die Wiederherstellung eines polnischen Staates stimmte. Mit seinen Artikeln zur Grundrechtsdebatte, die die Paulskirche im Anschluß an den Verfassungsentwurf des Siebzehner-Ausschusses vom 24. Mai bis zum 3. Juli 1848 führte, gehörte Gervinus zu denjenigen, die besonders heftig gegen deren ausführliche Behandlung polemisierten.[18] Persönlichkeitsrechte lägen besser in der Obhut der Einzelstaaten und ihrer lokalen Administrationen, so setzte sich Gervinus von der westeuropäischen Verfassungstradition ab. Absolute Priorität komme der verfassungsrechtlichen Infrastruktur zu, dem „Bundesreich", wie Gervinus seine ausgefeilte Verfassungskonstruktion mit machtvoller Erbmonarchie, Ober- und Unterhaus, überschrieb.[19]

Das Doppelziel der äußeren und inneren Nationsbildung sah Gervinus im Dezember 1848 definitiv entschwunden. Nicht durch die Schuld der Linken, sondern durch die Schuld Preußens. Am 26. August wurde der Waffenstillstand mit Dänemark geschlossen, der den auf seiten der Schleswigschen „Rebellenregierung" publizistisch arbeitenden Gervinus zutiefst erbitterte. Am 5. Dezember erfolgte der preußische Staatsstreich mit der Aufhebung der Nationalversammlung und dem Verfassungsoktroy durch den König, der alle liberale Hoffnung auf eine Vereinbarungspolitik ad absurdum führte. Dazwischen lagen die Kämpfe und der Sieg der Reaktion in Wien, für Gervinus nur die endgültige Bestätigung, daß eine Nationsbildung Österreich auszuschließen habe: „Unsere Existenz an die österreichische knüpfen, heißt sie mutwillig oder ohne Not aufs Spiel setzen."[20] Aber auch an Preußen wollte er die Zukunft eines deutschen Nationalstaates nicht mehr knüpfen. Er sah sie von diesem Zeitpunkt an aus südwestdeutscher Fundamentalopposition heraus nur noch in einer föderativen Republik, zu deren Beschleunigung es einer neuen Revolutionswelle bedürfe: „Die altgewordenen Glieder werden dem Medeakessel der Revolution nicht entgehen können und, wenn sie wirklich verjüngt werden sollen, nicht dürfen."[21]

„Was helfen uns die noch so schön geschriebenen Artikel von Gervinus, wenn sie nichts als die inutile Cassandre aufführen können", reagierte Johann Gustav Droysen auf den endgültigen Bruch zwischen den liberalen Gelehrtenpolitikern und Historikerkollegen.[22] Gervinus blieb unbeirrt. Zwar flüchtete er in der dritten badischen Revolutionsphase, als im Mai 1849 die Revolutionstruppen Gustav Struves für sechs Wochen Heidelberg beherrschten und Gewaltaktionen sich auf die Häuser konservativer und liberaler Politiker konzentrierten. Aber die badischen Schüler und Freunde wunderten sich über die radikalisierten Ansichten ihres historischen Mentors. Julius Jolly berichtete Franz von Roggenbach: „Er war anfangs überraschend revolutionär gestimmt und es schien mir, er hätte aus Ekel an der preußischen Wirtschaft es nicht ungern gesehen, wenn die Bewegung sich nach Württemberg weitergewälzt und vielleicht in bessere Hände übergegangen, eine Aussicht auf Erfolg genommen hätte. Er machte am längsten unter allen Personen seines Kreises Opposition gegen das preußische Bajonettenregiment."[23]

Gervinus hat Geschichte immer als einen Schulungsort der praktischen Urteilskraft verstanden. Insofern wertete er im Anschluß an seine Revolutionserfahrung sein Preußenbild vollständig um. Der vormärzliche Gervinus hatte zur Minderheit liberaler Gelehrtenpolitiker gehört, die eine am Modell England orientierte Freisetzung statt einer Drosselung industriewirtschaftlicher Energien forderte[24] und dazu Preußen – reformiert zum konstitutionellen Verfassungsstaat – zur politischen Hegemonialmacht des Nationsbildungsprozesses kürte. Der nachrevolutionäre Gervinus kam zum gegenteiligen Schluß. Die herrschenden Eliten Preußens seien zu einer Führungsrolle in Deutschland nicht fähig. Preußen müsse im säkularen Prozeß der aufziehenden industriellen Massengesellschaft

Gesamteuropas in einen starken föderalistischen Bund eingefügt werden.

Das Ergebnis dieser Umwertung ist Gervinus' berühmtestes Buch, die ,Einleitung in die Geschichte des neunzehnten Jahrhunderts', erschienen Ende 1852.[25] Politische Werturteile und historische Kategorien werden neu aufeinander bezogen: Föderalistisches Staatsprinzip und demokratisches Gesellschaftsprinzip[26] bilden die Tragachsen; England wird durch Amerika als politisches Bezugssystem ausgewechselt; innovativ für die Geschichtsschreibung werden Bezeichnungen wie „Republik", „Revolution", „vierter Stand", „Masse", auch „Bonapartismus" ihrer rein negativen politischen Semantik entkleidet und zu historischen Grundbegriffen, bzw. zu analytischen Vergleichskategorien, aufgewertet. Beibehalten aus den Stufenlehren der Deutschen Literaturgeschichte, aber von einer geistigen Bildungsgeschichte zu einer politischen Freiheitsgeschichte transformiert, wird der gesetzeshafte Evolutionismus: „Von den despotischen Staatsordnungen des Orients zu den aristokratischen, auf Sklaverei und Leibeigenschaft gegründeten Staaten des Altertums und des Mittelalters, und von da zu der neueren noch in Gange begriffenen Staatenbildung ist ein regelmäßiger Fortschritt zu gewahren von der geistigen und bürgerlichen Freiheit der Einzelnen zu der der Mehreren und der Vielen."[27] Gervinus verstand sein Buch als eine Universalgeschichte „politischer Entwicklungsstufen".[28] Überall – und das ist ein neuer Ansatz in der Historiographie der Jahrhundertmitte – sah er „Volksbewegungen" als die leitende Triebkraft politisch-sozialen Wandels. Die ,Einleitung' empfiehlt die vergleichende Analyse ihres Organisationsgrades, ihrer Bewegungsrichtung und ihrer politischen Durchsetzungskraft als die Hauptaufgabe der Zeitgeschichtsforschung. Es handelt sich methodisch um eine deduktive Geschichtskonstruktion; sie basiert auf der Universalität eines sozialen Emanzipationsprozesses von den „Servituten Osteuropas" bis zu den „Sklaven Westindiens". Und sie reklamiert den gesetzmäßigen Verlauf dieses Prozesses als überall vom städtischen Mittelstand getragene, dann aber über die bürgerliche Emanzipation hinaustreibende Bewegung.[29]

Anschluß hat Gervinus mit diesem Ansatz einer vergleichenden Geschichtsforschung nicht gefunden. Die am historistischen Paradigma orientierten Kollegen, gleich ob konservativ wie Ranke oder liberal wie Dahlmann, Droysen und Sybel, haben sich von einer derartigen Konzeption der Geschichte als Gesetzeswissenschaft strikt distanziert. Droysen nannte sie in seiner Historik abwehrend und abwertend eine „Enzyklopädie des politischen Studiums".[30] Erst Wilhelm Dilthey bemühte sich um eine differenzierte Einschätzung dieses Wissenschaftstypus und stellte ihn ins Vorfeld der Entwicklungslehren Wilhelm Wundts und Karl Lamprechts. Auch Max Weber würdigte den Nennonkel seiner Mutter am Rande, einen entscheidenden Schritt zur Entmetaphysierung hegelianischer Geschichtskonstruktionen getan zu haben.

An den politischen Schlußfolgerungen der ‚Einleitung' sind zwei im historischen Strukturvergleich mit England und Frankreich gewonnene Einsichten besonders bemerkenswert. Die eine richtet sich an die Adresse des eigenen liberalen Milieus. Sie spricht dem Liberalismus ab, zwischen konservativem und kleinbürgerlich proletarischem Milieu sich als selbständige politische Kraft behaupten zu können: Es habe „der Mittelstand in der neueren Staatenwelt in England nur in der Gesellschaft mit der Aristokratie, in Amerika und Frankreich nur in Gesellschaft mit dem niederen Volk eine politische Macht ausüben können; und so wird es auch in Deutschland kommen."[31] Den Staatsstreich Napoleons III. empfand Gervinus hierfür als historische Zäsur. Als einziger beurteilte er den Herrschaftstypus des Bonapartismus und die „Zerquetschung der (bürgerlichen) Mitte" positiv als autoritäre Durchgangsstufe zur Demokratie. Denn, und das ist die zweite politische Schlußfolgerung, gerichtet an die Adresse der Regierungen und Monarchen der deutschen Staaten: „Die politische Gleichheit aber, wenn sie nicht der Ausdruck der gleichen Unterdrückung unter der Despotie ist, verlangt die Herrschaft des Volkswillens nach der Entscheidung der Mehrheit; bedingt eine Regierung, die nicht auf die Vorspiegelung eines göttlichen Willens gegründet ist, sondern auf die Notwendigkeit; erfordert eine Gesetzgebung, die auf dem Bedürfnisse der Gesellschaft ruht, über die die Gesamtheit selber urteilt."[32] Die erste Schlußfolgerung hat ihm „nur" den Bruch mit der historischen Zunft eingetragen, die zweite Schlußfolgerung einen Hochverratsprozeß.

Für die Gegner des „rebellischen Heidelberg", das als Oppositionszentrum der badischen Reaktionszeit galt, war die ‚Einleitung' der willkommene Anlaß, gegen den geistigen Kopf, für den Gervinus neben Ludwig Häusser gehalten wurde, strafrechtlich vorzugehen. Eine Gruppe des politischen Katholizismus um den Heidelberger Stadtdirektor Mariano de Uria Sarachaga und einige Hochschullehrer bewogen im Januar 1853 die Karlsruher Justiz, Anklage wegen „Aufreizung gegen die konstitutionelle Monarchie" zu erheben. Das Mannheimer Hofgericht ermittelte wegen „Aufforderung zum Hochverrat und Gefährdung der öffentlichen Ruhe und Ordnung durch die Presse". Am Ende des Prozesses wurde Gervinus zwar nicht zu der vom Staatsanwalt geforderten viermonatigen Festungshaft verurteilt. Wohl aber wurde ihm die Venia legendi entzogen.[33]

Acht umfangreiche Bände folgten den Kategorien der ‚Einleitung'; sie verschoben aber gegenüber dem dort umrissenen Zivilisationsprozeß der westlichen Welt den Gegenstand. Zum zentralen Thema wurde die Wirkungsgeschichte von Französischer Revolution und Wiener Kongreß auf andere Weltteile, auf „Schwellenregionen" des bürgerlichen Emanzipationsprozesses: das katholische Südeuropa, das koloniale Südamerika, Griechenland in seiner nationalen Erhebung gegen die osmanische Herrschaft. Die beiden ersten Bände konzentrieren sich auf die politische Stagnation in ganz Europa als Folge des Wiener Kongresses und des Metternich-Systems. Die folgenden beiden Bände schildern die Destabilisierung dieses Systems, wie sie nach Gervinus durch die Rückwirkung der nach Südamerika exportierten Französischen Revolution auf die Iberische Halbinsel erfolgt sei. Die Bände fünf und sechs deuten den philhelenischen Freiheitskampf als die entscheidende „ideelle" Herausforderung der Heiligen Allianz; hier engagiert sich Gervinus besonders stark durch eigenes Aktenstudium. Die abschließenden Bände sieben und acht münden in eine Ursachengeschichte des europäischen Revolutionsjahres von 1830. Gervinus setzt hier alle Erhebungen, von den Soldatenmeutereien bis zum frühsozialistischen Arbeiterprotest, in ein Kausalverhältnis, um weltgeschichtlich zu erklären, wie die „fernsten Bewegungen in Südamerika [...] sich in einer Kette zusammenhängender Erschütterungen bis zu den Mündungen der Donau" fortgesetzt haben.[34] Die Konstitutionsbewegungen im Revolutionsjahr 1830 markieren für ihn den endgültigen Abschied von Alteuropa.

Die ‚Geschichte des neunzehnten Jahrhunderts' – das macht sie gegenüber anderen Unternehmen der Zeit originell – ist eine vergleichende europäische Zeitgeschichte unter universalem Aspekt, die nicht theologisch oder teleologisch auf eine bestimmte Nationalstaatskonzeption hinzielt. Sie stellt keine Legitimationsgeschichte von Luther zu Bismarck dar wie im aufblühenden borussischen Historismus von Droysen bis Treitschke. Gervinus sah deshalb auch in der aus dem Krimkrieg hervorgegangenen europäischen Führungsmacht, in Frankreich und in Napoleon III., nicht a priori den Hauptfeind. Er wertete Napoleon mit seinen historischen Vergleichsmaßstäben, die der bonapartistischen Herrschaftspraxis durchaus nationale und soziale Integrationskraft zuerkannten. Und Bismarck galt ihm in keiner Weise als der Vollstrecker, sondern als der Vernichter der Ideen von 1848.

Gervinus brach mit der Gründung des Norddeutschen Bundes seine ‚Geschichte des neunzehnten Jahrhunderts' ab. Seine resignierte und lakonische Begründung: „Mein Buch über das 19. Jh. war ganz in dem echtesten bündischen Geiste geschrieben, den man einsaugt, wenn man ein bißchen verständiges Verständnis von deutscher Geschichte hat, in der alles Große und Segenvolle aus den kleinen Staaten und nicht aus den großen gekommen ist; das Werk war gemeint als ein Lehrbeitrag für eine weit andere Art von Entwicklung Deutschlands, als die jetzt begonnene, die uns auf die Wege der Militärstaaten des 17. Jh. im überspanntesten Stile zurückschraubt; und ich sehe mich außer Stande, an dem breit angelegten Opus fortzuarbeiten."[35]

1870, nach der Schlacht von Sedan und der militärischen Niederlage Frankreichs, schrieb Gervinus' Schüler und Mitarbeiter Hermann Baumgarten den historischen Essay ‚Wie wir wieder ein Volk geworden sind'. Es sei doch Gervinus gewesen, so Baumgarten, der in seiner historischen Stufenlehre mit „schneidiger Schärfe" gefordert habe, die literarisch geformte Kulturnation müsse sich jetzt politisch zu einer Staatsnation bilden. Eben dies sei durch den „heilvollen Krieg von 1870" endlich erreicht.[36] Gervinus schrieb ebenfalls in Reaktion auf Sedan eine ‚Denkschrift zum Frieden. An das preußische Königshaus'. Es ist sein politisches Testament geworden, in dem er noch einmal den föderalistischen Grundsatz der „Erhaltung des ganzen Kleinstaatengürtels von Skandinavien bis Sicilien"[37] als obersten Wertgesichtspunkt seiner Historiographie seit den Enttäuschungen von 1848 bekräftigte.

Johann Gustav Droysen:
Das Recht der Geschichte

Von Ulrich Muhlack

Man hat über Leopold von Ranke gesagt, daß von seinem langen äußeren Leben nicht viel Aufregendes zu berichten sei: „wie sich das für einen Gelehrten gehört".[1] Auch Johann Gustav Droysen hat ein solches Gelehrtenleben geführt, das sich ziemlich rasch erzählen läßt. Am 6. Juli 1808 als Sohn eines Garnisonpredigers in Treptow in Pommern geboren, besuchte er von 1820 bis 1826 das Marienstiftgymnasium in Stettin, um sodann an der Universität in Berlin, der damals modernsten in Deutschland, Klassische Philologie und Philosophie zu studieren; seine wichtigsten akademischen Lehrer waren August Boeckh, einer der Begründer der historischen Altertumswissenschaft, und Hegel, der in jenen Jahren auf dem Gipfel seines Ruhmes stand. Er legte 1829 das Oberlehrerexamen ab und wurde 1831, nach der üblichen Probezeit, ordentlicher Lehrer am Berliner Gymnasium zum Grauen Kloster. Er blieb daneben der Universität verbunden, verfolgte seine altertumswissenschaftlichen Interessen weiter, wurde 1831 promoviert, habilitierte sich 1833 und erhielt 1835 eine unbesoldete außerordentliche Professur. Der eigentliche Durchbruch und zugleich die Wende in seiner Karriere kamen 1840, als er einen Ruf auf die Professur für allgemeine Geschichte an der Universität in Kiel annahm. Später folgten Berufungen auf historische Lehrstühle in Jena (1851) und Berlin (1859), wo er bis zu seinem Tod am 19. Juni 1884 wirkte. Seine Hauptschriften sind die ‚Geschichte Alexanders des Großen' (1833), die ‚Geschichte des Hellenismus' (1836 u. 1843), die vom Tod Alexanders bis zum Jahr 221 v. Chr. reicht, die ‚Vorlesungen über die Freiheitskriege' (1846), die die ‚Reihe von Völkerkämpfen um die Freiheit' zwischen 1765 und 1815,[2] vom nordamerikanischen Unabhängigkeitskrieg über die Französische Revolution bis zu den deutschen Freiheitskriegen, überblicken, das ‚Leben des Feldmarschalls Grafen Yorck von Wartenburg' (1851/52), die ‚Geschichte der preußischen Politik' (1855–1886), von der Mark Brandenburg im Mittelalter bis zur Vor-

Johann Gustav Droysen (1808–1884)

geschichte des Siebenjährigen Krieges, und die ‚Historik‘, eine seit 1857 gehaltene Vorlesung zur Theorie der Geschichtswissenschaft, bis heute ein Standardwerk der Gattung.

Gleichwohl unterscheidet es Droysen von Ranke, daß er nicht nur ein Gelehrtenleben, sondern auch ein politisches Leben geführt hat. Er war ein homo politicus von Grund auf, voll leidenschaftlicher Anteilnahme an den Zeitverhältnissen, von festen Prinzipien durchdrungen, die er fortgesetzt mit der sich wandelnden Realität kon-

frontierte, ein rigoroser Parteimann, der klar zwischen Freund und
Feind zu unterscheiden wußte, von ebenso entschiedener wie furcht-
loser Urteils- und Willenskraft, ein Beobachter und Mitgestalter der
preußisch-deutschen Entwicklung vom Vormärz bis zur Reichsgründung: „eine der bedeutendsten unter den Gelehrtenpersönlichkei-
ten, durch die sich um die Mitte des 19. Jahrhunderts der Fortschritt
des deutschen Geisteslebens von den literarisch-ästhetischen zu den
ethisch-politischen Interessen vollzogen hat."[3] Zugleich ist wesentlich, daß das politische Leben Droysens nicht unverbunden neben
dem gelehrten Leben herlief, sondern dieses in wachsendem Maße
ergriff, ja, schließlich sozusagen mit ihm identisch wurde. Der Historiker kann also nicht ohne den Politiker gedacht werden. Droysens Stellung in der deutschen Geschichtswissenschaft des 19. Jahrhunderts beruhte auf dieser „Symbiose von Wissenschaft und
Politik",[4] die ihn zum Protagonisten einer spezifisch politischen
Schule werden ließ.

Im Zentrum dieser politischen Biographie und damit dieses Lebens überhaupt steht die Beteiligung an der deutschen Revolution
von 1848/49: das einzige Mal, daß Droysen vom politischen Gedanken oder Programm zur unmittelbaren politischen Tat schritt. Man
könnte darin eine bloße Episode oder Ausnahme sehen und daraus
sogar auf einen unpolitischen Grundzug schließen, der dem angebli-
chen homo politicus schlecht anstünde. Tatsächlich jedoch erweist
sich das Revolutionerlebnis als der Dreh- und Angelpunkt, wenn es
um eine zusammenfassende Würdigung des Politikers wie des Historikers und damit um ein treffendes Verständnis jener „Symbiose
von Wissenschaft und Politik" geht.

Droysens Teilnahme an der Revolution erwuchs aus Wurzeln, die
zuletzt bis in die früheste Kindheit zurückreichten. Er entstammte
einer Familie, die vom Geist der preußischen Reformzeit und der
deutschen Freiheitskriege erfüllt war. Der Vater hatte 1806/07 als
Feldprediger die erfolgreiche Verteidigung Kolbergs mitgemacht,
die den preußischen Patrioten wie ein Fanal der kommenden Befreiung erschien, war seitdem mit Gneisenau, Blücher, Scharnhorst vertraut, stand dem Tugendbund nahe, wirkte 1813 als Landwehr- und
Landsturmprediger. Noch 1850 erinnerte sich Droysen, „wie der alte
Blücher, vor dem väterlichen Pfarrhause haltend, mich vor sich auf
das Pferd hob", wie er mit Scharnhorst „in des Vaters Studierstube
empfangen wurde", nicht ohne hinzuzufügen: „Und noch heut bekenne ich mich zu eben diesem Panier."[5] Dieses „Panier" hieß für

ihn: ein durch die Verbindung von Staat und Volk erneuertes Preußen an der Spitze Deutschlands, die Erweiterung des preußischen Staats zum nationalen Rechts- und Verfassungsstaat, das Aufgehen Preußens in Deutschland, das alles überhöht oder überstrahlt durch einen ethischen Idealismus, der zugleich die Vorstellung einer preußisch-deutschen Menschheitsmission, einer Überlegenheit vor allen anderen Völkern nährte. Droysen ist in solchen Anschauungen groß geworden und hat um sie herum schon frühzeitig ein ganzes politisches Gedankengebäude errichtet; seine enthusiastisch verehrten Vorbilder waren der Freiherr vom Stein und Wilhelm von Humboldt, die er als Inbegriff „des Rechten und Erreichbaren" ansah.[6] Einstweilen ermaß er, wie weit die preußisch-deutsche Wirklichkeit sich inzwischen vom „Rechten und Erreichbaren" entfernt hatte; das Werk der Reformer wurde ihm zu einer regulativen Idee, die erst noch, gegen scheinbar übermächtige Hindernisse, durchgesetzt werden mußte: „Freilich ist der Weg weit, mühevoll, vielleicht blutig und voll Schande; doch die Hoffnung ist stärker als die Angst und der Glaube heller als die Nacht, in der wir träumen und verzagen möchten."[7] Nach der französischen Julirevolution von 1830 gewann er neue Zuversicht, die ihn erstmals von einem „preußischen Reich" sprechen ließ,[8] und es ist kennzeichnend, daß er damals den Plan eines historisch-politischen Journals faßte, das dieses Konzept propagieren sollte: „Preußen als le juste milieu Europas", mit „dem heftigen Vorwärts" als seinem „Lebensprinzip".[9] Allerdings scheiterte dieses Projekt am Einspruch der preußischen Regierung, und Droysen mußte bis zur Thronbesteigung Friedrich Wilhelms IV. im Juni 1840 warten, um „die Möglichkeit tiefeingreifender Umänderung" ins Auge zu fassen.[10] Aber erst der Zusammentritt des Vereinigten Landtags im April 1847 gab ihm die Gewißheit, daß Preußen in einer „Wandelung" begriffen sei, die „das Weitere unvermeidlich machen" werde: „Jedenfalls die Nacht hat ein Ende, der Tag bricht an";[11] das war schon am Vorabend der Revolution.

Mittlerweile hatte der Weggang nach Kiel Droysen zu einer neuen politischen Erfahrung verholfen, durch die er der praktischen Politik nähergerückt war. Er stieß dort auf das schleswig-holsteinische Problem, das sich seit dem Anfang des 19. Jahrhunderts von einer alteuropäischen Rechtsfrage zu einem nationalen Konflikt zwischen der deutschen Bevölkerung der Herzogtümer und der dänischen Krone entwickelt hatte. Er nahm entschlossen den deutschen Standpunkt ein und begann, selbst öffentlich hervorzutreten. Durchschlagende

Wirkung hatte die von ihm verfaßte und alsbald von vielen Gesinnungsgenossen unterzeichnete Kieler Adresse vom 11. November 1844, die, an die Ständeversammlung von Holstein gerichtet, die jüngst geforderte Verschmelzung Dänemarks mit den Herzogtümern zu einem einzigen, ungeteilten Reich aufs schärfste zurückwies und damit den „Kampf des deutschen gegen das dänische Wesen" weiter vorantrieb.[12] Seitdem stand er in der vordersten Reihe der nationalen Opposition. Bemerkenswert ist, daß er das schleswig-holsteinische Problem niemals isoliert sah, sondern stets im Zusammenhang mit der deutschen Politik insgesamt, und er ließ keinen Zweifel daran, daß ihm auch hier alles auf Preußen anzukommen schien. Umgekehrt veranlaßte ihn die Diskussion um Schleswig-Holstein, seine Sicht der preußisch-deutschen Politik zu präzisieren; er schrieb dazu mehrere Artikel in Schweglers *Jahrbüchern der Gegenwart* und in der *Hallischen Allgemeinen Literatur-Zeitung*. Die Revolution fand ihn wohlvorbereitet.

Sie begann für ihn in Schleswig-Holstein. Er war dabei, als sich in der Nacht vom 23. zum 24. März 1848 im Kieler Rathaus eine provisorische Regierung der Herzogtümer bildete, um sich der drohenden Annexion Schleswigs durch Dänemark zu widersetzen. Die Proklamation, mit der sie sich an ihre deutschen Mitbürger wandte, stammte weithin aus seiner Feder: sie legte nicht nur dagegen Verwahrung ein, „daß deutsches Land dem Raube der Dänen preisgegeben werde", sondern forderte auch den Anschluß an die „Einheits- und Freiheitsbestrebungen Deutschlands".[13] Als die provisorische Regierung am 24. März mit militärischer Bedeckung zur Landesfestung Rendsburg aufbrach, um dort ihren Sitz zu nehmen, zogen Droysen und andere Kieler Professoren an der Spitze studentischer Freiwilliger mit; die Stadt ergab sich ohne Gegenwehr. Eine der ersten Maßnahmen der nunmehr etablierten Regierung war es, Droysen zu ihrem Schriftführer zu ernennen. Er hatte in dieser Funktion in den folgenden Tagen eine ganze Fülle von Erlassen und sonstigen Schreiben anzufertigen, von der Eingabe an den König von Dänemark, die die vollzogenen Schritte rechtfertigte, bis zur Einberufung der schleswig-holsteinischen Ständeversammlung, die dem neuen Regime eine legale Basis geben sollte.

Aber schon am 29. März erhielt Droysen eine andere Aufgabe, die ihn von Schleswig-Holstein weg ins Zentrum der deutschen Revolution führte. Die provisorische Regierung ordnete ihn nämlich als Vertrauensmann in den Siebzehner-Ausschuß beim Bundestag in

Frankfurt ab, der eine Revision der Bundesverfassung vorbereiten sollte. Als Droysen hier am 1. April eintraf, sah er sich sogleich in „der Mitte der merkwürdigsten und bedeutsamsten Vorgänge":[14] „Ich habe mich nie wohler und frischer gefühlt als eben jetzt, da aller Orten der Boden unter den Füßen wankt."[15] Er arbeitete zunächst auftragsgemäß im Siebzehner-Ausschuß mit, wo sich ihm die Möglichkeit zu eröffnen schien, im Sinne seiner allgemeinen politischen Vorstellungen zu wirken: Er plädierte für eine von der preußischen Heeresverfassung ausgehende Stärkung der Bundesexekutive und unterstützte den Dahlmannschen Verfassungsentwurf, den der Ausschuß am 27. April annahm. Zwei Tage später zog er in einer Denkschrift Bilanz: „Den Hohenzollern gebührt die Stelle, die seit den Hohenstaufen leer geblieben."[16]

Inzwischen war Droysen im fünften holsteinischen Wahlbezirk zum Abgeordneten der konstituierenden Nationalversammlung in Frankfurt gewählt worden; er ließ sich daraufhin von der weiteren Mitarbeit im Siebzehner-Ausschuß entbinden. Er wartete gespannt auf den Sitzungsbeginn, hielt „die größeren Schwierigkeiten" für überwunden, sah sich fast schon am Ziel: „Es ist wahrlich eine erhebende Aufgabe, zu der man mit berufen ist; und oft ist es mir wie ein Traum, daß alles das, was man lange ersehnt, erharrt und doch zu erreichen verzweifelt hat, nun als nah und erreichbar erscheint"; er meinte, „daß redlicher und treueren Sinnes nie Männer um die höchsten Güter gerungen haben".[17] Droysen war Mitglied der Nationalversammlung vom 18. Mai 1848, dem Eröffnungstag, bis zum 20. Mai 1849, als er sein Mandat niederlegte. Er hielt zwar, wie andere Mitglieder dieses „Professorenparlaments", niemals eine Rede im Plenum, war aber um so eifriger in den Ausschüssen tätig: gleich anfangs im Geschäftsordnungsausschuß, noch zuletzt im Dreißiger-Ausschuß für die Durchführung der Reichsverfassung, vor allem aber im wichtigsten Ausschuß überhaupt, dem Verfassungsausschuß, wo er als Schriftführer fungierte. Außerdem verstand er es virtuos, hinter den Kulissen zu agieren, schwankend gewordene Gesinnungsgenossen bei der Stange zu halten, Absprachen zu treffen, Kompromisse vorzubereiten; er hielt zugleich ständigen Kontakt mit einflußreichen Leuten in Berlin, reiste auch selbst gelegentlich in die preußische Hauptstadt; dazu kam ein regelmäßiger Briefwechsel mit deutschen Adressaten in Belgien und England, die ihn über die Einstellung der Westmächte auf dem laufenden hielten; schließlich verfaßte er Artikel für die Frankfurter *Oberpostamts-Zeitung*. Seine politische Grundhaltung verwies ihn ins Casino, in die Partei des rechten Zentrums, die die Paulskirche mehr und mehr beherrschte. Er trug alle großen Entscheidungen in der Versammlung mit: die Ernennung des Reichsverwesers am 29. Juni 1848, aus der Einsicht heraus, daß „für Preußen selbst, wie einmal die Dinge geworden sind, kaum eine andere, wenigstens keine raschere Rettung übrig war";[18] die Annahme des Waffenstillstands von Malmö vom 16. September 1848, denn andernfalls „bricht Preußen mit uns";[19] die Annahme der Reichsverfassung und die Kaiserwahl Friedrich Wilhelms IV. am 27./28. März 1849, durch die sein Konzept eines preußischen Deutschland zum Sieg geführt schien. Zwei Initiativen gehörten ihm besonders an: der nach der Ernennung des Reichsverwesers unternommene Versuch, die preußische Regierung zur Übertragung ihrer gesamten Außenpolitik auf die neue Reichsregierung zu bewegen und damit „an der Spitze oder im Mittelpunkt der gesamten deutschen Macht" zu plazieren,[20] sowie die Fassung der Paragraphen 2 und 3 der Reichsverfassung, die „Frage an Österreich", d.h. die Aufforderung an Österreich, beim Eintritt ins Reich den Staatsverband mit seinen nichtdeutschen Ländern zu lösen: „nicht, damit sie erfüllt, sondern zurückgewiesen werde".[21]

Man wird nicht zögern, Droysen einen Achtundvierziger par excellence zu nennen. Das gilt freilich auch für sein negatives Urteil, nachdem die Revolution in ihrem Frankfurter Zentrum gescheitert war. Es ist denkwürdig, daß sich hinterher fast alle Abgeordneten der Nationalversammlung vom Werk der Paulskirche distanziert haben; kaum einer von ihnen kann für die zumal in den allfälligen Jubiläumsjahren beliebten Bemühungen beansprucht werden, dieses Werk zum unvermittelten politischen Modell zu stilisieren. Droysen bietet dafür, nach seinen Prämissen, ein besonders signifikantes Beispiel. Schon früh, noch in den Hochzeiten der Revolution, äußerte er sich gelegentlich ausgesprochen skeptisch. Kaum vier Wochen nach seiner Ankunft in Frankfurt, gegen Ende seiner Arbeit im Siebzehner-Ausschuß, gab er eine ziemlich düstere Prognose: „Wie schön wir uns auch hier eine künftige Verfassung ausdenken und ein Nationalparlament herannahen sehen, sie etwa anzunehmen: die Macht der Dinge wird sich andere Wege finden."[22] Jeder Rückschlag stürzte ihn in tiefste Zweifel; wieder und wieder gab er alles verloren. Als wesentlicher Prüfstein für „die Macht der Dinge" galt ihm die Haltung Preußens, auf das er alle seine Hoffnungen setzte. Solange eine Aussicht bestand, daß Preußen, „in der ganzen Höhe seines geschichtlichen Berufes",[23] die ihm zugedachte Aufgabe übernahm, hielt er, allen son-

stigen Schwierigkeiten zum Trotz, einen Erfolg der Revolution für
möglich. Er konnte sich freilich nicht verhehlen, daß diese Aussicht
von Mal zu Mal hinfälliger wurde, daß ihm im Grunde nur be-
schwörende Appelle an Berlin blieben, die immer verzweifelter klan-
gen. Die Kaiserwahl Friedrich Wilhelms IV. verschaffte ihm noch
einmal ein Hochgefühl, das nach der Ablehnung des preußischen Königs einer vollständigen Ernüchterung wich. Jetzt war wirklich alles
verloren, die Revolution am Ende. Um so bezeichnender ist, wie
Droysen auf diese Situation reagierte. Er hielt sich nicht mit Schuld-
zuweisungen an Preußen auf, obwohl er es im ersten Moment nicht
an deutlichen Worten fehlen ließ, sondern zwang sich, „da am meisten klarer Blick und ruhiger Kopf notwendig",[24] zu einer analytischen Bestandsaufnahme, die einer Selbstkritik gleichkam. Sie bestand in der Erkenntnis, daß der Versuch der Nationalversammlung,
Preußen mit der Sache der deutschen Einheit zu verbinden, aus einem strukturellen Grund habe scheitern müssen: nicht weil das Ziel,
sondern weil der dahin eingeschlagene Weg falsch gewesen sei. Es
war richtig, die deutsche Einheit auf Preußen zu gründen, Preußen in
Deutschland aufgehen lassen zu wollen; Droysen sah auch jetzt keine
andere Möglichkeit zur Lösung der deutschen Frage. Aber es war ver-
fehlt, Preußen eine solche Politik von außen aufzunötigen; sie hätte
vielmehr von Preußen initiiert werden müssen; die Nötigung selbst
mußte sie desavouieren. Wenn Preußen in Deutschland aufgehen
sollte, dann konnte es nur einen Weg geben: daß Preußen von sich aus
dazu gelangte, sein besonderes Staatsinteresse mit dem Interesse der
deutschen Nation zu identifizieren und danach zu handeln. Diese Erkenntnis hatte auf Droysen eine geradezu befreiende Wirkung; man
merkt ihm die Erleichterung eines Mannes an, der einer unfaßlichen,
eigentlich bisher wider besseres Wissen gehegten Illusion entronnen
zu sein glaubt. Schon kurz vor den entscheidenden Abstimmungen
in der Nationalversammlung Ende März 1849 bekundete er „den
guten Mut des reinen Gewissens": „Der Fall der Nationalversammlung [...] wird die Phrasen und Fratzen, mit denen wir uns ein
Jahr lang herumgezerrt, zu Boden fallen und die natürlichen
Machtverhältnisse zur Geltung kommen lassen."[25] Nachdem die
Nationalversammlung „gefallen" war, erklärte er es für „gescheut, die
Verfassung mit dem Kaisertum abzulehnen": „Jetzt nur stock-
preußisch! Es gibt eine andere Reichsmacht, wenn dies Preußen sich
seine Stellung aus eigenem Willen und nach dem von ihm gedeute-
ten Bedürfnis Deutschlands ertrotzt."[26]

Diese Überzeugung bestimmte fortan Droysens politische Haltung. Die erste Konsequenz war, daß er sich nicht nur aus der Paulskirche zurückzog, sondern sich auch von den Gothaern fernhielt, die den Geist von Frankfurt in die preußische Unionspolitik hinüberretten wollten. Als er im März 1850 beim Erfurter Unionsparlament erschien, vertrat er lediglich die Statthalter von Schleswig-Holstein. Droysen war im Mai 1849 nach Kiel zurückgekehrt, wo ihm der Stand der Dinge zunächst noch „sehr günstig" schien.[27] Freilich mußte er schließlich auch hier den Zusammenbruch der Revolution erleben; der Ruf nach Jena bewahrte ihn vor politischer Kompromittierung. Er hatte seitdem nichts mehr mit der politischen Praxis zu tun und ließ auch seine bis 1851 nochmals intensivierte publizistische Tätigkeit, Rechenschaft über die Revolution und Analyse der Gegenwart, langsam ausklingen. Sofern er sich noch zur Entwicklung in Deutschland äußerte, geschah das in seiner privaten Korrespondenz mit Hoffen und Bangen. Es blieb ihm gewiß, daß die Zukunft Deutschlands allein bei Preußen lag: sei es, daß es seine nationale Mission durchführte, sei es, daß es sie verriet. Einstweilen herrschte in Berlin finsterste Reaktion, und es gab für Droysen keine andere Wahl, als sich in der geduldigen Erwartung besserer Zeiten zu üben. Manchmal tröstete er sich mit der Erwägung, daß gerade „die Krisis, in der wir leben", die notwendige Voraussetzung für die ersehnte Wende sei:[28] „Daß diese Zeit kommt, ist unzweifelhaft, wenn auch erst ein neues 1806 darüber einbrechen müßte."[29] Der Beginn der Neuen Ära 1858 machte ihm Mut; ein Jahr später ging er nach Berlin. Dann kam Bismarck. Droysen, den „dieser dunkle Charakter"[30] anfangs abstieß, trat seit 1864 vorbehaltlos auf die Seite des preußischen Ministerpräsidenten; der Sieg von 1866 „allein schon macht es der Mühe wert, gelebt zu haben";[31] das Reich von 1871 war ihm die Erfüllung seines nationalpolitischen Wollens. Es kann nicht verwundern, daß er diese Entwicklung scharf von der Paulskirche abgrenzte. Schon 1859, als sich im Zuge des italienischen Krieges der Horizont weiter aufhellte, hatte er ausgerufen: „Nur nicht mit einem Nationalparlament anfangen! Diesmal wollen wir uns erst die Macht schaffen [...] Ist diese Macht Preußen faktisch voran, so hat sie die Güte, die Nation in ihren Vertretern zu berufen; sie g i b t die Verfassung."[32] Die Bismarcksche Reichsgründungspolitik stand damit in genauer Übereinstimmung. Droysen plante unter diesen Voraussetzungen sogar eine Rückkehr auf die parlamentarische Bühne; allerdings schlug seine Bemühung um eine Kandidatur für den

Norddeutschen Reichstag fehl, und er hat danach auf derartige Bestrebungen definitiv verzichtet.

Es ist augenfällig, daß das Erlebnis der Revolution von 1848/49 in
Droysens politischer Biographie eine Zäsur bedeutet. Sie sollte aber
nicht verdecken, daß diese Biographie wiederum in einem hohen
Maße von Konstanz oder Kontinuität geprägt war. Unverändert geblieben ist vor allem das allgemeine Programm preußisch-deutscher
Politik, von dem sich Droysen leiten ließ: jenes Konzept eines
preußisch geführten Deutschland, das dem Paradigma der Reform
und Befreiung nachgebildet war. Was sich durch 1848/49 änderte,
war die Methode, dieses Programm zu verwirklichen. Freilich
mochte der Wechsel von der nationalen Agitation und Revolution
zum preußischen Partikularismus gewisse Abstriche an den ursprünglichen Zielvorstellungen, einen Vorrang der Macht vor der
Verfassung, der Einheit vor der Freiheit erfordern. Aber das war für
Droysen ein taktisches Problem, eine Frage der richtigen Reihen-
folge. Ihm stand die Organisation der Macht und der Einheit im Vor-
dergrund, weil es zuerst auf sie ankam: „Ihr gegenüber scheint mir
jede andere Frage untergeordnet, sie kann vertagt bleiben bis auf die
Zeit, wo wir unser Haus unter Dach haben."[33] Er zweifelte nicht
daran, daß „jede andere Frage" zu dieser „Zeit" ihre Lösung finden
werde. Er hatte vor allem keinen Zweifel, daß der preußische Partikularismus, auf dem das neue Reich aufbaute, sich eines Tages in einem deutschen Staatsgedanken aufheben werde: „Heut ist diese em-
porsteigende Bewegung glücklich bis zu dem Namen Deutsches
Reich gelangt, das dem preußischen so gut wie jedem anderen Partikularismus Valet geben soll und, so Gott will, wird."[34]

Am Schluß seines Briefes an das Wahlkomitee in Kolberg von
Ende Januar 1867, in dem er sein Programm für den Norddeutschen
Reichstag darlegte, betonte er, daß „ich in meiner wissenschaftlichen
und literarischen Tätigkeit seit mehr als dreißig Jahren in eben dieser Richtung mich bewegt habe".[35] Er behauptete damit eine durch-
gängige Verbindung zwischen seiner politischen und seiner historiographischen Tätigkeit, ja, er erklärte diese zum eigentlichen Ausweis
seiner politischen Gesinnung. Es wird sich zeigen, daß auch hier das
Erlebnis von 1848/49, ohne die Grundrichtung zu berühren, eine
Zäsur herbeiführte.

Der Verfasser der ‚Geschichte Alexanders des Großen‘ und der
‚Geschichte des Hellenismus‘ ist am wenigsten politisch. Die beiden
Werke bieten ein Stück Weltgeschichte in einem durch Neuhuma-

nismus und Idealismus abgesteckten Koordinatensystem: die Einigung der griechisch-orientalischen Welt im Gefolge des Alexanderzuges und damit die Grundlegung des Christentums. Ihre Gegenwartsbedeutung liegt zunächst einmal darin, daß alle seitherigen Epochen der Universalgeschichte von den Resultaten dieser Umbruchszeit bestimmt sind. Gleichwohl machen sich hie und da politische Motive geltend. Wenn Droysen im ersten Teil seines Alexander-Buches die Einigung Griechenlands durch Makedonien erzählt, dann zielt er auch auf die von ihm geforderte Einigung Deutschlands durch Preußen. Er hält nichts von der „entarteten" griechischen Freiheit, erklärt die makedonische Monarchie für „den geschichtlichen Fortschritt", für „eine höhere Form der Freiheit", verwirft die bis dahin übliche Parteinahme „für Demosthenes gegen Philipp": „Es ist, als wollte man sich gegen Friedrich den Großen für das Heilige Römische Reich in alter Form interessieren."[36] Später setzt Droysen die hellenistische Epoche „als die moderne Zeit des Altertums"[37] in Analogie zum gegenwärtigen Zeitalter der Aufklärung, der Französischen Revolution und des Liberalismus: Sie liefert ihm damit ein Beispiel für die notwendige Versöhnung „des Historischen und Rationellen",[38] von Ancien régime und Revolution, von Volk und Staat.

In der Kieler Zeit wird aus solchen vereinzelten Motiven ein einheitliches historiographisches Konzept. Hineingerissen „in Verhältnisse, die von der schwellenden politischen Spannung der Zeit nur zu nahe berührt waren",[39] tritt Droysen mehr und mehr auf das Gebiet der politischen Geschichte hinüber. Der Wechsel ist an seinem zunehmenden Desinteresse an der Fortsetzung des Hellenismus-Werkes ablesbar: „Nun soll es nicht mehr lange dauern, so sattle ich ganz um, hänge meinen alten griechischen Mantel in die Rumpelkammer und nehme mir ein allerneustes Kleid. Wahrlich, mein Begier ist gar groß, mich ganz in die Politik und die Geschichte der nächsten Vergangenheit hinein zu lanzieren."[40] Die ‚Vorlesungen über die Freiheitskriege' sind die Frucht dieser Begierde, eine Universalgeschichte der jüngsten Vergangenheit, ausgerichtet auf die Erhebung Preußens nach 1807: „Zum ersten Mal völlig eins erschien Preußens und Deutschlands Sache, der sonst so spröde Stolz des preußischen Namens ging völlig unter in dem Hochgefühl des ganzen großen Vaterlandes."[41] Die politische „Sache", für die er eintritt, soll als das folgerichtige Ergebnis eines weltgeschichtlichen Prozesses erwiesen werden. Droysen beharrt dabei auf einem genuinen Wissenschaftsanspruch, weist den Vorwurf der Tendenzhistorie zurück; es geht ihm

um ein komplementäres oder dialektisches Verhältnis von politischer Parteilichkeit und historischer Objektivität: „Das Werden unserer Gegenwart zu erforschen, das ist die Aufgabe unserer Betrachtungen."[42]
Nach 1848/49 wird dieses Konzept entscheidend fortgebildet. Der politischen Hinwendung zum preußischen Partikularismus entspricht, daß Droysen die preußische Geschichte aus ihrem bisherigen universalhistorischen Rahmen herauslöst und ganz auf sich selbst stellt. Statt die nationale Mission Preußens aus dem Gang der Weltgeschichte abzuleiten, handelt es sich jetzt darum, ihre Ansätze in der immanenten Entwicklung des preußischen Staates aufzusuchen. Die Yorck-Biographie ist eine erste Probe dieses Vorhabens: Der Entschluß des altpreußischen Offiziers zur Erhebung gegen Napoleon soll die Entstehung des deutschen Nationalstaats aus den innersten Antrieben der preußischen Politik exemplifizieren. Die ‚Geschichte der preußischen Politik' führt dieses Thema dann im größten Umfang aus. Die äußere Anregung zu diesem Projekt mag ihm Friedrich Daniel Bassermann, sein alter Mitstreiter im Siebzehner-Ausschuß und in der Nationalversammlung, gegeben haben; er schrieb ihm im Mai 1850 über die neue Bedeutung der Geschichte Preußens für Deutschland, nachdem „die Nationalversammlung diesen Staat an die Spitze Deutschlands zu stellen beschlossen", und forderte ihn „zu solchem Unternehmen" auf: „Wir brauchen alle den Nachweis, daß, während Österreichs Bestreben seit Jahrhunderten dahin ging, sich aus dem Reiche zurückzuziehen, die ebenso naturgemäße Bestimmung Preußens dahin geht, über das Reich sich auszudehnen, zum Reiche selbst zu werden."[43] Jedenfalls ist das die Generalthese der Droysenschen ‚Geschichte', noch bevor sie in Angriff genommen worden ist. Der Autor des Riesenwerkes will evident machen, daß Preußen von allem Anfang an, seit der Einsetzung der Hohenzollern in Brandenburg, einen „Beruf für Deutschland"[44] gehabt habe. Es liegt ihm fern, seinen Lesern weiszumachen, daß die brandenburgisch-preußischen Fürsten seit jeher die Errichtung eines deutschen Nationalstaats beabsichtigt hätten. Er will vielmehr so ziemlich das genaue Gegenteil zeigen: daß nämlich Preußen durch die Verfolgung seiner Partikularinteressen, kraft der in ihnen steckenden Logik eine Idee von deutscher Einheit hervorgebracht habe. Dies erklärt, warum er sich so lange in den älteren Zeiten der preußischen Geschichte aufgehalten hat: mit der Folge, daß er schließlich nicht über die Mitte des 18. Jahrhunderts hinausgelangt ist; freilich sah er spä-

ter Heinrich von Treitschke in der ‚Deutschen Geschichte im 19. Jahrhundert' vollenden, was „ich mir immer ersehnt – es wird unserm preußischen Volk endlich das Bild seiner selbst gegeben".[45] Mit aller Schroffheit bekennt sich der Verfasser der ‚Geschichte' zu seinem politischen Standpunkt: „Scharf Partei machen ist das Allernotwendigste; was meiner Partei gehört, dient, hilft, das ist gut, alles andere hat relativen Sachwert."[46] Auch jetzt geht es ihm freilich um eine Dialektik von Parteilichkeit und Objektivität; die in derselben Zeit entstehende ‚Historik' errichtet auf dieser Grundlage eine neue Theorie der Geschichtswissenschaft.

Das Revolutionserlebnis bedeutet aber für die Geschichtsschreibung Droysens noch in einer anderen Hinsicht einen Einschnitt. Die ‚Geschichte Alexanders des Großen' und die ‚Geschichte des Hellenismus' sind eher indirekt auf politische Wirkung berechnet. Das ist bei den ‚Vorlesungen über die Freiheitskriege' anders: sie sind ein Instrument der Politik, neben anderen Instrumenten, mit denen Droysen damals seine politischen Ansichten in der Öffentlichkeit vertritt. Wieder anders steht es mit den nach 1848/49 entstandenen historiographischen Werken. Droysen, der sich aus der praktischen Politik zurückgezogen hat und immer mehr auch auf publizistische Stellungnahmen verzichtet hat, sieht jetzt in der Geschichtsschreibung für sich die einzige Möglichkeit, den Gang der Dinge zu beeinflussen. Der preußische Staat kann nicht von außen gezwungen werden, seine nationale Mission zu erfüllen: das hat das Scheitern der Paulskirche gezeigt. Aber ihm kann aufgewiesen werden, auf welchen historischen Grundlagen er steht und was daher für ihn zu tun bleibt. Anders gewendet: Der Historiker, der sich von der praktischen Politik in die Geschichtsschreibung zurückgezogen hat, erforscht auf diesem seinem eigensten Felde die historischen Verhältnisse, von denen die praktische Politik herkommt, und bereitet sie damit vor oder hofft doch, sie damit vorbereiten zu können, bei den Mächtigen Gehör zu finden. In diesem Sinne fällt die Yorck-Biographie und fällt vor allem die ‚Geschichte der preußischen Politik' mit Droysens Politik nach 1848/49 zusammen. Als die Reichsgründung vollzogen wurde, hatte diese Politik ihr Ziel erreicht. Allerdings war damit der Droysenschen Geschichtsschreibung bis zu einem gewissen Grad auch ihr Stachel genommen, ein weiterer Grund für die Unfertigkeit der ‚Geschichte der preußischen Politik'.

Es gibt eine immer wiederkehrende Kategorie, in der das politische und das historische Interesse Droysens zusammenlaufen: das

„Recht der Geschichte". Sie ist geprägt vom Gegensatz zum „historischen Recht" der Restauration, dem aus der Vergangenheit überkommenen und dadurch geheiligten Recht, und bedeutet das Recht der Gegenwart auf eigene Gestaltung, auf die Verwirklichung dessen, was ihr an der Zeit zu sein scheint: „Die Gegenwart ist das lebendige Resultat der großen Kritik, welche die Geschichte geübt hat; sie steht auf dem Recht der Geschichte; nur was in ihr lebendig, lebenskräftig, der Zukunft fähig, ist historisches Recht; aber die Toten lasse man ihre Toten begraben."[47] Die preußischen Reformer können ein solches „Recht der Geschichte" geltend machen; ihre „Kühnheit", „eine politische Neuerung ins Leben zu rufen, die ganz in den Gedanken der Zeit begründet war",[48] ist für Droysen bis zur Reichsgründung unabgegolten. Das „Recht der Geschichte" steht damit für Droysens politisches Konzept insgesamt. Aber es schwingt noch eine andere Bedeutung mit: die exklusive Kompetenz der Geschichtsschreibung, die Gegenwart über ihr Werden aufzuklären und damit über den historischen Moment, dem sie zugehört und dem sie gerecht werden muß. Das ist der politische Anspruch, zu dem sich Droysens Geschichtsschreibung entwickelt: der politische Kern seiner gelehrten Biographie.

Eine Anekdote mag zum Schluß diesen doppelten Begriff von „Geschichte" beleuchten; sie führt zugleich an den Anfang dieses Beitrags zurück. In den Tagen nach der Kaiserwahl Friedrich Wilhelms IV. hielt sich Droysen in Berlin auf, um für die Sache der Paulskirche zu werben. Er traf dabei auch Ranke, der die Kaiserwahl mißbilligte und Droysen entgegenhielt: „Sie verstehen die Geschichte nicht!" Darauf dieser: „Die Geschichte wird einst zeigen, wer sie besser verstand, wir oder Sie!"[49] Die Ironie ist freilich, daß Droysen in der Sache selbst, nach seiner eigenen Analyse, schon kurz darauf hätte Ranke recht geben müssen.

Joseph Maria von Radowitz:
Ein in preußischem Boden verwurzelter deutscher Staatsmann

Von Rüdiger Hachtmann

„In der großen Bewegung, die im Jahre 1789 von Frankreich ausging, tritt als Haupterscheinung hervor, daß die konsequentere Partei jederzeit die minder konsequente überwältigte [...] Nach den Analogien der Vergangenheit mußte jeder geneigt sein, [...] eine Wiederholung des früher Erlebten zu erwarten; stattdessen ist das Entgegengesetzte geschehen. Überall hat die inkonsequente Revolution die konsequente besiegt – und, mindestens für den Moment, einen Zustand fixiert, den man nach den Erfahrungen früherer Zeiten und den hieraus abgeleiteten Vernunftschlüssen für unmöglich erklärt haben würde."[1]

Diese Sätze wurden nicht im Sommer 1848 oder Ende 1849 niedergeschrieben, obwohl sie vorzüglich auf die Revolution von 1848/49 gepaßt hätten, sondern knapp zwei Jahrzehnte früher – 1830. Ihr Verfasser war Joseph Maria von Radowitz. Wer war dieser Radowitz, der eine Grundtendenz der Pariser Julirevolution so prägnant reflektierte und zugleich mit Blick auf die deutsche und europäische Revolution 18 Jahre später ungewollt prophetische Worte zu Papier brachte? Woher kam dieser preußische Politiker, der 1849/50 den „deutschen Angelegenheiten" eine neue Wendung zu geben versuchte?

Geboren wurde Radowitz am 6. Februar 1797 in Blankenburg am Harz, als Nachkomme ungarischer Adliger. Zunächst von der Mutter im lutherischen Glauben erzogen, trat Joseph Maria von Radowitz 1810 wohl unter dem starken Einfluß des Vaters zum Katholizismus über. Nach einer Ausbildung als Offizier an den französischen Militäranstalten in Charleroi und Paris sowie der Artillerieschule in Kassel nahm er an den Befreiungskriegen teil, zunächst auf napoleonischer Seite (u. a. Leipzig 1813), dann auf seiten der Gegner des französischen Imperators. 1815 blieb er zunächst in Kassel, als Lehrer an der Militärakademie. Dort zum Anhänger des konservativen

Joseph Maria von Radowitz (1797–1853)

Schweizer Staatsrechtlers Karl Ludwig von Haller geworden, dessen 1816 erschienene Publikation ‚Restauration der Staatswissenschaft‘ Radowitz gleichsam verschlang, verließ Radowitz 1823 Hessen und ging nach Berlin. In der preußischen Armee machte er schnell Karriere und stieg 1830 schließlich zum Chef des Generalstabes der Artillerie auf.

Im Juni 1824 lernte Radowitz in Potsdam den Kronprinzen kennen. Seitdem verband Friedrich Wilhelm IV. und Radowitz eine enge Freundschaft. Zwei intellektuell und seelisch verwandte Geister hatten sich gefunden. Gemeinsam waren beiden eine fast universelle, preußen-untypische Bildung sowie höchst vielfältige, auch musische und künstlerische Interessen. „Alles, was im Könige aus dem engeren preußischen Milieu hinausstrebte, fand bei Radowitz Resonanz und Hülfe."[2] Zugleich verstand es Radowitz, sich in die komplexe Gedanken- und Gefühlswelt des Königs hineinzuversetzen. Radowitz sei der „geschickte Garderobier der mittelalterlichen Phantasie des Königs" gewesen, hat Bismarck später spitz bemerkt, dabei freilich übersehen, daß die Freundschaft zwischen beiden tief, ehrlich und auf seiten von Radowitz keineswegs inszeniert und bloß kalkuliert war. Kraftquellen für Radowitz waren ein tiefer Katholizismus sowie seine Ehe mit der Gräfin Marie Voss. „Ganz liebe ich eigentlich", schrieb er seiner Gattin im November 1832, „nur Gott und Dich, mein Jenseits und mein Diesseits." Auch war sie seine engste Vertraute. Ohne diese, wie Friedrich Meinecke sie charakterisierte, „starke und stolze Frau" hätte er 1847 bis 1850 nicht den langen Atem gehabt, den er benötigte, um seine hochfliegenden politischen Pläne wenigstens in Ansätzen zeitweilig Wirklichkeit werden zu lassen.

Nach der Julirevolution, 1831, wurde Radowitz Mitbegründer des *Berlinischen politischen Wochenblatts*, mit dem er gegen Liberalismus, Demokratie und das Prinzip ‚Revolution' zu wirken suchte. 1836 wurde er von politischen Gegnern nach Frankfurt weggelobt und nahm dort die Stellung eines preußischen Militärgesandten beim Deutschen Bund ein. 1842 wurde er preußischer Gesandter in Karlsruhe, Darmstadt und Nassau. Bis zum Vorabend der Revolution hatte Radowitz eine zwar steile, insgesamt aber eher durchschnittliche Karriere im höheren diplomatischen Dienst Preußens gemacht. Herausragende politische Bedeutung erlangte Radowitz erst um die Jahreswende 1847/48 und vor allem in den beiden Jahren, die der Revolution folgten – als Spiritus rector der sogenannten Unionspolitik, des Versuchs einer staatlichen Einigung Deutschlands unter preußischer Hegemonie, nachdem der Einigungsversuch von unten durch die Paulskirche gescheitert war.

Radowitz war indessen nicht nur der geistige Urheber des ersten Versuchs einer Reichseinigung von oben, der im Unterschied zu dem zwei Jahrzehnte später scheitern sollte. Er war zugleich ein Vertreter der innerpreußischen und innerdeutschen Gegenrevolution, einer Variante von Contrerevolution freilich, die begrenzte Konzessionen an bürgerlich-liberale Strömungen nicht ausschloß. Im Gegensatz zu manchem Mitglied der preußischen Kamarilla, der Radowitz nicht (unmittelbar) zugehörte, besaß Radowitz ein feines Gespür für Strukturen und Verlauf von Revolutionen sowie für die internen Differenzen und Spaltungslinien der Reform- und Revolutionsbewegung, das ihn zu einer flexiblen Politik befähigte und ihm selbst den Ruf eines Reformkonservativen eintragen sollte. Bereits in seinem eingangs zitierten ‚Juste Milieu‘ von 1830, den Reflexionen über die Julirevolution, beobachtete er, daß es „der politische Teil der Revolution [ist], an dem die Mittelstände allein interessiert sind, der soziale würde sich ganz gegen sie kehren". Dadurch sei in das revolutionäre „Lager eine Spaltung gekommen, und während bei den Kämpfen gegen die Rechte der alten politischen Ordnung gemeinschaftliche Bestrebungen möglich sind, so trennen sich augenblicklich die Parteien, sobald soziale Fragen angeregt werden. Die Koryphäen der Prinzipien-Revolution finden daher jetzt nicht allein kein Gehör beim Mittelstande, sondern offenbaren Widerstand." Bürgertum und Mittelschichten bildeten „einen Damm gegen die weitere Entwicklung" zur sozialen Revolution.³ Auch dies sollte sich 1848 wiederholen – und den alten Gewalten in Preußen, nicht zuletzt Radowitz, Mut machen, der Revolution die Spitze zu brechen.

Der erste Schreck am preußischen Hofe über die Pariser Februarrevolution währte nur kurz. Recht bald wurden hektische Aktivitäten mit dem Ziel entwickelt, die Revolution einzudämmen. Radowitz war hierbei eine Schlüsselrolle zugedacht. Am 28. Februar wurde er nach Wien geschickt, mit dem Auftrag, erstens das Vorgehen gegen die revolutionäre Bewegung in Deutschland zu koordinieren, zweitens gemeinsame, vorgeblich defensive Maßregeln für den Fall eines angeblich drohenden französischen Angriffes abzusprechen und drittens über die „organische Entwicklung und Belebung des Bundes" zu verhandeln.⁴ Entsprechende Überlegungen standen zwar schon länger im Raum. Aber inzwischen hatten sich die politischen Vorzeichen fundamental gewandelt. Radowitz und mit ihm die preußische Krone wollten „einen Damm gegen die verheerenden Fluten aufrichten, die sich über den Weltteil ergießen". Er schloß zu diesem Zweck auch einen militärischen Zusammenstoß mit Frankreich, dem vermeintlichen „Heerd" revolutionärer Ideen und Bewegungen, nicht aus. Daß ein „die innere Krankheit des öffentlichen Lebens, die unerträgliche Spannung zwischen Regierenden und Regierten, Staat und Gesellschaft", ein „alle Dünste wegfegender", dem Befreiungskrieg 1813 bis 1815 vergleichbarer, nationale Emotionen freisetzender Krieg

„aus der jetzigen Krise notwendig hervorgehen" müsse, schien Radowitz ausgemacht. Er „wünschte ihn geradezu als das große Reinigungsfeuer" herbei.[5] Der fast verzweifelte Versuch Radowitz', als preußischer Sondergesandter in Wien die europäischen Großmächte gegen das revolutionäre Frankreich zusammenzuschweißen, war freilich zum Scheitern verurteilt. Er traf in Wien auf ein Kabinett, das (wie er nach Berlin schrieb) „tiefgedrückt und ratlos" war und „in falscher Resignation das Weitere untätig" abwartete.[6]

Obwohl Radowitz von den Wiener Ereignissen am 13. und 14. März angesichts seines realistischen Urteils der Handlungsunfähigkeit der politischen Zentrale der k. u. k.-Monarchie eigentlich nicht überrascht sein konnte, war er dann doch wie vor den Kopf geschlagen. Der „festeste Boden", der „sicherste Damm gegen die Strömung der Revolution ist gebrochen". Es könne „hinfüro auch für Preußen nicht mehr die Rede davon sein, diese rasende Flut zurückzuhalten, sondern nur, ob sie noch [...] in Nebenkanäle abgeleitet werden kann".[7] Innenpolitisch bestand, das sah Radowitz klar, zu diesem Zeitpunkt für die preußische Krone noch ein gewisser Spielraum. Am 16. März schlug er Friedrich Wilhelm IV. deshalb vor, „ohne allen etwaigen Verzug [...] die Entlassungen einiger Minister, die die sogenannte öffentliche Meinung mit schreiendem Unmute zum Gegenstand ihrer besonderen Abneigung" gemacht habe, vorzunehmen. An ihrer Stelle seien „einige, dem constitutionellen System angehörige Minister aus der Zahl solcher Personen [zu ernennen], die [...] dabei entschlossene Männer und Patrioten sind". Darüber hinaus sei die „Aufhebung der Zensur" in Aussicht zu stellen sowie eine „positive Königliche Erklärung [abzugeben], daß Ew. Königliche Majestät mit dem in der nächsten Zeit einberufenen Landtage die Einführung einer ausgedehnten Repräsentativ-Verfassung berathen wolle."[8] Dieses ‚Programm' entsprang freilich nicht echten Überzeugungen. Radowitz, ein Anhänger altständisch-monarchischer Ideale, wollte mit diesen Konzessionen den „drohenden Ausbruch verhindern" und die in die Opposition getriebenen Liberalen wieder an die Monarchie binden. Seine Initiative kam indessen zu spät.

Die Berliner Barrikadenkämpfe vom 18. März machten die Hoffnung zunichte, daß die europäische Revolution vor den Toren der preußischen Hauptstadt und mit ihr vor den Kernprovinzen der Hohenzollernmonarchie haltmachen würde. Man könnte deshalb geneigt sein, die Radowitzsche Mission in Wien und die dem zugrundeliegenden außenpolitischen Konzepte des engen Freundes

Friedrich Wilhelms IV. als Episode, als eine Fußnote der Revolutionsgeschichte abzutun. Tatsächlich jedoch bestätigte sich in den Monaten vor der Berliner Märzrevolution, welch ausgeprägtes Sensorium Radowitz für die Zeitströmungen besaß. Dies befähigte ihn, Politikvorschläge zu entwickeln, die, wenn sie entschlossen umgesetzt worden wären, der Revolution in Preußen möglicherweise das Wasser abgegraben hätten. Vor allem aber wurden bereits in den programmatischen Vorstellungen, wie sie Radowitz seit November 1847 entwickelte, die Konturen seiner späteren ‚Unionspolitik‘ deutlich sichtbar. Man kann seine Aktivitäten im Vorfeld der Märzrevolution deshalb in gewisser Weise als ersten Anlauf zur Unionspolitik, der ein Jahr später von ihm inaugurierten Reichseinigung von oben bezeichnen. Das, was ihm bereits vor dem 18. März in erkennbaren Konturen vorschwebte, nahm er Ende April 1849 mit größerer Energie erneut auf. Viertens schließlich machte Radowitz bereits vor dem Ausbruch der Märzkämpfe deutlich, wie sehr für ihn nationale Frage und Revolutionsprophylaxe verkoppelt waren. Wie sehr er es verstand, eine differenzierte Analyse mit – im nachhinein betrachtet – weitsichtigen Vorschlägen zu einer politischen Kurskorrektur zu verbinden, zeigen auch Privataufzeichnungen, die Radowitz am 11. März 1848, also noch vor der Wiener Märzrevolution abfaßte. Während Friedrich Wilhelm IV. und die meisten seiner Berater französische, polnische sowie jüdische ‚Drahtzieher‘ hinter der vorrevolutionären Unruhe witterten, nahm Radowitz das politisch wie sozial ja höchst heterogene Lager der Reformer, d. h. die „Kräfte, die nicht unmittelbar und unbedingt der revolutionären Partei angehörten", genauer in den Blick, nämlich „1. Diejenigen, welche aus dem Druck der Beamtenherrschaft heraus wollten. 2. Diejenigen, welche Deutschland zu nationaler Geltung bringen wollten. 3. Diejenigen, welche an die Gebrechen des sozialen Zustandes gemahnt wurden". Diese Strömungen seien zu Verbündeten der Krone zu machen, und zwar „ad 1. durch Belebung des wirklich ständischen Prinzips der Monarchie", also eine quasi-parlamentarische Mitsprache vor allem bürgerlicher Schichten und des gleichfalls unzufriedenen niederen Adels, die über die beschränkten Kompetenzen des ständisch geprägten Vereinigten Landtags vom April 1847 noch deutlich hinausgehen müsse, „ad 2. durch nationale Aufrichtung und Belebung des [Deutschen] Bundes; ad 3. durch ein weises und mutiges Ergreifen gesunder sozialer Maßregeln; ad 4. durch die Regulierung und großartige Benutzung der Presse".[9]

Das preußische Staatsministerium übernahm einige der Vorschläge von Radowitz – allerdings erst, als es zu spät war, und auch dann noch überhastet, halbherzig und deshalb unglaubwürdig. Im Grunde wurde die von Radowitz avisierte reformkonservative Politik zwecks Erweiterung der politischen und sozialen Basis der Hohenzollernmonarchie erst mit der ‚Schließung' der preußischen Revolution seit Ende 1848 zielstrebig ins Werk gesetzt: mit der am 5. Dezember 1848 in Anlehnung an das belgische Grundgesetz von 1831 verfaßten und vom König einseitig oktroyierten Verfassung, mit einer neuen preußischen Gewerbeordnung vom 9. Februar 1849, die den wirtschaftlichen und sozialen Interessen des gewerblichen Mittelstandes weit entgegenkam, mit dem Dreiklassenwahlrecht vom 30. Mai 1849 – das den Vorstellungen namhafter Liberaler wie z. B. David Hansemann eher entsprach als das allgemeine und gleiche Wahlrecht des Revolutionsjahres, weil es die Wähler nach dem Steueraufkommen, also dem Kriterium individueller Leistung gruppierte, und die revolutionsanfälligen sozialen Unterschichten von substantieller politischer Partizipation de facto ausschloß – sowie schließlich mit dem Ende April 1849 begonnenen Versuch der Reichseinigung von oben.

Die Forderung Radowitz' nach „nationaler Aufrichtung und Belebung des [Deutschen] Bundes" war freilich nicht allein und nicht in erster Linie von dem taktischen Kalkül getragen, den innenpolitischen Druck ‚national' abzuleiten. Die deutsche Einigung war Radowitz, und ähnlich Friedrich Wilhelm IV., vielmehr eine echte Herzensangelegenheit. Bereits am 12. Oktober 1847 hatte Radowitz von Friedrich Wilhelm IV. und der preußischen Staatsregierung kühne Schritte gefordert – ein Heraustreten Preußens aus den in mehr als dreißig Jahren eingefahrenen Bahnen, ein Abschiednehmen vom bloßen Verwalten der „deutschen Angelegenheiten" im lediglich locker gefügten und von breiten Bevölkerungskreisen in erster Linie als Repressionsinstrument wahrgenommenen Deutschen Bund. Die „deutsche Angelegenheit" sei „eine Lebensfrage für Ew. Kgl. Majestät". Auf „diesem Felde liegen die [künftigen] großen und friedlichen Eroberungen" Preußens. Hier müßten Versäumnisse schleunigst aufgeholt werden. „Die Nation, und zwar in allen ihren politischen und kirchlichen Schattierungen, ist durch den bisherigen dreißigjährigen Verlauf [der ‚deutschen Sache' seit 1815] in hohem Grade mißgestimmt und ungeduldig." Infolgedessen sei es dahin „gekommen, daß die gewaltige Aufrichtung der Nationalitäten, die,

durch ganz Europa ziehend, einer der mächtigsten Hebel der Gegenwart sei, in Deutschland nur eine neue Waffe der Umwälzungs-
partei gegeben habe, und zwar eine der gefährlichsten von allen.
Diese ihr zu entwinden, die Kräfte, welche hierin liegen, in den
Dienst der guten Sache zu nehmen, dieses sei die unabweisliche Aufgabe."

Was Radowitz dann konkret an „materiellen Maßregeln" forderte,
lief auf die Schaffung bzw. den Ausbau zentralstaatlicher Institutionen hinaus – allerdings ohne eine substantielle Demokratisierung des
gesellschaftlichen Lebens in Deutschland. Unter anderem verlangte
er die Schaffung einer Art gesamtdeutschen, überstaatlichen Verfas-
sungsgerichts, ein „gemeinsames Strafrecht und Strafverfahren", ein
„gemeinsames Handels- und Wechselrecht" sowie ein „allgemeines
Heimatrecht" für alle Deutschen, ferner die Vereinheitlichung der
Maße, Gewichte und Münzen sowie die zentrale Organisierung des
Post- und Eisenbahnwesens. Der 1834 gegründete deutsche Zollverein schließlich sollte „auf den gesamten Bund", mithin also auch
auf Österreich, ausgedehnt werden. Das preußische Staatsministerium war sich der Kühnheit der Radowitzschen Vorschläge wohlbe-
wußt – und lehnte sie ab. „So sehr auch die Früchte des Unternehmens lockend sein mögen und köstlich, falls sie zur Reife gelangen",
kommentierte der Finanz- und Kabinettsminister Ludwig Gustav
von Thile die Denkschrift Radowitz' vom 12. Oktober 1847 in einem
Gutachten für das Staatsministerium, „sich auf das deutsche Volk zu
stützen, ist mir immer sehr bedenklich erschienen". Statt, wie Radowitz vorschlug, auf „die enge Verbindung mit Deutschland und dem
deutschen Volksgeist" zu setzen, hielt die preußische Staatsregierung
an dem „alten engen Bündnis mit Österreich" fest.[10] Der Umritt des
Königs drei Tage nach der Berliner Märzrevolution, das „Nationa-
litätshallo", wie der zeitweilige Außenminister Canitz dieses Ereignis vom 21. März 1848 ironisch bezeichnete, und die berühmte Proklamation vom selben Tage, wonach der Hohenzoller die „Leitung"
der „innigsten Vereinigung der deutschen Fürsten und Völker" über-
nehme und Preußen „fortan in Deutschland" aufgehe, waren nur auf
den ersten Blick eine Erfüllung der Radowitzschen Wünsche.
Tatsächlich widersprach die in der Proklamation versprochene Verschmelzung der deutschen Staaten seinen Intentionen, weil sie von
Preußen eigenmächtig und nicht in Absprache mit den übrigen deutschen Fürsten ins Werk gesetzt war.

Nach Abschluß seiner Wiener Mission und der Rückkehr nach

Berlin am 26. März 1848 verschwand Radowitz vorübergehend aus dem Rampenlicht der Öffentlichkeit. Hinter den Kulissen wirkte er freilich weiter für die Interessen der Hohenzollernmonarchie. So suchte er zum Beispiel eine seiner Forderungen aus der Zeit vor der Berliner Märzrevolution praktisch umzusetzen: „durch die Regulierung und großartige Benutzung der Presse", also eine moderne Medienpolitik, den Positionen der preußischen Krone zu breiter öffentlicher Resonanz zu verhelfen. Die Gelegenheit bot sich mit der Anfang Juni 1848 gegründeten *Neuen Preußischen Zeitung*, besser bekannt als *Kreuz-Zeitung*. Für dieses hochkonservative Blatt schrieb Radowitz bis zum Zerwürfnis mit den Brüdern Ernst Ludwig und Leopold von Gerlach, den Häuptern der Kamarilla am preußischen Hofe und Gründern der Zeitung, mehrere Artikel.[11]

Für ihn selbst „in höchstem Grade überraschend" wurde Radowitz Anfang Mai von den Wahlmännern des westfälischen Kreises Arnsberg-Rüthen in die Deutsche Nationalversammlung gewählt. Er nahm die Wahl an, obwohl ihm, der eigentlich Formen vorbürgerlicher Ständevertretung einführen wollte, die modernen parlamentarischen Gepflogenheiten, die die Abgeordneten der Paulskirche überraschend schnell ausbildeten, „dieses verworrene, ordinäre, platte Getriebe" (so Radowitz abwertend), eigentlich zuwider war. Sich selbst verstand Radowitz als Vertreter der „Interessen des Königs" von Preußen. In der Paulskirche nahm er auf dem äußersten rechten Flügel, der Fraktion ‚Café Milani‘, Platz, wurde ihr Wortführer und zu einem der heftigsten Kritiker der Verfassungsarbeit der Nationalversammlung, ohne allerdings deshalb zum starr borussischen Konservativen zu werden. Moderaten konstitutionellen Konzepten gegenüber zeigte er sich aufgeschlossen, nicht zuletzt aus bündnispolitischen Erwägungen. Dennoch war, so teilte er seiner Frau keine drei Wochen nach dem Beginn der Sitzungen der Deutschen Nationalversammlung mit, „mein Name ein wahrhaft verpönter für die immense Mehrheit" anfangs auch der liberalen Abgeordneten.[12]

Eine „Rückkehr zu der ständischen Verfassung von 1847", wie sie Friedrich Wilhelm IV. vorschwebte, sei eine „Unmöglichkeit", ihr stünde „die moralische Macht der Meinung und die Gewalt der Realitäten" entgegen, so resümierte Radowitz seine Erfahrungen als Paulskirchen-Abgeordneter Jahre später in einem letzten Brief an den König.[13] Diese Wende zum konservativ-konstitutionellen Realpolitiker befähigte ihn, im Bündnis mit großen Teilen der liberalen

Bewegung Deutschlands seit Frühjahr 1849 den deutschen Eini-
gungshoffnungen unter monarchischen Prämissen neues Leben ein-
zuhauchen – nachdem Friedrich Wilhelm IV. am 28. April 1849 die
ihm angebotene Kaiserkrone abgelehnt und damit die von der Paulskirche avisierte staatliche Einigung Deutschlands zum Scheitern gebracht hatte.

Die Stationen der von Radowitz konzipierten und zunächst erfolgreich begonnenen, schließlich jedoch am Widerstand der europäischen Großmächte gescheiterten Unionspolitik sind rasch aufge-
zählt. Am 17. Mai 1849 fanden sich Bevollmächtigte Preußens,
Bayerns, Sachsens, Hannovers und Württembergs in Berlin zusammen. Radowitz, der zu diesem Zeitpunkt kein offizielles staatliches
Amt bekleidete und den Posten des Außenministers abgelehnt hatte,
um sich seine Unabhängigkeit gegenüber dem Kabinett Branden-
burg-Manteuffel zu bewahren, leitete die Konferenz. Seinen
Bemühungen war es zu verdanken, daß am 26. Mai 1849 das sogenannte Dreikönigsbündnis zwischen Preußen, Hannover und Sachsen – ohne Bayern und Württemberg – zustande kam. Zwei Tage später hatten sich die drei verbündeten Mächte auf eine Verfassung
geeinigt, die der von der Paulskirche erarbeiteten Reichsverfassung
in weiten Passagen zwar im Wortlaut entsprach, neben der Einführung eines indirekten Dreiklassenwahlrechts jedoch vor allem
dem monarchischen Prinzip ein weit größeres Gewicht zuerkannte
(absolutes und nicht bloß suspensives Veto des Reichsoberhauptes
sowie Schaffung eines Fürstenkollegiums). Bis Ende 1849 traten insgesamt 26 deutsche Staaten der Union bei, nicht allerdings Österreich, Bayern und Württemberg. Am 20. März 1850 kam das neue
Parlament in Erfurt zum ersten Mal zusammen. In beiden Kammern
besaßen die ‚Gothaer‘, d. h. ehemalige Abgeordnete der rechtslibera-
len Zentren der Paulskirche, die sich Ende Juni 1849 in Gotha zu-
sammengefunden hatten und den Unionsplan grundsätzlich unterstützten, die Mehrheit. Das Scheitern der Union konnten auch sie
allerdings nicht aufhalten. Hannover und Sachsen hatten sich bereits
im Oktober 1849 aus dem Dreikönigsbündnis gelöst, sich Ende Februar 1850 mit Bayern und Württemberg zu einem Vierkönigsbündnis zusammengeschlossen, das den vollständigen Anschluß
Österreichs an die Union forderte, einschließlich der nichtdeutschen
Teile der Habsburgermonarchie.

Der Zusammenbruch der Radowitzschen Unionspolitik und die
Restauration des Deutschen Bundes in seiner überkommenen Form

waren damit vorprogrammiert. Am 2. September 1850 wurde der Deutsche Bund in Frankfurt a. M. formell wiedereröffnet. Radowitz übernahm daraufhin zwar wenig später, am 26. September, auch offiziell das Amt des preußischen Außenministers, um zu retten, was noch zu retten war, trat jedoch vor dem Hintergrund der kurhessischen Wirren bereits am 2. November 1850 wieder zurück. In der Olmützer Punktation vom 29. November 1850 verpflichtete sich Preußen, das in den Wochen zuvor kurzzeitig am Rande eines Krieges mit Österreich und Rußland stand, seine Truppen aus Kurhessen zurückzuziehen, und verzichtete endgültig auf seine Unionspläne.

Unter Zeitgenossen wie späteren Historikern waren und sind Konzept wie Erfolgsaussichten des Unionsplans, und damit auch die Person Radowitz', höchst unterschiedlich beurteilt worden. Ausgerechnet Bismarck, der im Erfurter Parlament zur Fraktion der preußischen Ultraloyalisten gehört hatte, profilierte sich 1849/50 als einer der schärfsten Gegner Radowitz'. Er nannte Radowitz anfangs den „großen Betrüger", „einen Mann, der sich in nichts über das Niveau der Gewöhnlichkeit erhebt" und nach der „sogenannten öffentlichen Meinung [hasche], die doch nichts ist, als die Oberflächlichkeit derjenigen constitutionellen Schreier, die sich am unverschämtesten geltend zu machen wissen". Im Dezember 1850 attestierte Bismarck Radowitz zwar, er habe „das Beste für Preußen gewollt"; die Unionspolitik sei jedoch „ein zwitterhaftes Produkt furchtsamer Herrschaft und zahmer Revolution" gewesen.[14] Erst sehr viel später, 1862, gab Bismarck zu, „daß, wenn er im Jahre 1849 die jetzt, seit 13 Jahren gewonnene politische Erfahrung gehabt hätte, er Radowitz unterstützt haben würde".[15]

Das Dilemma und der entscheidende Grund, warum die Unionspolitik schließlich scheiterte, war die Stellung des ins Auge gefaßten Bundesstaates zu Österreich, zur multinationalen k. u. k.-Monarchie. Radowitz versuchte die „Quadratur des Kreises", wie Dirk Basius es genannt hat, indem er die Idee Gagerns vom Doppelbund aufgriff und das Konzept eines engeren und weiteren Bundes entwarf. Nur in den locker gefügten weiteren Bund sollte die Habsburgermonarchie einbezogen werden. Bereits im September 1848 hatte Radowitz erkannt, daß die deutsche Einigung für Preußen überlebenswichtig war und gleichzeitig mit den österreichischen Interessen kollidierte. „Österreich und Preußen verhalten sich zu Deutschland gerade umgekehrt. Österreich kann sich nicht mit Deutschland vereinigen und Preußen *muß* es." Den „dritten Weg" der „Lösung der deutschen

Frage", nämlich die Bildung „eines Bundesstaates durch freiwilligen Anschluß" – statt sowohl der „Wiederherstellung des Deutschen Bundes von 1815" als auch der „diktatorischen Anordnung in einen Einheitsstaat" –, verfolgte er über eineinhalb Jahre mit Beharrlichkeit. Gleichwohl war er sich von Anfang an bewußt, daß sein Weg einer Gratwanderung glich, „daß mein Name, ja meine ganze Existenz" jederzeit „in einen Strudel hineingerissen" werden könne, „an dessen Boden nach überwiegender Wahrscheinlichkeit für mich nur Verderben liegt".[16]

Spätestens seit Mitte 1850 war Radowitz physisch und psychisch erschöpft. Bereits Mitte Juni 1849, kurz nach seiner Abberufung aus Frankfurt (am 22. April) und dem Beginn der Unionspolitik, erklärte er: „Ich sehne mich nach dem Momente, der mir gestattet, diesem wüsten Treiben den Rücken zu kehren". Der Tod seiner jüngsten Tochter im Frühjahr 1850 war ein schwerer Schlag. Nach dem schließlichen Scheitern der Unionspolitik hatte er „keine andere Sehnsucht als den Rückzug in tiefe Vergessenheit".[17] Auf die preußische Politik nahm er keinen Einfluß mehr. Im Oktober 1852 wurde er zwar zum Generalinspekteur des Militärbildungswesens ernannt; aber das war mehr ein Ehrenamt. Aus dem gesellschaftlichen Leben Berlins zog er sich zurück. Am 25. Dezember 1853 starb Radowitz, vereinsamt und von Enttäuschung und Krankheit gezeichnet.

Die Tragik Radowitz' liegt darin, daß er zu früh kam, zu einem Zeitpunkt, als die sozialökonomischen und militärischen Stärken Preußens noch nicht so ausgeprägt und die außenpolitischen Konstellationen nicht so günstig waren wie 1866. Ein Krieg wäre 1850 höchst riskant und weit weniger aussichtsreich gewesen, als dies 16 Jahre später der Fall war. Zwar war die Freundschaft zwischen Radowitz und Friedrich Wilhelm IV. tiefer, emotional viel stärker verankert als die Beziehung zwischen Bismarck und Wilhelm I. Aber der ‚Romantiker auf dem Hohenzollernthron' war im Unterschied zu seinem jüngeren Bruder labil und politisch ‚ein unsicherer Kantonist', der wie das Schilf im Winde zwischen mehreren politischen Kraftfeldern und zum Teil dubiosen, unverantwortlichen Beratern hin- und herschwankte.[18] Im Unterschied zu Bismarck verfügte Radowitz, von seinem kurzen Intermezzo als Außenminister abgesehen, über kein formelles Staatsamt, das ihm eine gewisse Unabhängigkeit gegenüber seinen Kritikern verschafft hätte. Er war unmittelbar auf die Unterstützung des Königs angewiesen, der seinerseits einem wachsenden Druck namentlich der Gerlachs ausgesetzt war, die sich

1849/50 zu politischen Intimfeinden Radowitz' entwickelt hatten. Ihnen „schmeckte" die Unionspolitik „noch immer nach der revolutionären Paulskirche". Radowitz müsse „politisch zu den Toten geworfen werden", so ließ Ernst Ludwig von Gerlach seinem Bruder gegenüber verlauten.[19]

Radowitz, zugleich (nur auf den ersten Blick ein Paradox) „treuer Katholik und Vorkämpfer des preußisch-deutschen Bundesstaates" (Meinecke), war zwar zeit seines Lebens ein entschiedener Gegner der Revolution. Er war jedoch in hohem Maße lernfähig. Hätte er länger gelebt, wäre er gewiß kein überzeugter Liberaler oder gar Demokrat geworden, aber – die politischen Wandlungen 1847 bis 1850 deuten darauf hin – vielleicht ein „Tory democrat", wie David E. Barclay vermutet hat, ein Konservativer „mit starken monarchisch-konstitutionellen und christlich-sozialen Neigungen."[20]

Friedrich Wilhelm IV., König von Preußen: Gottesgnadentum in einem revolutionären Zeitalter

Von David E. Barclay

Der preußische König Friedrich Wilhelm IV., eine der zentralen Gestalten in der Geschichte der Revolutionen von 1848/49, hat fast sein gesamtes Leben dem Kampf gegen das gewidmet, was er als die „französisch-moderne" Macht des Zeitalters des Fortschritts betrachtete: Parlamentarismus, Konstitutionalismus, Liberalismus, bürokratischer Despotismus, Säkularisierung und bürgerlicher Individualismus – kurz gesagt, dasjenige, was Friedrich Julius Stahl und andere konservative Schriftsteller als die „Ideen von 1789" bezeichnet haben. Aber Friedrich Wilhelm war nicht einfach ein reaktionärer oder nostalgischer „Romantiker auf dem Thron". Seine Ideen und Handlungen spiegelten vielmehr die Zeiten wider, in denen er lebte. Selbst Produkt eines ideologischen Zeitalters, galten seine Bemühungen der Durchsetzung eines hochideologischen, modernen, doch gegenrevolutionären Modells monarchischer Autorität, um das Fortschreiten der, wie er sich ausdrückte, „Revoluzion, dieses Ungeheuers"[1] zu verhindern. Nach seiner Thronbesteigung im Jahr 1840 versuchte Friedrich Wilhelm verstärkt sein „monarchisches Projekt", seine Vision eines erneuerten und verjüngten Deutschland, durch die Schaffung „ächt-teutscher", ständisch-monarchischer Institutionen auf der Basis angeblich historischer, traditioneller Gruppenrechte gegen die revolutionären und abstrakten Ideen von Individualrechten und politischer Repräsentation durchzusetzen. Doch seine Versuche, „ständische Reformen" einzuführen, scheiterten kläglich und haben in nicht geringem Maße zum Ausbruch der Revolution im März 1848 beigetragen. Als die Revolution, die der preußische König so sehr gefürchtet hatte, schließlich auch Berlin erreichte, lag sein „monarchisches Projekt" in Scherben, und in den folgenden Monaten hatte es den Anschein, daß er abdanken würde. Aber im Gegensatz zu vielen seiner Zeitgenossen hat Friedrich Wilhelm es erfolgreich verstanden, seinen Thron zu retten, obgleich zu einem für ihn selbst hohen Preis. Ironischerweise hat der

Friedrich Wilhelm IV. (1795–1861)

König, der so entschieden der Revolution Widerstand geleistet hatte, nach 1848 einem Preußen vorgestanden, das dennoch seinen Übergang zum Konstitutionalismus und Parlamentarismus vollzog. Zugleich waren seine postrevolutionären Bemühungen, von einer wirkungsvollen monarchischen Autorität zu retten, was zu retten war, weit erfolgreicher als gemeinhin angenommen. Und das Ergebnis dieser Bemühungen war für den späteren Kurs der preußisch-deutschen Geschichte überaus problematisch. Kurzum: Trotz seines in der älteren historischen Literatur immer noch vorherrschenden Rufes als verträumter, unbeständiger und wirklichkeitsfremder Romantiker war Friedrich Wilhelm IV. ein moderner Monarch in einem Zeitalter, in dem die Monarchie immer noch eine zentrale politische Rolle spielte; und man kann in ihm zu Recht den wichtigsten deutschen Monarchen im Jahrhundert zwischen dem Tod Friedrichs II. im Jahre 1786 und der Thronbesteigung Wilhelms II. 1888 sehen.

Am 15. Oktober 1795 geboren, war Friedrich Wilhelm IV. das älteste von sieben Kindern Friedrich Wilhelms III. (1770–1840) und der Königin Luise, einer geborenen Prinzessin von Mecklenburg-Strelitz (1776–1810). Die ersten Jahre seiner Kindheit verliefen idyllisch, doch folgten ihnen zwischen 1806 und 1815 eine Reihe verheerender Ereignisse, die den preußischen Staat veränderten und die Persönlichkeit und die politischen Anschauungen des jungen Kronprinzen in besonderer Weise prägten: die Demütigung von 1806/7, die französische Besetzung, die Reformära und schließlich die Befreiungskriege gegen Napoleon zwischen 1813 und 1815, in denen Friedrich Wilhelm mit militärischen Kampfhandlungen in Berührung kam. Er entwickelte sich zu einem jungen Mann, dessen außergewöhnliche Intelligenz ebenso auffallend war wie sein redseliges und geselliges Wesen, seine intensive und emotional-romantische Vorstellungskraft, seine starken religiösen Empfindungen und seine Leidenschaft für die schönen Künste, besonders aber für Architektur, für die er eine natürliche Begabung besaß. Buchstäblich Tausende seiner Architekturzeichnungen haben überlebt, und insbesondere die Potsdamer Landschaft ist heute noch übersät mit Gebäuden und Gartenanlagen, die seinen persönlichen Stempel tragen, darunter Charlottenhof, seine Sommerresidenz als Kronprinz, die Friedenskirche in der Nähe von Sanssouci (zwischen 1844 und 1854 erbaut), die Orangerie und das Pfingstbergschloß (größtenteils in den 1850er Jahren entstanden). Sowohl als Kronprinz als auch später als König hat Friedrich Wilhelm die Arbeit einer Reihe führender Architekten, darunter Karl Friedrich Schinkel und Ludwig Persius, gefördert. Gemeinsam mit seinem bayerischen Schwager Ludwig I. zählt er zu den größten königlichen Mäzenen Europas im 19. Jahrhundert, denn zugleich unterstützte er auch die Arbeit von Wissenschaftlern wie Carl Richard Lepsius oder Alexander von Humboldt, mit dem ihn eine enge persönliche Freundschaft verband. Das wohl am längsten fortdauernde Erbe Friedrich Wilhelms ist die Einführung des Ordens ‚Pour le mérite für Wissenschaften und Kunst‘, der zur Anerkennung außerordentlicher Leistungen auf diesen Gebieten vergeben wird.

Das Vierteljahrhundert nach 1815 war persönlich ruhig, doch in politischer Hinsicht auch frustrierend für den Kronprinzen. 1823 heiratete er Prinzessin Elisabeth von Bayern. Die Ehe war glücklich, doch blieb sie kinderlos, so daß der jüngere Bruder, Prinz Wilhelm (1797–1888), als Erbe eingesetzt wurde. Nach 1840 trug er den Titel ‚Prinz von Preußen‘. Während dieser Jahre blieb Friedrich Wilhelm weitestgehend von aktiver politischer Mitgestaltung ausgeschlossen, obwohl er in den Jahren zwischen 1820 bis 1823 den Vorsitz der sogenannten ‚Kronprinzenkommission‘ innehatte, deren Aufgabe in der Reorganisation der Provinzial-Regierungen auf der Grundlage der organisch-konservativen, anti-zentralistischen, ständischen Prinzipien, denen der Kronprinz anhing, bestand. Diese Ansichten brachten ihn in Konflikt mit den Ideen des einflußreichen Kanzlers Fürst Hardenberg. Friedrich Wilhelm betrachtete Hardenbergs Versuche, den preußischen Staat auf der Grundlage einer zentralisierten bürokratischen Verwaltung zu modernisieren, als ‚revolutionär‘, ‚mechanistisch‘ und ‚unhistorisch‘. Sie waren in seinen Augen der Beweis für einen rationalistischen, bürokratischen Despotismus, der auf seine Weise so gefährlich war wie alles, was nach 1789 in Frankreich entstanden war.

Der Widerstand Friedrich Wilhelms gegen den ‚bürokratischen Despotismus‘, verbunden mit seiner Vorliebe für angeblich ‚historische‘ Prinzipien einer ständischen Repräsentation und einer intensiven persönlichen Form von religiöser Pietät, machten ihn zum Mittelpunkt des seit den späten 1820er Jahren sogenannten ‚Kronprinzenkreises‘, der sich zum großen Teil aus konservativen Aristokraten und Offizieren zusammensetzte, die später nach der Thronbesteigung Friedrich Wilhelms 1840 viele wichtige politische Positionen besetzen sollten. Wie der Kronprinz selbst waren viele seiner Freunde sowohl durch die Erfahrungen der Befreiungskriege nach 1813 als auch durch die Erweckungsbewegung beeinflußt worden, eine neo-pietistische religiöse Erneuerung, die besonderen Wert auf hohe persönliche, andachtsvolle und offen emotionale Formen religiösen Ausdrucks legte. Zu den führenden Mitgliedern des Kronprinzenkreises zählten Leopold von Gerlach (1790–1861), Joseph Maria von Radowitz (1797–1853), Carl von der Groeben (1788–1876) und Anton Graf zu Stolberg-Wernigerode (1785–1854). Kein Mitglied dieses Zirkels, aber mit Sicherheit einer der engsten Berater Friedrich Wilhelms in religiösen Fragen, war außerdem der preußische Diplomat Christian Carl Josias Bunsen (1791–1860).

Kirchliche Angelegenheiten besaßen einen besonderen Stellenwert für Friedrich Wilhelm IV. Religiöse und ästhetische Anliegen zählten zum Kernstück seines monarchischen Projekts, dessen Umrisse bereits vorhanden waren, als er nach dem Tod seines Vaters im Juni 1840 den Thron bestieg. Der neue Monarch war davon überzeugt, daß, wenn es gelingen würde, seine Ideen erfolgreich umzusetzen, Preußen und das übrige Deutschland als Bollwerk gegen revolutionäre Kräfte bestehen könnten. Solche Vorstellungen beinhalteten zahlreiche damit verknüpfte Annahmen. Erstens: Friedrich Wilhelm hielt an einer exaltierten, fast mystisch-verklärten Vision seines eigenen Amtes fest. Als ein von der Romantik beeinflußter Legitimist war er buchstäblich von seinem Gottesgnadentum überzeugt, seiner Meinung nach verdankten alle legitimen Monarchen ihre Stellung der göttlichen Ordnung. Zugleich beanspruchte Friedrich Wilhelm gemeinsam mit anderen Hochkonservativen seines Kreises, dem monarchischen Despotismus im Sinne des aufgeklärten Absolutismus des 18. Jahrhunderts zu opponieren. Alle Macht hatte ihre Grenzen, einschließlich der Macht des Monarchen. In dieser Hinsicht unterschieden sich Friedrich Wilhelms Ideen von denen der älteren Generation ‚bürokratischer‘ Konservativer wie Metternich, der Friedrich Wilhelm IV. stets als gefährlichen Enthusiasten betrachtete. Zweitens: Der neue König hoffte, wirksame ‚ständische‘ Institutionen als Alternative zum ‚französisch-modernen‘ Konstitutionalismus schaffen zu können. Durch Einführung solcher Institutionen auf Provinzialebene, wo 1823 Landtage auf ständischer Basis errichtet worden waren, bis hinauf zur höchsten Regierungsebene des preußischen Staates selbst, hoffte Friedrich Wilhelm das uneingelöste Verfassungsversprechen seines Vaters in Preußen einzulösen. Drittens: Friedrich Wilhelm versuchte, dem ‚gottlosen‘, säkularisierten Geist des Zeitalters durch eine Reorganisation der Kirche entgegenzuwirken, indem er sie auf eine, wie er es auffaßte, ‚apostolische‘ Linie verpflichtete. Das bedeutete, daß sich parallel zur ständischen Rekonstruktion des Staates die kirchliche Macht als solche aus dem Staat entfernen sollte. Das alte landesherrliche Kirchenregiment sollte ersetzt werden durch ein ausgearbeitetes Netz von 350 Einzelkirchen und eine Reihe von Synoden, die der Organisation der ursprünglichen ‚apostolischen‘ Kirche entsprechen sollten. Viertens: Im Unterschied zu vielen älteren Konservativen war Friedrich Wilhelm nicht unempfänglich für deutsche Nationalgefühle. Wie er sich 1841 ausdrückte, wollte er das „heilige Feuer" des deutschen Patriotismus entfachen. Aber ähnlich wie seine konstitutionellen und religiösen Ideen würde dieser Patriotismus eine konservative Alternative zu den liberalen, radikalen oder jakobinischen Ideen von Nationalismus und Patriotismus darstellen. Obwohl er erkannte, daß das alte Reich längst tot war, träumte er davon, soviel wie möglich davon wieder auferstehen zu lassen. Mit anderen Worten, er hielt an der Vision eines monarchischen Deutschland fest, in welchem der legitime Herrscher mit seinen Untertanen durch das Teilen gleicher kultureller Werte und ‚historischer' Bande wechselseitiger Pflichten und Verpflichtungen verbunden waren.

Vielen späteren Historikern schien es, daß Friedrich Wilhelms Ideen einer phantasiereichen, unzeitgemäßen Vorstellungswelt entsprangen, die nicht imstande war, die wirklich gegebenen Umstände seiner Zeit zu begreifen. Sein monarchisches Projekt hat er jedenfalls mit unnachgiebigem Eifer verfolgt, sowohl vor als auch nach 1848. Überdies war er in vieler Hinsicht ein moderner Monarch, z. B. zeigte er sich aufgeschlossen gegenüber modernen Methoden politischer Selbstdarstellung. Während der traditionellen Erbhuldigungen in Königsberg und Berlin im Herbst 1840 stellte er unter Beweis, wie wirkungsvoll er die Öffentlichkeit zu beeindrucken verstand. In der Tat war er der erste preußische Monarch, der öffentliche Reden an seine nichtmilitärischen Untertanen hielt, und rasch gewann er den Ruf eines eindrucksvollen und sogar brillanten öffentlichen Redners. Er verstand es darüber hinaus, sich moderne Technik in vielfältiger Weise zunutze zu machen, von häufigen Zugfahrten bis zur Manipulation der Presse, um seine Ansichten voranzubringen und zu verbreiten.

Aufgrund dieser auffälligen Offenheit gegenüber ‚modernen' Formen öffentlicher Zurschau- und Selbstdarstellung hatten viele Liberale in Preußen die Grundbotschaft des Königs mißverstanden und glaubten ihn für ihre Ansichten empfänglich. Darin lag schließlich auch der Grund für das, was Heinrich von Treitschke bekanntermaßen als das fatale ‚Mißverständnis' zwischen Krone und Liberalen bezeichnete, das maßgeblich zur Verstärkung der politisch angespannten Atmosphäre der letzten Vormärzjahre beigetragen hat. Trotz des hartnäckigen Bestrebens Friedrich Wilhelms IV., seine Ideen auszuführen, blieb ihre Erfüllung doch weit hinter seinen Wünschen und Erwartungen zurück, angefangen von den 1842 ins Leben gerufenen ‚Vereinigten Ausschüssen' bis zur Generalsynode der Evangelischen Kirche 1846 und, höchst bemerkenswert, selbst dem Vereinigten Landtag, der im April 1847 seine Arbeit aufnahm. Zusammengerufen auf der Basis des Februar-Patents des gleichen Jahres, stellte der Vereinigte Landtag Friedrich Wilhelms bemerkenswertesten Versuch dar, eine großangelegte ständische Alternative zu den „Prinzipien von Volksrepraesentation, die seit der französischen Revoluzion so viele Staaten erfasst und ruinirt haben",[2] aufzubauen. Doch tatsächlich hat der Vereinigte Landtag es nicht vermocht, die Verwirklichung auch nur eines der königlichen Hauptanliegen zu erreichen, er diente statt dessen als Forum für gemäßigtliberale politische Kräfte, die auf echte konstitutionelle und parlamentarische Reformen drängten.

Friedrich Wilhelm IV. war sicherlich nicht blind gegenüber den sozialen Spannungen und ökonomischen Schwierigkeiten, die in den letzten Jahren des Vormärz zum wachsenden Bewußtsein einer politischen Krise geführt haben. Immer noch versäumten aber er und seine Regierung eine angemessene Antwort auf diese Probleme. Als er sich schließlich mit einer wahrhaft revolutionären Situation im März 1848 konfrontiert sah, schien er seine Nerven zu verlieren und zunächst vorbehaltlos auf die Forderung nach einer konstitutionellen Regierung, die auf ein verantwortliches Parlament gegründet sein sollte und auch die Machtbeschränkung seines eigenen Amtes vorsah, einzugehen. Im April 1848 konnte jedenfalls der Eindruck entstehen, sein antirevolutionäres monarchisches Projekt sei zum Scheitern verurteilt. Doch erwiesen sich die politischen Realitäten als komplizierter, und mit Hilfe einflußreicher Verbündeter gelang es Friedrich Wilhelm sicherzustellen, daß die Monarchie als die zentrale Macht im postrevolutionären preußischen Staat erhalten blieb.

Die Ereignisse des März 1848 sind oft beschrieben worden und brauchen hier nicht in allen Einzelheiten wiederholt werden. Konfrontiert mit wachsenden öffentlichen Unruhen infolge der Pariser und Wiener Ereignisse, gab Friedrich Wilhelm am 17. März 1848 den Forderungen nach Einführung eines konstitutionellen Systems und einer parlamentarischen Regierung unter dem Vorsitz des Grafen Arnim-Boitzenburg nach. Am folgenden Tag, dem 18. März, zog eine große Menschenmenge zur friedlichen Demonstration vor das Berliner Schloß, als ein plötzlicher Schußwechsel zum Ausbruch von Gewalt führte, die öffentliche Ordnung zusammenbrach und in ganz Berlin wurden Straßenbarrikaden errichtet. Nach großer Verwirrung und zur Bestürzung vieler seiner politischen Berater – mit Ausnahme

von Ernst von Bodelschwingh, der ihn zu diesem Schritt drängte –
schrieb Friedrich Wilhelm seine berühmte Proklamation ‚An Meine
lieben Berliner‘, in der er erklärte, die gewalttätige Eskalation beruhe
auf einem Mißverständnis. Am 19. März stimmte er dem Truppen-
abzug von den Schauplätzen der Kampfhandlungen zu. Die meisten
Truppen zogen sich zunächst in ihre Kasernen, dann aus der gesamten Stadt zurück und ließen Friedrich Wilhelm und Königin Elisabeth mehr oder weniger unbeschützt im Berliner Schloß zurück. König und Königin wurden dazu aufgefordert, den Gefallenen der
Straßenkämpfe ihre Referenz zu erweisen, etwas, das als höchste
Demütigung für die preußische Krone erachtet wurde. Am 21. März
unternahm Friedrich Wilhem IV. einen ziemlich melodramatischen
öffentlichen Umritt durch die Straßen Berlins. Umgeben von den
schwarz-rot-goldenen Farben der deutschen Nationalbewegung erklärte der König, Preußen werde nun die führende Rolle in der ‚Wiederherstellung der Einheit Deutschlands‘ spielen.

Historiker haben lange über das Verhalten des Königs während
der Märztage 1848 reflektiert, und viele Darstellungen laufen auf die
Annahme hinaus, daß Friedrich Wilhelm IV. in der Nacht vom 18.
auf den 19. März seine Nerven vollkommen verloren habe. Obwohl
es unbestreitbar ist, daß die Ereignisse dieser Tage einen tiefen
Schock ausgelöst haben – tatsächlich der tiefste Schock seines Lebens, von dem er sich nie wieder wirklich erholte –, würde es doch in
die Irre führen, das Ausmaß, in welchem er auf der Höhe der Krise
die Kontrolle über sich selbst verlor, zu überschätzen. Die Berichte
aller Augenzeugen legen nahe, daß Friedrich Wilhelm IV. nie seine
Fassung verlor und daß er sich weit besser verhielt als viele seiner
Ratgeber, besonders aber als sein Bruder Wilhelm, der infolge der
Revolution für einige Wochen ins Ausland floh. Entsetzt zeigte sich
der König vor allem über die Gewalt des 18. und 19. März, die er so
schnell und so friedlich wie möglich beenden wollte; doch scheint er
die Auswirkungen des Truppenabzugs und das Ausmaß, in welchem
es ihn ungeschützt zurückließ, falsch eingeschätzt zu haben. Danach,
unter dem Schock der Ereignisse, machte er eine Reihe von Zugeständnissen, die im Umritt am 21. März gipfelten.

Gegen Ende März ließ sich Friedrich Wilhelm in Potsdam nieder,
und hier verfiel er tatsächlich in eine tiefe Depression, die Monate
andauerte, auch dann noch, als er sich selbst mit Phantasien eines
wiederbelebten Kaiserreiches auf monarchischer Grundlage zu zer-
streuen versuchte. Erst im September begann er seine Aktionsfähig-

keit wiederzuerlangen, war aber in der Zwischenzeit in zunehmendem Maße unter den Einfluß einer Gruppe von Offizieren und Hofpolitikern geraten, die fortan die königliche Kamarilla genannt wurde. Diese Gruppe, oft als reaktionäre Gegen- oder Nebenregierung beschrieben, eine Art konservatives Küchenkabinett, hat unter Historikern oft zu Spekulationen Anlaß gegeben, aber neuere Forschungsergebnisse zeigen deutlich, daß ihr Einfluß, obgleich beträchtlich zwischen August und November 1848, nicht überschätzt werden sollte. Auch war er kleiner und weniger koordiniert als gemeinhin angenommen. Anführer waren zwei Generäle: Friedrich Wilhelm von Rauch (1790–1850), des Königs Generaladjutant, und Leopold von Gerlach, der Rauch auf diese Position nach dessen Tod nachfolgte. Weitere Mitglieder umfaßten Ernst Ludwig von Gerlach (1795–1877), Leopolds jüngerer Bruder, Hauptbegründer der berühmten *Kreuzzeitung* und einer der strengsten Kritiker Friedrich Wilhelms aus dem rechten Lager, Alexander Graf von Keller (1801–1879), Ludwig von Massow (1794–1859) und Marcus Niebuhr (1817–1860). Den Höhepunkt ihres Einflusses erreichte die Kamarilla im Oktober 1848, als die Gruppe den König zur Ernennung Friedrich Wilhelms Graf von Brandenburg (1792–1850), eines Onkels des Königs, zum Ministerpräsidenten drängte.

Seine neue Rolle als konstitutioneller Monarch fand Friedrich Wilhelm IV. in der Tat äußerst schwierig, ständig griff er in die Arbeit der verschiedenen neuen Ministerien – geführt von Ludolf Camphausen, Rudolf von Auerswald und Ernst von Pfuel – ein, die seit dem Rücktritt von Graf Arnim Ende März im Amt waren. Seit Herbst 1848 war er der Überzeugung, die verfassungsgebende Nationalversammlung in Berlin bedeute einen ernsthaften Angriff auf seine eigene Autorität. Und hier nun schlug die Stunde der Kamarilla. Allgemein galt Graf Brandenburg, als kommandierender General des VI. Armeekorps in Breslau, in besonderer Weise dafür qualifiziert, die Gegenrevolution in Berlin anzuführen. Friedrich Wilhelm entsprach der Bitte der Kamarilla und ernannte ihn Anfang November zum Ministerpräsidenten. Am 9. November besetzte, mit begeisterter Zustimmung der Kamarilla, die preußische Armee ohne nennenswerten Widerstand Berlin. Die Nationalversammlung wurde nach Brandenburg verlegt und am 5. Dezember 1848 aufgelöst, während in Berlin selbst der Ausnahmezustand verhängt wurde. Der Sieg der Gegenrevolution schien vollkommen und Friedrich Wilhelms Stellung offenbar gesichert.

Doch Graf Brandenburg gehörte weder zum engen Kreis der Kamarilla noch war er ein beeinflußbares Instrument des königlichen Willens. Wie der Historiker Günther Grünthal bemerkt, vollzog sich Preußens wirklicher Übergang zu einem dauerhaften Konstitutionalismus im Kontext eines komplexen Dreiecksverhältnisses zwischen König, Kamarilla und der Regierung von Graf Brandenburg und seinem Innenminister Otto Freiherr von Manteuffel. Die beiden Letztgenannten waren davon überzeugt, daß eine einfache Repressionspolitik nicht ausreiche, und so erfolgte am 5. Dezember 1848 die Oktroyierung der Verfassung durch die preußische Regierung, sehr zum Entsetzen sowohl des Königs als auch der Kamarilla. Obwohl der König diese Verfassung verabscheute und hoffte, sie würde wieder beseitigt, erfuhr sie 1849 und zu Beginn des Jahres 1850 nochmals eine Überarbeitung. Am 6. Februar 1850 leistete Friedrich Wilhelm seinen Eid auf sie: ein unvermeidbarer politischer Akt, der ihn mit Ekel und Abscheu erfüllte. Obgleich er diese Verfassung weiterhin haßte und entschlossen war, sie für seine Zwecke umzugestalten und auf diese Weise die Vormachtstellung der monarchischen Autorität in Preußen wiederherzustellen, fühlte sich Friedrich Wilhelm doch umgekehrt auch seinem Eid verpflichtet und hat nie ernsthaft einen antikonstitutionellen Staatsstreich versucht. Trotz der Tatsache, wie er sich einmal ausdrückte, „daß es ihm von Bauch zu Mund schwerer werde als ehrlicher Mann das einmal Gelobte zu halten", überstand Friedrich Wilhelm IV. auf diese Weise den preußischen Übergang zum Parlamentarismus und Konstitutionalismus während der Reaktionszeit nach 1848.[3]

Nach der Oktroyierung der Verfassungsurkunde im Dezember 1848 widmete Friedrich Wilhelm der nationalen Frage viel Aufmerksamkeit. Natürlich verabscheute er die Arbeit der Frankfurter Nationalversammlung, zugleich aber war er erfüllt von einem ehrlichen Bedürfnis, etwas zu unternehmen, was die Sache einer größeren deutschen Einheit voranbrachte, welche, wie er gegen Ende 1848 bekannte, sein Jugendtraum gewesen sei – obwohl selbstverständlich immer innerhalb des monarchisch-legitimistischen Kontextes. Am 28. März 1849 entschloß sich die Frankfurter Nationalversammlung nach langen Beratungen, Friedrich Wilhelm IV. zum Kaiser eines vereinten, konstitutionellen Deutschland zu ernennen. Anfang April reiste eine Deputation der Paulskirche nach Berlin, um dem preußischen Monarchen die Kaiserkrone anzutragen. Friedrich Wilhelm hatte lange und laut erklärt, diese Krone sei für ihn „das eiserne Halsband der Knechtschaft, durch welches der Sohn von mehr als 24 Regenten, Kurfürsten und Königen [...] zum Leibeigenen gemacht werden würde".[4] Obwohl er die Frankfurter Kaiserdeputation Anfang April empfing, lehnte er ihr Angebot, jenen „imaginären Reif, aus Lumpen und Letten gebacken", entschieden ab.[5] Und in den folgenden Wochen verwendete er erheblichen militärischen Einsatz darauf, die verbliebene revolutionäre Glut in Sachsen und Südwestdeutschland auszulöschen.

Zugleich wurde er zunehmend von den Ideen seines engsten Freundes, Joseph Maria von Radowitz, eingenommen, der die nationale Frage mit einem konstruktiven und kreativen Vorschlag voranbringen wollte. In seinem bekannten Unionsplan argumentierte Radowitz, daß Preußen eine führende Rolle in einer ‚engeren' Union der deutschen Staaten spielen sollte, von der Österreich ausgeschlossen sein sollte; Österreich sollte hingegen Mitglied einer lockeren, weitergefaßten Union werden, die weniger Macht besitzen sollte. Friedrich Wilhelm war von diesen Vorschlägen angetan, und so wurde Radowitz 1849/50 zum maßgeblichen Gestalter preußischer Außenpolitik. Gegen seine Pläne machte sich allerdings wachsender Widerstand breit sowohl von seiten preußischer Konservativer – besonders von Mitgliedern der Gerlach-Stahlschen ‚Kreuzzeitungspartei' – als auch von seiten eines wiedererwachten Österreichs unter Führung des respektgebietenden Fürsten Felix zu Schwarzenberg. Im Herbst 1850 sah man sich mit einer Reihe ernster Krisen konfrontiert, Anfang November zeichnete sich gar ein Krieg ab, und so stand am Ende die wenn auch nur ungern vollzogene Trennung Friedrich Wilhelms von Radowitz. Wenige Tage später starb überraschend Graf Brandenburg, sein Nachfolger wurde Otto von Manteuffel, der dieses Amt bis 1858 innehatte. Manteuffel arrangierte sofort eine Kompromißvereinbarung mit Österreich, die bekannte ‚Olmützer Punktation', die für so viele Jahrzehnte in der kleindeutschen Geschichtsschreibung als nationale ‚Schmach' gebrandmarkt wurde. Aber die Vereinbarung von Olmütz befriedigte Preußens Konservative, und sie zog einen endgültigen Schlußstrich unter die Revolutionsära in Zentraleuropa.

In den folgenden Jahren konzentrierte Friedrich Wilhelm seine Kräfte auf das – wie er es nannte – „Herausarbeiten Preußens aus dem Schlamm des Jahres 1848".[6] Während des Reaktionsjahrzehnts nach 1848 zeigte sich Friedrich Wilhelm mehr und mehr besessen von der Gefahr einer fortdauernden revolutionären Subversion, und so unterstützte er infolgedessen eine Reihe von repressiven staatlichen Polizeimaßnahmen, einschließlich der Überwachung politischer Feinde und der Beschlagnahmung oppositioneller Zeitungen. Unter Friedrich Wilhelms Ägide wurde der Berliner Polizeipräsident Carl Eduard von Hinckeldey (1805–1856) einer der mächtigsten Männer Preußens.

Trotz seines zunehmenden Pessimismus und seiner Bitterkeit versuchte Friedrich Wilhelm IV. soviel wie möglich von seinem alten monarchischen Projekt in die neue Zeit hinüberzuretten, und in dieser Hinsicht war er erstaunlich erfolgreich. So hat er z. B. nach 1848 jeden Versuch abgewehrt, die königliche Kommandogewalt einzuschränken, und 1855 gelang ihm die erfolgreiche Abänderung der Verfassung, durch die er das Oberhaus, die erste Kammer, nach britischem Vorbild in ein Herrenhaus (House of Lords bzw. „Pairskammer") umwandeln konnte. Solche Anstrengungen riefen erheblichen Widerstand auf seiten der Opposition hervor, besonders aber innerhalb des Zirkels der ultrakonservativen ‚Kreuzzeitungspartei' unter Ernst Ludwig von Gerlach und Friedrich Julius Stahl. Friedrich Wilhelm war während der Reaktionsjahre nach 1848 nie ein Instrument der Kreuzzeitungspartei oder irgendeiner anderen Gruppe oder einzelner Individuen, einschließlich des Ministerpräsidenten Otto von Manteuffel, gewesen. Er verstand es vielmehr zu seinem eigenen Vorteil, eine Gruppe gegen die andere auszuspielen. Auf viele Beobachter machte der preußische Hof deshalb während der 50er Jahre oft einen chaotischen, ja selbst anarchischen Eindruck. Aber dem König gelang es auf diese Weise, seine eigene Stellung im konstitutionellen und institutionellen Zentrum des preußischen Staates aufrechtzuerhalten.

Nach 1853/54 mußte Friedrich Wilhelm einen Großteil seiner Regierungstätigkeit der diplomatischen Krise zuwenden, die schließlich zum Krimkrieg führte. Er bestand in diesem Konflikt auf eine Politik strikter Neutralität, zur großen Irritation Großbritanniens. Preußen selbst spielte dann nur eine untergeordnete Rolle auf der Pariser Friedenskonferenz, die diesen Konflikt 1856 beilegte.

Seit vielen Jahren hatte sich der Gesundheitszustand Friedrich Wilhelms ständig verschlechtert. 1857 erlitt er den ersten einer ganzen Anzahl von Schwächeanfällen, die es ihm bald nicht mehr erlaubten, wirksam zu regieren. Folglich übernahm sein Bruder Wilhelm die Regierungsgeschäfte seit 1858 auf Dauer. Ältere Untersuchungen behaupten, Friedrich Wilhelm sei geisteskrank gewesen, aber tatsächlich scheint er an einer Arteriosklerose des Gehirns gelitten zu haben, vielleicht war er aber auch an Alzheimer erkrankt. Er starb im Schloß Sanssouci, seiner bevorzugten Residenz, am 2. Januar 1861.

Anhang

Anmerkungen und ausgewählte Bibliographien

Ludwig Uhland: Der Ruhm des Scheiterns

Anmerkungen

1. Hartmann, Julius (Hg.), Uhlands Briefwechsel, Bd. 3, Stuttgart 1914, S. 74.
2. Zitiert nach Jeggle, Utz, Nachruhm und Kult, in: Bausinger, Hermann (Hg.), Ludwig Uhland, Tübingen 1988, S. 222.
3. Notter, Friedrich, Gesprochen im Stuttgarter Liederkranz 21. Dezember 1862, Stuttgart 1862.
4. Mohl, Robert von, Lebenserinnerungen 1799–1875, Bd. 1, Stuttgart 1902, S. 193 f. Dort auch das folgende Zitat.
5. Treitschke, Heinrich von, Zum Gedächtniß Ludwig Uhland's, in: Preußische Jahrbücher 1 (1863), S. 323–348; dort alle folgenden Zitate.
6. Erbe, Walter, Festansprache am 11. November 1962 zum 100. Todestag Ludwig Uhlands, Tübingen 1962, S. 7, 17.
7. Ludwig Uhland, Werke, hg. von Hartmut Fröschle und Walter Scheffler, Bd. 4, München 1984, S. 679.
8. Ebd. S. 689–692.
9. Uhlands Briefwechsel (wie Anm. 1), S. 169 f., 172 f.
10. Werke, Bd. 4, S. 682.
11. Ebd. S. 695–697.
12. Treitschke, Gedächtniß, S. 346.
13. Stenographischer Bericht über die Verhandlungen der deutschen constituierenden Nationalversammlung zu Frankfurt/Main, hg. von Franz Wigard, Bd. 2, Frankfurt am Main 1848/49, S. 1242 (Zitat), 1245 Abstimmung; zu den weiteren Anträgen und Abstimmungen in der Posen-Debatte s. S. 1228, 1232, 1234, 1236; Bd. 7, S. 5086, 5088.
14. Werke, Bd. 4, S. 703–707.
15. Ebd. S. 713–718.
16. Ebd. S. 721 f. (Rede vom 30. Mai 1849).
17. Ebd. S. 698 (Rede vom 21. März 1848).
18. Darüber berichten seine und seiner Frau Briefe aus Frankfurt.

Ausgewählte Bibliographie

Uhland, Emilie, Ludwig Uhlands Leben. Aus dessen Nachlaß und aus eigener Erinnerung zusammengestellt von dessen Witwe, Stuttgart 1874
Ludwig Uhland, Dichter – Politiker – Gelehrter, hg. von Hermann Bausinger, Tübingen 1988.

Reinöhl, Walter, Uhland als Politiker, Tübingen 1911.
Fröschle, Hartmut, Ludwig Uhland und die Romantik, Köln 1973.
Ludwig Uhland, Werk und Wirkung. Festschrift des Uhland-Gymnasiums Tübingen zum 200. Geburtstag des Politikers, Gelehrten, Dichters, Tübingen 1987.
Uhland, Ludwig, Werke, hg. von Hartmut Fröschle und Walter Scheffler, 4 Bde., München 1980–1984.
Uhland, Ludwig, Ausgewählte Werke, hg. von Hermann Bausinger, München 1987.
Uhlands Briefwechsel. Im Auftrag des Schwäbischen Schillervereins, hg. von Julius Hartmann, 4 Bde., Stuttgart 1911–1916.

Arnold Ruge: Kavalleriegeneral der Hegelei

Anmerkungen

1. Ruge, Arnold, Aus früherer Zeit, Bd. 2, Berlin 1862, S. 138 f.
2. Ders., Unser System, Leipzig 1850, T. III, S. 9.
3. Ders., Gesammelte Schriften, Bd. 5, Mannheim 1847, S. 138.
4. Ders., Briefe und Tagebuchblätter, hg. von P. Nerrlich, Bd. 1, Berlin 1886, S. 398.
5. Neher, Walter, Arnold Ruge als Politiker und politischer Schriftsteller, Heidelberg 1933, S. 133, Anm. 2.
6. Ebd., S. 147.
7. Ruge, Arnold, Akademie, Philosophisches Taschenbuch, Leipzig 1848, S. 125 f.
8. Die Reform, 16. 4. 1848.
9. Stenographischer Bericht über die Verhandlungen der deutschen constituierenden Nationalversammlung zu Frankfurt/Main, hg. von Franz Wigard, Bd. 2, Frankfurt/Main 1848/49, S. 1184–1188, hier S. 1187.
10. Laube, Heinrich, Das erste deutsche Parlament, Bd. 2, Leipzig 1849, 174 f.
11. Die Reform, 23. 6. 1848.
12. Simon, Ludwig, Erinnerungen. Aus dem Exil, Bd. 1, Gießen 1855, S. 97.

Ausgewählte Bibliographie

Ruge, Arnold, Sämtliche Werke, 10 Bde., Mannheim 1847–48.
Ders., Aus früherer Zeit, 4 Bde., Berlin 1863–67.
Ders., Briefe und Tagebuchblätter, hg. von P. Nerrlich, 2 Bde., Berlin 1886.
Ders., Der Patriotismus, hg. von P. Wende, Frankfurt 1968.
Neher, Walter, Ruge als Politiker und politischer Schriftsteller, Heidelberg 1933.
Walter, Stephan, Demokratisches Denken zwischen Hegel und Marx. Die politische Philosophie Arnold Ruges. Eine Studie zur Geschichte der Demokratie in Deutschland, Düsseldorf 1955.
Wende, Peter, Radikalismus im Vormärz. Untersuchungen zur politischen Theorie der frühen deutschen Demokratie, Wiesbaden 1975.

Georg Herwegh – Emma Herwegh: Vive la République!

Anmerkungen

1. Ruge, Arnold, Neue Lyrik. „Gedichte eines Lebendigen [...]", in: Deutsche Jahrbücher für Wissenschaft und Kunst, Nr. 63 vom 13. September 1841, S. 251.
2. Brief Herweghs an Arnold Ruge, Paris 16. Februar 1842. Stadt- und Landesbibliothek Dortmund, Sign. 2376. Zit. nach: Fellrath, Ingo: Quand un poème de Georg Herwegh trouve sa source à Paris, in: Revue de Littérature comparée 62, 1988, S. 63.
3. Kaiser, Bruno, Der Freiheit eine Gasse. Aus dem Leben und Werk Georg Herweghs, Berlin 1948, S. 13 und S. 381.
4. Stern, Alfred, Aktenstücke zur Geschichte der Ausweisung Herweghs aus Zürich im Jahre 1843, in: Süddeutsche Monatshefte 5, 1908, S. 157.
5. Brief Herweghs vom 22. November 1842 aus Berlin, in: Hansen, Joseph (Hg.), Rheinische Briefe und Akten zur Geschichte der politischen Bewegung 1830–1850, 1. Bd., Essen 1919, S. 384.
6. Gutzkow, Karl, Rückblicke auf mein Leben, Berlin 1875, S. 290.
7. Schweizerische Nationalzeitung Nr. 62 vom 14. März 1848, S. 248.
8. Jacoby, Johann, Briefwechsel 1816–1849, hg. von Edmund Silberner, 1. Bd., Hannover 1974, S. 427.
9. Corvin, Otto von, Die erste Expedition der deutschen republikanischen Legion, in: Morgenblatt für gebildete Leser, Nr. 202 vom 23. August 1848, S. 805 f.
10. Herwegh, Georg, Manifest der deutschen demokratischen Legion, Paris, 3. April 1848, in: Berliner Zeitungshalle, Nr. 88 vom 12. April 1848.
11. Musenklänge aus Deutschlands Leierkasten. Leipzig [1850], S. 176. (Faksimile-Druck: Die bibliophilen Taschenbücher 141, Dortmund 1979).
12. [Herwegh, Emma] in: Allgemeine Zeitung (Augsburg), Beilage zur Nr. 132 vom 11. Mai 1848, S. 2108 f. – Die Redaktion brachte den Brief unter dem Titel „Ein Freischärlerbericht".
13. Herwegh, Georg, Im Frühling, in: Freiheit, Arbeit (Köln), Nr. 20 vom 22. März 1849, S. 82.
14. Brief Lassalles vom 14. April 1863 an Georg Herwegh, in: Herwegh, Marcel (Hg.), Ferdinand Lassalles Brief an Georg Herwegh. [...] Zürich 1896, S. 59.
15. Herwegh, Georg, Neue Gedichte. Herausgegeben nach seinem Tode, Zürich 1877, S. 132.
16. Büttner, Wolfgang, Georg Herwegh. Ein Sänger des Proletariats, Berlin ²1976, S. 151.
17. Badener Wochenblatt, Nr. 46 vom 17. April 1875, S. 370.

Ausgewählte Bibliographie

Herweghs Werke in drei Teilen, hg. von Hermann Tardel, Berlin – Leipzig – Wien – Stuttgart 1909.
Kaiser, Bruno, Der Freiheit eine Gasse. Aus dem Leben und Werk Georg Herweghs, Berlin 1948.

Herweghs Werke in einem Band, hg. von Hans-Georg Werner, Berlin – Weimar
⁴1980.
Herwegh, Georg, Gedichte und Prosa. Hg. von Peter Hasubek, Stuttgart 1975.
[Herwegh, Emma], Geschichte der deutschen demokratischen Legion aus Paris.
Von einer Hochverräterin, Grünberg 1849.
„Freiheit überall, um jeden Preis!" Georg Herwegh 1817–1875. Bilder und Texte
zu Leben und Werk. Bearbeitet von Heidemarie Vahl und Ingo Fellrath,
Stuttgart 1992.
Krausnick, Michail, Die eiserne Lerche: Georg Herwegh. Dichter und Rebell.
Mit Materialien. Zusammengestellt von Günter Lange, Stuttgart – Düssel-
dorf – Berlin – Leipzig 1992.

Friedrich Hecker: Der republikanische Souverän

Anmerkungen

1. Friedrich Hecker an Caspar Butz, Summerfield, St. Clair County, 13. Februar 1881, abgedruckt in: Butz, Caspar, Erinnerungen an Friedrich Hecker,
   2. Teil, Tägliche Westliche Post, 8. Mai 1881; Hervorhebung im Text.
2. Vgl. Muhs, Rudolf, Heckermythos und Revolutionsforschung, in: ZGO 134
   (1986), S. 422–441, hier: S. 426.
3. Auszug aus dem Tauf- und Geburtsbuche der Gemeinde Eichtersheim
   (heute Gemeinde Angelbachtal im Kraichgau), Bezirksamt Wiesloch, vom
   2. Jahrgang 1811, pag. 125, § 290, Abschrift vom 24. 11. 1843, in: Hecker
   Papers, Box 1, Folder 2. Die Hecker Papers befinden sich in der Western
   Historical Manuscript Collection, University of Missouri – St. Louis/MO.
4. Friedrich Hecker an seine Schwester, St. Clair County Illinois, 18. Juli 1858,
   abgedruckt in: Schwarzmaier, Hansmartin, Auswanderungsbriefe aus Nordamerika, in: ZGO 126 (1978), S. 327.
5. Heckers Mannheimer Abschiedsrede am 25. August 1873, abgedruckt in:
   Neue Badische Landeszeitung, 26. August 1873; auch in: Tägliche Westliche Post, 13. September 1873; Tägliche Illinois Staatszeitung, 15. September 1873.
6. Zeugnis, Direction des großherzoglichen Lyceums, Mannheim, 24. August
   1830 (gez. Nüßlin), in: Hecker Papers, Box 1, Folder 2.
7. Beide Zitate: Friedrich Hecker an Ernst Keil, o. D., in: Die Gartenlaube,
   Jg. 1872, S. 391.
8. O. H., Friedrich Hecker, in: Frankfurter Zeitung und Handelsblatt, Nr. 89
   vom 30. März 1881 (Morgenblatt).
9. Frankfurter Zeitung, s. Anm. 8.
10. Häusser, Ludwig, Baden vor den Ereignissen von 1848, in: Die Gegenwart,
    Bd. 2, Leipzig 1849, S. 321–359, hier: S. 358.
11. Schlosser, Friedrich Christoph, Geschichte des 18. Jahrhunderts, Bd. 4, Hei-
    delberg ⁴1853, S. 231.
12. Hecker hat sich die nach und nach publizierten Bände der Schlosserschen
    Weltgeschichte nach Amerika schicken lassen, vgl. seinen Brief an einen

Buchhändler, Summerfield, St. Clair Co., 28. März , 1873, in: Mannheimer Stadtarchiv, Kleine Erwerbungen 127.

13. Verhandlungen der Ständeversammlung des Großherzogthums Baden (VSB), Protokolle und Beilagen der zweiten Kammer, 65. öffentl. Sitzung, 10. Mai 1844, S. 116.

14. Hecker, Friedrich, Art. Advokat, Der deutsche Advocatenstand, in: Rotteck/Welcker, Staatslexikon, Bd. 1, Altona, 2. verm. Aufl. 1845, S. 355–369, hier S. 355.

15. Vgl. Struves eigene Angaben dazu in: Struve, Gustav/Rasch, Gustav, Zwölf Streiter für die Revolution, Berlin 1867, S. 9.

16. VSB, 23. öffentl. Sitzung, 29. Januar 1844, S. 318.

17. Wende, Peter, Radikalismus im Vormärz, Wiesbaden 1975, S. 33.

18. Scharp, Heinrich, Friedrich Hecker, ein deutscher Demokrat, Diss. phil. Frankfurt/Main 1923, S. 2.

19. Ein freies Wort über die Ausweisung der badischen Abgeordneten v. Itzstein und Hecker aus Preußen, Leipzig 1845, S. 7.

20. Ein freies Wort, S. 8.

21. Öffentliche Dankadresse deutscher Patrioten an die Herren v. Itzstein und Hecker, Coblenz 1845, S. 3.

22. Friedrich Hecker an Sebastian Straub, Mannheim, 20. März 1847, abgedruckt in: ZGO 93 (1941), S. 279.

23. Butz, Erinnerungen, in: Tägliche Westliche Post, 1. Mai 1881.

24. Der Konstanzer Bürgermeister Hüetlin an Karl Mathy, Konstanz, 24. März 1847, in: Mathy, Ludwig (Hg.), Aus dem Nachlaß von Karl Mathy, Leipzig 1898, S. 17/18.

25. Vgl. den Artikel über Gustav Struve in diesem Band.

26. VSB, 32. öffentl. Sitzung, 1. März 1848, S. 45.

27. Zitate: VSB, 33. öffentl. Sitzung, 2. März 1848, S. 63/64.

28. Verhandlungen des Deutschen Parlamentes. Officielle Ausgabe. Mit einer geschichtlichen Einleitung über die Entstehung der Vertretung des ganzen deutschen Volkes von Dr. Jucho, Frankfurt/Main 1848, S. 15.

29. Hecker, Friedrich, Die Erhebung des Volkes in Baden für die deutsche Republik im Frühjahr 1848, Basel 1848, S. 24.

30. VSB, 47. öffentl. Sitzung, 7. April 1848, S. 50.

31. Vgl. z. B. die Erklärung Lorenz Brentanos in der Nationalversammlung: Stenographischer Bericht über die Verhandlungen der deutschen constituierenden Nationalversammlung zu Frankfurt am Main, hg. von Franz Wigard, Bd. 2, Frankfurt/Main 1848, S. 1437.

32. Butz, Erinnerungen, in: Tägliche Westliche Post, 1. Mai 1881.

33. Robert Blum an seine Frau, 13. April 1848, zit. nach: Ludwig Bergsträsser (Hg.), Das Frankfurter Parlament in Briefen und Tagebüchern, Frankfurt/Main 1929, S. 352.

34. So der Abgeordnete Simon aus Trier in der Nationalversammlung, Stenographischer Bericht, Bd. 8, S. 5587.

35. Zu Heckers Auswanderungsgedanken, s. Theodor Mögling, Briefe an seine Freunde, Solothurn 1858, S. 128; Struve/Rasch, Zwölf Streiter, S. 21; vgl. auch Hecker an Emma Herwegh, Muttenz, 11. Juli 1848, abgedruckt in: Herwegh, Marcel (Hg.), 1848 – Briefe an und von Georg Herwegh, Mün-

chen 1896, S. 247. Dort erwähnt Hecker, er sehne sich seit 14 Jahren nach „dem Westen Amerikas".

36. Begründung der Motion des Abgeordneten Hecker über die Unvereinbarkeit gewisser Ämter mit der Stellung eines Abgeordneten, VSB, 7. Beilagenheft, Beilage Nr. 2 zum Protokoll der 25. öffentl. Sitzung vom 30. Juni 1846, S. 197–210, hier: S. 202.

37. Hecker, Friedrich, Gepfefferte Briefe über Kleinstaatler und Kleinstaatlerei. Geschrieben im Frühjahr 1867, St. Joseph/Missouri o. J. (1867); eine erweiterte Fassung erschien ein Jahr später unter dem Titel: Gepfefferte Briefe. 12 Briefe von 1865–67, Mannheim 1868, hier: 11. Brief o. D. (Ende April 1867), S. 88.

38. Hecker, Gepfefferte Briefe, 11. Brief (Ende April 1867), S. 87.

39. Friedrich Hecker an Ernst Keil, o. D., in: Die Gartenlaube, Jg. 1870, S. 208.

40. Zitiert in: Butz, Erinnerungen, in: Tägliche Westliche Post, 8. Mai 1881.

41. Vgl. zu dieser Episode den Brief von Hecker an Charles Söhner, Summerfield, 5. Mai 1873, in: Hecker Papers, Box 3, Folder 38.

42. Auszug aus Fr. Heckers Rede, die er am 4. Juli 1873 in Stuttgart hielt, in: Belleviller Zeitung (weekly), 7. August 1873; vgl. auch ,Das amerikanische Unabhängigkeitsfest, Stuttgart, 4. Juli', in: Frankfurter Zeitung und Handelsblatt, 6. Juli 1873, 2. Blatt.

43. Vgl. Heckers Korrespondenz in der Täglichen Illinois Staatszeitung (Brief aus Mannheim vom 30. Juni 1873), 24. Juli 1873. Diese Korrespondenzen fanden ihren Weg zurück nach Deutschland.

44. Vgl. Weser Zeitung, Nr. 9502 vom 11. Juli 1873; und Weser Zeitung, ,Artikel London, 10. Juli 1873', abgedruckt in: Tägliche Westliche Post, 7. August 1873. Die Weser Zeitung war durch ihre leichte Verfügbarkeit über den Auswanderungshafen Bremen ein wichtiges Blatt für die Deutschen in Amerika.

45. Friedrich Hecker an Charles Söhner, Summerfield, 27. Oktober 1873, in: Hecker Papers, Box 3, Folder 38.

46. Beschluß abgedruckt in: Mississippi-Blätter, Sonntagsblatt der Westlichen Post, 27. März 1881.

47. Friedrich Hecker an Carl Schurz, Summerfield, St. Clair County Ill., 7. Oktober 1871, in: Schurz Papers, Manuscript Divison, Library of Congress, Washington D. C.

48. Friedrich Hecker an Carl Schurz, Summerfield, St. Clair County, 25. Juni 1879, in: Schurz Papers, s. Anm. 47.

Ausgewählte Bibliographie

Hecker, Friedrich, Ideen und Vorschläge zu einer Reform des Gerichtswesens, Mannheim 1844.

Ders., Die staatsrechtlichen Verhältnisse der Deutschkatholiken mit besonderem Hinblick auf Baden, Heidelberg 1845; ²1846.

Ders., Die Erhebung des Volkes in Baden für die deutsche Republik im Frühjahr 1848, Basel 1848; Straßburg ²1848, ND 1997.

Ders., Gepfefferte Briefe über Kleinstaaterei und Kleinstaatler. Geschrieben im

Frühling 1867, St. Joseph/MO o.J. (1867); erweiterte Fassung: Gepfefferte Briefe. 12 Briefe von 1865-67, Mannheim 1868.

Ders., Reden und Vorlesungen, St. Louis/MO – Neustadt a.d. Haardt 1872.

Struve, Gustav, Friedrich Hecker. In: Ders./Gustav Rasch (Hg.), Zwölf Streiter der Revolution, Berlin 1867, S. 7–33.

Butz, Caspar, Erinnerungen an Friedrich Hecker, in: Tägliche Westliche Post (St. Louis/MO), Teil 1 und 2, 1./8. Mai 1881.

Scharp, Heinrich, Friedrich Hecker ein deutscher Demokrat. Diss. phil. Frankfurt/Main 1923 (MS).

Lück, Andreas, Friedrich Hecker. Rolle, Programm und politische Möglichkeiten eines Führers der radikal-demokratischen Bewegung von 1847/48 in Baden. Diss. phil. Berlin 1979 (MS).

Haaß, Wolfgang, Friedrich Hecker. Leben und Wirken in Dokumenten und Wertungen der Mit- und Nachwelt, Angelbachtal o. J. (1981).

Muhs, Rudolf, Heckermythos und Revolutionsforschung. In: Zeitschrift für die Geschichte des Oberrheins 134, (1986), S. 422– 441.

Assion, Peter, Der Heckerkult. Ein Volksheld von 1848 im Wandel seiner geschichtlichen Präsenz, in: Zeitschrift für Volkskunde 87, 1991, S. 53–76.

Frei, Alfred G. (Hg.), Friedrich Hecker in den USA. Eine deutsch-amerikanische Spurensicherung, Konstanz 1993.

Freitag, Sabine, Friedrich Hecker (1811–1881). Biographie eines Republikaners, Diss. phil. Frankfurt/Main 1995 (erscheint 1998).

Gustav Struve – Amalie Struve: Wohlstand, Bildung und Freiheit für alle

Anmerkungen

1. Die zuverlässigste politische Biographie Struves ist die von Peiser, Jürgen, Gustav Struve als Politischer Schriftsteller und Revolutionär, Nürnberg 1972 (= Diss. phil. Frankfurt/M. 1972). Wenn nicht anders angegeben, orientiere ich mich an seiner Darstellung, die allerdings Amalie Struve überhaupt nicht einbezieht.

2. Häusser, Ludwig, Denkwürdigkeiten zur Geschichte der badischen Revolution, Heidelberg 1851, S. 119.

3. Häufig mokierte man sich über die „Tugendbolderei" Struves, so etwa Bauer, Bruno, Parteikämpfe in Deutschland während der Jahre 1842–1846, Bd. 1, Berlin [2]1850, S. 80; hier zit. nach Peiser, Struve, S. 18.

4. Marx, Karl/Engels, Friedrich, Die großen Männer des Exils (1852), in: MEW, Bd. 8, Berlin/Ost 1960, S. 235–335, hier 272; Struve wird auf den Seiten 268–272 „fertiggemacht".

5. Zu Lorenz Peter Brentano vgl. am ausführlichsten Bauer, Sonja Maria, Die Verfassunggebende Versammlung in der Badischen Revolution von 1849. Darstellung und Dokumentation, Düsseldorf 1991.

6. Der Abgeordnete der zweiten badischen Kammer und der deutschen Nationalversammlung Karl Mathy (1807–1868) sollte 1848 zum „Verräter" wer-

den, als er am 8. April den Redakteur der *Seeblätter*, Josef Fickler, den vielleicht wichtigsten Koordinator der Aufstandspläne, verhaften ließ.

7. Vorrede zur Lebensbeschreibung Amalie Struves durch Gustav Struve vom 29. Dezember 1862, Nachlaß Struve Sig. FN 17/1, Bundesarchiv Koblenz, Außenstelle Frankfurt/Main.
8. Zur Phrenologie vgl. Abschnitt III, Anm. 17.
9. Zum Generationsbegriff vgl. Mannheim, Karl, Das Problem der Generationen (1928), in: ders., Wissenssoziologie. Auswahl aus dem Werk, Berlin, Neuwied 1964, S. 509–565.
10. Von Struves juristischen Publikationen seien hier nur beispielsweise genannt: Ideen zur Begründung einer Kriminalgesetzgebung, Karlsruhe 1835; Über die Todesstrafe, Behandlung der Strafgefangenen, Heidelberg 1843.
11. Im einzelnen dazu Peiser, Struve, S. 10–12.
12. Ebd., S. 31, 33 u. 35.
13. Ebd., S. 39.
14. Ebd., S. 19, 32; zu den studentischen Verbindungen in Heidelberg vgl. Thielbeer, Heide, Universität und Politik in der Deutschen Revolution von 1848, Bonn 1983, S. 45–49. Eine genaue Untersuchung der Rolle studentischer Vereine, insbesondere der ehemaligen Mitglieder des Heidelberger Neckarbundes in der badischen Revolution von 1848/49 und ihrer Beziehungen zu Struve wird von der Verfasserin vorbereitet.
15. Zu Karl Blind vgl. den Beitrag von Rudolf Muhs in diesem Band.
16. Der Mediziner Franz Joseph Gall (1758–1828) meinte eine Methode der Schädelvermessung (Kranioskopie) gefunden zu haben, nach der die mentalen und intellektuellen Dispositionen eines Menschen bereits an der Form seines Kopfes bzw. Schädels durch Rückschlüsse auf darunterliegende Gehirnfelder zu erkennen seien. Die Bezeichnung Phrenologie setzte sich erst nach dem Tode Galls durch und war in den 30er und 40er Jahren insbesondere unter Kriminologen durchaus populär. Struve veröffentlichte nicht nur etliche, vermeintlich wissenschaftliche Schriften zur Phrenologie, sondern war auch Mitherausgeber einer phrenologischen Zeitschrift.
17. Struve, Gustav, Geschichte der Phrenologie, Heidelberg 1843; Zeitschrift für Phrenologie, Mannheim 1843–45. Vgl. zu seinen Aktivitäten im einzelnen Peiser, Struve, S. 17/18.
18. Struve, Gustav, Galerie berühmter Männer des 19. Jahrhunderts, Heidelberg 1845.
19. Schreiben des Obergerichtsadvocaten Gustav von Struve und dessen Ehefrau zu Mannheim an das dortige evangelische Stadtpfarramt betr. Deren Anschluß an die deutsch-katholische Stadtgemeinde, in: Der Morgenbote. Blätter für Glaubensfreiheit und Volksbildung, Nr. 6 vom 17. Januar 1847, S. 23/24. Zur Rolle Struves in der deutschkatholischen Bewegung vgl. vor allem Herzog, Dagmar, Intimacy & Exclusion. Religious Politics in pre-revolutionary Baden, Princeton 1996, S.124–132 und Holzem, Andreas, Kirchenreform und Sektenstiftung. Deutschkatholiken, Reformkatholiken und Ultramontane am Oberrhein (1844–1866), Paderborn u. a. 1994.
20. Vgl. dazu Götz v. Olenhusen, Irmtraud, Klerus und abweichendes Verhalten. Zur Sozialgeschichte katholischer Pfarrer im 19. Jahrhundert: Die Erzdiözese Freiburg, Göttingen 1994.

21. So in der Debatte der zweiten badischen Kammer des Jahres 1846 über die Zulassung der Barmherzigen Schwestern im Großherzogtum Baden; vgl. dazu Götz v. Olenhusen, Irmtraud, Fundamentalistische Bewegungen im Umfeld der Revolution von 1848/49. Zur Vorgeschichte des badischen Kulturkampfes, in: Wunderbare Erscheinungen. Frauen und katholische Frömmigkeit im 19. und 20. Jahrhundert, Paderborn 1994, S. 131-170.

22. Hier irrt Peiser, Struve, S. 31.

23. Besonders drastisch in: Struve, Gustav, Briefwechsel zwischen einem ehemaligen und einem jetzigen Diplomaten, Mannheim 1845, S. 251-253.

24. Vgl. den Beitrag von Erik Lindner über Gabriel Riesser in diesem Band.

25. Vgl. zu den Aktivitäten des Mannheimer Montagsclubs sowie zur Kritik am Philosemitismus Struves ausführlich Herzog, Intimacy & Exclusion, S. 111-116.

26. Herzog, Intimacy & Exclusion, S. 85-110.

27. Peiser, Struve, S. 8.

28. Struve, Briefwechsel, S. 249-251.

29. Struve, Gustav, Aktenstücke der Zensur des großherzoglichbadischen Regierungsrates v. Uria Sarachaga, eine Rekursschrift an das Publikum, Mannheim-Heidelberg 1845; Aktenstücke der Mannheimer Zensur und Polizei, 2. Rekursschrift an das Publikum, Mannheim – Heidelberg 1846; Aktenstücke der Mannheimer Zensur und Polizei, 3. Rekursschrift an das Publikum, Mannheim – Heidelberg 1846.

30. Verhandlungen des Deutschen Parlamentes. Officielle Ausgabe. Mit einer geschichtlichen Einleitung über die Entstehung der Vertretung des ganzen deutschen Volkes von Dr. Jucho, Frankfurt/Main 1848, S. 6.

31. Ebd., S. 121.

32. Peiser, Struve, S. 140-147.

33. Struve, Gustav/Heinzen, Karl, Plan zur Revolutionierung und Republikanisierung Deutschlands, Birsfeld – Basel 1848.

34. Zu Verlauf und Bedeutung dieses Prozesses Reimann, Mathias, Der Hochverratsprozeß gegen Gustav Struve und Karl Blind. Der erste Schwurgerichtsfall in Baden, Sigmaringen 1985.

35. Peiser, Struve, S. 203.

36. Zit. nach Bischof, Heinz, Ernst Elsenhans – Literat und Revolutionär 1815-1849, in: Badische Heimat 59, (1979), S. 175.

37. Rasch, Gustav/Struve, Gustav (Hg.), Zwölf Streiter der Revolution, Berlin 1867.

38. Auf Quellen, wissenschaftlicher Literatur und diesen unvollendeten Memoiren, die handschriftlich und in maschinenschriftlicher Abschrift im Nachlaß Struve (BA Koblenz, Außenstelle Frankfurt Sig. FN 17/1) liegen, basiert der lesenswerte Roman von Kunze, Michael, Der Freiheit eine Gasse. Traum und Leben eines deutschen Revolutionärs, München 1990.

39. Jeanne Marie (Manon) Roland, geb. Phipon (1754-1793); ihr Ehemann, Jean-Marie Roland de Platière (1734-1793), tötete sich zwei Tage nach der Hinrichtung seiner Ehefrau.

40. NL Struve (BA Koblenz, Außenstelle Frankfurt, sig. 17/1).

41. de Gouges, Olympe, Erklärung der Frauen- und Bürgerinnenrechte [1791]. In: dies., Schriften, Frankfurt/Main 1986.

42. Struve, Amalie, Erinnerungen aus den badischen Freiheitskämpfen, Hamburg 1850, S. 68/69.
43. Schreiben vom 8. Februar 1850 bis 1. August 1851 wegen Verbot und Beschlagnahme ihrer Schrift: ‚Erinnerungen aus den badischen Freiheitskämpfen' wegen Aufforderung zum Hochverrat durch das Stadtamt Karlsruhe.

Ausgewählte Bibliographie

Struve, Amalie, Erinnerungen aus den badischen Freiheitskämpfen. Den deutschen Frauen gewidmet, Hamburg 1850.
Struve, Gustav, Geschichte der Phrenologie, Heidelberg 1843.
Ders., Briefwechsel zwischen einem ehemaligen und einem jetzigen Diplomaten, Mannheim 1845.
Ders., Galerie berühmter Männer des 19. Jahrhunderts, Heidelberg 1845.
Ders., Politische Briefe, Mannheim 1846.
Ders., Geschichte der drei Volkserhebungen in Baden 1848/49, Bern 1849.
Ders., Weltgeschichte bis 1848, 9 Bde., New York 1853–60, Coburg 1864/66.
Ders., Diesseits und Jenseits des Ozeans, 4 Hefte, Coburg 1863/64.

Peiser, Jürgen, Gustav Struve als politischer Schriftsteller und Revolutionär, Diss. phil. Frankfurt/Main 1972.
Kunze, Michael, Der Freiheit eine Gasse. Traum und Leben eines deutschen Revolutionärs, München 1990 (Roman).

Karl Blind: Ein Talent in der Wichtigmacherei

Abkürzungen

BA/AF   Bundesarchiv, Außenstelle Frankfurt/Main
MEW   Karl Marx, Friedrich Engels: Werke
MEGA   Marx-Engels-Gesamtausgabe
GLA   Generallandesarchiv Karlsruhe

Anmerkungen

1. Mit der Schilderung dieses Prozesses begann Blind seine ausführlichen Memoiren an die Revolutionszeit unter dem Titel ‚In Years of Storm and Stress', die in der historischen Literatur bislang völlig unbeachtet geblieben sind.
2. Für ihre Hilfe bei der Datenrekonstruktion gebührt ein herzlicher Dank Herrn Dr. Ernst Otto Bräunche vom Stadtarchiv Karlsruhe, Frau Maria Müller vom Generallandesarchiv Karlsruhe sowie Frau Pöltl vom Stadtarchiv Mannheim.
3. Im Anschluß an Peiser, Struve, S. 45, wird die Autorschaft dieses Werkes jetzt irrtümlicherweise vielfach Blind zugeschrieben.
4. Deutsche-Brüsseler-Zeitung, Nr. 73 vom 12. September 1847, S. 3.
5. In der Marx-Literatur wird seine Zugehörigkeit erst von der Zeit des Lon-

doner Exils datiert und folglich meist fehlbewertet; vgl. jedoch Blinds Erin-nerungen in: Die Gartenlaube 49, (1902), S. 847.
6. Zit. bei Dietz, Eduard, Die deutsche Burschenschaft in Heidelberg, Heidelberg 1895, S. 95.
7. Ebd., S. 131.
8. Deutsches Volksblatt. Eine politische Zeitung, Stuttgart, Nr. 70 vom 22. März 1849, S. 314.
9. Verhandlungen der Freiburger Assisen gegen G. Struve und C. Blind. Freiburg i. Br. 1849, S. 142.
10. Ebd., S. 156.
11. Ebd., S. 161.
12. Marx an Engels, London, 22. April 1859, in: MEW 30, S. 426.
13. Seiler, Sebastian, Das Complot vom 13. Juni 1849, oder der letzte Sieg der Bourgeoisie in Frankreich. Ein Beitrag zur Geschichte der Gegenwart, Hamburg 1850, S. 50.
14. Ebd., S. 72.
15. Blind an Marx, Brüssel, 1.–5. November 1849, in: MEGA III/3, S. 410 f.
16. Blind an Marx, Brüssel, 9. März 1850, in: MEGA III/3, S. 492.
17. Blind an Marx, Ostende, 23. Juli 1850, in: MEGA III/3, S. 604.
18. Blind an Marx, Brüssel, 15. Juli 1850, in: MEGA III/3, S. 590.
19. GLA 236/8562, Bl. 45.
20. Marx an Engels, London, 13. Oktober 1851, in: MEW 27, S. 357 f.
21. Herzen, Alexander, Mein Leben. Memoiren und Reflexionen, Bd. 3: 1852–1868, Berlin/Ost 1962, S. 202.
22. Marx an Joseph Weydemeyer, London, Anfang Oktober 1853, in: MEW 28, S. 594.
23. Blind an Struve, London, 6. Januar 1857, in: BA/AF, FN 17/1.
24. Marx an Sophie von Hatzfeldt, London, 24. November 1864; zit. nach: Hirsch/Pelger, Brief, S. 36.
25. Blind an Struve, London, 7. Oktober 1863; BA/AF, FN 17/1.
26. Blind, Karl, Republikanischer Protest (1864); zit. nach: Hirsch/Pelger, S. 60.
27. Marx an Engels, London, 10. Mai 1866, in: MEW 31, S. 215.
28. Vereins-Bericht, in: Der deutsche Eidgenosse 2. Jg., Nr. 12 vom Mai 1867, S. 371.
29. Marx an Engels, London, 19. April 1864, in: MEW 30, S. 390.
30. Marx an Liebknecht, London, 29. Juli 1870, in: MEW 33, S. 127.
31. In ihren handschriftlichen Erinnerungen; zit. bei Ashton, Little Germany S. 169.
32. Marx an Engels, London, 1. August 1871, in: MEW 33, S. 21.
33. Marx an Engels, London, 28. Juli 1856, in: MEGA III/8, S. 35.
34. Bielefeld, Blind, S. 358.
35. Blind, Karl, England und die südafrikanischen Freistaaten, in: Nord und Süd 96 (1901), S. 88–107; das Zitat S. 89 f.
36 Bielefeld, Blind, S. 359.
37 Übers. nach der englischen Originalvorlage für die Zeitschrift „Free Russia"; zit. bei Ashton, Little Germany, S. 168 f.
38 Friederike Blinds genaues Todesdatum ist nicht bekannt. 1896, als ihre Tochter Mathilde starb, die sich als englische Schriftstellerin und Frauenrechtle-

rin sowie als Übersetzerin aus dem Deutschen einen Namen gemacht hatte, lebte sie noch, während sie in den Nachrufen auf ihren Mann 1907 als seit längerem tot figuriert.

Autobiographisches von Karl Blind zur deutschen Revolution

Blind, Karl, Bekenntnisse eines Achtundvierzigers, in: Die Gegenwart 22 (1882), S. 131–134 und S. 146–149.

Ders., In Years of Storm and Stress. Political Prison Life before 1848, in: Cornhill Magazine 78, N.S. 5, 1898, S. 337–352.

Ders., In Years of Storm and Stress (1848–49). II. In the Rising – In Exile – In Battle, in: Cornhill Magazine 79, N.S. 6, 1899, S. 780–793.

Ders., In Years of Storm and Stress (1848–49). III. As Prisoner of War – In Danger of Assassination – Before the Court Martial, in: Cornhill Magazine 80, N.S. 7, 1899, S. 334–347.

Ders., In Years of Storm and Stress (1848–49). IV. A fresh Court-Martial threatening – The living Entombment in the Casemate – Secret Correspondence established, in: Cornhill Magazine 80, N.S. 7, 1899, S. 648–664.

Ders., In Years of Storm and Stress (1848–49). V. The Great State Trial – An Indictment against Princes – Murder Plots against Us – Deliverance by a New Revolution of the Army – Entry into the Capital, in: Cornhill Magazine 81, NS. 8, 1900, S. 788–813.

Ders., Alte Erinnerungen aus dem Elsass, in: Der Zeitgeist. Beiblatt zum Berliner Tageblatt 40, 6. Oktober 1902.

Ders., Die badisch-pfälzische Gesandtschaft in Paris im Jahre 1849. Erinnerungen aus der Sturm- und Drangzeit. In: Die Gartenlaube 50 (1902), S. 847 ff.

Ders., Meine Kasemattenhaft in Rastatt, in: Die Gartenlaube 54 (1906), S. 755 ff., S. 775–80 und S. 797–802.

Sekundärliteratur

Ashton, Rosemary, Little Germany. German Refugees in Victorian Britain, Oxford 1986.

Bielefeld, Otto, Karl Blind in London. In: März 1, 1907, Bd. 3, S. 354–359.

Cherno, Melvin, „Der deutsche Eidgenosse" and its Collapse, 1865–1867. The Attempt to Stimulate a German Revolution through Emigré Propaganda, in: German Life and Letters 35 (1981–82), S. 138–149.

Franz, Günther, Ferdinand Cohen-Blind und sein Attentat auf Bismarck 1866, in: Zeitschrift für württembergische Landesgeschichte 26 (1981), S. 387–397.

Hirsch, Helmut/Pelger, Hans, Ein unveröffentlichter Brief von Karl Marx an Sophie von Hatzfeldt. Zum Streit mit Karl Blind nach Ferdinand Lassalles Tod, Trier 1983.

Peiser, Jürgen, Gustav Struve als politischer Schriftsteller und Revolutionär, Diss. phil. Frankfurt/Main 1973.

Rasch, Gustav, Karl Blind, in: Struve, Gustav/Rasch, Gustav, Zwölf Streiter der Revolution, Berlin 1867, S. 125–142.

Reimann, Mathias, Der Hochverratsprozeß gegen Gustav Struve und Karl Blind. Der erste Schwurgerichtsfall in Baden, Sigmaringen 1985.

Schoeps, Julius H., Im Kampf um die deutsche Republik: Karl Blind und die Revolution in Baden, 1848/49, in: ders./Geiss, Imanuel (Hg.), Revolution und Demokratie in Geschichte und Literatur. Zum 60. Geburtstag von Walter Grab, Duisburg 1979, S. 259–276.

Schoeps, Julius H., Bismarck und sein Attentäter. Der Revolveranschlag Unter den Linden am 7. Mai 1866, Frankfurt/Main – Berlin – Wien 1984.

Friedrich Daniel Bassermann: Sei dein eigner Herr und Knecht, das ist des Mittelstandes Recht

Anmerkungen

1. Vgl. Häusser, Ludwig, Friedrich Daniel Bassermann (1858), S. 356. Die vielfach auch in der Tagespresse wiedergegebene Äußerung fehlt im (zensierten) amtlichen Protokoll.
2. Das „Adreßbuch der Handels- und Gewerbsleute in Mannheim" notierte unter Friedrich Bassermann: „Material- und Farbwaaren, Spezereiwaaren, italienische und französische Produkte en gros et en détail".
3. Bassermann, Denkwürdigkeiten, S. 6.
4. Vgl. Stenographischer Bericht über die Verhandlungen der deutschen constituierenden Nationalversammlung zu Frankfurt am Main, hg. von Franz Wigard, Bd. 5, Frankfurt/Main 1848/49, S. 3407 ff.
5. Vgl. Verhandlungen des Deutschen Parlamentes, Officielle Ausgabe, mit einer geschichtl. Einl. über die Entwicklung des ganzen deutschen Volkes von Dr. Jucho, Frankfurt/Main 1848, S. 113.
6. Bassermann, Denkwürdigkeiten, S. 248.
7. Stenographischer Bericht Bd. 7, 16. Februar 1849, S. 5252.
8. Bassermann, Denkwürdigkeiten, S. 127.
9. Ebd., S. 78.
10. Rede vom 15. April 1850, in: Stenographische Berichte über die Verhandlungen des Deutschen Parlaments zu Erfurt, Erfurt 1850, S. 156[b]f.

Ausgewählte Bibliographie

Bassermann, Friedrich Daniel, Denkwürdigkeiten, hg. von Friedrich Bassermann-Jordan, Frankfurt/Main 1926.

Ders., Ungedruckte Briefe Mathy's und Bassermann's an von Beckerath, in: Deutsche Revue 7/1 (1882), S. 168–186.

Ders., Briefe, in: Mathy, Ludwig (Hg.), Aus dem Nachlaß von Karl Mathy. Briefe aus den Jahren 1846–1848 mit Erläuterungen, Leipzig 1898.

Ders., Aus Deutschlands Sturm- und Drangperiode. Bilder in Briefen an Gervinus, Mathy und Fr. D. Bassermann, hg. von Paul Thorbecke, in: Deutsche Revue 34 (1909), S. 92 ff. und 208 ff.

Häusser, Ludwig, Friedrich Daniel Bassermann, in: von Rotteck, Karl/Welcker, Karl Theodor (Hg.), Staatslexikon. Enzyklopädie der sämtlichen Staatswissenschaften für alle Stände. 3. veränd. Aufl., Bd. 2, Leipzig 1858, S. 354–370.

Thorbecke, A., Friedrich Daniel Bassermann, in: Badische Biographien, Bd. 1, 1875, S. 37–45.

Harnack, Adolf von, Friedrich Daniel Bassermann und die deutsche Revolution von 1848/49, München – Berlin 1920.

Huch, Ricarda, Friedrich Daniel Bassermann, in: Die Pyramide 20 (1931), Nr. 16.

Wentzcke, Paul, Bassermanns letzte politische Sendung. Beiträge zum Verständnis des Endkampfes zwischen Berlin und Frankfurt im Frühjahr 1849, in: Zeitschrift für die Geschichte des Oberrheins 102 (1954), S. 319–374.

Gollwitzer, Heinz, Friedrich Daniel Bassermann und das deutsche Bürgertum, Mannheim 1955.

Gall, Lothar, Bürgertum in Deutschland, Berlin 1989.

Robert von Mohl: Konstitutionelle Monarchie, Repräsentativsystem und Staatswissenschaften

Abkürzung

ZgStW Zeitschrift für die gesamte Staatswissenschaft

Anmerkungen

1. „Der deutsche Reichstag", in: Beilage zur Deutschen Zeitung, Nr. 86–88 (26.–28. 3. 1848); das nachfolgende Zitat ebd., Nr. 86, S. 1.
2. Mohl, Robert von, Lebenserinnerungen, Bd. 2, S. 31.
3. Ders., Lebenserinerungen, Bd. 1, S. 67; das nachfolgende Zitat ebd., S. 22.
4. Ebd., S. 85.
5. Ebd., S. 118.
6. Ders., Die öffentliche Rechtspflege des Deutschen Bundes, Stuttgart 1822.
7. Ders., Das Bundesstaatsrecht der Vereinigten Staaten von Nordamerika, Bd. 1, Stuttgart 1824.
8. Ders., Lebenserinnerungen Bd. 1, S. 133 f.
9. Angermann, E., Robert von Mohl 1799–1875, S. 22.
10. Brief an Julius vom 4. August 1824, zit. bei: Angermann, E., Robert von Mohl 1799–1875, S. 29.
11. Brief an Julius vom 20. August 1828, zit. bei: Angermann, E., Robert von Mohl 1799–1875, S. 35.
12. Stolleis, Michael, Geschichte des öffentlichen Rechts 2, Bd. 2, München 1992, S. 193.
13. Mohl, Robert von, Lebenserinnerungen, Bd. 1, S. 263.
14. Ders., Das Staatsrecht des Königreiches Württemberg, Bd. 2, § 142.
15. Ders., Das Staatsrecht des Königreiches Württemberg, Bd. 1, § 97.
16. Brief an Julius vom 30. Januar 1830, zit. bei: E., Angermann, Robert von Mohl 1799–1875, S. 32; ebd., S. 33, 73 f. zu Pauline (gest. 1894) und den Kindern.
17. Brief an Julius vom 30. April 1829, ebd., S. 37.
18. Maier, H., Die ältere deutsche Staats- und Verwaltungslehre, München 1980, S. 219.
19. Mohl, Robert von, Die Polizei-Wissenschaft nach den Grundsätzen des Rechtsstaates, Bd. 1, S. 14 ff.
20. Ebd., S. 9.

21. Stolleis, M., Geschichte des öffentlichen Rechts, Bd. 2, S. 261.
22. Scheuner, U., Der Rechtsstaat und die soziale Verantwortung des Staates. Das wissenschaftliche Lebenswerk von Robert von Mohl, in: Der Staat 18 (1979), S. 10.
23. Nachweise bei: Meier, E., Robert von Mohl, in: ZgStW 34, 1878, S. 431 ff. (436 ff.).
24. Mohl, Robert von, Lebenserinnerungen, Bd. 1, S. 270.
25. Zur Entwicklung des „parlamentarischen Gedankens" vor und in der Revolution vgl. Botzenhart, M., Deutscher Parlamentarismus in der Revolutionszeit 1848–1850, Düsseldorf 1977, S. 54 ff., 91 ff.
26. Freiburg 1846; vgl. Mohl, Robert von, Lebenserinnerungen, Bd. 2, S. 3 ff.; das nachfolgende Zitat ebd., S. 9.
27. Mohl, Robert von, Lebenserinnerungen, Bd. 2, S. 9; Angermann, E., Robert von Mohl 1799–1875, S. 50 ff.
28. In: ZgStW 3 (1846), S. 451 ff.; die nachfolgenden Zitate ebd., S. 453 ff.
29. Mohl, Robert von, Ueber die verschiedene Auffassung des repräsentativen Systemes in England, Frankreich und Deutschland, in: ZgStW 3 (1846), S. 468, 470, 475, 481, 486 f., 493.
30. Lebenserinnerungen, Bd. 2, S. 31 (–120 über „Das Deutsche Parlament 1848/49").
31. „Der deutsche Reichstag", in: Beilage zur Deutschen Zeitung, Nr. 86 vom 26. März 1848, S. 1.
32. Brief an Julius vom 25. März 1848, zit. bei: Angermann, E., Robert von Mohl 1799–1875, S. 60.
33. Über die „Nachtheile", welcher allzu großer „Liberalismus der Wahlbestimmungen [...] erzeugt", hatte sich Mohl bereits 1845 geäußert in: Mohl, R. v., Constitutionelle Erfahrungen. Ein Beitrag zur Verfassungs-Politik, in: ZgStW 2 (1845), S. 207, und er sollte zu dieser Abneigung gegen das allgemeine Wahlrecht bald nach der Revolution wieder zurückkehren.
34. „Der deutsche Reichstag", in: Beilage zur Deutschen Zeitung, Nr. 86 vom 26. März 1848, S. 2.
35. Mohl, Robert von, Lebenserinnerungen, Bd. 2, S. 31.
36. Hg. von E. Angermann, in: Die Welt als Geschichte 21 (1961), S. 185 ff.
37. Mohl, Robert von, Lebenserinnerungen, Bd. 2, S. 31.
38. Ebd., S. 32; die Debatte bei: Stenographischer Bericht über die Verhandlungen der deutschen constituierenden Nationalversammlung zu Frankfurt am Main, hg. von Franz Wigard, Bd. 1, Frankfurt/Main 1848/49, S. 9 ff., S. 163 ff.
39. Zum Verfassungsausschuß vgl. Kühne, J.-D., Die Reichsverfassung der Paulskirche, Frankfurt 1985, Einordnung der einzelnen Mitglieder ebd., S. 544 ff.; alle Parlamentarier der Paulskirche jetzt bei: Best, H./Weege, W., Biographisches Handbuch der Abgeordneten der Frankfurter Nationalversammlung 1848/49, Düsseldorf 1996.
40. Brief an Pauline vom 1. Juni 1848, zitiert bei: Angermann, E., Robert von Mohl 1799–1875, S. 63 f.
41. Droysen, J. G., Die Verhandlungen des Verfassungs-Ausschusses der deutschen Nationalversammlung, Bd. 1, Leipzig 1849 (ND Liechtenstein 1987), S. 3 ff.

42. Brief an Pauline vom 4. Juni 1848, zit. bei: Angermann, E., Robert von Mohl 1799–1875, S. 64.
43. Stenographischer Bericht, Bd. 1, S. 677, 716; vgl. dazu Botzenhart, Deutscher Parlamentarismus, S. 163 ff., 177 ff.
44. Meyer's Konversations-Lexikon (⁵1896), Bd. 12, S. 420.
45. Mohl, Robert von, Lebenserinnerungen, Bd. 2, S. 74 f.
46. Brief an Pauline vom 6. Sept. 1848, zit. bei: Angermann, E., Robert von Mohl 1799–1875, S. 66.
47. Mohl, Robert von, Lebenserinnerungen, Bd. 2, 36 ff. (das nachfolgende Zitat ebd., S. 57 f.); Brief an Pauline vom 7. Oktober 1848, zit. bei: Angermann, E., Robert von Mohl 1799–1875, S. 68.
48. Ders., Die erste deutsche Reichsversammlung und die Schriften darüber, in: Deutsche Vierteljahrs Schrift 1850 (Heft 2), S. 4, 12.
49. Ders., Das Repräsentativsystem, seine Mängel und seine Heilmittel, in: Deutsche Vierteljahrs Schrift 1852 (Heft 3), S. 146; ders., Die geschichtlichen Phasen des Repräsentativsystemes in Deutschland, in: ZgStW 27, 1871, S. 32.
50. Brief an Julius vom 13. Juni 1849, zitiert bei: Angermann, E., Robert von Mohl 1799–1875, S. 71.
51. Mohl, Robert von, Das Repräsentativsystem, seine Mängel und seine Heilmittel, in: Deutsche Vierteljahrs Schrift 1852 (Heft 3), S. 171, 178, 186, 198; das nachfolgende Zitat aus einem Brief an Julius vom 10. März 1863, zitiert bei: Angermann, E., Robert von Mohl 1799–1875, S. 90.
52. Ders., Die geschichtlichen Phasen des repräsentativen Systemes in Deutschland, in: ZgStW 27 (1871), S. 53, 58.
53. Ders., Das deutsche Reichsstaatsrecht, S. 367.

Ausgewählte Bibliographie:

Mohl, Robert von, Das Staatsrecht des Königreiches Württemberg, 2 Bde., Tübingen 1829/31, ²1840.
Ders., Die Polizei-Wissenschaft nach den Grundsätzen des Rechtsstaates, 3 Bände, Tübingen 1832–34, ²1844/45, ³1866.
Ders., Die Geschichte und Literatur der Staatswissenschaften, 3 Bde., Erlangen 1855–58.
Ders., Lebenserinnerungen, 2 Bde., hg. von D. Kerler, Stuttgart-Leipzig 1902.

Angermann, Erich, Robert von Mohl 1799–1875, Leben und Werk eines altliberalen Staatsgelehrten, Neuwied 1962.

Heinrich Freiherr von Gagern: Präsident der Frankfurter Nationalversammlung

Anmerkung

1. Frankfurter Zeitung und Handelsblatt, Nr. 147 vom 26. Mai 1880, Morgenblatt, S. 3.

Ausgewählte Bibliographie

Wentzcke, Paul/Klötzer, Wolfgang (Hg.), Deutscher Liberalismus im Vormärz. Heinrich von Gagern. Briefe und Reden 1815–1848, Göttingen – Berlin – Frankfurt/Main 1959.

Hiemenz, F., Heinrich von Gagern in seinen politischen Grundanschauungen, in: Zeitschrift für die gesamte Staatswissenschaft 55 (1899), S. 519–572.

Bammel, Ernst, Gagerns Plan und die Frankfurter Nationalversammlung, in: Archiv für Frankfurts Geschichte und Kunst, 5. Folge, Bd. 1, Heft 1, 1948, S. 5–53.

Petran, Heinrich, Heinrich von Gagerns Denken im Wandel der Ereignisse von 1850 bis 1859. Diss. phil. Frankfurt/Main 1953.

Bammel, Ernst, Der Pakt Simon-Gagern und der Abschluß der Paulskirchenverfassung, in: ders. (Hg.), Geschichte und Politik. Festschrift für Ludwig Bergsträßer, Düsseldorf 1954, S. 57–87.

Wentzcke, Paul, Anfänge und Aufstieg Heinrichs von Gagern, in: Darstellungen und Quellen zur Geschichte der deutschen Einheitsbewegung im 19. und 20. Jahrhundert, Bd. 1, Heidelberg 1957, S. 9–117.

Wentzcke, Paul, Heinrich von Gagern. Vorkämpfer für deutsche Einheit und Volksvertretung (Persönlichkeit und Geschichte 4), Göttingen – Berlin – Frankfurt/Main 1957.

Klötzer, Wolfgang, Der Paulskirchenpräsident Heinrich von Gagern und seine Bedeutung für das hessische Bewußtsein, in: Heidenreich, Bernd (Hg.), Dichter, Denker und Reformer. Kritische Hessen des 19. Jahrhunderts (Kleine Schriftenreihe zur hessischen Landeskunde 2), Wiesbaden 1993, S. 32–38.

Robert Blum: Ich sterbe für die Freiheit, möge das Vaterland meiner eingedenk sein!

Anmerkungen

1. Bamberger, Ludwig, Erinnerungen, hg. von Paul Nathan, Berlin 1899, S. 138.
2. Zit. nach Blum, Hans, Robert Blum. Ein Zeit- und Charakterbild für das deutsche Volk, Leipzig 1878, S. 41.
3. Zit. nach ebd., S. 68.
4. Brief an die Braut vom 14. Juni 1839; zit. nach Schmidt, Siegfried, Robert Blum. Vom Leipziger Liberalen zum Märtyrer der deutschen Demokratie, Weimar 1971, S. 39.
5. Allgemeines Theater-Lexicon oder Encyklopädie alles Wissenswerthes für Bühnenkünstler, Dilettanten und Theaterfreunde unter Mitwirkung der sachkundigsten Schriftsteller Deutschlands, hg. von Robert Blum, Carl Herleßsohn und Hermann Marggraff, Bd. 1, Altenburg – Leipzig 1839, S. IX.
6. Brief an Carl Theodor Welcker vom 16. Februar 1843; zit. nach Blum, Robert, Briefe und Dokumente, hg. von Siegfried Schmidt, Leipzig 1981, S. 22.
7. Zit. nach Schmidt, Robert Blum, S. 93.

8. Brief an Johann Jacoby vom 3. November 1845, zit. nach Blum, Briefe und Dokumente, S. 38.
9. Volkstümliches Handbuch der Staatswissenschaften und Politik. Ein Staatslexikon für das Volk, hg. von Robert Blum. 2 Bde, Leipzig 1848/51, hier Bd. 2, S. VI.
10. Ein Blick in das Leben des Erzgebirges, in: Album für das Erzgebirge, Leipzig 1847.
11. Volkstümliches Handbuch der Staatswissenschaften und Politik, Bd. 2, S. 425.
12. Constitutionelle Staatsbürgerzeitung, Nr. 44 vom 18. März 1847.
13. Brief an Hermann Domrich in Weimar vom 29. März 1848; zit. nach Blum, Briefe und Dokumente, S. 59.
14. Brief an die Frau vom 3. Mai 1848 bzw. Brief der Frau vom 29. April 1848; zit. nach Schmidt, Robert Blum, S. 161 bzw. 168.
15. Zit. nach ebd., S. 165.
16. Kündigungsschreiben vom 1. Mai 1847; zit. nach Blum, Robert Blum, S. 241.
17. Brief an die Frau vom 4. Oktober 1848; zit. nach Blum, Briefe und Dokumente, S. 97 f.
18. Brief an die Frau vom 17. Oktober 1848; zit. nach Blum, Robert Blum, S. 470.
19. Brief an die Frau vom 20. Oktober 1848, zit. nach ebd., S. 480.
20. Zit. nach ebd., S. 571.
21. Zit. nach Rolf Weber, Die Revolution in Sachsen 1848/49. Entwicklung und Analyse ihrer Triebkräfte, Berlin 1970, S. 227.
22. Robert Blum, Ausgewählte Reden und Schriften, hg. von Hermann Nebel [= Wilhelm Liebknecht]. 10 Hefte, Leipzig 1879–1881; ND als: Robert Blum. Politische Schriften, hg. von Sander L. Gilman, 6 Bde., Nendeln 1979; Zit. Heft 1, Leipzig 1879, S. 2.

Ausgewählte Bibliographie

Blum, Robert (Hg.), Volkstümliches Handbuch der Staatswissenschaften und Politik. Ein Staatslexikon für das Volk, 2 Bde., Leipzig 1848/1851.
Ders., Politische Schriften, hg. von Sander L. Gilman, 6 Bde, Nendeln 1979.
Ders., Briefe und Dokumente, hg. von Siegfried Schmidt, Leipzig 1981.
Blum, Hans, Robert Blum. Ein Zeit- und Charakterbild für das deutsche Volk, Leipzig 1878.
Liebknecht, Wilhelm, Robert Blum und seine Zeit, Nürnberg 1889.
Schmidt, Siegfried, Robert Blum. Vom Leipziger Liberalen zum Märtyrer der deutschen Demokratie, Weimar 1971.
Newman, Eugene, Restoration Radical. Robert Blum and the Challenge of German Democracy 1807–48, Boston 1974.
Hirsch, Helmut, Robert Blum. Märtyrer der Freiheit, Köln 1977.
Dannenberg, Hans-Eckhard, Publizistik und Parteibildung bei Robert Blum, Diss. phil. Hannover 1992.

Julius Fröbel: Demokratie und Staat

Anmerkungen

1. Zit. nach Sandner, in: ADB 49 (1904), S. 163–172, hier: S. 171 f.; zum folgenden: Koch, R., Demokratie und Staat bei Julius Fröbel 1805–1893. Liberales Denken zwischen Naturrecht und Sozialdarwinismus, Wiesbaden 1978; Feuz, E., Julius Fröbel. Seine politische Entwicklung bis 1849, Leipzig 1932.

2. Fröbel, Julius, Einige Blicke auf den jetzigen Zustand der Erdkunde, in: Annalen der Erd-, Völker- und Staatenkunde, hg. von H. K. W. Berghaus, Bd. 4, Berlin 1831.

3. Ders., Ein Lebenslauf. Aufzeichnungen, Erinnerungen, Bekenntnisse, 2 Bde., Stuttgart 1890–91, hier: Bd. 1, S. 67; s.: Weber, H., Zwei Selbstbiographien: Karl Hase. Julius Fröbel, in: Preuß. Jbb. 67 (1891), S. 264–278; ders., Julius Fröbels Selbstbiographie. 2. Teil, in: Preuß. Jbb. 70 (1892), S. 611–635; Tupetz, Th., Julius Fröbel, Ein Lebenslauf, in: HZ 68 (1892), S. 122–125; 72 (1894), S. 122–124; Mommsen, W., Julius Fröbel. Wirrnis und Weitsicht, in: HZ 182 (1956), S. 497–532.

4. Ders., Entwurf eines Systems der geographischen Wissenschaften, in: Mitteilungen aus dem Gebiete der theoretischen Erdkunde, hg. von J. Fröbel u. O. Heer, Zürich 1836; hierzu: Müller, G., Die Untersuchungen Julius Fröbels über die Methoden und die Systematik der Erdkunde und ihre Stellung im Entwicklungsgange der Geographie als Wissenschaft, Diss. rer. nat. Halle 1908.

5. Ders., Friedrich Rohmer aus Weissenburg in Franken und seine messianischen Geschäfte in Zürich. Ein Wort in eigener Sache und zugleich ein Beitrag zur Geschichte reaktionärer Spekulationen unserer Tage, Zürich–Winterthur 1842, S. 26 f.

6. Fröbel an Schott, 14. Dezember 1840, Nachlaß Fröbel, ZB Zürich, Ms. Z II 84.

7. Ders., Ein Lebenslauf, Bd. 1, S. 96 f. vgl.: Näf, W., Das Literarische Comptoir Zürich und Winterthur, Bern 1929, S. 79 ff.

8. Junius, C., Neue Politik, 2 Bde., Mannheim 1846; Fröbel, J., System der socialen Politik, 2 Bde., Mannheim 1847 (= 2. Aufl. der „Neuen Politik"), ND, hg. von R. Koch, Aalen 1975.

9. Ebd., S. 35.

10. S. a.: Fröbel, Julius, Monarchie oder Republik. Ein Urtheil aus der deutschen Volkszeitung besonders abgedruckt, Mannheim 1848, S. 6.

11. Ders., Perikles. Ein geschichtlicher Roman, Leipzig 1847.

12. Ders., Die Republikaner. Ein historisches Drama, Leipzig 1848.

13. Ders., Ein Lebenslauf, Bd. 1, S. 167.

14. „Deutsche Volkszeitung", Nr. 4, 21, 22, 25, April 1848, sowie die als Sonderdruck erschienene Abhandlung ‚Monarchie oder Republik', Mannheim 1848; zur Fröbelschen Konzeption der Volkssouveränität: Koch, Demokratie und Staat, S. 78 ff., 93 ff.

15. Fröbel, Julius, Wien, Deutschland und Europa, Wien 1848.

16. Ders., Briefe über die Wiener Oktoberrevolution mit Notizen über die letzten Tage Robert Blums, Frankfurt/Main 1849.

17. Stenographischer Bericht über die Verhandlungen der deutschen constituierenden Nationalversammlung zu Frankfurt am Main, hg. von Franz Wigard, 9 Bde., Frankfurt/Main 1848/49, hier Bd. 7, S. 4822 ff.
18. Ebd., Bd. 8, S. 5 870.
19. Fröbel, Julius, Die Zukunft Europas vom Standpunkte des Flüchtlings (New Yorker Allgemeine Zeitung vom 19. Februar 1852), in: Kleine politische Schriften, Bd. 1, S.3–12.
20. Ders., Aus Amerika. Erfahrungen, Reisen, Studien, 2 Bde., Leipzig 1857–58.
21. Ders., Die Negersklaverei in den Vereinigten Staaten als eine Frage der Ethik, der Politik und der Culturgeschichte, in: ders., Aus Amerika, Bd. 1, S. 124–188.
22. Ders., Deutschland und der Friede von Villafranca, Frankfurt/Main 1859.
23. Ders., Theorie der Politik als Ergebnis einer erneuerten Prüfung demokratischer Lehrmeinungen, Bd. 1: Die Forderungen der Gerechtigkeit und Freiheit im Staate, Bd. 2: Die Thatsachen der Natur, der Geschichte und der gegenwärtigen Weltlage, als Bedingungen und Beweggründe der Politik, Wien 1861–64, ND, hg. von R. Koch, Aalen 1975.
24. Ders., Ein Lebenslauf, Bd. 2, S. 450 f.; vgl.: Faber, K. G., Realpolitik als Ideologie. Die Bedeutung des Jahres 1866 für das politische Denken in Deutschland, in: HZ 203, 1966, S. 1–45.
25. Ders., Die Wirthschaft des Menschengeschlechtes auf dem Standpunkte der Einheit idealer und realer Interessen, 1.Teil: Die Grundverhältnisse und allgemeinen Vorgänge der Wirthschaft, Leipzig 1870, 2.Teil: Die Privatwirthschaft und die Volkswirthschaft, Leipzig 1874.
26. Ders., Gesichtspunkte und Aufgaben der Politik. Eine Streitschrift nach verschiedenen Richtungen, Leipzig 1878.

Ausgewählte Bibliographie

Fröbel, Julius, System der socialen Politik, 2 Bde., Mannheim 1847, ND, hg. von R. Koch, Aalen 1975.
Ders., Aus Amerika. Erfahrungen, Reisen, Studien, 2 Bde., Leipzig 1857–58.
Ders., Theorie der Politik als Ergebnis einer erneuerten Prüfung demokratischer Lehrmeinungen, 2 Bde., Wien 1861–64, ND, hg. von R. Koch, Aalen 1975.
Ders., Kleine politische Schriften, 2 Bde., Stuttgart 1866.
Ders., Die Wirthschaft des Menschengeschlechtes auf dem Standpunkte der Einheit idealer und realer Interessen, 2 Bde., Leipzig 1870–74.
Ders., Gesichtspunkte und Aufgaben der Politik, Leipzig 1878
Ders., Ein Lebenslauf. Aufzeichnungen, Erinnerungen, Bekenntnisse. 2 Bde., Stuttgart 1890–91.

Müller, Georg, Die Untersuchungen Julius Fröbels über die Methoden und die Systematik der Erdkunde und ihre Stellung im Entwicklungsgange der Geographie als Wissenschaft, Diss. rer. nat. Halle 1908.
Börner, Clara, Julius Fröbel und das österreichische Bundesreformprojekt aus dem Jahr 1863, Diss. phil. Marburg 1919.
Lülfing, Hans, Die Entwicklung von Julius Fröbels politischen Anschauungen in den Jahren 1863–1871 mit besonderer Berücksichtigung seiner Stellung zur deutschen Frage, Diss. phil. Leipzig 1931.

Feuz, Ernst, Julius Fröbel. Seine politische Entwicklung bis 1849, Bern – Leipzig 1932.

Mommsen, Wilhelm, Julius Fröbel. Wirrnis und Weitsicht, in: HZ 182 (1956), S. 497–532.

Koch, Rainer, Demokratie und Staat bei Julius Fröbel 1805–1893, Wiesbaden 1978.

Gabriel Riesser: Der Advokat der Einheit

Anmerkungen

1. Zit. nach Barschel, Uwe (Hg.), Gabriel Riesser als Abgeordneter des Herzogtums Lauenburg in der Frankfurter Paulskirche 1848–49, Neumünster 1987, S. 33.
2. Menzel, Wolfgang, Die deutsche Literatur, 2. Bd., Stuttgart ²1836, S. 210.
3. Zitiert nach Zimmermann, Mosche, Hamburgischer Patriotismus und deutscher Nationalismus. Die Emanzipation der Juden in Hamburg 1830–1865, Hamburg 1979, S. 39.
4. Seifensieder, Jakob, Gabriel Riesser. Ein deutscher Mann jüdischen Glaubens. Ein Lebensbild, Frankfurt/Main 1920, S. 97 ff.
5. Ebd.
6. Zitiert nach Seifensieder, Riesser, S. 101.
7. Toury, Jacob, Soziale und politische Geschichte der Juden in Deutschland 1847–1871, Düsseldorf 1977, S. 277 ff.
8. Vgl. den Bericht über die Kontroverse Mohl – Riesser in der jüdischen Zeitung „Der Orient" vom 9. September 1848, S. 293 ff.
9. Zitiert nach Isler, Meyer (Hg.), Gabriel Riessers Gesammelte Schriften, Frankfurt/Main, Leipzig 1867–1868, 3. Bd., S. 404 ff.
10. Ebd.
11. Ebd.
12. Pulzer, Peter, Jews and Nation-Building in Germany. 1815–1918, in: Year Book of the Leo Baeck Institute 41 (1996), S. 199–214, hier S. 202.
13. Seifensieder, Riesser, S. 123.
14. Riesser an Frau Senatorin Haller. Zit. aus: Juden und Judentum in deutschen Briefen aus drei Jahrhunderten, hg. und erläutert von Franz Kobler, Königstein 1984, S. 239 f.
15. Vgl. Riessers Position in „Der Jude", 1835, 1. Bd., S. 100.
16. Isler, Gesammelte Schriften, 3. Bd., S. 541 ff., 555.
17. Toury, Jacob, Die politischen Orientierungen der Juden in Deutschland. Von Jena bis Weimar, Tübingen 1966, S. 65. Abdruck der Rede, in: Stenographischer Bericht über die Verhandlungen der deutschen constituirenden Nationalversammlung zu Frankfurt am Main, hg. von Franz Wigard, 8. Bd., Frankfurt/Main 1849, S. 5899–5911.
18. Koch, Rainer (Hg.), Die Frankfurter Nationalversammlung 1848/49. Ein Handlexikon der deutschen verfassunggebenden Reichs-Versammlung, Frankfurt/Main 1989, S. 339.

19. Fiedler, Wilfried, Gabriel Riesser (1806–1863). Vom Kampf für die Emanzipation der Juden zur freiheitlichen deutschen Verfassung, in: Deutsche Juristen jüdischer Herkunft, hg. von Helmut Heinrichs, Harald Franzki, Klaus Schmalz, Michael Stolleis, München 1993, S. 85–99, hier S. 97.

Ausgewählte Bibliographie

Riesser, Gabriel, Vertheidigung der bürgerlichen Gleichstellung der Juden gegen die Einwürfe des Herrn Dr. H. E. G. Paulus. Den gesetzgebenden Versammlungen Deutschlands gewidmet von Gabriel Riesser, Doktor der Rechte, Altona 1831.

Ders., Denkschrift über die bürgerlichen Verhältnisse der Hamburgischen Israeliten zur Unterstützung der von denselben an einen hochedlen Rath übergebenen Supplik, Hamburg 1834.

Ders., Besorgnisse und Hoffnungen für die künftige Stellung der Juden in Preußen, Hamburg 1842.

Ders., Rechenschafts-Bericht an meine Wähler zur Deutschen National-Versammlung, o. O. 1849.

Isler, Meyer (Hg.), Gabriel Riessers Gesammelte Schriften. 4 Bde., Frankfurt/Main – Leipzig 1867–1868.

Isler, Meyer, Gabriel Riesser's Leben nebst Mittheilungen aus seinen Briefen, Frankfurt/Main – Leipzig 1867.

Seifensieder, Jakob, Gabriel Riesser. Ein deutscher Mann jüdischen Glaubens. Ein Lebensbild, Frankfurt/Main 1920.

Biermann-Ratjen, Hans Harder/Schoeps, Hans-Joachim, Gabriel Riesser und der Weg des deutschen Judentums, Hamburg 1963.

Lüth, Erich, Gabriel Riesser, Hamburg 1963.

Barschel, Uwe (Hg.), Gabriel Riesser als Abgeordneter des Herzogtums Lauenburg in der Frankfurter Paulskirche 1848–49, Neumünster 1987.

Fiedler, Wilfried, Gabriel Riesser (1806–1863). Vom Kampf für die Emanzipation der Juden zur freiheitlichen deutschen Verfassung, in: Deutsche Juristen jüdischer Herkunft, hg. von Helmut Heinrichs, Harald Franzki, Klaus Schmalz, Michael Stolleis, München 1993, S. 85–99.

David Hansemann: Das Kind der Industrie

Anmerkungen

1. Haym, Rudolf, Reden und Redner des ersten Preußischen Vereinigten Landtags, Berlin 1847, S. 389.
2. In bewußter Distanz zur kirchlichen Armenfürsorge formulierte Hansemann: „Der Hauptzweck ist Verhütung des Müßiggangs. Darum: keine Almosen; Lohn, Speise, Kleidung nur gegen geleistete Arbeit." Zit. nach Bergengrün, Alexander, David Hansemann, Berlin 1901, S. 57.
3. Hansemann, David, Das preußische Verfassungswerk. Mit Rücksicht auf mein politisches Wirken, Berlin 1850, S. 66.
4. Weiterführend hierzu: Boch, Rudolf, Grenzenloses Wachstum? Das rheini-

sche Wirtschaftsbürgertum und seine Industrialisierungsdebatte 1814–1857, Göttingen 1991, S. 88 ff., S. 184 ff. Soweit nicht anders vermerkt, basiert dieser Aufsatz auf meinem Buch.

5. Alle Zitate aus: Hansemann, David, Preußen und Frankreich, Leipzig ²1834; ND Leipzig 1975, S. 259 f.
6. Brief an Karl Deahna in Wien, zit. nach Bergengrün, David Hansemann, S. 219.
7. Hansemann, David, Preußens Lage und Politik am Ende des Jahres 1830, in: Hansen, Joseph (Hg.), Rheinische Briefe und Akten zur Geschichte der politischen Bewegung 1830–1850, 1. Bd., Essen 1919; ND Osnabrück 1967, S. 11–81.
8. Hansemann, David, Preußens Lage und Politik (1840), in: ebd., S. 197–268, hier S. 218.
9. Vgl. Holthöfer, Rudolf, Die Stadt-Aachener Zeitung 1815–1848, Diss. phil. Bonn 1920 (MS).
10. Hübinger, Gangolf, Georg Gottfried Gervinus. Historisches Urteil und politische Kritik, Göttingen 1984, S. 166.
11. Gall, Lothar, Liberalismus und „bürgerliche Gesellschaft". Zu Charakter und Entwicklung der liberalen Bewegung in Deutschland, in: HZ 220 (1975), S. 324–56, hier S. 334 f.
12. Hansemann, David, Preußens Lage und Politik (1840), S. 237.
13. So zuletzt: Hoffmann, Jürgen, Das Ministerium Camphausen-Hansemann. Zu Politik der preußischen Bourgeoisie in der Revolution 1848/49, Berlin/Ost 1981; Rehmann, Egon, David Hansemann als Repräsentant der preußischen Bourgeoisie, Diss. phil. Berlin/West 1981.
14. Siemann, Wolfram, Die deutsche Revolution von 1848/49, Frankfurt/Main 1985, S.171.
15. Vgl. Bergengrün, David Hansemann, S. 520.

Ausgewählte Bibliographie

Hansemann, David, Preußen und Frankreich. Staatswirtschaftlich und politisch, unter vorzüglicher Berücksichtigung der Rheinprovinz, Leipzig ²1834/ND Leipzig 1975.
Ders., Preußens Lage und Politik am Ende des Jahres 1830, in: Hansen, Joseph (Hg.), Rheinische Briefe und Akten zur Geschichte der politischen Bewegung 1830–1850, Essen 1919/ND Osnabrück 1967, 1. Bd., S. 11–81.
Ders., Die politischen Tagesfragen mit Rücksicht auf den Rheinischen Landtag, Aachen 1846.
Ders., Das preußische und deutsche Verfassungswerk. Mit Rücksicht auf mein politisches Wirken, Berlin 1850.
Bergengrün, Alexander, David Hansemann, Berlin 1901.
Hansen, Joseph, König Friedrich Wilhelm IV. und das liberale Märzministerium der Rheinländer Camphausen und Hansemann im Jahre 1848. In: WZGK 32 (1913), S. 133–204.
Poll, Bernhard (Hg.), David Hansemann 1790–1864–1964. Zur Erinnerung an einen Politiker und Unternehmer, Aachen 1964.

Hofmann, Jürgen, Das Ministerium Camphausen-Hansemann. Zur Politik der preußischen Bourgeoisie in der Revolution 1848/49, Berlin/Ost 1981.

Kahan, A., Liberalism and Realpolitik in Prussia 1830–1852: David Hansemann, in: German History 9 (1991), S. 280–307.

Peter Reichensperger: Der katholische Liberale

Anmerkungen

1. Temme, J. D. H., Erinnerungen, hg. von Stephan Born, Leipzig 1883, S. 86.

2. Christina von Hodenbergs Befunde über die preußische Richterschaft treffen im großen und ganzen auch auf Peter Reichensperger zu: von Hodenberg, Christina, Die Partei der Unparteiischen. Der Liberalismus der preußischen Richterschaft, Göttingen 1996, bes. S. 288–323.

3. Pastor, Ludwig, August Reichensperger, Bd. 1, Freiburg 1899, S. 3 ff.

4. Engels, Friedrich, Briefe aus dem Wuppertal, in: Marx-Engels-Werke Bd. 1, Berlin 1978, S. 413–432, S. 417.

5. Reichensperger, Peter Franz, Die Agrarfrage aus dem Gesichtspunkte der Nationalökonomie, der Politik und des Rechts, Trier 1847, S. 475 f.

6. Ebd., S. 577.

7. Ebd.

8. Reichensperger, Peter, Erlebnisse eines alten Parlamentariers im Revolutionsjahr 1848, Berlin 1882, S. 31.

9. Ebd., S. 40.

10. Vgl. Schmidt, Franz, Peter Reichensperger und das preußische Verfassungswerk von 1848/50. In: Soziale Kultur 31 (1911), S. 275–292, S. 331–350.

11. Reichensperger, Peter, Die preußische National-Versammlung und die Verfassung vom 5. Dezember. Beleuchtung der Ansprache des Abgeordneten Rodbertus an seine Wähler (1849), in: Reichensperger, Peter, Erlebnisse, S. 239–263, S. 241 f.

12. Die ewige Lampe (Berlin), 22. September 1848. Zit. n. Becker, Reichensperger, S. 49.

13. Peter Reichensperger an seine Mutter, 19. April 1833. Landeshauptarchiv Koblenz, NL August Reichensperger Nr. 268.

14. (Reichensperger, Peter), Die Wahlen zum Hause der Abgeordneten in Preußen, Paderborn 1858, S. 11.

15. August sei es gewesen, so Pastor, Ludwig, August Reichensperger, Freiburg 1899, Bd 2, S. 7, auf Grund „mündlicher Mitteilung"; Peter sei es gewesen: Pfülf, Otto, Hermann v. Mallinckrodt. Die Geschichte seines Lebens, Freiburg 1892, S. 371; ebenso Schmidt, Peter Reichensperger, S. 43 (Beleg: mündliche Mitteilung).

16. Zit. nach Anderson, Margaret L., Windthorst. Zentrumspolitiker und Gegenspieler Bismarcks, Düsseldorf 1988, S. 123.

17. Zit. nach Herx, Else, Peter Franz Reichensperger als Wirtschafts- und Sozialpolitiker, Köln 1933, S. 19.

18. Zit. nach Hüsgen, Eduard, Ludwig Windthorst, Köln [3]1911, S. 264.

19. von Hodenberg, Christina, Partei der Unparteiischen, S. 304.

Ausgewählte Bibliographie

Reichensperger, Peter Franz, Öffentlichkeit, Mündlichkeit, Schwurgerichte, Köln 1842.

Ders., Die Agrarfrage aus dem Gesichtspunkte der Nationalökonomie, der Politik und des Rechts und in besonderem Hinblicke auf Preußen und die Rheinprovinz, Trier 1847.

Ders., Erlebnisse eines alten Parlamentariers im Revolutionsjahr 1848, Berlin 1882.

Parlamentarische Reden der Gebrüder A. und P. F. Reichensperger 1848–1857, hg. von P. Jacobi und Th. Levi, Regensburg 1858.

Schmidt, Franz, Peter Reichensperger und das preußische Verfassungswerk von 1848/50, in: Soziale Kultur 31 (1911), S. 275–292, S. 331–350.

Herx, Else, Peter Franz Reichensperger als Wirtschafts- und Sozialpolitiker, Köln 1933.

Rühl, Th., Gesellschaft und Staat bei Peter Reichensperger, Bonn 1960.

Becker, Winfried, Peter Reichensperger (1810–1892), in: Zeitgeschichte in Lebensbildern, hg. von Jürgen Aretz u. a., Bd. 5, Mainz 1982, S. 41–54.

Ludwig Bamberger: Mit Dampf und Elektrizität für ein modernes Deutschland

Anmerkungen

1. Bamberger, Ludwig, Gesammelte Schriften, Bd. 4, S. 73 ff.
2. Ders., Erinnerungen, S. 79.
3. Ebd., S. 159.
4. Bundesarchiv Koblenz FSg. 1/292; Bamberger, Erinnerungen, S. 177 f. und 193.
5. Bamberger, Ludwig, Gesammelte Schriften, Bd. 3, S. 59–157.
6. Vgl. etwa Bamberger-Hartmann-Briefwechsel Ostersonntag [1860], 18. September 68, 26. Februar 70 (Stadt- und Landesbibliothek Wien).
7. Bamberger, Ludwig, Lettre sur l'unité allemande et le Parlement de Erfurth, in: La Voix du Peuple, Paris, 4. März 1850, Sp. 3; dass. 11. März 1850, Sp. 2 ff. (Übersetzung des Autors aus dem Französischen).
8. Bamberger, Ludwig, Erinnerungen, S. 229 ff., 252 (Zitat) und 407 f.; Weber, Bamberger, S. 38.
9. Bamberger, Ludwig, Über Rom und Paris nach Gotha oder die Wege des Herrn v. Treitschke, Stuttgart 1866, S. 30.

Ausgewählte Bibliographie:

Bamberger, Ludwig, Gesammelte Schriften, 5 Bde., Berlin 1895–98.
Ders., Erinnerungen, hg. von Paul Nathan, Berlin 1899.
Feder, Ernst (Hg.), Bismarcks großes Spiel. Die geheimen Tagebücher Ludwig Bambergers, Frankfurt/Main 1932.

Kelsch, Wolfgang, Ludwig Bamberger als Politiker, Berlin 1933.

Zucker, Stanley, Ludwig Bamberger. German liberal politician and social critic 1823–1899, Pittsburgh 1975.

Weber, Marie-Luise, Ludwig Bamberger. Ideologie statt Realpolitik, Stuttgart 1987.

Mathilde Franziska Anneke: Die Vernunft gebietet uns frei zu sein

Anmerkungen

1. Brief an ihre Mutter vom 16. September 1849, in: Wagner, Maria, Mathilde Franziska Anneke in Selbstzeugnissen und Dokumenten, Frankfurt/Main 1980, S. 68.
2. Brief vom 16. August 1849, in: Wagner, Anneke, S. 64.
3. Erschienen in Münster 1844.
4. Der vollständige Reprint der Memoiren findet sich in: Henkel, Martin/Taubert, Rolf, Das Weib im Conflict mit den socialen Verhältnissen. Mathilde Franziska Anneke und die erste deutsche Frauenzeitung, Bochum 1976, S. 63–121.
5. Anneke, Memoiren, in: Henkel/Taubert, Das Weib im Conflict, S. 86.
6. Ebd., S. 64.
7. Ebd.
8. Ebd.
9. Vgl. Schulte, Wilhelm, Die Gieselers aus Blankenstein. Ein Beitrag zur märkischen Kultur- und Familiengeschichte, in: Der Märker 9 (1960), S. 123–129.
10. Zum Scheidungsprozeß Annekes vgl. Hanschke, Annette, Frauen und Scheidung im Vormärz: Mathilde Franziska Anneke. Ein Beitrag zum Scheidungsrecht und zur Scheidungswirklichkeit von Frauen im landrechtlichen Preußen, in: Jahrbuch zur Liberalismus-Forschung 5 (1993), S. 67–98.
11. Ebd., S. 74.
12. Brief vom 26. April 1877 an Alexander Jonas. Zit. nach Friesen, Gerhard K., A Letter from M. F. Anneke. A Forgotten German-American Pioneer in Women's Rights, in: Journal of German American Studies 12 (1977), S. 34–46, hier S. 38.
13. In: Frauenemanzipation im deutschen Vormärz. Texte und Dokumente, hg. v. Renate Möhrmann, Stuttgart 1978, S. 82–87.
14. Ebd., S. 83.
15. „Dem Reich der Freiheit werb' ich Bürgerinnen". Die Frauen-Zeitung von Louise Otto, hg. von Ute Gerhard u. a., Frankfurt 1980, S. 58.
16. So eine Formulierung der positiven Besprechung des ersten Gedichtbandes Annette von Droste-Hülshoffs von Friedrich Engels. Zit. nach Woesler, Winfried, Zu Geschichte, Wirkung und Wirkungslosigkeit einer Erstpublikation, in: Gedichte von Annette Elisabeth von D[roste-] H[ülshoff], ND Münster 1978, S. 55.
17. Producte der Rothen Erde, S. VII.
18. Diesen Schluß legen die brieflichen Berichte an Fritz Anneke und Friedrich Hammacher nahe. Vgl. Wagner, Anneke, S. 41 ff.

19. Reprint der ersten Nummer der *Frauenzeitung* in: Henkel/Taubert, Das Weib im Conflict, S. 47–50.

20. Im Wettbewerb der Ahninnen der Frauenbewegung gibt es so manche Mißverständnisse. So bezeichnet Maria Wagner, der es zu verdanken ist, daß die Schriften Annekes den Weg von Milwaukee wieder zurück nach Deutschland fanden, die *Frauenzeitung* als erstes feministisches Blatt Deutschlands. Vgl. Anneke, Franziska Mathilde, Die gebrochenen Ketten. hg. von Maria Wagner, Stuttgart 1983, S. 2.

21. Wagner, Anneke, S. 46.

22. Anneke, Memoiren, S. 64.

23. Brief an Mathilde Rollmann und Friedrich Hammacher, vermutlich vor dem 15. Mai 1849, in: Wagner, Anneke, S. 49.

24. Ebd., S. 316.

25. Brief vom 24. November 1862 an Fritz Anneke. Ebd., S. 146.

26. Ebd., S. 247

27. Ebd., S. 413.

28. Blos, Anna, Frauen der deutschen Revolution 1848, Dresden 1928, S. 17–23, hier S. 17.

Ausgewählte Bibliographie

Anneke, Mathilde Franziska, Das Weib im Conflict mit den socialen Verhältnissen, Flugschrift 1847, in: Frauenemanzipation im deutschen Vormärz. Texte und Dokumente, hg. von Renate Möhrmann, Stuttgart 1978, S. 82–87.

Dies., Memoiren einer Frau aus dem badisch-pfälzischen Feldzug, Newark 1853, Reprint in: Henkel, Martin/Taubert, Rolf, Das Weib im Conflict mit den socialen Verhältnissen. Mathilde Franziska Anneke und die erste deutsche Frauenzeitung, Bochum 1976.

Dies., Die gebrochenen Ketten. Erzählungen, Reportagen und Reden (1861–1873), hg. von Maria Wagner, Stuttgart 1978.

Blos, Anna, Mathilde Franziska Anneke, in: Dies., Frauen der deutschen Revolution 1848, Dresden 1928, S. 17–23.

Schulte, Wilhelm, Mathilde Franziska Anneke, in: Westfälische Lebensbilder 8 (1959), S. 120–138.

Wagner, Maria, Mathilde Franziska Anneke in Selbstzeugnissen und Dokumenten, Frankfurt 1980.

Malwida von Meysenbug: Mit den Waffen der Freiheit und der Zukunft

Anmerkungen

1. Malwida von Meysenbug an Johanna Kinkel, 19. Dezember 1849, in: Meysenbug, Malwida von, Briefe an Johanna und Gottfried Kinkel 1849–1885, hg. von Stefania Rossi u. Yoko Kikuchi, Bonn 1982, S. 29.

2. Ebd., S. 28.

3. Blos, Anna, Frauen der deutschen Revolution 1848, Dresden 1928, zu Malwida von Meysenbug insbes. S. 33–46.
4. Meysenbug, Malwida von, Gesammelte Werke, Bd. 1: Memoiren einer Idealistin, hg. von Berta Schleicher, Berlin 1922, S. 5.
5. Ebd., S. 7.
6. Zu einzelnen Mitgliedern der Familie von Meysenbug siehe: Gehlhaus, Christa, Bewohner dieses kleinen Paradieses – Die Meysenbugs in Detmold, in: Nordrhein-Westfälisches Staatsarchiv Detmold (Hg.), Wir zeigen Profil. Aus den Sammlungen des Staatsarchivs Detmold, Detmold 1990, S. 9–50.
7. Meysenbug, Eine Reise nach Ostende (1849), hg. von Gabriel Monod, Berlin 1905, S. 101.
8. Ebd., S. 136–137.
9. Ebd., S. 144.
10. Meysenbug, Gesammelte Werke, Bd. 1, S. 125. Zur Revolution 1848 in Lippe siehe: Wiersing, Erhard (Hg.), Lippe im Vormärz. Von bothmäßigen Unterthanen und unbothmäßigen Demokraten, Bielefeld 1990.
11. Zur Frauenhochschule siehe: Grumbach, Detlef, Malwida von Meysenbug und die Hamburger „Hochschule für das weibliche Geschlecht", in: Grabbe-Jahrbuch 11 (1992), S. 149–161; Kleinau, Elke, Die „Hochschule für das weibliche Geschlecht" und ihre Auswirkungen auf die Entwicklung des höheren Mädchenschulwesens in Hamburg, in: Zeitschrift für Pädagogik 36 (1990), S. 121–138.
11a. Siehe: Kayser, Rudolf, Malwida von Meysenbugs Hamburger Lehrjahre, in: Zeitschrift des Vereins für Hamburgische Geschichte 28 (1927), S. 116-128; zur religiösen Reformbewegung allgemein: Holzem, Andreas, Kirchenreform und Sektenstiftung. Deutschkatholiken, Reformkatholiken und Ultramontane am Oberrhein 1844–1866, Paderborn 1994; Lotz, Alexandra, „Die Erlösung des weiblichen Geschlechts". Frauen in deutschkatholischen Gemeinden, in: Schimpfende Weiber und patriotische Jungfrauen. Frauen im Vormärz und in der Revolution 1848/49, hg. von Carola Lipp, Moos 1986, S. 232–247.
12. Zur These von einer Frühphase der Frauenbewegung in den 40er Jahren siehe: Paletschek, Sylvia, Frauen und Dissens. Frauen im Deutschkatholizismus und in den freien Gemeinden 1841–1852, Göttingen 1990; Prelinger, Catherine M., Charity, Challenge and Change. Religious Dimensions of the Mid-Nineteenth-Century Women's Movement in Germany, New York 1987.
13. Meysenbug, Gesammelte Werke, Bd. 1, S. 333.
14. Meysenbug, Gesammelte Werke, Bd. 2: Memoiren einer Idealistin, 3. Teil. Lebensabend einer Idealistin, S. 145.
15. Meysenbug, Gesammelte Werke, Bd. 1, S. 449–450.
16. Zur Rezeption Meysenbugs gegen Ende des 19. Jh. siehe z. B.: Lange, Helene, 1848 und die Frauenbewegung, in: Die Frau 30 (1923), S. 195–204; Loper-Housselle, Marie Luise, Eine Vorkämpferin für das Frauen Recht, in: Danziger Zeitung 1896, Nr. 22267, Beilage vom 13. November; Malwida von Meysenbug. Ein Gedenkblatt zu ihrem 80. Geburtstag, in: Deutsche Frauen-Zeitung, Nr. 126 vom 27. Oktober 1896, S. 576; Stöcker, Helene, Malwida von Meysenbug, in: Kölnische Zeitung. Zweite Beilage zur Sonn-

tagsausgabe Nr. 492 vom 7. Juni 1903, S. 50; Cauer, Minna, Die Frau im
19. Jahrhundert, Berlin 1898, S. 89–92 u. 113–122.
17. Gehlhaus, Malwida von Meysenbug (1816–1903) – eine Frau gegen ihr Jahrhundert, in: Lippische Mitteilungen aus Geschichte und Landeskunde 57
(1988), S. 249.
18. Herrberg, Heike/Wagner, Heide, „Das größte Leiden ist die Abwesenheit
des Ideals". Malwida von Meysenbug – Emanzipation im Zeitgeist?, in:
Grabbe-Jahrbuch 7 (1988), S. 143.
19. Siehe dazu die Arbeiten von Allen, Ann Taylor, Feminism and Motherhood
in Germany 1800–1914, New Brunswick/NJ 1991; Offen, Karen, Challeng-
ing Male Hegemony: Feminist Criticism and the Birth of Women's Move-
ments in the Age of European Revolutions and Counter-Revolutions
1789–1860, unveröffentl. Manuskript [1995].
20. Meysenbug, Reise nach Ostende, S. 90.

Ausgewählte Bibliographie

Meysenbug, Malwida von, Gesammelte Werke, hg. von Berta Schleicher,
5 Bde., Berlin 1922.
Dies., Eine Reise nach Ostende (1849), hg. von Gabriel Monod, Berlin 1905.
Dies., Briefe an ihre Mutter, hg. von Gabriel Monod, in: Deutsche Revue 30
(1905), Bd. 3, S. 217–226, Bd. 4, S. 229–241 u. 344–353; 31 (1906), Bd. 1,
S. 359–370; 33 (1908), Bd. 1, S. 48–58, 202–214 u. 316–325, Bd. 2, S. 89–100.
Dies., Briefe an Johanna und Gottfried Kinkel 1849–1885, hg. von Stefania
Rossi / Yoko Kikuchi, Bonn 1982.

Schleicher, Berta, Malwida von Meysenbug. Ein Lebensbild zum hundertsten
Geburtstag der Idealistin, Berlin 1917.
Herrberg, Heike/Wagner, Heidi, „Das größte Leiden ist die Abwesenheit des
Ideals". Malwida von Meysenbug – Emanzipation im Zeitgeist?, in: Grabbe-
Jahrbuch 7 (1988), S. 143–162.
Gehlhaus, Christa, Malwida von Meysenbug (1816–1903) – eine Frau gegen ihr
Jahrhundert, in: Lippische Mitteilungen aus Geschichte und Landeskunde 57
(1988), S. 207–250.
Grumbach, Detlef, Malwida von Meysenbug und die Hamburger „Hochschule
für das weibliche Geschlecht", in: Grabbe-Jahrbuch 11 (1992), S. 149–161.
Biermann, Ingrid, Malwida von Meysenbug 1816–1903. Vom adeligen Fräulein
zur Europäerin, in: Brünink, Ann/Grubitzsch, Helga (Hg.), „Was für eine
Frau!" Portraits aus Ostwestfalen-Lippe, Bielefeld 1992, S. 68–80.
Klabunde, Susanne, „Meine Waffen waren gut zum Kampfe, denn sie sind die
Waffen der Freiheit und der Zukunft!" Malwida von Meysenbug und die
Frühphase der Frauenbewegung in Deutschland 1841–1852, Bielefeld 1996
(MS).

Jakob Venedey – Henriette Obermüller-Venedey: Der Held des
Parlaments und die Heckerin

Abkürzungen

AfS – Archiv für Sozialgeschichte
Jb. zur Liberalismus-Forschung – Jahrbuch zur Liberalismus-Forschung
BA Abt. Frankfurt – Bundesarchiv Koblenz, Außenstelle Frankfurt/Main
BA Abt. Potsdam – Bundesarchiv Koblenz, Außenstelle Potsdam
Nl. J. Venedey – Nachlaß Jakob Venedey
Geheimes STA Berlin – Geheimes Staatsarchiv Preußischer Kulturbesitz Berlin
GLA Karlsruhe – Generallandesarchiv Karlsruhe

Anmerkungen

1. Obermüller-Venedey, Henriette, „Beschreibung meines Lebens". Erinnerungen aus Oberweiler vom 6. September 1870, in: Zweites bis Viertes Buch
   der autobiographischen Schriften. Hd.Ms. (Oberweiler) (1870), hier Drittes
   Buch, S. 90–91.
2. Langewiesche, Dieter, Die deutsche Revolution von 1848/49 und die vorrevolutionäre Gesellschaft: Forschungsstand und Forschungsperspektiven,
   Teil II, in: AfS 31 (1991), S. 331–443, hier S. 333 u. 443.
3. BA Abt. Frankfurt, FSg. 1/184 Venedey Fol. 1–128, hier Fol. 102.
4. Langewiesche, Dieter, Republik und Republikaner. Von der historischen
   Entwertung eines politischen Begriffs, Essen 1993, S. 11–13 u. 19–20.
   Bublies-Godau, Birgit, Gegen den Strom – Das Leben und Werk des rheinischen Politikers, Publizisten und Historikers Jakob Venedey (1805–1871),
   in: Jb. zur Liberalismus-Forschung 7 (1995), S. 149–163, hier S. 149–152.
   Venedey, Jakob, Die Wage. Deutsche Reichstagsschau, H. 5. Frankfurt/ M.
   1849, S. 29.
5. Bublies-Godau, Birgit, Gegen den Strom, S. 156–158. Venedey, Hermann,
   Jakob Venedey, Stockach 1930, S. 4–8, 13–17 u. 21–26. Geheimes STA Berlin, Rep. 77, Abt. II, Sect. 10a, Tit. 6, Spec. Lit. V, Nr. 9, Bl. 1–4, 7–10 u.
   17–20.
6. Venedey, Hermann, Jakob Venedey, S. 26–29, 49–55, 61–63 u. 72–81. Best,
   Heinrich/Weege, Wilhelm, Venedey, Jacob, in: dies. (Hg.), Biographisches
   Handbuch der Abgeordneten der Frankfurter Nationalversammlung
   1848/49, Düsseldorf 1996, S. 342–343. Geheimes STA Berlin, Rep. 77, ebd.,
   Bl. 32–34, 96–97 u. 113–114. BA Abt. Frankfurt, FSg. 1/184 Venedey
   Fol. 24, 26 u. FSg. 1/192 Welcker Fol. 7.
7. Best/Weege, Biographisches Handbuch, S. 343. Wollstein, Günter, Das
   „Großdeutschland" der Paulskirche. Nationale Ziele in der bürgerlichen
   Revolution 1848/49, Düsseldorf 1977, S. 328. BA Abt. Frankfurt, FSg. 1/
   184 Venedey Fol. 14, 18–20, 28–29 u. 31. BA Abt. Potsdam Nl. J. Venedey,
   90 Ve 1/1–190, hier 90 Ve 1/94, Nr. 43, 90 Ve 1/101, Nr. 1–6, 11–14 u.
   29–31.
8. Valentin, Veit, Geschichte der deutschen Revolution von 1848–49, Bd. 1,
   Berlin 1930, S. 479 u. 492–493.

9. Best/Weege, Biographisches Handbuch, S. 343. Rüdiger, Wilhelm, Jakob Venedey, in: Verein für Geschichte und Altertumskunde, H. 15. Bad Homburg 1916, S. 5–19, hier S. 7. BA Abt. Frankfurt, FSg. 1/184 Venedey Fol. 36–37 u. 43–44. BA Abt. Potsdam Nl. J. Venedey, 90 Ve 1/99, Nr. 17, 90 Ve 1/102, Nr. 23, 26 u. 33.

10. Venedey, Jakob, Die Wage, H. 4, S. 39–40, 46 u. H. 7, S. 39–40. Fenske, Hans (Hg.), Vormärz und Revolution 1840–1849, Darmstadt ²1991, S. 392–395. Wollstein, Günter, Das Großdeutschland, S. 297. BA Abt. Frankfurt, ebd., Fol. 61.

11. Ders., ebd., H. 6, S. 31–40. Wollstein, Günter, ebd., S. 161, 184 u. 211–214. BA Abt. Frankfurt, ebd., Fol. 84–85. BA Abt. Potsdam Nl. J. Venedey, 90 Ve 1/112, Nr. 80–81.

12. Best/Weege, Biographisches Handbuch, S. 343. Venedey, Jakob, ebd., H. 3, S. 44–47.

13. Biefang, Andreas, Politisches Bürgertum in Deutschland 1857–1868. Nationale Organisationen und Eliten, Düsseldorf 1994, S. 32. BA Abt. Frankfurt, FSg. 1/184 Venedey Fol. 107. BA Abt. Potsdam Nl. J. Venedey, 90 Ve 1/104, Nr. 5 u. 90 Ve 1/109, Nr. 1–34.

14. BA Abt. Frankfurt, ebd., Fol. 66. BA Abt. Potsdam, ebd., 90 Ve 1/104, Nr. 31–33.

15. Best/Weege, Biographisches Handbuch, S. 342. BA Abt. Potsdam, ebd., 90 Ve 1/110, Nr. 1–26 u. 90 Ve 1/111, Nr. 5.

16. GLA Karlsruhe, 69 N. v. Freydorf 26, Nr. 272.

17. Obermüller-Venedey, Henriette, Beschreibung meines Lebens, Dritte Buch, S. 60. Raab, Heinrich, Die „revolutionären Umtriebe" der Familie Obermüller von Karlsruhe während der Zeit von 1832 bis 1849, in: Badische Heimat. Zeitschrift für Landes- und Volkskunde 73 (1993), H. 3, S. 481–489, hier S. 486–488.

18. Dies., ebd., Zweites Buch, S. 62–105, hier S. 63–65, 69–71 u. 74–79. Raab, Heinrich, Revolutionäre Umtriebe, S. 481–486. GLA Karlsruhe 76/Nr. 5674–5675 u. 233/ Nr. 34909.

19. Dies., ebd., Drittes Buch, S. 4–8, 13–15, 23–26, 57–58, 60–61 u. 67–69. Raab, Heinrich, ebd., S. 486.

20. Dies., ebd., S. 67–68, 74 u. 92–93.

21. Ebd., S. 82–83, 104–105 u. 112–114.

22. Ebd., Drittes Buch, S. 117–127, 137–159, 165, 171–173 u. 182; Viertes Buch, S. 3–12, 20–26 u. 34. Raab, Heinrich, Revolutionäre Umtriebe, S. 487–488. GLA Karlsruhe 233/31153, Bl. 83–84.

23. Ebd., Drittes Buch, S. 19–21; Viertes Buch, S. 45, 49 u. 56–61. Biefang, Andreas, Politisches Bürgertum, S. 77, 241–242, 351, 361 u. 363–364. BA Abt. Potsdam Nl. J. Venedey, 90 Ve 1/21, 142 u. 145.

24. Venedey, Jakob, Vae Victoribus. Nach der Capitulation von Sedan. An die Neue Freie Presse. Hd. Ms. (Oberweiler) (1870). Obermüller-Venedey, Henriette, Beschreibung meines Lebens, Zweites Buch, S. 55–58.

Ausgewählte Bibliographie

Venedey, Jakob (Hg.), Der Geächtete. Zeitschrift in Verbindung mit mehreren deutschen Volksfreunden. 2 Bde. ND der Ausgabe Paris 1834–36, Glashütten/ Ts. 1972.

Ders., Die Wage. Deutsche Reichstagsschau, 8 Hefte, Frankfurt/ Main 1848/49.

Ders., Geschichte des deutschen Volkes von den ältesten Zeiten bis auf die Gegenwart, 4 Bde., Berlin 1853–62.

Ders., Die deutschen Republikaner unter der französischen Republik. Mit Benutzung der Aufzeichnungen seines Vaters Michel Venedey dargestellt, Leipzig 1870.

Koppen, Wilhelm, Jakob Venedey, ein Beitrag zur Geschichte des demokratischen Gedankens in Deutschland, Frankfurt/Main 1921.

Venedey, Hermann, Jakob Venedey. Darstellung seines Lebens und seiner politischen Entwicklung bis zur Auflösung der ersten deutschen Nationalversammlung, Stockach 1930.

Bublies-Godau, Birgit, Gegen den Strom – Das Leben und Werk des rheinischen Politikers, Publizisten und Historikers Jakob Venedey (1805–1871), in: Jb. zur Liberalismus-Forschung 7 (1995), S. 149–163.

Georg Gottfried Gervinus: Aussichten auf Reformen und Revolutionen in Europa

Anmerkungen

1. Deutsche Zeitung, Nr. 42 vom 11. Februar 1848 (Italien), Nr. 43 vom 12. Februar 1848 (Spanien), Nr. 44 vom 13. Februar 1848 (Deutschland).
2. Zur ‚Deutschen Zeitung' im Kontext von Gervinus' wissenschaftlicher und politischer Biographie siehe ausführlicher Hübinger, Gangolf, Georg Gottfried Gervinus. Historisches Urteil und politische Kritik, Göttingen 1984.
3. Deutsche Zeitung, Nr. 70 vom 10. März 1848, „Republik oder konstitutionelle Monarchie?". Zu den konträren sozialpolitischen Ordnungsmustern dieser Verfassungsmodelle siehe Langewiesche, Dieter, Republik, konstitutionelle Monarchie und ‚Soziale Frage'. Grundprobleme der deutschen Revolution von 1848/49, in: ders. (Hg.), Die Deutsche Revolution von 1848/49, Darmstadt 1983, S. 341–361.
4. Ebd.
5. Deutsche Zeitung Nr. 82 vom 22. März 1848, „Die deutschen Reformen".
6. Deutsche Zeitung Nr. 147 (2. Beilage) vom 30. Mai 1849, „Reaktion oder Revolution".
7. Gervinus' 15 Thesen zur Reorganisation liberaler Gelehrtenpolitik auf demokratischer Grundlage sind veröffentlicht in: Schmidt, Siegfried, Georg Gottfried Gervinus nach 1848/49. Eine Denkschrift von 1851 zu den Schlußfolgerungen aus der Revolution, in: Zeitschrift für Geschichtswissenschaft 32 (1984), S. 713–717, Zitat S. 716. Die Abfassung dürfte zwischen dem 20. Februar und dem 13. März 1851 liegen. In einem Brief an Georg Beseler vom 20. Februar ist von dem Text noch nicht die Rede, obwohl Be-

seler „zu einem kleinen Elitencorps" in den Osterferien eingeladen wird (Nachlaß Beseler, Bundesarchiv Frankfurt/Main); Karl Mathy ist der Text aber in einem Brief an Ludwig Häusser vom 13. März bereits bekannt (siehe Schmidt, S. 715).

8. Brief an Carl von Manuel vom 24. Mai 1833, zit. in: Hübinger, Gervinus, S. 104.

9. Siehe ausführlicher Hübinger, Gervinus, S. 43 ff.; auch Ansel, Michael, G. G. Gervinus' Geschichte der poetischen National-Literatur der Deutschen. Nationbildung auf literaturgeschichtlicher Grundlage, Frankfurt/Main 1990.

10. Gervinus, Die Mission der Deutsch-Katholiken, Heidelberg 1845, S. 84 f.

11. Ders., Adresse an die Schleswig-Holsteiner, Hamburg 1846, S. 17.

12. Das Programm der ‚Deutschen Zeitung' ist abgedruckt bei Ippel, Eduard (Hg.), Briefwechsel zwischen Jacob und Wilhelm Grimm, Dahlmann und Gervinus, 2. Bd., Berlin 1886, S. 534–543. Die neuere Forschung zu den historischen Umbrüchen ist kritisch und detailliert gebündelt bei Langewiesche, Dieter, Die deutsche Revolution von 1848/49 und die vorrevolutionäre Gesellschaft: Forschungsstand und Forschungsperspektiven. Teil II. In: Archiv für Sozialgeschichte 31 (1991), S. 331–443.

13. Eine Berufsübersicht der insgesamt 812 Paulskirchenabgeordneten u. a. bei Siemann, Wolfram, Die deutsche Revolution von 1848/49, Frankfurt/Main 1985, S. 126; auch Best, Werner, Soziale Morphologie und politische Orientierungen bildungsbürgerlicher Abgeordneter in der Frankfurter Nationalversammlung und in der Pariser Assemblée nationale constituante 1848/49, in: Kocka, Jürgen (Hg.), Bildungsbürgertum im 19. Jahrhundert, Teil IV: Politischer Einfluß und gesellschaftliche Formation, Stuttgart 1989, S. 53–94 (Ergebnisse der Habilitationsschrift: Die Männer von Bildung und Besitz, Düsseldorf 1990).

14. Langewiesche, Dieter, Bildungsbürgertum und Liberalismus im 19. Jahrhundert, in: Kocka (Hg.), Bildungsbürgertum, Teil IV, S. 95–121, Zitat S. 108.

15. Siemann, Die deutsche Revolution, S. 27.

16. Hübinger, Gervinus, S. 178 f.

17. Deutsche Zeitung, „Die Posener Frage", I – V, vom 21.– 24. Juli 1848, Zitat Nr. 202 vom 22. Juli 1848.

18. Deutsche Zeitung, „Die Grundrechte", I – II, vom 29. und 30. Juli 1848; es sind die letzten beiden Artikel als Paulskirchenabgeordneter.

19. Ausführlich Hübinger, Gervinus, besonders S. 175–183.

20. Deutsche Zeitung, Nr. 343 vom 28. Dezember 1848, Extrabeilage, „Österreich und seine Politik".

21. Deutsche Zeitung, Nr. 339 vom 23. Dezember 1848, „Unsere politische Lage".

22. Brief vom 27. Dezember 1848, in: Droysen, Johann Gustav, Briefwechsel, hg. von Rudolf Hübner, 1. Bd., Stuttgart 1929, S. 501.

23. Brief vom 29. Juni 1849, in: Heyderhoff, Julius (Hg.), Franz von Roggenbach und Julius Jolly. Politischer Briefwechsel, in: Zeitschrift für die Geschichte des Oberrheins 47 (1934), S. 101 f.

24. Zu diesen Kontroversen: Boch, Rudolf, Grenzenloses Wachstum? Das rheinische Wirtschaftsbürgertum und seine Industrialisierungsdebatte 1814–1857, Göttingen 1991.

25. Gervinus, Einleitung in die Geschichte des neunzehnten Jahrhunderts, Leipzig 1853.

26. Die demokratische Wendung machte Gervinus für die angelsächsische Forschung zu einem wichtigen Repräsentanten einer Alternative zur autoritären deutschen Staatstradition. Siehe neben den vielen Bezügen im Werk von Gordon Craig vor allem McClelland, Charles, History in the Service of Politics. A Reassesment of G. G. Gervinus. In: Central European History 4 (1971), S. 371–389; verdienstvoll aus der gleichen Zeit die Veröffentlichung von wichtigen politischen Briefen Gervinus' durch Jonathan F. Wagner, um so enttäuschender sein Buch: Germany's 19th Century Cassandra. The Liberal Federalist Georg Gottfried Gervinus, New York 1995, da es nicht über die Forschung und den Kenntnisstand Wagners von 1969 hinausführt; James Sheehan, der profunde Kenner des deutschen Liberalismus, berücksichtigt Gervinus trotz seiner markanten Außenseiterposition nicht wirklich: Der deutsche Liberalismus. Von den Anfängen im 19. Jahrhundert bis zum Ersten Weltkrieg, München 1983.

27. Gervinus, Einleitung in die Geschichte des neunzehnten Jahrhunderts, Leipzig 1853, S. 13.

28. Ebd., S. 19.

29. Zu gradlinig auf Heinrich von Treitschke läuft deshalb die Interpretation von Eike Wolgast zu: Politische Geschichtsschreibung in Heidelberg: Schlosser, Gervinus, Häusser, Treitschke, in: Semper Apertus. Sechshundert Jahre Ruprecht-Karls-Universität Heidelberg, 2. Bd.: Das 19. Jahrhundert, hg. von Wilhelm Doerr, Berlin 1986, S. 158–196.

30. Johann Gustav Droysen, Historik, hg. von Peter Leyh, Stuttgart 1977, S. 278.

31. Gervinus, Die neuen Gespräche des Herrn von Radowitz, Braunschweig 1851, S. 15.

32. Gervinus, Einleitung, S. 169.

33. Siehe die Dokumentation von Boehlich, Walter, Der Hochverratsprozeß gegen Gervinus, Frankfurt/Main 1967.

34. Gervinus, Geschichte des neunzehnten Jahrhunderts seit den Wiener Verträgen, 8 Bde., Leipzig 1855–1866, hier 7. Bd. (1865), S. 1.

35. Brief an Heinrich Ewald vom 28. April 1867. In: Wagner, Jonathan F., Gervinus über die Einigung Deutschlands. Briefe aus den Jahren 1866–70, in: Zeitschrift für die Geschichte des Oberrheins 121 (1973), S. 381.

36. Baumgarten, Hermann, Historische und politische Aufsätze und Reden. Straßburg 1894, S. 241–316, Zitate S. 289, 245.

37. Gervinus, Hinterlassene Schriften, Wien 1872, S. 92.

Ausgewählte Bibliographie

Gervinus, Georg Gottfried, Geschichte der poetischen National-Literatur der Deutschen, 5 Bde., Leipzig 1835–1842.

Ders., Grundzüge der Historik, Leipzig 1837.

Ders., Einleitung in die Geschichte des neunzehnten Jahrhunderts, Leipzig 1853.

Ders., Geschichte des neunzehnten Jahrhunderts seit den Wiener Verträgen, 8 Bde., Leipzig 1855–1866.

Hübinger, Gangolf, Georg Gottfried Gervinus. Historisches Urteil und politische Kritik, Göttingen 1984.

Ansel, Michael, G. G. Gervinus' Geschichte der poetischen National-Literatur der Deutschen. Nationbildung auf literaturgeschichtlicher Grundlage, Frankfurt/Main 1990.

Rüsen, Jörn, Der Historiker als „Parteimann des Schicksals". Georg Gottfried Gervinus, in: ders., Konfigurationen des Historismus, Frankfurt/Main 1993, S. 157–225.

Johann Gustav Droysen: Das Recht der Geschichte

Anmerkungen

1. Vossler, Otto, Rankes historisches Problem, in: ders., Geist und Geschichte. Von der Reformation bis zur Gegenwart. Gesammelte Aufsätze, München 1964, S. 1842 ff., hier S. 192.
2. Droysen, Johann Gustav, Vorlesungen über die Freiheitskriege, 2 Bde., Kiel 1846, hier Bd. 1, S. 4.
3. Hintze, Otto, Johann Gustav Droysen, in: ders., Soziologie und Geschichte. Gesammelte Abhandlungen zur Soziologie, Politik und Theorie der Geschichte, hg. von Gerhard Oestreich, Göttingen 1964, S. 453–499, hier S. 453.
4. Meinecke, Friedrich, Johann Gustav Droysen, sein Briefwechsel und seine Geschichtsschreibung, in: ders., Zur Geschichte der Geschichtsschreibung, hg. von Eberhard Kessel, München 1968, S. 125–167, hier S. 125.
5. Droysen an Theodor von Schön, 9. März 1850, in: Johann Gustav Droysen, Briefwechsel, hg. von Rudolf Hübner, 2 Bde., Berlin u. Leipzig 1929 (ND Osnabrück 1967), hier Bd. 1, S. 615 f.
6. Droysen, Johann Gustav, Die politische Stellung Preußens, in: ders., Politische Schriften, hg. von Felix Gilbert, München–Berlin 1933, S. 30–64, hier S. 41.
7. Droysen an Wilhelm Arendt, 31. Juli 1831, in: Droysen, Briefwechsel, Bd. 1, S. 40.
8. Ebd.
9. Droysen an Ludwig Moser, 28. Mai 1831, in: ebd., S. 34.
10. Droysen an Albert Heydemann, 20. Juni 1840, in: ebd., S. 175.
11. Droysen an Wilhelm Arendt, 22. April 1847, in: ebd., S. 354 f.
12. Droysen an Wilhelm Arendt, 18. November 1844, in: ebd., S. 298.
13. Zitiert nach Droysen, Gustaf, Johann Gustav Droysen, Bd. 1, Leipzig u. Berlin 1910, S. 363 f.
14. Droysen an Justus Olshausen, 5. April 1848, in: Droysen, Briefwechsel, Bd. 1, S. 401.
15. Droysen an Gustav Adolf Michaelis, 4. April 1848, in: ebd., S. 399 f.
16. Droysen, Johann Gustav, Denkschrift, die deutschen Angelegenheiten im

Monat April 1848 betreffend, 29. April 1848, in: Droysen, Politische Schriften, S. 121–136, hier S. 136.

17. Droysen an Justus Olshausen, 13. Mai 1848, in: Droysen, Briefwechsel, Bd. 1, S. 421.

18. Droysen an die Schwieger-Großeltern Friedländer, 2. Juli 1848, in: ebd., S. 439.

19. Droysen an Wilhelm Behn, 15. September 1848, in: ebd., S. 466.

20. Droysen an den Unterstaatssekretär Graf Bülow, 12. Juli 1848, in: ebd., S. 444.

21. Droysen, Johann Gustav, Die „Frage an Österreich", 25. Oktober 1848, in: Droysen, Politische Schriften, S. 172–177, hier S. 177.

22. Droysen an Justus Olshausen, 25. April 1848, in: Droysen, Briefwechsel, Bd. 1, S. 416.

23. Droysen an August Kopisch, 3. Dezember 1848, in: ebd., S. 488.

24. Droysen an Wilhelm Arendt, 6. Juni 1849, in: ebd., S. 545.

25. Droysen an Wilhelm Arendt, 22. März 1849, in: ebd., S. 532.

26. Droysen an Wilhelm Arendt, 6. Juni 1849, in: ebd., S. 545 f.

27. Droysen an Justus Olshausen, 5. Mai 1849, in: ebd., S. 536.

28. Droysen an Wilhelm Arendt, 30. September 1854, in: Droysen, Briefwechsel, Bd. 2, S. 282.

29. Droysen an Georg Beseler, 29. März 1857, in: ebd., S. 445.

30. Droysen an Heinrich von Treitschke, 15. Dezember 1864, in: ebd., S. 858.

31. Droysen an Wilhelm Roßmann, 18. September 1866, in: ebd., S. 874.

32. Droysen an Max Duncker, 8. Juni 1859, in: ebd., S. 603.

33. Droysen an das Wahlkomitee in Kolberg, Ende Januar 1867, in: ebd., S. 881.

34. Droysen an Alfred Dove, 24. Oktober 1883, in: ebd., S. 972.

35. Droysen an das Wahlkomitee in Kolberg, Ende Januar 1867, in: ebd., S. 882.

36. Droysen an Friedrich Gottlieb Welcker, 27. Februar 1834, in: Droysen, Briefwechsel, Bd. 1, S. 59.

37. Droysen, Johann Gustav, Theologie der Geschichte, in: Ders., Historik. Vorlesungen über Enzyklopädie und Methodologie der Geschichte, hg. von Rudolf Hübner, Darmstadt ⁵1967, S. 369–385, hier S. 384.

38. Ebd., S. 382.

39. Droysen, Johann Gustav, Antrittsrede in der Berliner Akademie, 4. Juli 1867, in: ebd., S. 425–428, hier S. 426.

40. Droysen an Friedrich Ritschl, 18. Dezember 1842, in: Droysen, Briefwechsel, Bd. 1, S. 224 f.

41. Droysen, Vorlesungen, Bd. 2, S. 592.

42. Ebd., Bd. 1, S. 17.

43. Friedrich Daniel Bassermann an Droysen, 3. Mai 1850, in: Droysen, Briefwechsel, Bd. 1, S. 643 f.

44. Droysen an das Wahlkomitee in Kolberg, Ende Januar 1867, in: Droysen, Briefwechsel, Bd. 2, S. 882.

45. Droysen an Heinrich von Treitschke, 11. März 1879, in: ebd., S. 933.

46. Droysen an Rudolf Haym, 30. Januar 1858, in: ebd., S. 521.

47. Droysen, Johann Gustav, Rede zur tausendjährigen Gedächtnisfeier des Vertrages zu Verdun, 10. August 1843, in: Deutsche Akademiereden, hg. von Fritz Strich, München 1924, S. 89–110, hier S. 90 f.

48. Droysen an Justus von Gruner, 25. März 1839, in: Droysen, Briefwechsel, Bd. 1, S. 151.
49. Hintze, Droysen, S. 475.

Ausgewählte Bibliographie

Droysen, Johann Gustav, Geschichte Alexanders des Großen. Nach dem Text der Erstausgabe 1833, hg. von Jürgen Busche u. Paul König, Zürich 1984.
Ders., Historik. Historisch-kritische Ausgabe, hg. von Peter Leyh, Bd. 1, Stuttgart-Bad Cannstatt 1977.
Ders., Politische Schriften, hg. von Felix Gilbert, München–Berlin 1933.
Ders., Briefwechsel, hg. von Rudolf Hübner, 2 Bde., Berlin–Leipzig 1929 (ND Osnabrück 1967).

Hintze, Otto, Johann Gustav Droysen, in: ders., Soziologie und Geschichte. Gesammelte Abhandlungen zur Soziologie, Politik und Theorie der Geschichte, hg. von Gerhard Oestreich, Göttingen 1964, S. 453–499.
Meinecke, Friedrich, Johann Gustav Droysen, sein Briefwechsel und seine Geschichtsschreibung, in: ders., Zur Geschichte der Geschichtsschreibung, hg. von Eberhard Kessel, München 1968, S. 125–167.
Rüsen, Jörn, Begriffene Geschichte. Genesis und Begründung der Geschichtstheorie J. G. Droysens, Paderborn 1969.
Southard, Robert, Droysen and The Prussian School of History, Lexington/Kentucky 1995.

Joseph Maria von Radowitz: Ein in preußischem Boden verwurzelter deutscher Staatsmann

Anmerkungen

1. Radowitz, Joseph Maria von, Das juste Milieu (1830), in: ders., Gesammelte Werke, Bd. 4, Berlin 1853, S. 24 f.
2. Meinecke, Friedrich, Radowitz und die deutsche Revolution, Berlin 1913, S. 39. Die folgende Zitate: Bismarck, Otto von, Erinnerung und Gedanke, in: ders., Gesammelte Werke, Bd. 15, Berlin 1932, S. 50, bzw. Meinecke, Radowitz, S. 9 f.
3. Radowitz, Das juste Milieu, S. 33.
4. Instruktion vom 1. März 1848, nach: Wolff, Adolf, Revolutionschronik. Darstellung der Berliner Bewegungen im Jahre 1848 nach politischen, socialen und literarischen Bewegungen, Bd. 1, Berlin 1851 (ND Leipzig 1979), S. 69 f.
5. So Radowitz in den Worten von: Meinecke, Radowitz, S. 72.
6. Berichte Radowitz' an Friedrich Wilhelm IV. vom 6. und 10. März 1848, nach: Radowitz, Joseph Maria von, Nachgelassene Briefe und Aufzeichnungen zur Geschichte der Jahre 1848 bis 1853, hg. von Walter Möhring, o. O. 1922 (ND Osnabrück 1967), S. 12 bzw. 18.
7. Schreiben Radowitz' an Canitz vom 16. März 1848, in: Radowitz, Briefe, S. 32.

8. Schreiben von Radowitz an Friedrich Wilhelm vom 16. März 1848, in: Geheimes Staatsarchiv Preußischer Kulturbesitz (GStA PK), Königliches Hausarchiv (KHA), Rep. 50 J, Nr. 1093, Bl. 64 Rs.; vgl. außerdem Meinecke, Radowitz, S. 65 f.

9. Dies und das folgende nach: Radowitz, Briefe, S. 21 bzw. S. 28.

10. Ebd., S. 4 f.

11. Vgl. Brief Radowitz' an seine Frau vom 15. Juni 1848, in: Bundesarchiv, Außenstelle Frankfurt, Nachlaß Radowitz, FSg. 1/154, Bl. 8.

12. Zitate aus den Schreiben Radowitz' an Friedrich Wilhelm IV. vom 17. Mai bzw. an seine Frau vom 6. Juni 1848, in: Radowitz, Briefe, S. 45 bzw. 53.

13. Schreiben Radowitz' an Friedrich Wilhelm IV. vom 24. Juni 1853, in ebd., S. 418 f.

14. Vgl. Gall, Lothar, Bismarck. Der weiße Revolutionär, Frankfurt/Main – Berlin 1980, S. 109, 117; Engelberg, Ernst, Bismarck, Bd. I: Urpreuße und Reichsgründer, Berlin 1985, S. 347, 350 ff. (Daraus auch die Zitate.) Radowitz seinerseits bezeichnete Bismarck als „ungezogenen Buben".

15. Bismarck (nach dem Zeugnis Robert v. Keudells), in: ders., Die gesammelten Werke, Bd. 7, Berlin 1924, S. 45.

16. Notizen Radowitz' vom 4./5. Mai sowie Schreiben an Friedrich Wilhelm IV. vom 13. Juni 1849, in: Radowitz, Briefe, S. 90 bzw. 112 f. Das folgende Zitat aus undatierten Aufzeichnungen (ca. 14. Juni 1849), ebd., S. 120.

17. Schreiben Radowitz' an Friedrich Wilhelm IV. vom 16. und 28. Jan. 1851, in: Radowitz, Briefe, S. 381.

18. Zudem war Friedrich Wilhelm IV. zutiefst davon überzeugt, „daß das erbliche Römische Deutsche Kaiserthum" nur dem „jedesmaligen Haupt des Erzhauses Österreich" zustünde (Schreiben Friedrich Wilhelms IV. an Friedrich Christoph Dahlmann vom 3. Mai 1848, in: GStA PK, KHA, Rep. 50, Nr. 511).

19. Zitate: Schreiben Ernst Ludwig v. Gerlachs an Radowitz vom 24. Mai 1849 bzw. ders. an Leopold v. Gerlach vom 10. Juni 1849, nach: Canis, Konrad, Joseph Maria v. Radowitz, in: Obermann, Karl (Hg.), Männer der Revolution von 1848, Bd. 2, Berlin 1987, S. 473, bzw. nach: Barclay, David E., Anarchie und guter Wille. Friedrich Wilhelm IV. und die preußische Monarchie, Berlin 1995, S. 292; Kraus, Hans-Christof, Ernst Ludwig von Gerlach. Politisches Denken und Handeln eines preußischen Altkonservativen, Teil 1, Göttingen 1992, S. 482.

20 Barclay, David E., Anarchie und guter Wille, S. 306

Ausgewählte Bibliographie

Radowitz, Joseph Maria von, Gesammelte Werke, Berlin 1853.

Ders., Nachgelassene Briefe und Aufzeichnungen zur Geschichte der Jahre 1848 bis 1853, hg. von Walter Möhring, o. O. 1922 (ND Osnabrück 1967).

Hassel, Paul, Joseph Maria von Radowitz, Bd. 1 (1797–1848), Berlin 1905.

Meinecke, Friedrich, Radowitz und die deutsche Revolution, Berlin 1913.

Ritter, Emil, Radowitz. Ein katholischer Staatsmann in Preußen, Köln 1948.

Canis, Konrad, Joseph Maria von Radowitz, in: Obermann, Karl (Hg.), Männer der Revolution von 1848, Bd. 2, Berlin 1987.

Friedrich Wilhelm IV., König von Preußen: Gottesgnadentum
in einem revolutionären Zeitalter

Anmerkungen

1. Kronprinz Friedrich Wilhelm (IV.) an Prinz Johann von Sachsen, 31. Mai
   1832, in: Johann Georg, Herzog zu Sachsen (Hg.): Briefwechsel zwischen
   König Johann von Sachsen und den Königen Friedrich Wilhelm IV. und
   Wilhelm I. von Preußen, Leipzig 1911, S. 127.
2. Friedrich Wilhelm IV. an Prinz Carl, 19. März 1847, Geheimes Staatsarchiv
   Preußischer Kulturbesitz Berlin, ehemalige Merseburger Bestände
   [GStAPK (M)], Brandenburg-Preußisches Hausarchiv (BPH) Rep. 50 J
   Nr. 986, Bl. 25.
3. Notiz des Prinzen Friedrich Wilhelm (Friedrich III.), o. D., GStAPK (M),
   BPH Rep. 50 F 1 Nr. 7, Bl. 2.
4. Friedrich Wilhelm IV. an Ernst Moritz Arndt, 15. März 1849, in: Haenchen,
   Karl (Hg.), Revolutionsbriefe 1848. Ungedrucktes aus dem Nachlaß König
   Friedrich Wilhelms IV. von Preußen, Leipzig 1930, S. 392.
5. Schreiben Friedrich Wilhelms IV. an Bunsen vom 13. Dezember 1818, in:
   Ranke, Leopold von, Aus dem Briefwechsel Friedrich Wilhelms IV. mit
   Bunsen, Leipzig 1873, S. 234.
6. Friedrich Wilhelm IV. im königlichen Conseil, 7. Juli 1853, GStAPK (M)
   Rep. 90a B III 2c Nr. 3 Vol. II, Bl. 102–102^r.

Ausgewählte Bibliographie

Friedrich Wilhelm IV., König von Preußen, Reden und Trinksprüche Sr. Maje-
stät Friedrich Wilhelm des Vierten, Königes von Preußen, Leipzig 1855.
Ders., Revolutionsbriefe 1848. Ungedrucktes aus dem Nachlaß König Friedrich
Wilhelms IV. von Preußen, hg. von Karl Haenchen, Leipzig 1930.
Ders., Aus dem Briefwechsel Friedrich Wilhelms IV. mit Bunsen, hg. von Leo-
pold von Ranke, Leipzig 1873.
Büsch, Otto (Hg.), Friedrich Wilhelm IV. in seiner Zeit. Beiträge eines Collo-
quiums [= Einzelveröffentlichungen der Historischen Kommission zu Berlin,
Bd. 62], Berlin 1987.
Bußmann, Walter, Zwischen Preußen und Deutschland. Friedrich Wilhelm IV.
Eine Biographie, Berlin 1990.
Kroll, Frank-Lothar, Friedrich Wilhelm IV. und das Staatsdenken der deutschen
Romantik [= Einzelveröffentlichungen der Historischen Kommission zu Ber-
lin, Bd. 72], Berlin 1990.
Blasius, Dirk, Friedrich Wilhelm IV., 1795–1861. Psychopathologie und Ge-
schichte, Göttingen 1992.
Generaldirektion der Stiftung Preußische Schlösser und Gärten Berlin-Bran-
denburg (Hg.), Friedrich Wilhelm IV. Künstler und König. Zum 200. Geburtstag. Ausstellung vom 8. Juli bis 2. September 1995 in der Neuen Orangerie im Park von Sanssouci [Ausstellungskatalog], Frankfurt/Main 1995.
Barclay, David E., Anarchie und guter Wille. Friedrich Wilhelm IV. und die
preußische Monarchie, Berlin 1995.

Über die Autorinnen und Autoren

Barclay, David E., geb. 1948, ist Professor für neuere europäische Geschichte und Direktor des „Center for Western European Studies" an der amerikanischen Hochschule Kalamazoo College [Kalamazoo, Michigan/USA]. Veröffentlichungen zu verschiedenen Aspekten der deutschen Geschichte im 19. und 20. Jahrhundert.

Boch, Rudolf, geb. 1952, ist Professor für Wirtschafts- und Sozialgeschichte an der Technischen Universität Chemnitz. Forschungsschwerpunkte: Geschichte der industriellen Welt seit der Mitte des 18. Jh.; Staat und Wirtschaft im 19. Jh.; NS-Herrschaft und Zweiter Weltkrieg. Wichtigste Buchveröffentlichungen: Handwerker-Sozialisten gegen Fabrikgesellschaft, Göttingen 1985; Grenzenloses Wachstum? Das rheinische Wirtschaftsbürgertum und seine Industrialisierungsdebatte 1814–1857, Göttingen 1991.

Bublies-Godau, Birgit, geb. 1966, 1996–1997 Stipendiatin des Instituts für Europäische Geschichte Mainz, 1996 Wiss. Mitarbeiterin an der Ludwig-Maximilians-Universität München, 1994–1995 Stipendiatin der Gerda Henkel Stiftung Düsseldorf, arbeitet an einer Diss. über Jakob Venedey an der Fakultät für Geschichtswissenschaft der Ruhr-Universität Bochum. Veröffentlichung: Gegen den Strom – Das Leben und Werk des rheinischen Politikers, Publizisten und Historikers Jakob Venedey (1805–1871). In: Jb. zur Liberalismus-Forschung 7 (1995), S. 149–163.

Fellrath, Ingo, geb. 1944, Dozent an der Université du Maine – Le Mans/Frankreich; Studium der Germanistik und Romanistik in Heidelberg, Amiens und Tours; 1991 Promotion mit einer Arbeit über Georg Herwegh; Veröffentlichungen zu Herwegh, Heine und Büchner.

Freitag, Sabine, geb. 1962, seit 1997 Wiss. Mitarbeiterin am Deutschen Historischen Institut in London; 1992–1993 Stipendiatin der Hessischen Graduiertenförderung; 1995 Promotion mit einer Arbeit über Friedrich Hecker und den Kreis politischer Flüchtlinge der deutschen Revolution 1848/49 in den Vereinigten Staaten (1848–1880); 1995–1996 Wiss. Mitarbeiterin im Historischen Institut der Deutschen Bank AG in Frankfurt am Main.

Gall, Lothar, geb. 1936, Professor für Neuere Geschichte an der Johann Wolfgang Goethe-Universität Frankfurt am Main. Forschungsschwerpunkte: Geschichte des europäischen Liberalismus, Nation und Nationalstaat in Europa, Sozialgeschichte des Bürgertums, europäische Geistesgeschichte des 18. bis 20. Jahrhunderts. Wichtigste Buchveröffentlichungen der letzten Jahre: Bismarck. Der weiße Revolutionär (8. Aufl. 1995, a. engl., franz., ital., japan.); Europa auf dem Weg in die Moderne (3. Aufl. 1997); Bürgertum in Deutschland (1989, a. ital.); Von der ständischen zur bürgerlichen Gesellschaft (1993).

Götz von Olenhusen, Irmtraud, geb. 1952, ist Privatdozentin am Historischen Seminar der Albert-Ludwigs-Universität Freiburg. Forschungsschwerpunkte: Religion und Kirche im 19. und 20.Jh.; Mentalitäts- und Sozialgeschichte der Jugend im 20.Jh.; Revolution von 1848/49. Wichtigste Publikationen: Gottesreich, Deutsches Reich. Junge Generation, Religion und Politik 1928–1933, Köln 1987 (Diss. phil. Freiburg 1983); Klerus und Abweichendes Verhalten. Zur Sozialgeschichte katholischer Priester im 19.Jahrhundert: Die Erzdiözese Freiburg, Göttingen 1994.

Hachtmann, Rüdiger, geb. 1953, Priv.-Doz., Wiss. Assistent am Institut für Geschichtswissenschaft der TU Berlin, Veröffentlichungen: Industriearbeit im Dritten Reich. Untersuchungen zu den Lohn- und Arbeitsbedingungen 1933 bis 1945, Göttingen 1989; Berlin 1848. Eine Politik- und Gesellschaftsgeschichte der Revolution, Bonn 1997. Außerdem Aufsätze zur Wirtschafts- und Sozialgeschichte zwischen 1925 und 1945, zum nationalsozialistischen Arbeitsrecht, zum Vormärz, zur deutschen und europäischen Revolution von 1848 sowie zur Sozialgeschichte Berlins im 19.Jahrhundert. Forschungsschwerpunkte: Revolution 1848; Geschichte der ‚Deutschen Arbeitsfront‘ 1933 bis 1945.

Hübinger, Gangolf, geb. 1950, seit 1994 Professor für Kulturgeschichte der Neuzeit an der Europa-Universität Viadrina in Frankfurt an der Oder. Gegenwärtige Arbeitsschwerpunkte: Verlags- und Intellektuellengeschichte, Religiöse Kulturen der Moderne, Geschichte der Sozial- und Geisteswissenschaften und des Liberalismus. Buchveröffentlichungen u. a. Georg Gottfried Gervinus. Historisches Urteil und politische Kritik, Göttingen 1984; Kulturprotestantismus und Politik. Zum Verhältnis von Liberalismus und Protestantismus im wilhelminischen Deutschland, Tübingen 1994; Intellektuelle im Deutschen Kaiserreich, Frankfurt am Main 1993 (Mithg.).

Jansen, Christian, geb. 1956, z.Zt. Habilitationsstipendiat der DFG (Thema: Einigkeit und Macht und Freiheit. Die bürgerliche Linke und die deutsche Politik in der nachrevolutionären Epoche [1849–1867]). Publikationen (u. a.): Emil Julius Gumbel – Porträt eines Zivilisten, Heidelberg 1991; Der Volksdeutsche Selbstschutz in Polen 1939–40 (zusammen mit Arno Weckbecker), München 1992; Professoren und Politik. Politisches Denken und Handeln der Heidelberger Hochschullehrer 1914–1935, Göttingen 1992; Von der Aufgabe der Freiheit. Politische Verantwortung und bürgerliche Gesellschaft im 19. und 20.Jahrhundert. Festschrift für Hans Mommsen, Berlin 1995 (hg. zusammen mit Lutz Niethammer und Bernd Weisbrod).

Kill, Susanne, geb. 1959, seit 1996 Wiss. Mitarbeiterin der Gesellschaft für Unternehmensgeschichte in Frankfurt am Main; 1989–1995 Wiss. Mitarbeiterin im DFG-Projekt ‚Stadt und Bürgertum im 19.Jahrhundert‘. Veröffentlichungen: Das städtische Bürgertum in Münster 1780–1870. Diss. phil. Frankfurt am Main 1995. Wach geküßt von der Poesie. Eine Strategie weiblicher Emanzipation in der westfälischen Provinz. In: D. Hein/A. Schulz (Hg.), Bürgerkultur im 19.Jahrhundert, München 1996, S. 34–52.

Klabunde, Susanne, geb. 1966, Studium der Geschichtswissenschaften an der Universität Bielefeld, hat ihre Magisterarbeit über Malwida von Meysenbug und die

Frühphase der deutschen Frauenbewegung 1841–1852 verfaßt; arbeitet zur Zeit an einer Dissertation zum Thema „Wohltätigkeit und Geschlecht. Frauen im System spätmittelalterlicher und frühneuzeitlicher Armenfürsorge", gefördert vom Forschungs- und Innovationsfonds/Förderung des weiblichen wissenschaftlichen Nachwuchses der Universität Bielefeld.

Klötzer, Wolfgang, geb. 1925, Archivar und Historiker, bis 1990 Leitender Archivdirektor des Stadtarchivs Frankfurt am Main; 1973 Honorarprofessor der Johann Wolfgang Goethe-Universität. Zahlreiche Veröffentlichungen zur Stadtgeschichte, Mittelrheinischen Landesgeschichte, Geschichte der deutschen Einheits- und Freiheitsbewegung, Archivwissenschaft.

Koch, Rainer, geb. 1944, seit 1983 Direktor des Historischen Museums in Frankfurt am Main; 1974 Promotion mit einer Arbeit über Julius Fröbel; 1982 Habilitation (Mittlere und Neuere Geschichte); 1994 apl. Professor für Geschichte an der Johann Wolfgang Goethe-Universität in Frankfurt am Main.

Langewiesche, Dieter, geb. 1943, ist Professor für mittlere und neuere Geschichte an der Universität Tübingen. Z. Zt. als Prorektor am Aufbau der Universität Erfurt beteiligt. Zahlreiche Veröffentlichungen.

Lindner, Erik, geb. 1964, Historiker und freier Journalist, z. Zt. wiss. Mitarbeiter am Haus der Geschichte der Bundesrepublik Deutschland in Bonn, 1995 Promotion zum Thema: Patriotismus deutscher Juden von der napoleonischen Ära bis zum Kaiserreich. Zwischen korporativem Loyalismus und individueller deutsch-jüdischer Identität, Frankfurt am Main 1997; weitere Publikationen (u. a.): Carl Heymann. Lebensbild eines Verlegers (1996); Memoiren des Freiwilligen Jägers Löser Cohen. Kriegserlebnisse 1813–1814 (1993).

Maentel, Thorsten, geb. 1965, z. Zt. Stipendiat am Institut für Europäische Geschichte in Mainz, 1993–1995 Wiss. Mitarbeiter im DFG-Projekt ‚Stadt und Bürgertum im 19. Jh‘. Veröffentlichungen: Reputation und Einfluß – die gesellschaftlichen Führungsgruppen, in: L. Gall (Hg.), Stadt und Bürgertum im Übergang von der traditionellen zur modernen Gesellschaft, München 1993, S. 295–314; Zwischen weltbürgerlicher Aufklärung und stadtbürgerlicher Emanzipation. Bürgerliche Geselligkeitskultur um 1800, in: D. Hein/A. Schulz (Hg.), Bürgerkultur im 19. Jh. Bildung, Kunst und Lebenswelt, München 1996, S. 140–154, arbeitet an einer Dissertation über das Leipziger Bürgertum im 19. Jh.

Mergel, Thomas, geb. 1960, Wiss. Assistent an der Ruhr-Universität Bochum, 1994–1995 Forschungsaufenthalt am Center for European Studies der Harvard University. Veröffentlichungen u. a.: Zwischen Klasse und Konfession. Katholisches Bürgertum im Rheinland 1794–1914, Göttingen 1994; als Herausgeber (mit Thomas Welskopp): Geschichte zwischen Kultur und Gesellschaft. Beiträge zur Theoriedebatte, München 1997; (mit Christian Jansen): Die Revolutionen von 1848/49 (erscheint 1998).

Muhlack, Ulrich, geb. 1940, Professor für Allgemeine historische Methodenlehre und Geschichte der Geschichtsschreibung an der Johann Wolfgang Goethe-Universität in Frankfurt am Main. Veröffentlichungen zur Geschichtstheorie, zur Vorgeschichte und Geschichte des Historismus und zur französischen Geschichte des 16.–18. Jahrhunderts; zuletzt: (Hg.) Leopold von Ranke, Die großen Mächte. Politisches Gespräch, Frankfurt am Main/Leipzig 1995.

Muhs, Rudolf, geb. 1952, seit 1987 Dozent für deutsche Geschichte an verschiedenen Colleges der Universität London; zahlreiche Veröffentlichungen zum deutschen Vormärz und der Revolution von 1848/49 sowie zu anderen Themen der deutschen und englischen Geschichte des 19. Jh.; Mitherausgeber von Fontanes Londoner Tagebüchern (1994) und des Bandes „Exilanten und andere Deutsche in Fontanes London", Stuttgart 1996.

Urban, Nikolaus, geb. 1970, 1991–96 Studium der Rechtswissenschaften in Frankfurt am Main, seit 1996 wissenschaftlicher Mitarbeiter am Institut für Rechtsgeschichte der Johann Wolfgang Goethe-Universität.

Wende, Peter, geb. 1936, z. Zt. Direktor des Deutschen Historischen Instituts, London; Professor für Neuere Geschichte an der Johann Wolfgang Goethe-Universität in Frankfurt am Main. Forschungsschwerpunkte: Deutsche Geschichte des 19. Jh. (zuletzt: [Hg.]: Politisches Reden 1789–1945, Frankfurt am Main 1990–1994); Geschichte Großbritanniens (zuletzt: Geschichte Englands, Stuttgart ²1995).

Abbildungsnachweis

Seite 12: Ludwig Uhland, Stahlstich von Weger, AKG, Berlin.

Seite 24: Arnold Ruge, Lithographie von Lessmann, Hist. Museum Frankfurt/Main.

Seite 34: Georg Herwegh, Stich von C. Gonzenbach nach einem Gemälde von C. Hitz (1843), Dichtermuseum Liestal – Herwegh-Archiv.

Seite 35: Emma Herwegh, kolorierte Tuschzeichnung von Camill Norwid, 1848/49, Dichtermuseum Liestal – Herwegh-Archiv.

Seite 46: Friedrich Hecker, Reiß-Museum, Mannheim.

Seite 64: Amalie und Gustav Struve, Historisches Museum der Stadt Hanau. Schloß Philippsruhe – Hanauer Geschichtsverein

Seite 82: Karl Blind, Generallandesarchiv Karlsruhe.

Seite 100: Daniel Friedrich Bassermann, Stahlstich von Karl Barth, 1848/49, AKG, Berlin

Seite 114: Robert von Mohl, Landesbildstelle Württemberg.

Seite 127: Heinrich von Gagern, Daguerreotypie von Jacob Seib, Frankfurt/Main 1848, Historisches Museum Frankfurt /Main.

Seite 135: Robert Blum, Lithographie von Wilhelm Heinrich Gottlieb Baisch, um 1840, Stadtgeschichtl. Museum Leipzig.

Seite 147: Julius Fröbel, Lithographie, Zeichnung von Valentin Schertle, Frankfurt/Main 1848, Historisches Museum Frankfurt/Main.

Seite 161: Gabriel Riesser, aus: Dt.-Jüd. Gesch. in der Neuzeit, Bd. III, C.H. Beck

Seite 172 und *Seite* 173: David Hansemann, aus: Alexander Bergengrün, David Hansemann, Berlin 1901, J. Guttentag Verlagsbuchhandlung.

Seite 186: Peter Reichensperger, aus: Franz Schmidt, Peter Reichensperger, Mönchengladbach 1913, Umschlag.

Seite 201: Ludwig Bamberger, aus: Ludwig Bamberger, Erinnerungen, hg. von Paul Nathan, Berlin 1899.

Seite 215: Mathilde Franziska Anneke, Anneke im Alter von 23 Jahren von einem Freund gezeichnet (Der Märker, 1960, Heft 5).

Seite 226: Malwida von Meysenbug, Richard-Wagner-Museum mit National-archiv d. R.-W.-Stiftung, Bayreuth.

Seite 238: Jakob Venedey, Altersbild von Wilhelm Grunder, Uni- u. Landes-bibliothek Bonn, Handschriftenabteilung.

Seite 239: Henriette Obermüller-Venedey, Privatbesitz Dr. Michael Venedey, Konstanz.

Seite 250: Georg Gottfried Gervinus, AKG, Berlin.

Seite 264: Johann Gustav Droysen, Foto (Loescher und Petsch) um 1880, AKG, Berlin.

Seite 278: Joseph Maria von Radowitz, Lithographie nach einer Zeichnung von Johann Heinrich Haselhorst, Historisches Museum Frankfurt/Main.

Seite 291: Friedrich Wilhelm IV., Porträtaufnahme von Herman Biow 1847, AKG, Berlin.

Register

Hardenberg, Karl August Fürst von 293
Harkort, Fritz 217
Hartmann, Moritz 206
Hassenpflug, Hans Daniel Ludwig Friedrich 118
Häusser, Ludwig 48, 132, 249, 260
Hecker, Friedrich Karl Franz 39–42, 45–62, 63f., 73f., 79, 81, 85–87, 108, 121, 126, 128, 152, 156, 191, 241
Hecker, Josef 47f.
Hecker, Marie Josefine, geb. Eisenhardt 50, 58
Hecker, Wilhelmine, geb. Lüder 47
Hegel, Georg Wilhelm Friedrich 25, 27, 32, 219, 263
Hegner, Ulrich Reinhart 149
Heine, Heinrich 36, 38, 150
Heinzen, Karl 74, 83
Herwegh, Emma 33, 35, 38, 40–44, 223
Herwegh, Georg 33–44, 149, 223, 255
Herzen, Alexander 43, 92, 233–235
Herzen, Natalie 43
Herzen, Olga 234
Herzog, Karl 148
Heß, Moses 152
Hinckeldey, Carl Eduard von 301
Hochstedter von Hochstedt, Freifrau 67
Hoff, Heinrich 152
Hoffmann von Fallersleben, August Heinrich 44, 150
Hohenlohe-Ingelfingen, Fürst Adolf zu 157
Hübinger, Gangolf 178
Hugo, Gustav 115
Hülswitt, Elisabeth 217
Humboldt, Alexander von 148, 292
Humboldt, Wilhelm von 266

Itzstein, Johann Adam von 50–53, 104, 128, 137, 247

Jacoby, Johann 37, 39, 43, 52, 206
Jahn, Friedrich Ludwig 68, 209
Johann, Erzherzog 123

Jolly, Julius 258
Juarez, Benito 95

Kant, Immanuel 49, 157
Kapp, Christian 156
Karl I., König von England 97
Keil, Ernst 60
Keller, Alexander Graf von 298
Kinkel, Gottfried 225, 233
Kinkel, Johanna 225, 233
Kleist, Heinrich von 13
Knoodt, August 187
Körner, Karl Theodor 36
Kossuth, Ludwig von 210

Lamartine, Alphonse de 40, 150
Lamprecht, Karl 260
Lange, Helene 236
Lassalle, Ferdinand 43, 93
Laube, Heinrich 37
Ledru Rollin, Alexandre-Auguste 76f., 95
Leiningen, Karl Fürst 122
Lepsius, Carl Richard 292
Levysohn, Friedrich Wilhelm 165
Lewald, August 33
Liebknecht, Wilhelm 44
Lincoln, Abraham 58
Liszt, Franz 43
Lobe [Hauslehrer der Familie Meysenbug] 227
Louis Philippe, König der Franzosen 38, 180
Ludwig I., König von Bayern 292
Luise von Preußen, geb. Prinzessin von Mecklenburg-Strelitz 292

Manteuffel, Otto Freiherr von 286, 299–301
Martius [Prof.] 148
Marx, Karl 25–27, 37–39, 63, 77, 88–95, 150, 152, 249
Massow, Ludwig von 298
Mathy, Karl 56, 65, 71, 107f., 110, 112, 130, 249
Maximilian, Kaiser von Mexiko 95
Mazzini, Giuseppe 77, 91, 95, 210, 233, 235

Buchanzeigen

Biographien bei C.H. Beck

Nicholas Boyle
Goethe. Der Dichter in seiner Zeit
Band 1: 1749–1790
Aus dem Englischen von Holger Fliessbach
1995. 885 Seiten mit 37 Abbildungen. Leinen

Roger Dufraisse
Napoleon
Revolutionär und Monarch. Eine Biographie.
1994. 181 Seiten mit 13 Abbildungen. Leinen

Otto Pflanze
Bismarck
Band 1: Der Reichsgründer
Aus dem Amerikanischen von Peter Hahlbrock
1997. 906 Seiten mit 87 Abbildungen und 2 Karten. Leinen

John C.G. Röhl
Wilhelm II.
Die Jugend des Kaisers 1859–1888
1993. 980 Seiten mit 32 Abbildungen. Leinen

Marlis Steinert
Hitler
Aus dem Französischen von Guy Montag und Volker Wieland
1994. 749 Seiten mit 73 Abbildungen. Leinen

Eberhard Weis
Montgelas
Band 1: Zwischen Revolution und Reform 1759–1799
2., durchgesehene Auflage. 1988. XV, 490 Seiten
mit 3 Abbildungen. Leinen

Verlag C.H. Beck München

Lebenszeugnisse bei C.H.Beck

Lucie Aubrac
Heldin aus Liebe

Eine Frau kämpft gegen die Gestapo
2. Auflage. 1997. 279 Seiten mit 11 Abbildungen. Gebunden

„Dieses Buch ist atemberaubend. Abenteuer, Entsetzen, Grauen
und Aufregung – alles ist geboten."
Times Literary Supplement

Niza Ganor
Wer bist du, Anuschka?

Die Überlebensgeschichte eines jüdischen Mädchens
Aus dem Hebräischen übertragen von Wolfgang Jeremias
1996. 123 Seiten. Klappenbroschur

John M. Hull
Im Dunkeln sehen

Erfahrungen eines Blinden
Aus dem Englischen von Silvia Morawetz
2. Auflage. 1992. 242 Seiten. Gebunden

„John Hulls Werk gehört durch die Schärfe seiner Beobachtungen
und die Schönheit seiner Sprache zur großen Literatur;
die Tiefe seines Denkens macht es zu einem Buch der Weisheit
und Philosophie... ein Meisterwerk."
New York Review of Books

Freya von Moltke
Erinnerungen an Kreisau

1930–1945
1997. 138 Seiten mit 20 Abbildungen. Gebunden

Verlag C.H.Beck München